ULLSTEIN

Die Autorin

Silver wurde im Herzen von Pennsylvania geboren und interessiert sich seit ihrer Kindheit für die magischen Künste. »In York, Cumberland und Lancaster ist die Magie noch lebendig«, sagt sie. »Wenn man als magisch denkender und handelnder Mensch von anderen akzeptiert werden will« – so Silver – »lernt man diese am besten erst einmal gut kennen. Wenn man sich erst kennen gelernt und die gegenseitigen persönlichen Werte und Prinzipien schätzen gelernt hat, dann sind unterschiedliche Einstellungen zur Religion nicht mehr so wichtig. Teilen Sie sich anderen mit – das ist wichtig für Sie selbst und für Ihre Arbeit. Das gilt eigentlich für jedermann.«
Silver wurde am 11. September 1956 geboren und ist eine echte Jungfrau. Sie erstellt liebend gern Listen und bringt Ordnung in ihre Umgebung. Sie ist ganz eindeutig eine Frau des 21. Jahrhunderts und lässt sich nicht gern festlegen. »Ich verbringe viel Zeit mit meinen vier Kindern«, sagt sie. »Sie haben in meinem Leben stets Vorrang – alles andere kann warten.«
Silver lehrt verschiedene magische Wissenschaften und unterrichtet in ganz Amerika. Sie ist eine anerkannte Wicca-Priesterin, Oberhaupt des Black Forest Clans in mehreren US-Bundesstaaten und Älteste der Serphant-Stone-Familie. Außerdem ist sie Direktorin der International Wiccan/Pagan Press Alliance. Im Internet ist sie unter der Adresse *www.silverravenwolf.com* zu erreichen.

Von Silver RavenWolf sind in unserem Hause erschienen:

Die schützende Kraft der Engel im täglichen Leben
Zauberschule der Neuen Hexen: Ritual und Harmonie

Silver RavenWolf

Die schützende Kraft der Engel im täglichen Leben

Aus dem Amerikanischen von
Gertraud Hartl

Ullstein

Besuchen Sie uns im Internet:
www.ullstein-taschenbuch.de

Ullstein Esoterik
Herausgegeben von Michael Görden

Aus dem Amerikanischen von Gertraud Hartl

Titel der Originalausgabe
ANGELS
Erschienen bei Llewellyn Publications, St. Paul, Minnesota, USA

Umwelthinweis:
Dieses Buch wurde auf chlor- und säurefreiem Papier gedruckt.

Ullstein Verlag
Ullstein ist ein Verlag der Ullstein Buchverlage GmbH.
Neuausgabe
1. Auflage August 2004

Umschlaggestaltung: FranklDesign, München
Gesetzt aus der Palatino
Druck und Bindearbeiten: Ebner & Spiegel, Ulm
Printed in Germany
ISBN 3-548-74114-2

INHALT

Von Funken, Flammen und Mondstrahlen (Die Anwesenheit der Engel)

Funken der Seele,
Flammen der Sonne,
Der Schimmer von Mondstrahlen
Erstrahlt, wenn die Engel erscheinen!

Manchmal hüllen dich Flügel ein,
Manchmal strahlendes Licht,
So erheben sie sich wie die Morgendämmerung
Und erhellen die Nacht.

Wir suchen ihre Kraft
In vielen Geheimnissen.
Einige aber werden ihr
Wundersames Wirken niemals erkennen.

Am stärksten spüre ich sie
In der Wärme meines Heims,
Wenn sie meine Schulter berühren
In der Stille.

David O. Norris

Einführung

Ich arbeite heute ständig mit Engeln, dies war jedoch nicht immer so. In meiner Kindheit habe ich an Engel geglaubt, aber ich hielt sie für Fabelwesen aus einer bestimmten Religion. Ich dachte, es wäre schön, wenn es sie wirklich gäbe, aber schließlich habe ich mir auch immer gewünscht, Jeannie aus der alten Fernsehserie »Bezaubernde Jeannie« wäre Wirklichkeit.

Ich glaube, einige von uns müssen in der Tat wachgerüttelt werden, um die Engel endlich wahrzunehmen, auch bei mir war dies nötig. Die Engel waren in meinem Leben in einem Ausmaß wirksam, dass ich jetzt kaum fassen kann, wie ich ihre Existenz so lange aus meinem Bewusstsein verdrängen konnte. Ich bin der Meinung, dass bestimmte Wahrheiten auf universellen Wegen erkennbar sind, aber ich hüte mich vor dogmatischen Religionslehren, die vorzuschreiben versuchen, wie man einem göttlichen Wesen zu begegnen hat. Stattdessen versuche ich herauszufinden, welche Bereiche der verschiedenen Religionen zu meinen Praktiken passen, ohne dass dabei der geheimnisvolle Aspekt oder die Zielrichtung meiner Arbeit verloren geht – auch wenn das nicht immer einfach ist.

In meinen Untersuchungen über Magie und Religion habe ich herausgefunden, dass Magie universell funktioniert. Keine Religion kann einen alleinigen Anspruch darauf erheben, obgleich sie in manchen Glaubensrichtungen stärker in den Vordergrund tritt als in anderen. Wir können aus unserer religiösen Überzeugung optimalen Nutzen ziehen, in ihr Erfüllung finden und unser Ziel erreichen.

Ich habe auch gelernt, nicht auf die Meinung anderer Leute zu hören, wenn es um meine Spiritualität geht. Ich weiß, dass das sehr hart klingt, aber ich bleibe bei dieser Aussage. Nach meiner Auffassung gibt es für jeden Menschen in seiner Beziehung zu Gott und seinem Glauben an ihn nur einen Experten auf der Welt, nämlich ihn selbst. Wenn Sie sich daranmachen, die Welt jenseits dieser Welt zu entdecken, wird Sie niemand dabei begleiten, Sie werden diesen Weg ganz alleine gehen. Sie können sich jedoch immer auf Ihren Glauben und Ihre Spiritualität stützen und, wie ich hoffe, auch auf Ihr Vertrauen in die universelle Wahrheit.

Ich bediene mich hin und wieder moderner Informationsquellen wie Internet und Online-Dienstleistungen, um zu sehen, wie andere Menschen denken, was in ihrer Religionsausübung wichtig ist und wie sie ihr Leben mit ihren spirituellen Zielen in Einklang bringen. All dies ist für mich von großem Interesse, denn ich gehöre zu den Wicca-Anhängern und bin außerdem Autorin. Ich suche nach Ideen, die mein Leben und das meiner Leser bereichern.

Ich habe festgestellt, dass die Engel alle Kulturen, Ethnien und Gesellschaftssysteme hinter sich lassen. Sie sind Teil der menschlichen Geschichte und Zivilisation. Manchmal sind sie sehr populär und stehen in vorderster Reihe, dann wieder geraten sie ins Abseits, aber ihre Präsenz ist unerschütterlich. Sie gehören zu keiner bestimmten Religion, obwohl viele moderne Menschen versuchen, sie dem Christentum, dem Judentum oder dem Islam zuzuordnen. Keine Konfession kann jedoch den Glauben an Engel für sich allein beanspruchen. Die Existenz der Engel wird von den verschiedenen Glaubensrichtungen zwar unterstützt, aber sie sind nicht ihre Urheber (obwohl einige Sekten eifrig bemüht sind, die Engel mit Namen zu versehen).

In meinen Untersuchungen haben sich folgende Grundprinzipien gezeigt:
Engel gehören niemandem.
Engel gehören zu keiner bestimmten Religion.
Engel machen keine Unterschiede zwischen Konfessionen.
Engel schlagen eine Brücke zwischen den verschiedenen Religionsrichtungen.
Einen Engel anzurufen heißt, dogmatische Glaubenslehren zu überwinden und in Verbindung mit dem universellen Geist zu treten.

Ich habe außerdem noch etwas Aufregendes erfahren: Engel zaubern gerne mit Menschen.

Dieses Buch wurde geschrieben, um Ihnen zu zeigen, wie Sie erfolgreich mit Engeln Magie betreiben können. Ich weiß, dass ich ein besserer Mensch geworden bin, seit die Engel in mein Leben getreten sind. Es ist mein innigster Wunsch, dass auch Sie diese und viele weitere Erfahrungen machen können.

Silver Ravenwolf
alias *Jenine E. Trayer*

I. Die Suche nach den Engeln

Es gibt keinen stichhaltigen und konkreten Beweis,
es sei denn das, was der Zeuge sah und fühlte.
Der Rest besteht aus Sagen, Legenden und Spekulationen.

MALCOLM GODWIN

Wenn Sie dieses Buch zur Hand nehmen, haben Sie bereits auf das Wort eines Engels gehört. Ihr Schutzengel hat vielleicht etwas in Ihr Ohr geflüstert oder die himmlischen Engel haben Sie gedrängt, einen Blick in dieses Buch zu werfen, weil sie gerne mit jemandem wie Ihnen arbeiten möchten. Vielleicht wartet auch der Schutzengel eines Freundes oder einer Freundin voller Hoffnung darauf, dass Sie ihm oder ihr Beistand leisten, indem Sie weitergeben, was Sie hier erfahren haben. Wie dem auch sei, die Engelkräfte sind in unserem Leben immer wirksam.

Die Engel sind bei Ihnen, seit Sie auf die Erde gekommen sind, und sie werden Sie niemals im Stich lassen. Sie wissen, dass Sie ursprünglich Geist waren und dass der menschliche Körper Sie umhüllt, während Sie auf der Erde weilen und Ihrer Bestimmung folgen. Die Engel sind spirituelle Führer und Helfer, sie stehen Ihnen bei den Aufgaben bei, die für Sie vorgesehen sind. Sie sind ebenso wirklich und als wesentlicher Teil des universellen Plans auch ebenso wichtig und aktiv wie Sie selbst. Unser Geist kann sich leicht auf die Engel einstimmen, wir müssen es nur versuchen.

Hat Sie schon jemals das Gefühl verfolgt, dass Sie eigentlich nicht hierher gehören? In gewissem Sinn trifft das auch zu, denn die Erde ist nicht unsere natürliche Heimat. Unser innerstes spirituelles Wesen erinnert sich daran, dass »dort draußen« noch etwas anderes existiert, das wir bereits kennen und das wir wieder erfahren werden. Mit der Geburt geben wir das Versprechen ab, in der uns gegebenen Zeit zu versuchen, unser Bestes zu geben. Dieses Versprechen ist überaus wichtig, dennoch vergessen wir es nur allzu oft. Wenn wir aber auf dem spirituellen Weg sind, können wir wieder erkennen, worin unsere eigentliche Mission besteht.

Die Engel aber vergessen unseren Schwur nicht, sie vergessen nicht, was wir für die Zeit versprochen haben, in der wir auf dieser Erde sind. Sie helfen uns, uns an unser Versprechen zu erinnern, und unterstützen uns bei der Erfüllung unserer persönlichen Aufgabe. Wir müssen lernen, aufmerksam zuzuhören, denn wenn wir uns den Engeln verschließen, werden sie zu bloßen Fabelwesen aus Träumen und unterhaltsamen Geschichten. Auch wenn Sie sich später an nichts mehr von dem erinnern werden, was Sie in diesem Buch gelesen haben, so sollten Sie doch das eine nie vergessen: Sie sind nicht allein.

Ein kurzer Blick auf den religiösen Hintergrund

Es gibt keinen einzig richtigen Weg, um an Engel zu glauben oder eine Religion auszuüben. Viele Engellegenden haben ihren Ursprung in Stammesüberlieferungen und in einem uns allen gemeinsamen, genetischen und spirituellen Erinnerungsvermögen. Sie können für sich den Weg finden, der Ihnen persönlich am meisten entspricht.

Ein großer Teil der Aufzeichnungen über Engel stammt nicht aus den orthodoxen Schriften der vier westlichen Religionen (Christentum, Judentum, Zoroastrismus und Islam), die die Existenz von himmlischen Wesen anerkennen. Im Lauf der Jahrhunderte haben sich die Vorstellungen von Engeln je nach Auffassung der einzelnen Autoren gewandelt. Viele Gelehrte sind der Meinung, dass die Engel aus einer Kombination verschiedener Glaubenssysteme entstanden sind und auch Elemente der ägyptischen, sumerischen, babylonischen und persischen Archetypen enthalten. Bei weiteren Forschungen können wir jedoch feststellen, dass der Glaube an die himmlischen Heerscharen und Geister viel älter als alle heute praktizierten Religionssysteme ist. Dies unterstützt die Ansicht, dass die Engel nicht dem Bild entsprechen müssen, das wir uns von ihnen machen, sie existieren einfach.

In der Geschichte der Menschen waren die Engel wechselnder Popularität unterworfen.* Manchmal waren sie gerade in Mode, dann wieder wurden sie je nach Laune der religiösen Führer in die hinterste Reihe der religiösen Schriften verbannt.

Eines wissen wir aber genau: Geschichten über Engel gehörten schon lange vor dem Christentum zu den Sagen und Legenden der Menschen und all diesen Mythen liegt ein Körnchen Wahrheit zugrunde. Die Engel haben sich in allen Kulturen genau in der Weise gezeigt, in der man ihre Energie am besten verstehen und benutzen konnte. Die Römer zum Beispiel nannten die Engel Laren, sie waren die Schutzgeister des Hauses. Die Wikinger stellten sich die Engel als Walküren vor, jene schönen und starken Frauen, die vom Himmel herabstiegen, um die Seelen der gefallenen Krieger zu retten und sie zur Walhalla zu bringen.

Das ausgehende Mittelalter war das »goldene Zeitalter der Engel« in Europa, das jedoch im 14. Jahrhundert zu Ende ging, als der schwarze Tod durch das Land zog und mit seinem giftigen Atem Menschen und Engel gleichermaßen traf. Danach folgte die Inquisition.

Im Gegensatz zu vielen anderen phantastischen Wesen konnten die Engel ihre Präsenz – ob im Vorder- oder im Hintergrund, scheint für sie unerheblich zu sein – in der unruhigen Geschichte der Menschheit stets aufrechterhalten. Sie haben auch alle Modetorheiten und verschiedenen Stilrichtungen der Kunst überdauert. Ihre Existenz wird in kirchlichen Gemeinden ebenso wie in Gelehrtenkreisen anerkannt. Darstellungen von Engeln schmücken die Wände von Burgen, Kirchen,

* Im Jahr 745 erklärte Papst Zacharias eine Reihe von Engeln öffentlich als nicht existent. Im Mittelalter gewannen sie wieder an Bedeutung, diese Zeit wurde von Milton und Dante eingeleitet. Kurz darauf wurde der wissenschaftliche Materialismus populär und im späten 18. Jahrhundert spielten die Engel im Leben der Menschen vorerst keine Rolle mehr.

Tempeln, Bordellen, Wohnhäusern und Universitätsaulen. Die Engel haben uns immer begleitet, ob in weißes Schaffell oder in wallende Gewänder gehüllt. Unabhängig von ihrem jeweiligen Beliebtheitsgrad geht ihre Arbeit ständig und unaufhaltsam weiter, denn eine Eigenschaft ist den Engeln völlig fremd: Sie sind nicht wankelmütig.

Die Anhänger der östlichen Religionen (Hindus, Jainas und Buddhisten) haben keinen fest strukturierten Glauben an Engel, sondern stützen sich auf Botschaften von lieben Verstorbenen und auf wertvolle Erfahrungen, die ihnen durch das höhere Selbst in der Meditation vermittelt werden. Auch reinkarnierte weise Menschen oder andere geistige Führer sind für sie von Bedeutung. Diese Menschen haben die Kraft der himmlischen Heerscharen in ihr eigenes Glaubenssystem integriert und verzichten dabei oft auf den existenziellen Aspekt der Engel. Dennoch glauben sie an hilfreiche Geister und dieser Glaube ist es, der letztendlich zählt. Es ist nicht so wichtig, wie wir mit den verschiedenen Vorstellungen umgehen – entscheidend ist, wie wir unseren Glauben in unser Leben integrieren.

Wir im Westen versuchen oft das Unfassbare in eine konkrete Form zu bringen, weil wir glauben, es dann besser verstehen zu können. Die westlichen Religionen können sich nicht darüber einigen, wer oder was die Engel sind und inwieweit sie unser Leben beeinflussen, ja, sie können nicht einmal entscheiden, in welcher Weise die Engel in die verschiedenen Glaubenssysteme passen.

Die religiösen Strukturen scheinen durch all diese Dispute und Streitfragen regelrecht aufzublühen. Konservative Katholiken zum Beispiel sprechen von einem gefallenen Engel (dem Teufel), andere sind der Meinung, dass jedes Individuum für seine Handlungen selbst verantwortlich ist. Einem mythischen Ungeheuer alle Schuld zuzuschreiben ist sicher keine Antwort auf all unsere Probleme. Martin Luther, der Führer der protestantischen Bewegung, ist mit seinen Anhängern einen schlechten Handel eingegangen, denn sie hielten zwar den Satan für real, nicht aber die himmlischen Heerscharen.

Weitere Nachforschungen zeigen uns, dass Engel tatsächlich die Archetypen der universellen Energien sind, denn sie sind älter als alle vorher erwähnten Glaubensrichtungen und reichen weit zurück in unsere Stammeskulturen und gemeinsamen genetischen und spirituellen Erinnerungen. Die Existenz der Engel dient keinem bestimmten Glaubenssystem, sondern sie sind hier, um den Menschen und allen anderen Bewohnern dieses Planeten hilfreich zur Seite zu stehen.

Die etablierten Religionen haben im Hinblick auf Engellegenden und Überlieferungen viele Gemeinsamkeiten. Unter anderem wird gesagt, dass Engel in der Meditation angerufen werden können, dass sie uns helfen, uns mit unserem höheren Selbst zu verbinden, dass sie uns wichtige Botschaften und Ratschläge übermitteln und auch dass sie uns bei der Aufschlüsselung der Erinnerungen aus unseren früheren Leben unterstützen. Darüber hinaus sehen wir, dass die Existenz der Engel nicht auf unseren religiösen Strukturen basiert, sondern vielmehr ein Mysterium ist, das die verschiedenen Religionen zu ergründen versuchten.

Dieses Buch ist den Menschen aller Glaubensrichtungen gewidmet: ob Wiccaner, Druiden, Feen, alternative Christen, Juden, Christen oder Moslems, es spielt keine Rolle. Ich hoffe, dass Sie über die Grenzen Ihres Glaubens hinausgehen und die Dinge, die Sie hier erfahren, allmählich in Ihre persönliche Überzeugung einfließen lassen können. Wenn Sie an eine höhere positive Macht in unserem Universum glauben und bereit sind, mit den Engeln zu zaubern, dann ist dies das richtige Buch für Sie.

Wie die Engel Kontakt mit Ihnen aufnehmen können

Die Engel passen die Art der Kontaktaufnahme den unterschiedlichen Bedürfnissen der Menschen an. Manche können die Engel als Stimmen im Kopf wahrnehmen – sicher nicht als Schimpfwörter, sondern als Eingebungen voller Weisheit, Frieden und Erleuchtung. Johanna von Orleans (1412–1431) vernahm im Alter von 13 Jahren zum ersten Mal die Stimmen der Engel. Einige Legenden besagen, dass es der heilige Michael war, der zu ihr gesprochen hat, in anderen historischen Schriften heißt es, es wäre der Engel Gabriel gewesen. Wir alle kennen die Geschichte der heiligen Johanna und wissen, wie sehr sie den französischen Soldaten Kraft gegeben hat. Wir wissen auch, dass sie der Hexerei bezichtigt wurde und für ihren Glauben auf dem Scheiterhaufen starb.

Johanna fand ein unglückliches Ende (sicher eine Folge des Patriarchats in jener Zeit), wir wissen aber auch von vielen anderen Menschen, die von Engeln geführt wurden. Thomas von Aquin (1225–1274) war Student von Albertus Magnus und wird von einigen Historikern auch »der Engelarzt« genannt. Die römisch-katholische Kirche schätzt ihn als ihren größten Theologen und Philosophen. Er verbrachte die meiste Zeit seines Lebens im Dienst seines Ordens und schrieb die »Summa Theologica«, in der er eine genaue Beschreibung von der Existenz der Engel gibt. Es hat den Anschein, dass er für die Botschaften seiner Engel wie ein Medium fungierte und die himmlischen Gedanken, die er auf diese Weise empfing, niederschrieb, um sie anderen Menschen mitzuteilen. (Ich persönlich schätze Thomas von Aquin, denn er hielt viele Schriften des Apostel Paulus für falsch.)

Andere Menschen erhalten von den Engeln Botschaften in Träumen. »Das Buch Mormon« wurde zum ersten Mal im Jahr 1830 in Palmyra, New York, veröffentlicht. Die Mormonen sehen dieses Buch als ein von göttlichen Wesen inspiriertes Werk an, das Joseph Smith in einem Traum übermittelt wurde (Gerüchten zufolge war Joseph Smith tatsächlich ein Zeremonienmagier).

Die Legende von der Religion der Mormonen hat ihren Ursprung im Jahr 600 v. Chr., noch vor der Zerstörung Jerusalems. Eine hebräische Familie floh aus der Stadt und reiste mit dem Schiff nach Nordamerika. Aus ihren Nachfahren entstanden zwei Nationen – zum einen die Urväter der nordamerikanischen Indianer. Die andere Nation wurde vermutlich von der ersten vernichtet. Die Berichte der Ältesten der überlebenden Nation erzählen von der Erscheinung eines Propheten, den sie für Jesus Christus nach seiner Hinrichtung hielten. Diese Botschaft wurde auf goldenen Tafeln von einem anderen Propheten namens Mormon aufgezeichnet. Sein Sohn Moroni vergrub diese Tafeln und sie blieben 1400 Jahre lang verborgen, bis Moroni Joseph Smith als Engel erschien und ihm zeigte, wo er die Tafeln finden und wie er sie übersetzen konnte. Seine Übersetzung wurde als »Das Buch Mormon« bekannt. Nachdem Joseph die Tafeln übersetzt hatte, wurden sie den Engeln zurückgegeben und danach nie wieder gesehen.

Schließlich gibt es auch Menschen, zu denen die Engel in Visionen sprechen. Zwei aus dieser Gruppe können als Hellseher gelten (Johanna von Orleans und Joseph Smith), denn ihre Legenden berichten, dass sie die Engel tatsächlich »sehen« konnten. Es besteht Uneinigkeit darüber, ob diese Wahrnehmung im Wachzustand oder in einem Alpha- oder Thetazustand (der in der Meditation auftreten kann) stattgefunden hat.

Bei den Nachforschungen für dieses Buch habe ich einige Zeit damit verbracht, im Internet nach Informationen zu suchen. Schon beim bloßen Durchsehen der allgemeinen Mitteilungen auf den *boards* stieß ich auf viele Menschen, die behaupten, selbst Engel gesehen oder deren Wirken in ihrem Leben erfahren zu haben.

Es gibt natürlich noch viele andere Beispiele, die ich hier aufführen könnte, aber das ist nicht der Sinn dieses Buches. Sie werden Ihre eigenen Erfahrungen mit Engeln machen können.

Der zeitlose Charakter der Engel

Viele Autoren haben den Engeln zahlreiche Bücher gewidmet und für viele Gelehrte wurde das Studium der Engel zum Lebenswerk. In der Literaturliste weise ich auf verschiedene Quellen aus der Geschichte bis zur modernen Sachbuchliteratur hin. Da es sich hier um einen praktischen Ratgeber handelt, werde ich mich mit Ausnahme des Engelszaubers nicht mit der Geschichte der Engel befassen. Wenn Sie an diesem Bereich interessiert sind, sollten Sie auf jeden Fall anhand der Literaturliste Ihre Bücherei sowie esoterische oder gewöhnliche Buchläden nach entsprechender Literatur durchforschen. Einige Kapitel in diesem Buch stellen bestimmte Engel vor und geben einen kurzen historischen Überblick über deren Person und Bestimmung.

Wenn Sie sich intensiver damit befassen möchten, wird etwas Hintergrundforschung unerlässlich sein. Ich verfolge damit eine bestimmte Absicht, denn es ist nicht möglich, aus einem einzigen Buch, einem Gespräch oder einem Kunstwerk alles Wichtige über Engel zu erfahren. Sie sollten so viele Informationen wie möglich zusammentragen, um durch Ihre eigene Glaubensvorstellung eine stabile Grundlage zu entwickeln, die Ihnen ermöglicht, eine offene Haltung einzunehmen.

Wer und was sind die Engel für Sie?

Ich glaube, die einfachste Antwort auf diese Frage lautet: Die Engel sind das, wofür Sie sie persönlich halten. Bevor Sie darangehen, mit ihnen zu arbeiten, müssen Sie sich entscheiden, was ein Engel für Sie bedeutet, denn nur so können Sie eine klare Ausgangsbasis schaffen. Am besten ist es, möglichst tolerant und offen zu sein, schon deshalb, weil es keinen einzigen Fachmann (mit Ausnahme der Engel selbst) gibt, der Ihnen sagen kann, wie die Engel wirklich sind. Im Grunde waren die historischen Schriftsteller, die über Engel geschrieben haben, in keiner besseren Position, als Sie es heute sind; sie waren weder in Bezug auf ihre Sichtweise noch auf ihre Gedanken oder Handlungen im Vorteil. Sie waren ebenso Menschen wie Sie, mit den gleichen Gefühlen, Wünschen, Intuitionen, Hoffnungen und Träumen. Sie haben ihre Vorstellungen zwar aufgeschrieben, das bedeutet aber nicht, dass ihre Wahrnehmungen mit den Ihren übereinstimmen müssen. Auch die Tatsache, dass diese Schriftsteller inzwischen gestorben sind, gibt ihren Legenden und Überlieferungen heutzutage nicht mehr Gewicht als zu der Zeit, in der sie aufgeschrieben wurden.

Ich fordere Sie eindringlich auf, selbstverantwortlich zu denken. Sie sind kein Mönch in einer staubigen Klosterzelle, dessen einzige Beschäftigung die Darstellung seiner Visionen ist und der die Wahrheit so beschreibt, dass sie mit der Hierarchie seiner Kirche übereinstimmt. Sie sind auch kein Gelehrter am runden Tisch, der heidnische Überlieferungen wieder belebt, um damit den Bedürfnissen einer bestimmten Religionsgruppe nachzukommen. Sie haben die Freiheit zu wählen, woran sie glauben möchten. Vielleicht erfordert das neue Bild, das Sie sich jetzt von den Engeln bilden, dass Sie sich von althergebrachten Vorstellungen aus Ihrer Kindheit lösen. Bereiten Sie sich darauf vor, alten Ballast abzuwerfen und Ihre Meinung zu revidieren. Beim Lesen dieses Buches werden sich Ihre bisherigen Vorstellungen und Gedanken über Engel verändern. Sie werden die Werte in Ihrem Leben und Ihren Glauben neu überprüfen und sich spirituell einstimmen, um das Beste aus Ihrem Schicksal zu machen und Ihr Leben in Einklang zu bringen.

In Ihrer Buchhandlung können Sie feststellen, dass die meisten Bücher in diesem Bereich von Begegnungen mit Engeln berichten (im Allgemeinen wird das als göttliche Offenbarung bezeichnet). Der überwiegende Teil der Bücher über Engel enthält Berichte über Engelerfahrungen aus erster und zweiter Hand. An zweiter Stelle stehen einige historische Bücher, dann folgen in geringer Zahl an dritter Stelle die praktischen Ratgeber. Einige dieser Werke halten sich streng an christliche oder hebräische Religionsstrukturen, andere sind offener, vertreten mehrere Glaubensrichtungen und versuchen sich nicht nur auf eine bestimmte Richtung zu konzentrieren. Jeder Autor hat seine eigene individuelle Vorstellung von Engeln. Keine davon ist unzutreffend, denn jeder folgt seiner Intuition und beschreibt die Engel so, wie er persönlich sie am besten erfassen kann. Die Leser, die die Vorstellung eines bestimmten Autors teilen, werden dessen Bücher natürlich auch am besten verstehen können. Auf diese Weise trägt jedes Buch zu einem menschlichen Lernprozess bei.

Anstatt Ihnen zu sagen, was richtig oder falsch an bestimmten Vorstellungen über Engel ist, möchte ich einige häufig gestellte Fragen beantworten (zumindest jene, die für dieses Buch von Bedeutung sind). Vielleicht möchten Sie aufschreiben, was Ihnen zu den Fragen einfällt. Möglicherweise sind Sie überrascht, dass Engeltagebücher keine neue Erscheinung sind, sondern im Laufe der Geschichte für viele Menschen zu kreativen Gedanken beigetragen haben. Engel sind der Technik nicht abgeneigt, wenn Sie also auf Ihrem Computer ein Verzeichnis für Engel anlegen möchten, sind Sie dazu herzlich eingeladen. Wenn Sie lieber verbal arbeiten, können Sie auch auf ein Tonband sprechen.

Zuerst nenne ich die Frage, dann sage ich meine Meinung dazu. Sie müssen nicht zustimmen, aber ich glaube, dass ein wenig Hintergrundwissen nützlich ist, um meinen Gedankengang nachvollziehen und die Informationen in diesem Buch besser umsetzen zu können. Bitte denken Sie daran, Engel sind das, wofür Sie sie halten. Es ist wichtig, dass Sie bei Ihren Vorstellungen ein gutes Gefühl haben. Wenn Sie bei einer Frage im Zweifel sind oder sie im Moment nicht beantworten können, machen Sie sich darüber keine Sorgen. Sie werden später darauf zurückkommen, wenn es an der Zeit ist. Bitte bedenken Sie, dass diese Fragen keinerlei Beurteilung beinhalten, sondern nur zum Nachdenken anregen sollen.

Glauben Sie, dass Engel wie Menschen aussehen?

Ich glaube, dass Engel Energieformen sind, die sich willentlich verändern können, je nachdem, welche Erscheinungsform für die gerade bevorstehende Aufgabe erforderlich ist. Bei der Arbeit mit Menschen erscheinen sie vermutlich auch als Menschen, um uns nicht zu Tode zu erschrecken. Das bedeutet, dass Engel als männliche oder weibliche Vertreter jeder auf diesem Planeten existierenden Nation und Hautfarbe auftreten können. Sie werden die Engel so sehen und erkennen, wie es Ihrem Bedürfnis am meisten entspricht, vorausgesetzt, dass sie sich Ihnen überhaupt zeigen. Den Menschen, die mit Archetypen arbeiten, erscheinen sie vielleicht als eine Kombination aus Tier und Mensch. Es gibt also keine allgemein gültige und richtige Weise, wie man einen Engel wahrnehmen oder erkennen kann.

Glauben Sie, dass die Engel in unserer Dimension erscheinen, im Kopf zu uns sprechen oder uns einfach Eingebungen und Gedanken senden?

Ich habe alle diese verschiedenen Arten der Kontaktaufnahme durch Engel erlebt. Am häufigsten sind für mich jedoch die Botschaften, die durch Gedanken und Eingebungen übermittelt werden.

Glauben Sie, dass Schutzengel und himmlische Engel sich voneinander unterscheiden?

Ich glaube, sie können sowohl gleich als auch unterschiedlich sein. Es gibt eine Vorstellung, nach der die himmlischen Engel den Schutzengeln manchmal behilflich sind und für eine gewisse Zeit selbst zu Schutzengeln werden können oder dass ein Schutzengel einem Menschen zur Seite gestellt wird. Andere sind der Meinung, dass die Menschen, die entscheidend zur Weiterentwicklung anderer Menschen beitragen, von einem himmlischen Engel begleitet werden, der normalerweise nicht die Funktion eines Schutzengels hat, aber diesen Platz einnimmt, weil jemand auf dieser Erde eine besondere Mission zu erfüllen hat. Sicher regt Sie das alles sehr zum Nachdenken an.

Glauben Sie, dass Geister und Engel sich voneinander unterscheiden?

Ich glaube nicht, dass sie sich voneinander unterscheiden, aber ich bin der festen Überzeugung, dass liebe Verstorbene die

Möglichkeit haben, uns zur Seite zu stehen, wenn sie das möchten. Für einige Menschen sind hilfreiche Geister mit Schutzengeln identisch. Nehmen Sie zum Beispiel Eltern, die gestorben sind, als ihr Kind noch sehr klein war. Dieses Kind kann in dem Glauben aufwachsen, dass seine Eltern es als Schutzengel begleiten. Dieser Glaube ist in unserer Gesellschaft weit verbreitet, wenn Kinder die Eltern oder Großeltern in sehr jungen Jahren verloren haben. Sie müssen selbst entscheiden, wo für Sie der Unterschied zwischen Geistern und Engeln liegt.

Glauben Sie, dass sich spirituelle Führer und Engel voneinander unterscheiden?

Wenn es für Sie keinen Unterschied zwischen Geistern, spirituellen Führern und Engeln gibt, ist dies in Ordnung. Wenn Sie aber Wert darauf legen, eine gewisse Struktur zu finden, müssen Sie über diese Frage nachdenken. Ich glaube, dass spirituelle Führer und Engel Teil der gleichen göttlichen Energie, aber nicht unbedingt identisch sind.

Müssen Engel einen Namen haben?

Ich glaube nicht, dass das unbedingt erforderlich ist, aber einige Menschen finden eigene Namen für die Geister oder Engel, mit denen sie regelmäßig in Kontakt sind. Für andere sind Namen nebensächlich, sie richten ihr Augenmerk mehr auf das, was ein Engel vertritt, wie zum Beispiel Heilung, Fröhlichkeit, Erfolg, Mitgefühl usw. Manche bevorzugen auch Engel, die bereits historische Namen tragen. Wir werden später über diese Themen im Buch sprechen.

Müssen alle Engelnamen auf -el oder -irion enden?

Ich glaube nicht, dass diese Endsilben notwendig sind, sie werden allerdings generell als hebräische Praxis betrachtet. Es gibt nichts am Gebrauch dieser Endsilben auszusetzen, aber es besteht auch keine Notwendigkeit dafür. Die Endsilbe -el ist sehr alt und hat ihre eigene Geschichte:

Sumerisch *el*: »Helligkeit« oder »Leuchten«
Akkadisch *ilu*: »der Strahlende«
Babylonisch *ellu*: »der Leuchtende«
Altwalisisch *ellu*: »ein leuchtendes Wesen«
Altirisch *aillil*: »leuchtend«
Englisch *elf*: »leuchtendes Wesen«
Angelsächsisch *aelf*: »strahlendes Wesen«

Glauben Sie, dass Sie mit einem Engel, dessen Name nicht aus Ihrer eigenen Religion stammt, arbeiten können?

Wenn Sie stark genug sind, um religiöse Schranken und Vorurteile zu überwinden, spielt der historische Name keine Rolle. Wenn Sie diese Frage aber mit Nein beantworten würden und damit meinen, dass Sie mit anderen Glaubensrichtungen Schwierigkeiten haben, sollten Sie den Engel nicht bei seinem Namen, sondern bei seiner Aufgabe rufen. Bedenken Sie aber, dass Namen an sich sehr kraftvoll sind und dass Sie der Energie von etwas oder jemand näher kommen, wenn Sie ihn oder es bei seinem Namen nennen. Das heißt nicht unbedingt, dass Sie sich damit auch der Glaubensrichtung annähern, aus der der Name stammt. Vergessen Sie nicht, dass Engel alle religiösen Vorurteile hinter sich lassen – Diskriminierung ist eine rein menschliche Schwäche.

Wie sehen die Engel aus?

Das hängt ganz von Ihnen ab. Flügel und Heiligenscheine erscheinen in den christlichen Engelbildern erst in der Zeit des römischen Kaisers Konstantin (312 n. Chr.), obwohl im griechischen Pantheon auch geflügelte Gottheiten wie Hermes und Eros vertreten waren. Vorchristliche Beschreibungen von Engeln zeigen sie manchmal in einem weißen Ziegenfell oder mit sehr kindlicher Gestalt und infantilen Gesichtszügen. Ich habe auch schon Engel mit dunkler Haut, starkem Körper und schweren Flügeln gesehen, manche waren in weiße Gewänder gehüllt und von sehr großer Gestalt (ich glaube, diese standen neben einem Polizisten, wenn ich mich recht erinnere). Wieder andere Engel hatten einen menschlichen Körper und den Kopf eines Löwen.

Können Menschen Engel sein oder sind Engel eine eigene Spezies?

Manche glauben, dass es Menschen gibt, die »Engel in der Ausbildung« sind; andere haben die Vorstellung, dass Engel in Urzeiten als eigene Spezies geschaffen wurden. Wieder andere sind der Meinung, dass viele der heidnischen Götter oder Archetypen Engelwesen waren und weder Menschen noch niedrige Geister, sondern einen Aspekt des Göttlichen repräsentieren.

Ich bin sicher, dass noch viele Fragen zu den Engeln offen sind. Das ist völlig in Ordnung. Die hier erwähnten Fragen sollen Sie nur zum Nachdenken anregen, denn es gibt keine richtigen oder falschen Antworten darauf. Vielleicht sind Sie überzeugt, dass Ihnen niemals Engel erscheinen können – bis Sie plötzlich einen vor sich sehen. Ebenso könnten Sie denken, dass Sie einen Engel nicht bei seinem Namen rufen können, weil Sie nicht der entsprechenden Konfession angehören. Dann wird Ihr Kind plötzlich schwer krank, und während Sie zaubern, stellen Sie fest, dass Sie den Engel doch bei seinem Namen gerufen haben. Nach einem Schockzustand wird Ihnen plötzlich klar, dass es Ihnen geholfen hat, einen Engel bei seinem Namen zu rufen, obwohl Sie nicht der Religionsgemeinschaft angehören, aus der dieser Name stammt. Die Historiker und Autoren, die zum Thema Engel arbeiten, können sich auf keine gemeinsame Antwort auf die hier genannten Fragen einigen. Bei der Durchsicht der Literatur über dieses Thema stieß ich auf einige Autoren, die sich herablassend über ihre Kollegen und deren Ansichten geäußert haben und damit sicher keine sehr engelhafte Haltung an den Tag gelegt haben. Die animalische und die spirituelle Seite des Menschen befindet sich in einem ständigen Kampf, dennoch können Sie beide Anteile miteinander verbinden und Harmonie in Ihr Leben und in das Ihrer Mitmenschen bringen. Wenn Ihre Engel in Seide und

Satin gehüllt sind und Ihr Freund sie in einem Hawaiihemd sieht, gibt es daran nichts auszusetzen.

Warum wenden wir Engelszauber an?

Ich habe diese Frage schon lange erwartet. Sicher gibt es in Ihrem Leben viele Dinge, die Sie verändern möchten, aber vermutlich sind Sie der Meinung, das läge nicht in Ihrer Hand. Bitten Sie doch die Engel um Hilfe.

Wie sieht es mit der Harmonie auf diesem Planeten aus? Vielleicht betreiben Sie schon längere Zeit für sich selbst Magiearbeit und stellen fest, dass alles gut läuft. Mit himmlischem Beistand könnten Sie Ihre Fähigkeiten noch erweitern. Für die Hilfe der Engel ist keine Bitte zu klein oder zu groß. Wir alle treffen immer wieder auf Widerstände und damit auf Gelegenheiten, die Engel um ihre Unterstützung zu bitten.

Stoßen Sie mit Ihrer alternativen Auffassung von Religion in Ihrer Familie auf Unverständnis? Fällt es Ihnen schwer, Ihren Glauben umzusetzen? Sprechen Sie mit den Engeln, sie werden von fast allen Menschen geliebt. Vielleicht ist Ihre Familie schockiert, wenn sie herausfindet, dass auch Sie zu diesen Menschen gehören, ja, dass Sie sogar mit den Engeln zusammenarbeiten! Finden Sie nicht die richtigen Worte, um Ihren Kindern das Göttliche nahe zu bringen? Begrüßen Sie die Engel in Ihrem Leben, denn Kinder und Engel kommen wunderbar miteinander aus. Haben Ihre Familie und Ihre Freunde Schwierigkeiten mit ihrem Selbstwertgefühl? Rufen Sie die Engel an, sie können zur Stärkung beitragen.

Gibt es in Ihrem Leben Streitigkeiten um das Sorgerecht für die Kinder? Sind Sie aufgrund Ihrer religiösen Auffassung in die Schusslinie geraten? Sind die Besuche bei dem anderen Elternteil zum Albtraum geworden, weil entweder eine oder beide Seiten versuchen, den Kindern eine bestimmte Religion aufzudrängen? Hier sind die Engel auf den Plan gerufen, denn fast jeder Mensch glaubt an sie. Arbeiten Sie mit anderen

Menschen in Bereichen wie Hypnotherapie, Psychologie, Tarot, I Ging, Hellsehen, Psychometrie oder Runenlegen? Die Engel sind das ideale Verbindungsglied, damit die Menschen, die ratsuchend zu Ihnen kommen, die Möglichkeit haben, Ihre Hilfe ohne Angst und Widerstände anzunehmen.

Sind Sie von einem Schicksalsschlag getroffen worden? Lassen Sie sich von Engeln helfen bei der Bewältigung von Schmerz und Trauer.

Dies sind nur einige Beispiel dafür, wie die Engel in Ihr Leben integriert werden können. Durch den Engelszauber ist es mir möglich geworden, die Kluft zwischen ganz unterschiedlichen Menschen in allen möglichen Lebenssituationen zu überbrücken. Die Engel durchbrechen die Schranke zwischen all den vielen verschiedenen Lebensbereichen, die wir erfahren können. Am bedeutsamsten ist jedoch die Erleuchtung, die mir die Arbeit mit den Engeln beschert hat. Es vergeht kein Tag in meinem Leben, an dem ich nicht spüren kann, wie präsent sie sind. Wenn Sie mir nicht glauben, ist es für Sie an der Zeit, es selbst zu erfahren.

Willkommen, mein Engelfreund

Nun ist der richtige Zeitpunkt, um zum ersten Mal einem Engel zu begegnen. Dies ist kein Grund zur Aufregung, denn es sollte nicht allzu schwer sein. Es gibt dafür nur eine wichtige Voraussetzung: Sie müssen absolut ernsthaft sein, wenn Sie einen Engel rufen. Zuerst sollten Sie in aller Ruhe überlegen, warum Sie Kontakt mit dem Bereich der Engel aufnehmen wollen. Seien Sie dabei ganz ehrlich zu sich selbst. Möchten Sie etwas in Ihrem Verhalten oder in Ihrer Lebensweise verbessern? Gibt es einen wunden Punkt in Ihrem Leben, den Sie heilen möchten? Oder sind Sie ganz einfach nur neugierig?

Nehmen Sie sich genügend Zeit für die Antwort, es eilt nicht. Wenn Sie so weit sind, schreiben Sie eine Suchanzeige für einen Engel auf ein Blatt Papier oder eine Karteikarte. Ich scherze nicht. Entwerfen Sie in Ruhe eine Anzeige, als ob Sie einen Lehrer, einen Freund oder jemand ansprechen möchten, der eine Dienstleistung anbietet. Ein Beispiel dafür würde etwa so lauten:

SUCHE
Engel aus dem himmlischen Raum.
Ich suche einen Engel, der mir helfen kann, mein Selbstwertgefühl zu stärken, und sich dabei auch von meinem Starrsinn nicht abschrecken lässt.

Oder: SUCHE
Engel, der mir bei meinen Geldproblemen helfen kann.
Ich suche liebevolle Unterstützung für den Aufbau von Frieden und Wohlstand in meinem Leben.

Wenn Sie mit Ihrer Anzeige fertig sind, nehmen Sie sie zur Hand, schließen die Augen und konzentrieren sich darauf, ein Lichtwesen in Ihre Nähe zu bringen. Lesen Sie Ihre Anzeige laut vor, wenn Sie das Gefühl haben, das könnte hilfreich sein. Sorgen Sie sich nicht um die richtige Form – es gibt keinen falschen Weg, um einen Engel um Hilfe zu bitten, solange Sie ernsthaft und respektvoll bei der Sache sind. Wenn Sie möchten, können Sie dazu das folgende kleine Gebet sprechen:

Ihr himmlischen Heerscharen, hört meine Bitte
Der strahlende Segen möge auf allen ruhen
Ost und Süd, West und Nord
Ich bin bei euch und rufe euch
Unsichtbarer Freund, Botschafter der Liebe
Schick mir Hilfe aus der anderen Welt

Wenn Sie damit fertig sind, stecken Sie das Papier in Ihre Jackentasche oder heften Sie es irgendwo an Ihre Kleidung, wo es nicht zu sehen ist. Sie sollten auch nicht sofort allen Leuten von Ihrer Engel-Suchanzeige erzählen, damit Störungen durch die negativen Gedanken anderer Menschen ausgeschlossen werden. Wenn Sie die erbetene Hilfe erhalten haben und sich gerne einer aufgeschlossenen Person Ihres Vertrauens mitteilen möchten, dann sollten Sie das aber unbedingt tun. Vermeiden Sie jedoch, Freunden oder Familienmitgliedern davon zu erzählen, die sich vermutlich darüber lustig machen würden. Ein altes Zaubersprichwort sagt: »Geheimnisse sind nicht für Narren bestimmt.« Die anderen Menschen werden ihren eigenen Weg zur gegebenen Zeit gehen, ohne dass Sie dabei als Stolperstein fungieren müssen.

Erwarten Sie bitte nicht, dass Ihnen Ihr Engel sofort in aller Pracht mit Posaunen und Trompeten, Glorienschein und Gold- und Silberglanz erscheint. Engel arbeiten oft auf sehr subtile Weise. Vielleicht erhalten Sie ein Stellenangebot von einer ganz unerwarteten Seite oder es meldet sich plötzlich ein Freund, der Ihnen hilft, eine Krise zu überwinden. Möglicherweise finden Sie die Antwort, nach der Sie suchen, in einem Buch, das Ihnen in die Hände fällt. Wenn die Engel am Werk sind, gibt es keine Zufälle. Es liegt bei Ihnen, Ihre Wahrnehmung zu schärfen, denn wenn Ihre geistigen Augen offen sind, werden Sie überall Engel entdecken.

Die Engel suchen nach magischen Menschen

Die Engel sind auf der Suche nach magischen Menschen, sie möchten mit Hexen, Zeremonienmeistern, Druiden, Feen und anderen heidnischen Zauberern, aber auch mit göttlich inspirierten Christen und Juden zusammenarbeiten. Die spirituellen Menschen, die Engelsmagie praktizieren, sind meist schon gemeinsam für eine positive Entwicklung der Menschheit tätig. Wenn Sie die Elemente, Ahnen, Gottheiten oder Archetypen anrufen können, gibt es keinen Grund, warum Sie nicht auch mit Engeln arbeiten könnten. Die Engel möchten sich mit Menschen verbinden, die einen starken und tiefen Glauben haben. Denken Sie immer daran: Engel machen keine Unterschiede. Sie suchen sowohl nach Tarotkundigen, Kabbalisten, Hypnotherapeuten, Astrologen, Kräuterkundigen wie auch nach ganzheitlichen Heilern. Sie haben die Gelegenheit, an etwas wirklich Großem teilzuhaben. Lassen Sie deshalb nicht zu, dass Sie von vorgefertigten Ideen, die auf falschen Informationen beruhen, behindert werden.

Sie sollten auch nicht glauben, dass die Engel an Ihren alltäglichen Problemen kein Interesse haben oder im Himmel zu beschäftigt sind, um Ihnen zuzuhören. Dieser Unsinn stammt von verknöcherten Theologen, nicht aber von den Engeln selbst. Die Engel sind unsere Führer, Helfer und Freunde und sie warten darauf, von uns angerufen zu werden. Sie können sie jederzeit um Hilfe bitten oder ihnen auch Ihre Hilfe anbieten. Dieses Universum ist sehr vielschichtig und facettenreich – es bietet Raum für jeden von uns.

Brainstorming mit den Engeln

Die Engel können Sie auf wunderbare Weise unterstützen, wenn Sie über ein Problem, eine Entscheidung oder eine bestimmte Situation nachdenken. Die nächste Übung soll Ihnen helfen, sofort mit den Engeln in Kontakt zu kommen. Sie brauchen dafür einen Stift, Papier, eine Uhr und nach Wunsch auch ein Tonbandgerät. Wenn Sie lieber mit Computern arbeiten, dann erstellen Sie ein Engelverzeichnis und machen sich gleich ans Schreiben, oder halten Sie Ihre Gedanken auf dem Tonband fest. Bitte beachten Sie die zweiminütigen Pausen und die kurzen Intervalle nach den Atemübungen. Stellen Sie das Tonbandgerät an, wenn Sie für die Übung bereit sind.

Schließen Sie die Augen. Atmen Sie tief und entspannt mehrere Male ein und aus. Lassen Sie dabei alle Sorgen dieses Tages ziehen. Spüren Sie, wie sie entschwinden.

Dann öffnen Sie die Augen und schreiben das Wort »Engel« auf das Papier. Anschließend schreiben Sie zwei Minuten lang (nicht länger) alle Wörter und Ausdrücke auf, die Ihnen im Zusammenhang mit Engeln einfallen. Es spielt keine Rolle, wie seltsam diese Assoziationen sein mögen. Seien Sie ganz entspannt. Niemand wird sehen, was Sie schreiben, also machen Sie sich deshalb keine Sorgen. Nach zwei Minuten legen Sie den Stift zur Seite. Holen Sie tief Atem und entspannen sich.

Schließen Sie die Augen und atmen Sie wieder tief ein und aus. Stellen Sie sich vor, dass die Engel einen Kreis um Sie bilden. Sie müssen diese Vorstellung nicht detailliert ausfeilen, es genügt, wenn Sie es spüren können. Öffnen Sie dann die Augen und schreiben das Wort »Universum« auf das nächste Blatt Papier. Wieder schreiben Sie zwei Minuten lang (nicht länger) alle Assoziationen im Zusammenhang mit dem Begriff Universum auf das Papier. Schreiben Sie alles auf, was Ihnen in den Sinn kommt. Dann legen Sie den Stift wieder hin und atmen tief ein und aus. Entspannen Sie sich.

Schließen Sie erneut die Augen und atmen wiederum tief ein und aus. Stellen Sie sich vor, wie ein Engel Ihre Schulter berührt. Das ist Ihr Schutzengel. Öffnen Sie die Augen und schreiben das Wort »Botschaft« auf das letzte Blatt Papier. Zwei Minuten lang (nicht länger) schreiben Sie alles (und wirklich alles) auf, was Ihnen dazu einfällt. Nach zwei Minuten legen Sie den Stift hin und atmen tief ein und aus. Schließen Sie die Augen und bedanken sich dann mit lauter Stimme, denn Sie haben gerade mit den himmlischen Heerscharen kommuniziert. So einfach ist das.

Lesen Sie, was Sie aufgeschrieben haben, ohne über die Bedeutung der Aufzeichnungen nachzudenken. Wenn Ihnen plötzlich ein bestimmter Einfall kommt, können Sie ein wenig dabei verweilen, aber zerbrechen Sie sich nicht den Kopf darüber. Nach weiteren 24 Stunden lesen Sie Ihre Assoziationen noch einmal, vielleicht entdecken Sie darunter einen neuen Gedanken. Ich finde bei meinen Aufzeichnungen immer eine neue Idee.

Sie können diese Übung für jedes beliebige Projekt anwenden. Das Schwerste bei jeder Aufgabe ist, den Anfang zu finden. Die Engel helfen den Menschen liebevoll dabei, etwas in Gang zu setzen, sei es, um etwas Neues zu schaffen oder um ein Problem zu lösen. Je öfter Sie diese Übung praktizieren, umso mehr können Sie damit erreichen.

Die folgenden Assoziationen habe ich aufgeschrieben, als ich an diesem Engel-Ratgeber gearbeitet habe. (Wie Sie sehen, glaube ich an das, was ich weitergebe, und praktiziere alles selbst, bevor ich die Idee anderen mitteile. In diesem Buch werden Sie keine Übung finden, die ich nicht zuerst selbst durchgeführt habe.)

Engel: weich, freundlich, licht, hilfreich, fröhlich, schwierig zu finden, Forschung, Sterne, Legenden, positiv, Archetypen, hilfsbereit in allen Situationen, Zeugnisse, Müllauto, Wahrsager, Heilung, Schatz, ein Engel sein, Freude, Glück, Grenzen überschreiten, Lachen, umfassen, Helfer der Götter, Weisheit, Lehrer, ohne Urteil.
Universum: ganz, eines, intuitiv, verbunden, alles, allgegenwärtig, ausgeglichen, Liebe, kein Verhandeln, liebevoll, wertvoll, rund, endlos, Talent, Zeit, Respekt, Individuum, Seele, Reise, astral, Unwissenheit, Gebet, Einheit, Ebenen des Seins, Raum, Wärme, Aufregung, Ebenen der Existenz, Tiere, Entscheidungen, Musik, Tanz.
Botschaft: Glaubensschritt, Mysterium, Propheten, Zusammensein, Interessen, unbelastet, helle Zukunft, Möglichkeiten, Führung, Liebe, Lehrer, Dienst, sein oder nicht sein, dic Starrheit überwinden; negative Menschen hinter sich lassen, die das Leben durcheinander bringen; ein Individuum sein, vorangehen und andere werden folgen, ein Engel sein, nicht nach dem Urteil der anderen leben, stark und weise sein, die Weisheit wohnt in deinem Herzen.

Wenn Sie ein bestimmtes Wort wiederholt notiert haben, machen Sie sich deshalb keine Sorgen. Das bedeutet, dass Sie sich um etwas besonders Gedanken machen und dass Ihre Engel versuchen, Ihnen bei der Klärung zu helfen. Lesen Sie Ihre Botschaft immer wieder und denken Sie darüber nach, was sie für Sie bedeutet.

Planen Sie einen Engeltag

Ich liebe es sehr, einen Engeltag zu planen. Es kostet nichts und ich bin nie über das enttäuscht, was ich dabei herausfinde oder erfahre. Sie können wählen, ob Sie einen Tag in der Natur verbringen möchten (vielleicht bei einem Picknick), Freunde besuchen oder einkaufen gehen. Es spielt keine Rolle, was Sie tun. Es gibt nur eine Bedingung: Bevor Sie den Tag beginnen, sagen Sie zu sich selbst: »Heute werde ich einen Engeltag verbringen. Das heißt, dass ich für alles offen sein werde, was mir das Universum über die Engel zeigt; auch dafür, welche Möglichkeiten für mich bestehen, anderen Menschen zu helfen.«

Dann machen Sie sich auf und denken daran, dass jedes Ereignis und jeder Mensch, der Ihnen begegnet, von den Engeln gesandt wurde, um Ihnen etwas zu zeigen oder um Sie zu unterhalten. Sie sind auf dem Weg zu einem Abenteuer, einer Schatzsuche. Begegnen Sie allen Menschen freundlich und sehen Sie ihnen direkt in die Augen, wenn Sie mit ihnen sprechen. Das heißt nicht, dass Sie in den verrufensten Teil der Stadt gehen und sich dort großspurig benehmen müssen, sondern stattdessen lieber Ihren gesunden Menschenverstand einsetzen sollten.

Wenn Sie gerne einkaufen, denken Sie daran, dass Sie heute nur nach Engeldingen Ausschau halten werden. Sie werden feststellen, dass Sie weniger Geld ausgeben und Dinge aufstöbern, nach denen Sie wirklich gesucht haben, nicht den Plunder, den Sie normalerweise bei Impulskäufen erstehen. Bitten Sie die Engel, Ihnen den Weg in das richtige Geschäft oder in eine Bücherei zu zeigen, wenn Sie auf der Suche nach einem bestimmten Buch sind.

Wenn Sie wieder zu Hause sind, rufen Sie sich die wichtigen Ereignisse des Tages in Erinnerung. Nehmen Sie sich Zeit, zu meditieren und Ihren Körper zu reinigen. In der Meditation stellen Sie sich Ihren Engel wie einen Führer vor, der Ihnen hilft, Antworten auf alle offenen Fragen zu den Erfahrungen des Tages zu finden.

Es gibt viele Möglichkeiten, einen Engeltag zu gestalten, im Grunde können Sie jeden Tag auf diese Weise beginnen. Sie werden überrascht sein, wie sehr Sie dadurch in Einklang mit dem Universum kommen. Dieses wunderbare Gefühl kann Sie jeden Tag begleiten.

Die Reise geht weiter

Wir gehen zusammen weiter auf unserer Reise in die himmlischen Sphären. Wir machen uns auf die Suche nach den Engeln und wir werden sie finden und mit ihnen zusammen zaubern. Wir möchten nicht die ganze Last der Arbeit den Engeln überlassen, sondern versuchen, uns daran zu erinnern, warum wir hier auf diesem Planeten sind und worin unsere eigentliche Mission besteht.

Dieses Buch ist nur ein Hilfsmittel, das Sie für die Arbeit mit den Engeln einsetzen können. Weitere Informationen über die Engel, denen Sie hier begegnen, finden Sie in den Büchern, die in der Bibliografie aufgeführt sind. Die Engel freuen sich darauf, so mit Ihnen zusammenzuarbeiten, wie Sie es möchten.

2. Der Engelaltar

Engel lieben Zauber, sie lieben die Energie und die Verbindung mit dem Göttlichen. Engel und Zauber passen auf himmlische Weise zueinander. Himmel, Paradies, geheiligter Ort, wählen Sie einen Begriff aus, der Ihnen zusagt. Warum sollten Engel nicht mit magischen Menschen zusammenarbeiten?

Die Engel sind auch magischen Kreisen nicht abgeneigt. Sie halten sich fern, wenn sie darum gebeten werden, und kommen, wenn sie eingeladen werden. Sie arbeiten gerne in einem kleinen Kreis, machen sich manchmal in einem Zirkel durch ihre Anwesenheit bemerkbar und geben so der Arbeit mehr Energie.

In diesem Kapitel sprechen wir über die Gestaltung eines Engelaltars und geben außerdem Informationen über die wichtigsten Engel der westlichen Kultur. Manchen unter Ihnen wird dies nicht neu sein, trotzdem hoffe ich, dass Sie sich dennoch mit diesem Kapitel beschäftigen werden. Vielleicht finden Sie hier eine Anregung oder eine Idee, die Sie gerne selbst versuchen möchten. Wenn dies alles neu für Sie ist und Sie nicht alles sofort verstehen können, sollte Sie das nicht verwirren. Sie werden die Essenz des Ganzen trotzdem begreifen.

Die Gestaltung eines Engelaltars

Vielleicht verwenden einige von Ihnen bereits einen Altar in ihrer täglichen Arbeit. Eine wichtige Funktion des Altars ist die Konzentration von Kraft. Frivole Dekorationen gehören genauso wenig auf den Altar wie Ihre Lieblingsgegenstände. Jedes Objekt auf dem Altar sollte einem bestimmten Zweck dienen. Ein Regal über Ihrem Altar eignet sich gut für die Platzierung dieser Gegenstände.

Der Altar dient auch als Arbeitsfläche. Sie sollten genügend Raum haben, um Talismane, Zauberbeutel und Ähnliches herzustellen. Der Altar ermöglicht Ihnen, das Universum und Ihren Glauben zu ehren, auch wenn Sie körperlich nicht anwesend sind.

Gestalten Sie die Größe des Altars entsprechend Ihrem persönlichen Bedarf und dem zur Verfügung stehenden Raum. Einige Menschen haben sowohl einen »hohen« wie auch einen »niedrigen« Altar. Der hohe Altar dient vor allem der Dekoration und wird nur an besonderen Tagen benutzt. Der niedrige Altar ist ein allgemeiner Altar für jeden Zweck und für den täglichen Zauber. Sowohl mein hoher wie auch mein niedriger Altar enthalten viele Steine, der hohe Altar zeigt in nördliche Richtung. Mein niedriger Altar besteht aus einem großen flachen Stein, den ich gut bewegen kann. Jeder Gegenstand auf Ihrem Altar (ebenso wie der Altar selbst) sollte vor dem Gebrauch gereinigt, geweiht und aufgeladen werden (mehr darüber in diesem Kapitel).

Einige Menschen bevorzugen Altartücher, einen exotischen Schal oder fertigen das Tuch für den Altar selbst an, indem sie magische Symbole aus ihrer Religion darauf sticken. Für einen Engelaltar möchten Sie vielleicht Engelinschriften und Engel auf ein Tuch sticken (siehe Kapitel 15). Möglicherweise haben Sie statt eines Altartuchs lieber ein Engelbanner, das Sie über den Altar hängen können. Sie müssen es gar nicht nähen – wählen Sie ein Design, das Ihnen gefällt, schneiden es aus Filz aus und kleben es dann ganz einfach auf ein einfaches Filztuch.

Für die Beleuchtung sind Öllampen oder Kerzen geeignet, besonders Öllampen wirken sehr magisch. Die heiligen Tempelöllampen der alten Priester und Priesterinnen stellten das Licht des Göttlichen in einer ansonsten dunklen Welt dar. Ich arbeite lieber mit Öllampen und benutze die Kerzen nur für die eigentliche Zauberarbeit. Wenn Sie Kerzen benutzen, sollten die Kerzenhalter sicher und nicht brennbar sein. Wenn eine Kerze die ganze Nacht brennen soll, sorgen Sie für eine feuerfeste Unterlage, damit Sie nicht in Gefahr geraten, wenn der Kerzenhalter Feuer fangen sollte. Ein Mädchen hat mir in einem Brief berichtet, dass sie wie gewöhnlich einen Kerzenhalter aus Holz benutzt hatte und ihre Kerze die ganze Nacht brennen ließ. Der Kerzenhalter fing Feuer und zerstörte ihren Altar. Glücklicherweise erwachte sie, bevor das Feuer ihre Wohnung erfasste. Die Wohnung eines jungen Mannes dagegen brannte aus, nachdem er Räucherwerk unbeachtet in einem hölzernen Ständer brennen ließ. Die Kerzenhalter aus Holz sind sehr attraktiv, aber nicht für stundenlange Zauberarbeit geeignet. Ich wähle immer Kerzenhalter oder andere Behälter für Feuer, die aus nicht brennbarem Material sind.

Viele magisch arbeitende Menschen möchten ein Symbol des Göttlichen auf ihren Altar stellen – dies steht Ihnen völlig frei. Manchmal steht auf meinem Altar die Statue einer Göttin oder ein Geweih als Zeichen von Gott. Wenn ich einen bestimmten Zauber betreibe, verwende ich eine Plakette mit der Abbildung einer sechsblättrigen Blume, die als Hexenfuß bezeichnet wird (sie stellt die Kraft der Hexe unter der Führung der verhüllten Göttin und den mit einer Kapuze bedeckten Gott dar). Wenn Sie einer anderen Religion angehören, können Sie eine Statue oder ein Bild Ihres Gottes auf den Altar stellen. Katholiken zum Beispiel könnten dafür die Statue eines Heiligen oder der Jungfrau Maria wählen, Protestanten entscheiden sich vielleicht für ein Bild von Jesus. Wenn Sie glauben, dass die Energie Gottes nicht dargestellt werden kann, werden Sie vermutlich auf Gegenstände dieser Art ganz verzichten.

Nach meiner Vorstellung sind die himmlischen Heerscharen Teil des Göttlichen und werden vom großen Plan des universellen Lichts geleitet. Die Göttin ist die Anführerin der Engel, die mit Geburt, Ernährung, Lernen, Weisheit und Wachstum zu tun haben. Gott dagegen steht an der Spitze der Wesen, die Ordnung schaffen, den Bedürftigen Stärkung geben und für Gerechtigkeit sorgen. Deshalb rufe ich meist die Engel beider Seiten und meinen Glauben an das Göttliche für meine Arbeit an. Sie können für sich selbst entscheiden, wen Sie anrufen möchten.

Ich stelle gerne ein Engelsymbol auf den Altar, wenn ich die

Der Engelaltar

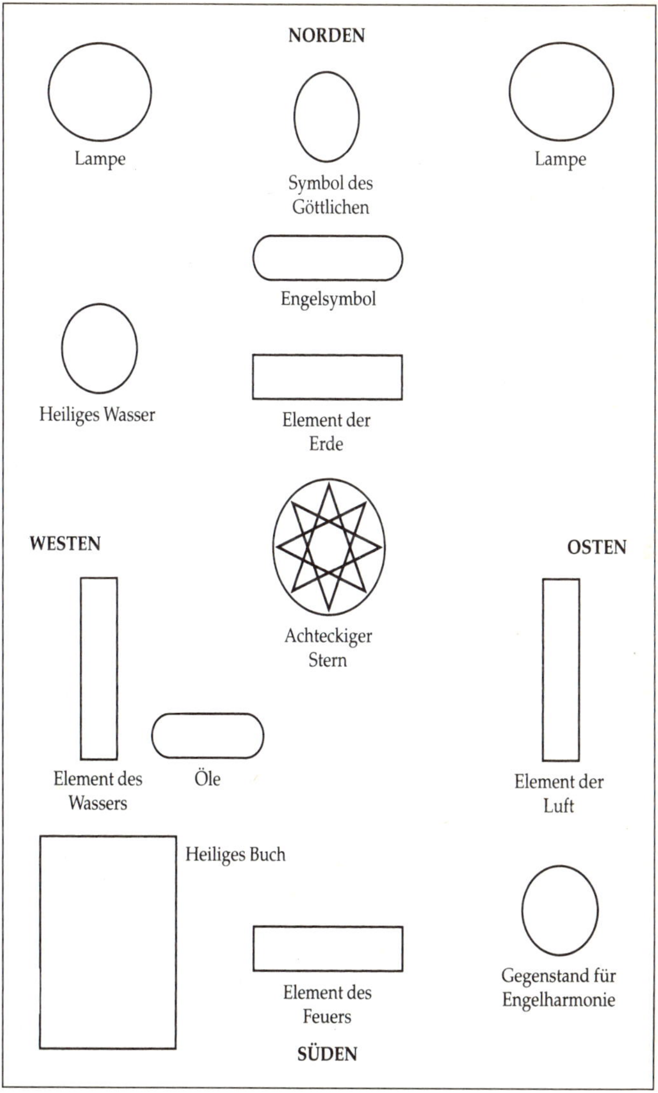

Engel anrufe, das heißt aber nicht, dass ich sie anbete, sondern dass ich mich mit ihrer Energie verbinde. Das Symbol erleichtert mir die Kontaktaufnahme mit dieser Energie. Ein anderes kraftvolles Hilfsmittel für den Zugang zu den Bereichen der Engel ist der achteckige Stern, den Sie entweder kaufen oder selbst aus einer Holz- oder Metallscheibe herstellen können. Ich lege diese Scheibe bei der Arbeit mit den Engeln oft in die Mitte meines Altars (zumindest während der Anfangsandacht vor Beginn der tatsächlichen Zauberarbeit).

Ihr Engelsymbol muss kein teures Stück aus Porzellan oder ein anderer kostspieliger Gegenstand sein. Eines Abends bastelte mein achtjähriger Sohn etwas mit der Schere, kam dann schließlich zu meinem Schreibtisch und gab mir einen Engel, den er aus Papier ausgeschnitten hatte. Er hat mir so gut gefallen, dass ich ihn in einem Rahmen über meinem Altar aufgehängt habe.

Engel haben einen engen Kontakt zu den Elementen und dem Elementenzauber. Viele Menschen, die Zauberarbeit praktizieren, stellen etwas auf ihren Altar, das die Elemente Erde, Luft, Feuer und Wasser darstellt. Später werden wir über Engel sprechen, die eine besondere Affinität zu den Elementen haben, aber im Moment können Sie aus den folgenden Bereichen etwas auswählen, das sich für Ihren Altar eignet:

Erde: eine Schale mit Erde aus Ihrer Gegend, Sand, Salz, Kristalle oder auch Eis, wie es in einigen magischen Traditionen üblich ist. Das Symbol für die Erde erhält den Platz auf Ihrem Altar, der nach Norden zeigt. Der Norden steht für Mysterien, Wachstum, Fruchtbarkeit, Fülle, die gesammelten Kräfte der Natur, Geburt, Heilung, Geschäfte, Industrie und Besitz.

Luft: Räucherwerk, eine Feder, ein Fächer. Die Luftgegenstände auf Ihrem Altar sollten nach Osten zeigen. Der Osten repräsentiert Intellekt, Kommunikation, Wissen, Konzentration, Telepathie, Erinnerung, Weisheit, die Fähigkeit, Mysterien zu erfahren und zu begreifen, Geheimnisse zu enthüllen und in Kontakt mit den Engeln zu treten.

Feuer: eine besondere kleine Kerze, eine Lampe, eine kleine Schale mit Räucherwerk. Die Symbole für das Feuer auf Ihrem Altar zeigen nach Süden. Er repräsentiert Energie, Reinigung, Mut, Herausforderungen, Kreativität, das höhere Selbst, Erfolg, Verfeinerung, Kunst und Transformation. Wenn Sie bei der Zauberarbeit die Möglichkeit haben, ein Feuer zu entzünden, verwenden Sie eine Schale mit Getreide, Maismehl oder Reis.

Wasser: eine Schale mit Wasser, eine schmale Wasserflasche oder ein kleiner Wasserkessel. Die Gegenstände für das Element Wasser auf Ihrem Altar zeigen nach Westen. Der Westen ist ein Zeichen für Intuition, Emotionen, das innere Selbst, fließende Bewegungen, die Kraft zur Herausforderung, Reinigung, Sympathie, Liebe, Reflexion, die Gezeiten und die Pforten des Todes.

Damit sind wir schon fast am Ende der Aufzählung der Gegenstände, die Sie auf Ihren Altar stellen könnten. Drei Dinge kommen vielleicht noch für Sie in Betracht:

Heiliges Öl/Massageöl: um sich selbst damit während des Gebets oder vor der Arbeit einzureiben.

Heiliges Buch: Wählen Sie das Buch, das in Ihrer Religion am wichtigsten ist. Für eine Hexe oder einen Zauberer ist es das Buch der Schatten, für einen Christen die Bibel usw.

Ein Gegenstand für die Anrufung: Bei der Arbeit mit den Engeln können Sie einen Gegenstand wählen, der Ihnen hilft, sich schnell in die Engelenergie einzustimmen. Dies könnte ein Edelstein sein, eine Plakette, ein Schmuckstück oder ein kleiner Talisman. Vielleicht ist es etwas, das Sie auf einem meditativen Spaziergang entdeckt haben, es spielt keine Rolle, welcher Gegenstand es ist. Entscheidend ist, dass er Ihnen bei einer harmonischen Kontaktaufnahme zu den Engelkräften Unterstützung gibt.

Zuerst wenden wir uns den grundlegenden Engelskräften zu, mit denen wir arbeiten möchten. Ihre Namen sind Raphael, Michael, Uriel und Gabriel.

Ein einfacher Engelaltar

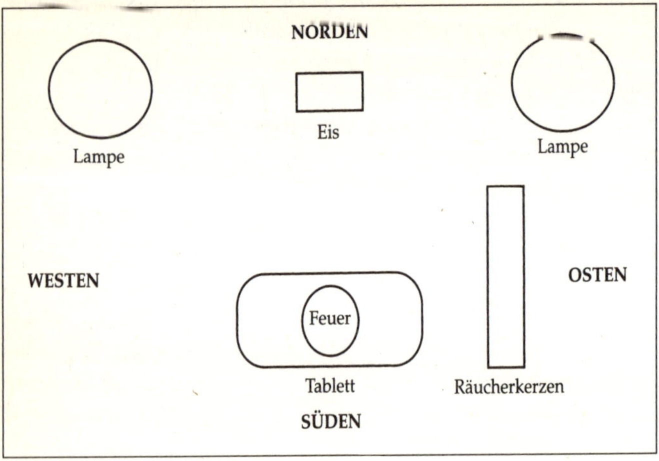

Ein einfacher Engelaltar
Wenn Sie nichts von den vorher erwähnten Gegenständen auf Ihren Altar stellen möchten, zeige ich Ihnen noch einen einfachen Engelaltar, der Ihnen vielleicht besser zusagt.

Ich beschreibe verschiedene Möglichkeiten zur Gestaltung eines Altars, um zu betonen, dass das, womit Sie sich in Ihrer Spiritualität wohl fühlen, das Richtige für Sie ist. Wenn Sie auf Ihren Altar nur eine Engelstatue mit einem Kerzenhalter stellen möchten, dann sollten Sie das ruhig tun. Es gibt keinen einzig richtigen Weg, um das Göttliche zu verehren oder die Engel in Ihr Leben zu rufen, Sie haben immer die freie Wahl.

Die grundlegenden Engelkräfte

Die jüdische Sekte der Essener, die in der Zeit Jesu auf ihrem Höhepunkt war, legte denen, die in den Orden eintreten wollten, den Eid auf, die Namen der Engel geheim zu halten. Sie glaubten, dass die Kenntnis der Namen Macht bedeutete, die auch missbraucht werden und den spirituellen Aspiranten von seinem Hauptziel ablenken könnte, das darin bestand, ein Mitglied der Gemeinschaft zu werden.

Namen bedeuten Macht. Etwas oder jemand mit seinem Namen zu rufen heißt, sich mit seiner Energie zu verbinden, sei sie nun gut oder schlecht. Ich persönlich glaube, dass Sie darunter leiden werden, wenn Sie die Kraft der Engel missbrauchen sollten. Wie bei allen Entscheidungen in unserem Leben haben wir auch hier die Wahl, in eine positive oder negative Richtung zu gehen. In jedem Fall werden wir aber die Früchte dieser Entscheidungen ernten. Dem heutigen Verständnis nach stehen die Engel in Verbindung mit den positiven Aspekten des Universums wie Heilung, Erfolg, Sicherheit und Geborgenheit. Wir haben (so hoffe ich) die mittelalterlichen Zeiten hinter uns gelassen, in denen geifernd nach Namen für die Legionen der gefallenen Engel gesucht wurde. Mitunter wurden die Verfehlungen der Menschheit auf andere Wesenheiten übertragen. Dadurch sind unangenehme Vorstellungen wie die der gefallenen Engel entstanden.

In diesem Buch behandeln wir vor allem die Engelenergien, denen traditionell positive Eigenschaften im Umgang mit den Menschen zugeschrieben werden. Die ersten aus dieser Reihe sind die Erzengel Raphael, Michael, Gabriel und Uriel. Sie sind in den meisten Religionen bekannt.

Die Beschreibung der einzelnen Erzengel enthält auch eine besondere Anrufung für die Arbeit mit ihnen. Die Anrufung wirkt wie eine Zugkraft für die Kräfte aller himmlischen Wesen. Mit den hier genannten Anrufungen ziehen Sie die Energien der Erzengel in einen magischen Zirkel (siehe Kapitel 6). Manchmal verändert sich durch die Zugkraft der Engel die Persönlichkeit der Menschen, die sie anrufen. Sie könnten dadurch von hellem Licht umgeben sein und selbst zu einem strahlenden Wesen werden; denn die Menschen werden von der Engelenergie, die sie anrufen, eingehüllt.

Verwenden Sie die Anrufungen in besonderen Situationen, um die Energien zu manifestieren, die Ihnen in dieser Lage am besten helfen können. Für die Wirkung von Heilungskräften würde ich Raphael rufen. Wenn ich mein Leben verändern wollte, wäre Gabriel die Engelkraft meiner Wahl. Setzen Sie die Energien von Michael ein, wenn Sie in einer Situation sind, in der Sie sich verteidigen müssen. Zur Verbesserung von prophetischen Fähigkeiten oder zum Erlernen einer Wahrsagemethode wie Tarot würde ich Uriel anrufen. Dies sind nur einige Beispiele der verschiedenen Möglichkeiten, denn jeder Engel hat viele Talente, die er gerne mit Ihnen teilt. (Für detaillierte Angaben zu den Zuständigkeitsbereichen der Engel siehe Seite 419 ff.)

Raphael, Engel des Ostens

Ich bin der Engel der Sonne,
Dessen flammende Räder sich zu drehen beginnen,
Wenn Gottes allmächtiger Atem
Zur Dunkelheit und zur Nacht sprach:
Werde Licht! Und es ward Licht.
Ich bringe das Geschenk des Glaubens.

LONGFELLOW, *THE NATIVITY*

Farben: Gelb oder Gold und Blau
Jahreszeit: Frühling
Tageszeit: Morgendämmerung
Element: Luft
Astrologische Zeichen: Zwilling, Waage und Wassermann

Der ursprüngliche Name der Chaldäer für Raphael war Labbiel. Das hebräisehe Wort *rapha* bedeutet Heiler, Arzt oder Chirurg, in der wörtlichen Übersetzung heißt Raphael »leuchtender Heiler«. Die ersten Überlieferungen über Raphael stammen aus dem Nahen Osten aus der Zeit vor Christus. Ugarit war ein Stadtstaat, der an der Mittelmeerküste in voller Blüte war. In ihm befand sich ein Pantheon mit dem großen Gott El und seiner Gemahlin Atirat (deren Kind Raphael war), dem Sturmesgott Baal und seiner Schwester Anat und anderen

Gottheiten und (natürlich) Engeln. Raphael war demnach ursprünglich ein Archetypus und kein Engel.

Die Aufgabe Raphaels ist die Heilung der Erde, durch ihn beschützt und ernährt die Erde die Menschheit. Dazu gehören die Energien von Liebe, Freude, Licht, Gebet, Mitgefühl und Ehre. Die wichtigste Funktion von Raphael ist, sich der Krankheiten und Seuchen und des Ungleichgewichts unter allen Kindern Gaias anzunehmen. Er ist bekannt als der Engel der Sonne und regiert über Wissenschaften und Lehren.

Er ist der herrschende Prinz des zweiten Himmels, der Hüter der Abendwinde, der Beschützer des Lebensbaumes, der Beherrscher des Südens und mitunter auch der Wächter des Westens, obwohl er in unserer Arbeit hauptsächlich im Osten sein wird. Raphael ist ein Engel der Liebe und des Lachens. Er ist auch der Führer in die Unterwelt und der Engelpatron der Ärzte, Krankenschwestern, Hebammen, alternativen Heiler, Reisenden und derer, die ihr Augenlicht verloren haben. Raphael hat König Salomon das Pentakel (der fünfzackige Stern, umgeben von einem Ring) geschenkt. Die Spitzen des nach oben gerichteten Pentakels stehen für Erde, Luft, Feuer und Wasser und für den Geist der Humanität, der von der Harmonie des Universums umfasst wird. Raphael ist der Engel der Zauberwerkzeuge und der Mysterien.

Raphael hat eine Affinität zu jungen Menschen und zu Kreativität. Einige nennen ihn den »Wächter« aller Schutzengel. Er hat viel Humor, liebt Scherze und Spiele und hält nach denen Ausschau, die zu neuen spirituellen Ufern aufbrechen oder bestrebt sind, auf ihrem Weg in die Erleuchtung das Beste zu erreichen. Als »Inkognito-Engel« überrascht er gern ahnungslose Sterbliche, um ein wenig mit ihnen zu plaudern.

Stellen Sie sich Raphael in Gelb und Lila vor, er trägt den Kaduzeus (ein Stab, um den sich Schlangen winden, das Symbol der Lebenskraft und Zeichen der Ärzte) und reitet auf einem Windstoß. In anderen Bildern wird er mit einem grünen Kleid mit blauer Einsäumung dargestellt (wie in dem Gemälde von Botticini »Tobias und die Engel«).

Anrufung von Raphael

Von der azurblauen Küste und dem Meer von Ugarit
Aus dem Stamm der Chaldäer, leuchtender Gott der Heilkraft,
Auf der Welle der goldenen verzauberten Brise der Morgendämmerung
Erhebt er sich, um die Menschheit von heimtückischen Krankheiten zu befreien.
Ich winke dir zu, du großer Engel der Sonne,
Tritt ein mit perlendem Lachen und kreativem Frohsinn.

Flüstere mir die Geheimnisse des Pentagramms zu, holder Raphael,
Der Sohn von El und seiner Gemahlin Atriat ist Labbiel.
Um deinen Stab winden sich die mystischen Schlangen.
Wissenschaft und Wissen sind die ergebenen Diener.
Nun befehle den Legionen, wenn es die Magie erfordert,
Und bringe uns die Kraft des heilenden Hauchs.

Engelsherrscher der spirituellen Führer,
Streife die Schwingen des Pfaus auf Wirbeln von duftendem Zedernholz.
Du schwebst verkleidet unter den Menschen,
Erhebst dich in Spiralen aus dem Osten, wo blaugoldene Gebete aufsteigen
Und das Gleichgewicht von Gaia wieder herstellen.
Lass uns niemals über das weinen, was gewesen sein könnte.

Michael, Engel des Südens

Heiliger Erzengel Michael, verteidige uns in der Zeit des Kampfes; sei unser Beschützer vor dem Bösen und den Tücken des Unheils. So mögest du, Prinz der himmlischen Heerscharen, durch die Macht Gottes alle bösen und gottlosen Geister bezwingen.

PAPST LEO XIII.

Farbe: Rot oder Scharlachrot
Jahreszeit: Sommer
Tageszeit: Mittag
Element: Feuer
Astrologische Zeichen: Widder, Löwe und Schütze

Michael bedeutet »der Gott ist«. Er kann deshalb als eine heidnische Gottesform betrachtet werden. In vielen Religionen steht er an der Spitze aller Engelwesen. Wie Raphael wurde er von den Chaldäern als heidnischer Gott verehrt, bevor er in das Christentum, den Islam oder in das Judentum integriert wurde. Ebenso wie unser guter alter Christbaum und der Osterhase ist er Teil eines viel älteren Glaubens, dessen Ursprung nicht in den etablierten Religionen liegt.

Sie haben ihn vielmehr, wie viele andere Engel auch, sozusagen nur ausgeliehen und ihn dann ihrem jeweiligen Glaubenssystem angepasst.

Michael ist also ursprünglich ein heidnischer Archetyp. Er ist das Oberhaupt in der Ordnung der Tugenden, Führer der Erzengel, Engel der Reue, der Rechtschaffenheit und der Gnade und Herrscher des vierten Himmels. (Ich werde diese ungewohnte Terminologie später in diesem Buch erläutern.) Sein mystischer Name ist Sabbathiel, wenn Sie ihn lieber so nennen möchten, sind Sie herzlich dazu eingeladen. Im Islam wird er als Mika'il bezeichnet.

Es ist nahe liegend, dass Michael in den patriarchalischen Religionsformen sehr beliebt ist. Er ist ein Racheengel, der in den Legenden und Überlieferungen schon einige Übeltäter besiegt hat. Er spricht also die Menschen an, die nach starken, aggressiven Figuren suchen – »besiegen und vernichten« lautet die Parole.

Im Mittelalter trug er eine Rüstung und heutzutage wäre er sicher mit der besten militärischen Ausrüstung ausgestattet, die diese Welt zu bieten hat. Er ist ein unbestrittener Held, sozusagen der Terminator in der Welt der Engel. Unser Urteil über Michael sollte jedoch nicht zu hart ausfallen, denn die

Überlieferungen über seine Person sind das Resultat von männlichen Wunschvorstellungen, verbunden mit einem echten Bedürfnis nach Gerechtigkeit, Stärke, Schutz und Harmonie in unserer Welt. Der Legende nach ist er der einzige Engel, der die himmlischen Heerscharen durch dick und dünn verteidigt hat. Seine absolute Treue steht außer Frage.

Zur Geschichte Michaels gehört jedoch mehr als die christliche Überlieferung. Er war zum Beispiel im ägyptischen Pantheon als Anubis mit der Aufgabe betraut, die »Seelen abzuwiegen«. In der persischen Mythologie trug Michael den Namen Beshter, das bedeutet »einer, der der Menschheit Beistand leistet«. In einer früheren akkadischen Version nannten ihn die Menschen Kasista, das heißt Prinz oder Führer. Die heidnischen Bewohner im römischen Gallien wurden mit dem Mythos um seine Gestalt regelrecht manipuliert und unter Druck gesetzt, um zum Christentum überzutreten. Die Kirche schrieb viele der Eigenschaften von Mercurius Michael zu. Die »Michaelshügel«, die in ganz Europa zu finden sind, stehen in Zusammenhang mit dem alten Brauch der Totenhügel und haben ihren Ursprung in dem mystischen heidnischen Glauben. Diese Hügel verbinden die Energie der Ley Lines miteinander. Die Kirche gestand Michael viele seiner archetypischen heidnischen Kräfte zu, um die Menschen von ihrem alten Glauben abzubringen. Der Überlieferung nach ist es der Engel Michael, der Maria, der Mutter Jesu, erschien, um ihr zu sagen, dass es an der Zeit sei, diese Erde zu verlassen. Michael zeigt sich auch als ein Engel, der gnädig, geduldig und mitfühlend sein kann.

In der islamischen Tradition ist er der Engel der Nahrung und des Wissens; in Ägypten gilt er als der Patron des Nils. Ihm zu Ehren findet jedes Jahr mit dem Anstieg des Nils ein Fest statt.

Die Flügel Michaels entfalten sich zu einem leuchtenden Smaragdgrün, manchmal wird er auch mit Pfauenfedern dargestellt (vielleicht ein Überbleibsel der ägyptischen Göttin Maat?). Hin und wieder trägt Michael ein glänzendes Schwert, in unserer Zeit jedoch liegen seine Waffen der Wahrheit mehr im geschriebenen Wort und dankenswerterweise nicht in den Raketen unseres Militärapparats. In manchen Traditionen hält er anstelle des Schwerts auch ein Zepter in der Hand.

Michael ist der Beschützer der Polizei, der Sicherheitskräfte, der Jäger und der bewaffneten Wachleute. Er hat einen festen Platz als Hüter der Göttin auf der astralen Ebene, wo er sie vor den Anschlägen des Patriarchats beschützt.

Michael hat ein besonderes Talent, alles zu reinigen, sowohl Menschen als auch Orte. Er ist ein Konglomerat der alten Geister, die vor Beginn des Christentums über heilige Bäche, Flüsse, Springbrunnen, Seen usw. wachten. Auch ist er der Hüter der Schreine, die zur Ehrung der heilenden göttlichen Kräfte errichtet wurden.

Michaelmas, das Fest des heiligen Michael, wird von der Kirche von England und der amerikanischen Episkopalkirche mit viel Prunk und Zeremonie gefeiert und zieht jedes Jahr am 29. September Tausende von Gläubigen an. Auf den britischen Inseln spricht man von Michael als dem *brian Micheil* (dem guten Michael).

Du bist der tapfere Krieger,
Der den Weg der Prophezeiung geht.
Du würdest nicht auf einem Klepper einherziehen,
Sondern du wählst das Schlachtross des Gottes Michael,
Er war ohne Lüge,
Du ließest ihn auf den Schwingen reiten,
Mit einem Sprung gelangtest du jenseits des Wissens der Natur.

ALEXANDER CARMICHAEL

Wenn Sie zu Hause oder in Ihrem Garten einen heiligen Ort errichten möchten, bitten Sie den Engel Michael um Schutz für das Gebäude und den Ort. Stellen Sie sich Michael als eine Figur in Scharlachrot mit Grün oder Gold mit einem flammenden Schwert in der Hand vor.

Michael, du Siegreicher,
Du, Michael, du Siegreicher,
Ich komme unter dein Schild,
Du, Michael mit dem weißen Ross
Und der schimmernden Klinge,
Du Bezwinger des Bösen,
Steh mir bei,
Du Hüter der Himmel,
Du Krieger und König der Engel,
O Michael, du Siegreicher,
Mein Stolz und mein Führer,
O Michael, du Siegreicher,
Du Glanz meiner Augen.

Ich ziehe meine Kreise
In Verbundenheit mit meinem Schutzengel
Auf dem Feld, in den Auen,
Auf den kalten Hügeln der Heide,
Obgleich ich über die Meere reise
Und über den festen Erdenball,
Kann mir niemals Leid geschehen
Unter dem Schutz deines Schildes,
O Michael, du Siegreicher,
Juwel meines Herzens,
O Michael, du Siegreicher,
Gottes Hirte bist du.

ALEXANDER CARMICHAEL

Anrufung von Michael

Prinz der Chaldäer und heidnischer Gott,
Rächende Lanze, Schwert und Stab,
Gnädiger Kriegerengel der Mittagsglut,
Der hier diesen heiligen Ort bewacht,
Mein Michael nimmt Gestalt an,
Dies ist die scharlachrote Flamme, Sabbathiel.

Treuer Kämpfer und astraler Hüter,
Karmesinroter Führer, vollkommenes Abbild des Menschen.
Gnade, Geduld und herzliches Mitgefühl
Dessen göttliche Hand schützend eingreift,
Heil dir, o Patron des Nils,
Ich rufe dich, du starker Michael.

Mut und Vertrauen zeigst du uns,
Geliebter Engel der Legenden,
Vereine die Energien weise und gerecht,
Du Vorkämpfer der Göttin, dem sie vertraut.
Du Racheengel, himmlischer Jäger,
Mein Engel des Kampfes im gleißenden Sommerlicht.

Gabriel, Engel des Westens

Schönste aller Jungfrauen,
Wie der Mond unter den Sternen.
Lieber Gabriel, gekleidet in Licht,
Bringe meinem Herzen Frieden.

UNBEKANNT

Farben: Blau oder Aquamarin
Jahreszeit: Herbst
Tageszeit: Abenddämmerung
Element: Wasser
Astrologische Zeichen: Krebs, Skorpion und Fische

Gabriel steht nach Michael in der christlichen und jüdischen Überlieferung an zweiter Stelle. Der Wortstamm ihres Namens kommt aus dem Sumerischen und bedeutet »Herrscher des Lichts« (*gabri* bedeutet »Herrscher«, und die Endsilbe *-el* heißt »leuchtend«). Sie ist der Engel der Auferstehung, der Gnade, der Rache, des Todes, der Geburt, der Transformation und der offenbarten Geheimnisse und sie ist auch die Friedensstifterin. Sie trägt einen Olivenzweig in der Hand, das Symbol des Friedens. Gabriel ist die herrschende Prinzessin des ersten Himmels, sie sitzt zur Rechten des Göttlichen. Mohammed hat Gabriel 140 Flügelpaare zugeschrieben; leider hat er sie als männlich bezeichnet. Sie ist bei den Moslems als Jibril bekannt und wird als die männliche Version des Engels Gabriel verehrt, der dem Propheten Mohammed den Koran diktiert hat.

Gabriel ist das Oberhaupt der Engelwächter, die das Paradies behüten (Himmel, Garten Eden). Sie wird auch als Engel des Mondes betrachtet. Ihre Geschenke sind die Hoffnung und Botschaften aus dem göttlichen Reich in Form des geschriebenen Wortes. Um ihren schlanken Körper entfalten sich große goldene Flügel. Gabriel ist aber auch ein »Terminatorengel«, das heißt, dass die Bestrafung der Übeltäter zu ihren Aufgaben gehört. Sie ist die Beschützerin der Energie der Göttin auf Erden und beschützt die, die der Göttin dienen. Sie liebt Blumen und die Legende schreibt ihr atemberaubend schöne Gesichtszüge und einen wunderbaren Körper zu. Zu ihrer Seite schnauben wilde und leuchtend weiße Pferde. Pferde und insbesondere geflügelte Pferde sind die Tiere, die mit diesem Engel in Verbindung gebracht werden.

Gabriel ist die Beschützerin bei Schwangerschaft und Geburt. Nach dem Zeugnis der heiligen Johanna von Orleans war sie es, die Johanna überredet hat, dem Dauphin beizustehen, Gabriel kündigt die Geburt von Heiligen oder der von den Lichtkräften des Universums Begünstigten an. Die sumerische Überlieferung besagt, dass sie einst menschliche Gestalt besaß (wiederum eine archetypische Energie) und in den Stand einer Göttin erhoben wurde. Das Symbol Gabriels ist die Lilie, die *fleur-de-lis*, die den dreifachen Aspekt der Göttin darstellt. Der Legende nach hat Gabriel die Geburt Samsons, der Heiligen Jungfrau Maria, Johannes des Täufers und Jesu vorausgesagt.

Nach den Überlieferungen ist Gabriel auch mit Lilith, der ersten Frau Adams, verbunden, die ihn verspottet hat und deshalb bei den Menschen und den himmlischen Mächten in Ungnade gefallen ist. Eine Legende berichtet, dass Lilith nicht menschlicher Natur, sondern ein Wesen von den Sternen war, das sich geweigert hat, den animalischen Adam (als einer Kreuzung zwischen den Genen niedriger menschlicher Wesen und den Sternengeschöpfen) zum Mann zu nehmen. Gabriel und Lilith sind nicht identisch, im genetischen Sinn hat Gabriel den ganzen Plan überwacht.

Michael ist zwar das Oberhaupt der himmlischen Streitkräfte, doch Gabriel arbeitet die Strategien aus und bestimmt die Zielrichtung der Truppen. Nach der Überlieferung der Moslems brachte Gabriel den Schwarzen Stein der Kaaba zu Abraham nach Mekka. Der Stein existiert noch heute und viele gläubige Moslems gehen auf die jährliche Pilgerreise *(haj)* nach Mekka, um den Stein zu küssen.

Heutzutage gilt Gabriel als Patronin der Botschafter und der Postbeamten. 1951 ernannte Papst Pius XII. Gabriel zum Patronatsengel für alle Arten der Telekommunikation. Stellen Sie sich Gabriel in Blau mit etwas Orange und einem Kelch in der Hand vor, umgeben von Wasserfällen.

Anrufung von Gabriel

Sumerische Priesterin des Lichts,
Ich suche deine Nähe hier in dieser Nacht,
Aquamarinblauer Nebel verzaubert die Abenddämmerung,
Und der Herbst lässt den heiligen Moschus erblühen,
Erhebe dich, süße Gabriel des Mondes
Mit goldenen Schwingen.

Die Energie der Göttin auf dieser Erde
Bringt Transformation und Wiedergeburt,
Die Lilie öffnet sich, genährt durch den Kelch,
Dieser Engel vernichtet und rächt das Böse.
Herrscherin des mystischen göttlichen Lichts,
Dein Plan ist die Auferstehung und die Gnade.

Komm jetzt, vereinige dich, meine königliche Kriegerin,
Wer weiß von Geburt und den Dingen, die niemand sieht,

Ich sehne mich nach der Quelle der Weisheit
Und nach der Enthüllung der Mysterien, die ich noch nicht kenne.
Die Feen bemalen den Sternenhimmel,
Und Jibril bewacht dieses Paradies.

Ariel, Engel des Nordens

Der Engel, der über Donner und Schrecken wacht …

MALCOLM GODWIN

Farben: Grün und Braun
Jahreszeit: Winter
Tageszeit: Mitternacht
Element: Erde
Astrologische Zeichen: Stier, Jungfrau und Steinbock

Ariel bedeutet »großer Erdenfürst« oder »leuchtende Erde«. Dieser Engel ist der Hüter von Visionen, Träumen und Prophezeiungen. Oft wird er mit einer Schriftrolle dargestellt. Ariel ist bekannt als Engel der Mysterien und unterstützt Raphael bei der Heilung der Kinder der Göttin. Auch Ariel ist ein Engel, der in der Überlieferung zunächst als Gottheit erscheint, also ist auch er aufgestiegen (oder gefallen, je nach Auffassung). Nach John Dee, dem königlichen Astrologen zur Zeit von Königin Elisabeth, ist Ariel eine Mischung aus Anael und Uriel. Die modernen Engelautoren verwechseln Ariel und Uriel oft miteinander, vermutlich weil sie ungefähr das Gleiche vertreten. Uriel gab die Interpretationen von Magie an die Menschen weiter, er ist besonders freundlich zu den Septembergeborenen. Er ist der Beschützer der übersinnlichen Medien und all jener, die im positiven Sinne die Zukunft voraussagen. Außerdem ist er der Patron der Journalisten, Lehrer und Autoren. Er ist zuständig für Naturerscheinungen wie Tornados, Gewitter, Wirbelstürme, Vulkane und Erdbeben. Der Archetyp von Uriel ist der Gott der Sonne. Uriel ist jedoch kein sanfter Engel.

Auch er ist ein »Terminatorengel«, der mit Übeltätern nicht viel Federlesens macht und den Bösewichtern mit Freude die Zungen herausreißt und sie auf dem Feuer röstet. Ein moderner Engelautor beschreibt die Energie Uriels auf dem Planeten Erde so, »dass er seine Pflicht so unerschütterlich erfüllt, als würde ein vierzig Tonnen schwerer Lastwagen ohne Bremsen mit einer Geschwindigkeit von hundert Stundenkilometern herandonnern«.

Ariel überwacht auch die Arbeit der Naturgeister und hütet die Schlüssel zum Königreich der Elfen.

Stellen Sie sich Ariel/Uriel in grüner und brauner Kleidung vor, der in einer fruchtbaren Landschaft Garben aus Weizen, Mais oder Gerste in Händen hält. Sein Totemtier ist der Löwe.

Anrufung von Ariel

Von tannengrün bis sienabraun
Der Winter erscheint und berührt den Boden,
Der Frost um Mitternacht bringt die Mysterien,
Visionen, Träume und Prophezeiungen,
Die Geister der Natur tanzen den Zauberspruch,
Um den gewaltigen Uriel zu rufen.

Die Vulkane des Wissens brechen jetzt aus,
Auf Schneekristallen vom hohen Norden
Mit dem Gebrüll der Löwen und der Gewalt von Sekhmet
Rufe ich diesen Engel der geheimen Quellen,
Leuchtende Erde und wahrhaftiger Spruch,
Ich suche das Wissen von Ariel.

Auf Felsen und Steinen und den Bäumen des Waldes
Ein Wesen mit Falkenaugen, das endlos weit sieht,
Das die Wahrheit unerbittlich aus den Lügen der Menschen holt
Und das Geschenk der Engelaugen bringt,
Breite die Flügel der Wirbelstürme aus,
Erleuchte meine arme sterbliche Seele.

Sie haben vielleicht bemerkt, dass ich drei der vier Erzengel mit »er« bezeichnet habe. Die Engel sind jedoch weder männlich noch weiblich, sie können beides sein, wenn sie das möchten. Ist Ihnen schon aufgefallen, dass die Namen Michael, Gabriel, Raphael und Uriel Jungennamen sind, aber mit einem »a« oder »e« am Ende auch Mädchennamen sein können? Wenn Sie mit den Engeln lieber in der weiblichen Form sprechen, sollten Sie das ruhig tun. Sie können sie auch mit den männlichen Attributen versehen und dann die Energie der Göttin anrufen, um eine ausgeglichene, harmonische Atmosphäre zu schaffen – Sie können wählen.

Diese vier Engel gehören zum »Clan der Sieben« im himmlischen Reich, manchmal sind sie auch bekannt als der »Achte Chor der Erzengel«. Im christlichen und jüdischen Glauben gibt es sieben Erzengel, die anderen drei Engel werden als nicht zugehörig betrachtet. Der Islam erkennt ausschließlich diese vier Engel an, der Koran aber erwähnt nur zwei: Gabriel und Michael. In diesem Buch werden Sie die weiteren sechs umstrittenen Engel noch kennen lernen, es sind Metatron, Remiel, Sariel, Anael, Raguel und Raziel.

Es werden Ihnen verschiedene Arten von Engeln begegnen. Wenn Sie deren historische Namen nicht verwenden möchten, wenden Sie sich stattdessen an die Kraft oder Energie dieser Engel. Rufen Sie immer gezielt und mit Ihrem ganzen Gefühl nach den Engeln, um die gewünschten Resultate zu erreichen.

Das Bann-(Erden-)Pentagramm

Das Pentagramm (ein fünfzackiger Stern) und das Pentakel (der fünfzackige Stern umgeben von einem Ring) sind oder waren das Geschenk des Engels Raphael an die Menschheit. Der Schlüssel zur Anwendung des Bannpentagramms liegt in der Art, wie Sie es visualisieren.

Wenn Sie dies noch nicht praktiziert haben oder dabei auf Schwierigkeiten gestoßen sind, dann gehen Sie in folgenden

Schritten vor. Zuerst zeichnen Sie ein Pentagramm auf eine Karteikarte, dann betrachten Sie das Pentagramm, schließen die Augen und stellen es sich mit geschlossenen Augen hinter Ihren Lidern in einem hellen blauen oder weißen Licht vor. Anschließend öffnen Sie die Augen und folgen dem nachstehend abgebildeten Pentagramm, das Ihnen zeigt, wie ein Bannpentagramm gezeichnet ist. Praktizieren Sie diese Übung so lange, bis sie gut gelingt.

Bannpentagramm

Reinigung, Weihung und Aufladen

Durch den Vorgang der Reinigung, Weihung und Aufladung werden alle negativen Rückstände beseitigt, die einen Gegenstand oder Ort belasten können. Dadurch wird ein harmonisches Klima geschaffen, in dem Sie mit den göttlichen und universalen Kräften Hand in Hand arbeiten und positive und harmonische Energie auf die gewünschten Objekte oder Orte übertragen und so den Erfolg Ihrer Arbeit sichern können.

Durch die Reinigung werden alle negativen Schwingungen aufgelöst. Die Weihung widmet einen Gegenstand oder Ort dem Göttlichen, beim Aufladen wird der Gegenstand mit göttlicher Energie angefüllt. Bevor Sie Ihren Engelaltar aufbauen (oder ein Hilfsmittel wie Tarotkarten, Schmuck oder einen anderen Gegenstand auf Ihrem Altar zum ersten Mal verwenden), sollten Sie ihn stets vorher reinigen, weihen und aufladen.

Das kleine Bannritual stellt den ersten Schritt zur Reinigung, Weihung und Aufladung Ihres Altars dar. Sie sollten dieses Ritual lernen und abends und morgens durchführen. In der zeremoniellen Magie verwendet man oft ein Kreuz, für die Wiccaner eignet sich auch ein Stab oder ein Athame (ein Messer oder Dolch). Im Engelszauber ist das nicht notwendig, hier genügen die Finger einer Hand. Dieses Ritual reinigt Ihren Körper und die Aura, in der Sie sich befinden, sodass Sie den ganzen Tag über von Harmonie umgeben sind.

Das kleine Bannritual

1. Atmen Sie mehrere Male tief ein und aus. Entspannen Sie sich. Schließen Sie die Augen, wenn Sie möchten. Stellen Sie sich vor, dass Sie mit göttlichem Licht erfüllt sind, das sich ausdehnt, aber in der Mutter Erde wurzelt. Lassen Sie in Ihrer Körpermitte (im Bereich des Nabels) völlige Ruhe entstehen, ein fließendes Gefühl von Frieden und Gelassenheit. Stellen Sie sich vor, dass Ihre Füße wie die Wurzeln eines Baumes tief in die Erde reichen und Ihrem Körper Stabilität geben. Dieser Vorgang heißt Verwurzeln und Zentrieren.
2. Mit dem Zeigefinger der rechten Hand (oder der linken, wenn Sie Linkshänder sind) fahren Sie an Ihrem Körper entlang nach unten. Während Sie dies tun, stellen Sie sich vor, wie das weiße göttliche Licht durch Ihren Scheitel eindringt und in Ihrem Körper nach unten zirkuliert. Sagen Sie dabei *Mal-KUUT*.
3. Dann bringen Sie Ihren Zeigefinger zur rechten Schulter. Stellen Sie sich vor, wie das weiße Licht durch Ihre Körpermitte läuft und vom Herzbereich aus durch Ihren Finger zu Ihrer rechten Schulter strahlt. Sagen Sie dabei *Vih-g'buu-RAH*.
4. Bewegen Sie Ihren Finger in horizontaler Richtung zur linken Schulter. Stellen Sie sich vor, dass das weiße Licht durch einen unendlichen Raum zu Ihrer linken Schulter läuft. Sagen Sie dabei *Vih-g'duu-LAH*.

5. Verschränken Sie die Arme in der Position Gottes (die Fäuste berühren die Brust, die Handgelenke sind gekreuzt). Stellen Sie sich im Brustraum, an dem Punkt, an dem sich Ihre gekreuzten Handgelenke berühren, einen leuchtenden goldenen Schimmer vor. Sagen Sie laut *Lih-oh-LAHM, Ah-MEN*.
6. Wenden Sie sich nach Osten. In einer fließenden Bewegung stellen Sie den linken Fuß vor, zeigen mit dem Finger nach Osten und zeichnen das Pentagramm in die Luft. Viele Menschen visualisieren das Pentagramm als blaue Flammen oder gleißendes weißes Licht. Einige ziehen die Energievisualisierung spiralenförmig aus ihren Fingern und lassen sie in der Vorstellung auf dem Bannpentagramm explodieren. Sie können entscheiden, was Ihnen am meisten zusagt. Sagen Sie dabei *Yud-he-vahv-heh*.
7. Legen Sie Ihre Hand wieder an die Seite und wenden sich dann nach Süden. Wiederholen Sie das Pentagramm wie oben beschrieben und sagen *Ah-doh-NYE*.
8. Legen Sie die Hand wieder zurück an die Seite und wenden sich dann nach Westen. Wiederholen Sie das Pentagramm wie oben beschrieben und sagen *Eh-heh-YEH*.
9. Legen Sie die Hand wieder zurück an die Seite und wenden sich nach Norden. Wiederholen Sie das Pentagramm und sagen *AH-glah*.
10. Wenden Sie sich nach Osten, erheben die Hand und verbinden die Pentagramme mit gleißendem weißem Licht in einer Bewegung von Osten nach Süden, dann nach Westen und Norden und wieder zurück nach Osten.
11. Stellen Sie sich vor, dass sich der Kreis erweitert und einen Bereich um Sie und den Raum, in dem Sie sich befinden, bildet.
12. Strecken Sie die Arme gerade aus, sodass Sie ein Kreuz bilden. Dieses gleicharmige Kreuz repräsentiert die vier Elemente und die vier Engelarchetypen. Im Osten sagen Sie: *Vor mir, Rah-fa-El, hinter mir, Gahb-ri-El, zu meiner rechten Hand, Mie-cha-El, zu meiner linken Hand, Ahr-rie-EL.*

13. Mit erhobenen Händen spreizen Sie die Beine (dies ist die Position der Göttin) und sagen: *Denn um mich leuchtet das Pentagramm …*
14. Stellen Sie sich vor, wie sich ein fünfzackiger Stern auf den obersten Punkt Ihres Kopfes legt und sich dann an Ihrem Körper entlang nach unten bewegt, sagen Sie dabei: *Und über mir, nicht in mir, leuchtet der fünfstrahlige Stern. Dienst* (berühren Sie dabei den Kopf), *Hingabe* (berühren Sie Ihr Herz), *Ehre* (berühren Sie Ihre Schenkel), *Shekinah, komm jetzt auf mich herab!*
15. Wiederholen Sie die Schritte 2 bis 5 noch einmal.

Heiliges Wasser

Es gibt viele verschiedene Möglichkeiten zur Herstellung von heiligem Wasser, seine Hauptbestandteile sind Salz und Wasser. Je nach Art der magischen Traditionen ist die Herstellung des heiligen Wassers etwas unterschiedlich, manchmal werden noch andere Bestandteile für einen bestimmten Zweck zugegeben. Am besten eignet sich Meersalz, wenn das nicht zur Verfügung steht, genügt auch Tafelsalz. Hier ein Beispiel zur Herstellung von heiligem Wasser. Halten Sie die Wasserschale in den Händen und sagen Folgendes:

> *Im Namen des Engels Michael* (er ist der Hüter von heiligen Quellen und Brunnen) *und des Engels Raphael* (er reinigt das Taufwasser und erfüllt es mit Heilkraft) *verbanne ich alles Negative aus diesem Wasser durch die Zeit und in der Welt der Geister. Ich reinige und weihe es im Namen des Heiligen. So sei es.*

Sie können »des Heiligen« sagen, wenn Sie möchten. Wenn Sie Wicca-Anhänger sind, können Sie sagen, »im Namen des Herrn und der Herrin« oder »im Namen der verhüllten Göttin und des mit der Kapuze bedeckten Gottes«. Protestanten sprechen »im Namen Jesu« oder Katholiken »im Namen der Jungfrau Maria« – die Entscheidung liegt bei Ihnen. Zeichnen Sie das Bannpentagramm mit dem Finger über dem Wasser und stellen sich dabei vor, wie es gesegnet und mit göttlichem Licht erfüllt wird.

Halten Sie das Salz vor sich und sagen:

> *Im Namen Gabriels* (dem Beschützer der Erde und ihrer Bewohner) *verbanne ich alles Negative aus diesem Salz durch die Zeit und in der Welt der Geister. Ich reinige und weihe es im Namen des Heiligen. So sei es.*

Zeichnen Sie das Bannpentagramm mit dem Finger über das Salz und stellen sich vor, wie es gesegnet und mit göttlichem Licht erfüllt wird.

Streuen Sie etwa drei Prisen Salz in die Wasserschale und verrühren es in Uhrzeigerrichtung dreimal mit dem Zeigefinger.

Dann verändert sich die Prozedur entsprechend Ihrer religiösen Überzeugung. Wenn Sie Wiccaner sind, senken Sie Ihr Athame (Messer) in das Wasser und sagen:

> *Die Rute sei für Gott, der Kelch für die Göttin,*
> *Zusammen sind sie eins.*

Wenn Sie Protestant sind, sprechen Sie ein Gebet des Herrn. Die Katholiken sagen:

> *Die Mutter Maria ist das Bild der göttlichen Einheit,*
> *Zusammen sind sie eins.*

Die zeremoniellen Anhänger sagen:

> *Sieh da, dies ist die göttliche Verbindung von Wasser und Erde!*

Alle Anrufungen basieren auf der gleichen Visualisierung, in der sich die Schale in göttliches und heiliges Licht verwandelt. Wenn Sie kein Athame verwenden, legen Sie Zeigefinger und Daumen zu einem Dreieck zusammen. Schauen Sie durch dieses Dreieck in die Wasserschale und stellen sich vor, wie das leuchtende Licht des Heiligen durch das Dreieck scheint und das Wasser verwandelt. Die zeremoniellen Anhänger nennen dies das Dreieck der Manifestation.

Halten Sie die Schale mit dem heiligen Wasser hoch und sagen:

Im Namen von Michael, Gabriel, Raphael und Uriel rufe ich die positiven Mächte des Universums, um dieses Wasser in göttliche Essenz zu verwandeln im Namen (Ihres Gottes) *und um mich zu befähigen, zum Wohle der Menschheit positiven Zauber zu betreiben.*

Reinigung, Weihung und Aufladen des Engelaltars

Das Weihen und Reinigen des Altars ist Teil der meisten etablierten, aber auch der alternativen und heidnischen Glaubensrichtungen. Zur Reinigung, Weihung und Aufladung Ihres Engelaltars benötigen Sie heiliges Wasser, einen Gegenstand, der die vier Elemente symbolisiert, und Massageöl.

Das kleine Bannritual (siehe Seite 56 ff.):
Mit einem brennenden Räucherstäbchen zeichnen Sie das Bannpentagramm über dem Altar, dann umkreisen Sie den Altar damit dreimal, siebenmal oder neunmal. Sprechen Sie dabei folgende Worte:

Engel des Ostens, Hüter des ewigen Wissens und der Heilung, Element der Luft, ich rufe den Engel Raphael im Namen (des Gottes Ihres Glaubens), *um diesen Altar zu reinigen und zu weihen.*

Entzünden Sie dann eine Kerze und sprechen:

Element des Feuers, dein Wirken sei mein Wunsch.

Zeichnen Sie dann mit der Kerze das Bannpentagramm über den Altar und führen die Kerze dreimal, siebenmal oder neunmal über den Altar. Dabei sagen Sie folgende Worte:

Engel des Südens, Hüter der ewigen Kraft und der Energie der Göttin, Element des Feuers, ich rufe den Engel Michael im Namen (des Gottes Ihres Glaubens), *um diesen Altar zu reinigen und zu weihen.*

Nehmen Sie eine Schale mit Wasser und sprenkeln das Wasser in Form des Bannpentagramms über den Altar, dann umkreisen Sie den Altar im Uhrzeigersinn mit der Wasserschale dreimal, siebenmal oder neunmal und sagen dabei:

Engel des Westens, Hüter der Erde und ihrer Bewohner, Element des Wassers, ich rufe den Engel Gabriel im Namen (des Gottes Ihres Glaubens), *um diesen Altar zu reinigen und zu weihen.*

Nehmen Sie dann ein Gefäß mit Salz (oder etwas anderes, das für Sie die Erde symbolisiert) und streuen es in Form des Bannpentagramms über den Altar, dann umkreisen Sie mit dem Gefäß den Altar im Uhrzeigersinn dreimal, siebenmal oder neunmal und sprechen dabei:

Engel des Nordens, Güter der Mysterien, Element der Erde, ich rufe den Engel Uriel im Namen (des Gottes Ihres Glaubens), *um diesen Altar zu reinigen und zu weihen.*

Nehmen Sie Ihr Öl und bestreichen damit die Stirn. Dann zeichnen Sie mit dem in Öl getauchten Finger ein Pentakel in alle vier Ecken des Altars. Halten Sie Ihre rechte Hand (oder die linke, wenn Sie Linkshänder sind) über den Altar und zeichnen damit in Uhrzeigerrichtung viermal (einmal für jedes Element) einen Kreis über den Altar. Damit verbinden Sie die Energie der Elemente zu einer Substanz. Klopfen Sie mit der Hand dreimal auf den Altar, um diese Energie zu besiegeln.

Halten Sie Ihre Hände über die Mitte des Altars und sprechen dabei die folgenden Worte:

Im Namen von Michael, Gabriel, Raphael und Uriel reinige und weihe ich diesen Altar im Namen (des Gottes Ihres Glaubens). *Ich bitte die unsichtbaren, positiven himmlischen Kräfte, sich um mich zu versammeln, denn ich rufe sie jetzt an diesen Ort, um diesen Altar zu einem heiligen Ort zu machen im Namen* (des Gottes Ihres Glaubens). *Die positive Energie des Universums möge hier durch meine Hände und die Hände der Engel fließen wie ein ständig pulsierender Strom von Kraft.*

Halten Sie einige Herzschläge lang inne, bis Sie spüren, wie die Kraft durch den Altar pulsiert, dann lassen Sie die Energie ansteigen, bis Sie fühlen, dass der Prozess abgeschlossen ist. Dann sagen Sie:

Durch den Schlag der Engelflügel mögen die Trommeln des Universums jetzt den Ruf der Vollkommenheit verkündigen. Es ist vollbracht.

Nehmen Sie Ihre Hände von dem Altar und bilden mit den Armen ein Kreuz über dem Altar, um ihn für immer zu besiegeln. Nun können Sie Ihren Altar mit Ihnen passend erscheinenden Gegenständen vervollständigen und zum Abschluss die folgenden Worte sprechen:

Geheimnisvolle Engel, tapfer und rein,
Ich danke euch für eure Anwesenheit.
Engel der Erde, der ihre Mysterien trägt,
Engel des Wassers, der ihre Kinder führt,
Engel des Feuers, der ihr Antlitz beschützt,
Engel der Luft, der ihre Weisheit zeigt und ihren Körper heilt,
Begebt euch sicher in das himmlische Reich.
Frieden und göttliche Energie sei das Licht, das euch leitet.
Heil euch und lebt wohl.

Stampfen Sie mit dem Fuß auf den Boden oder klatschen in die Hände, und sagen Sie dann:

Dieser Kreis ist geöffnet, doch niemals gebrochen.

Damit ist Ihr Altar bereit. Sie können ihn für Ihre tägliche Andacht, für kleinen und großen Zauber, zur Schaffung und Anwendung von Heilenergie, für die Durchführung der Engelrituale und für das Gebet verwenden.

Sie werden feststellen, dass ich immer empfehle, an oder auf Ihrem Altar zu arbeiten, denn so bleiben Sie mit dieser Energie verbunden. Manchmal ist es jedoch nicht möglich, am Altar zu arbeiten. Wenn zum Beispiel meine Tochter in dem Raum lernt, in dem sich mein Altar befindet, möchte ich sie nicht stören und bereite mich stattdessen an meinem Schreibtisch vor, dabei kann ich auch mit Kopfhörern Tonbandaufnahmen hören. Wenn der Raum später frei ist, gehe ich zu meinem Altar und beende dort die Arbeit und verbinde mich mit der göttlichen Energie und den Engeln.

Wenn Sie sich an einem anderen Ort aufhalten, heißt das nicht, dass Sie keinen Kontakt mit den Engeln aufnehmen können, weil Sie nicht körperlich an Ihrem Altar anwesend sind oder gerade keine Kerze anzünden können. Die Engel werden Ihren Ruf hören, wo immer Sie auch sind. Das Konzept des Altars soll Sie ermutigen, in Ihrer Arbeit Harmonie zu finden, Ihre Energie zu zentrieren und sich ganz auf Ihre Gedanken und Ziele zu konzentrieren.

Allgemeine Anrufung an die Engel

Im Angesicht des universellen Geistes,
Im Namen der Liebe des Göttlichen,
Im Namen der Kraft der Engel,
Segne mich mit der
Liebe zum Universum,
Der Zuneigung der Engel,
Der Weisheit der Königin,
Der Gnade Gottes,
Der Stärke des menschlichen Geistes,
Dem Willen und der Kraft, zum Wohl der Menschheit Zauber zu vollbringen.
Möge ich ihn vollziehen
Im Schatten und im Licht
Bei Tag und Nacht
In vollkommener Liebe und tiefstem Vertrauen
Lasst euren liebevollen Geist auf mich niedergehen.
So sei es.

3. Engelhierarchie und die Königin der Engel

Bei der Arbeit an diesem Buch habe ich verschiedene Strukturen entdeckt, die die Hierarchie in der Welt der Engel widerspiegeln. Alle diese überlieferten Systeme und Strukturen, die zunächst sehr überladen erscheinen, haben ihren Ursprung im menschlichen Geist. Oft wirken sie auf uns überholt und so sehr mit einer bestimmten Religion verbunden, dass es scheint, als hätten sie ihre ursprüngliche Bedeutung verloren. Ist es aber angebracht, diese Werke völlig beiseite zu schieben? Sie wurden sicher in mühevoller Arbeit entwickelt und wir wissen nicht, aus welchem Antrieb und aus welcher Begeisterung heraus sie in ihrer Zeit entstanden sind. Können wir diese Arbeit einfach ignorieren und das Gleiche noch einmal neu entstehen lassen, um es dann um der modernen Philosophie willen mit einem anderen Namen zu versehen?

Ich habe mich mit dieser Frage auseinander gesetzt und mich schließlich dazu entschlossen, bei den alten Überlieferungen zu bleiben und dieses Wissen in den magischen Bereich zu integrieren. Natürlich bin ich bei meinen Studien auch auf einige Probleme gestoßen. Ich kann zum Beispiel nicht glauben, dass Gott eine große Zahl von Engeln geschaffen hat, deren einzige Aufgabe »der Lobpreis der himmlischen Heerscharen« sein soll. Das würde den Schluss zulassen, dass der ewige Gott ein recht ansehnliches Ego hat, das sich nach Lobpreisungen sehnt. Nach meiner Auffassung sind aber nur die Menschen mit so etwas wie einem Ego belastet. Vielleicht ist die Aufgabe dieser Engel aber nicht »die Lobpreisung der himmlischen Heerscharen«, sondern eher die Bereitstellung eines Reservoirs an positiver Energie, aus dem alle Lebewesen schöpfen können.

Ich habe auch Zweifel an den Textstellen, in denen es heißt, die Engel (in diesem Falle waren sie männlich) wären von der Schönheit der Menschentöchter so hingerissen gewesen, dass sie ihre heiligen Verpflichtungen beiseite ließen, um die Frauen für sexuelle Vergnügungen zu gewinnen. Daraufhin gerieten sie angeblich in ewige Verdammnis und wurden so zu gefallenen Engeln.

Dies ist sicher ein wunderbarer Stoff für einen Roman, aber äußerst ungeeignet für einen reibungslosen Ablauf im Universum, in dem das Chaos eine exklusive Angelegenheit der Menschen, nicht aber der Engel ist. Nur weil einige Menschenmänner ihre sexuelle Lust nicht unter Kontrolle haben, heißt das nicht, dass die männlichen Vertreter aller anderen Spezies im Universum mit den gleichen Problemen konfrontiert sind.

Es scheint, als würden uns diese Überlegungen der Hierarchie der Engel nicht sehr viel näher bringen. Doch nur wenn wir unsere eigenen Schwächen erkennen, können wir wahrnehmen, dass auch die etablierten religiösen Systeme Fragen offen lassen. Wir müssen uns damit jedoch nicht weiter befassen und können uns wichtigeren Dingen zuwenden. Um die Engelhierarchie in unserem Leben einsetzen zu können, müssen wir als Erstes das Gefühl überwinden, für eine Zusammenarbeit mit den Engeln zu minderwertig zu sein.

In Kapitel 1 habe ich gesagt, dass die Engel mit uns auf die Erde gekommen sind und uns dabei helfen, unsere Bestimmung zu erfüllen. Mit jedem weiteren Kapitel in diesem Buch bringe ich Sie der Engelhierarchie näher und versuche Ihnen zu zeigen, dass Sie durch die Verbindung mit den Engeln ein besseres, erfüllteres und harmonischeres Leben führen können.

Die meisten Menschen im Westen folgen einem Glaubenssystem, das einst in einem Buch von Dionysius Areopagita im 6. Jahrhundert festgelegt wurde. Im Laufe der Jahrhunderte haben die dort erwähnten Chöre der Engel besondere Aufgaben erfüllt und Energien vermittelt, die nur ihnen eigen waren. Einige der etablierten Glaubenssysteme vertreten die Meinung, dass viele Menschen auf der Erde verschiedene Inkarnationen durchleben, um schließlich ein Mitglied der Neun Chöre zu werden. Die Neun Chöre werden in die folgenden drei Gruppen oder Sphären unterteilt:

Engel der ersten Sphäre: Seraphim, Cherubim, Throne
Engel der zweiten Sphäre: Herrschaften, Mächte, Tugenden
Engel der dritten Sphäre: Engelsfürsten, Erzengel, Engel

Die Engel der ersten Sphäre

Die Engel der ersten Sphäre sind gemeinsam für das Universum und die Art, wie sich das Göttliche in ihm offenbart, zuständig. Sie arbeiten auf der höchsten astralen Ebene. Einige sehen in ihnen die Engel der reinen Betrachtung. Für mich bedeutet Betrachtung, einfach dazusitzen und nachzudenken. Vielleicht bedeutet es aber auch, dass diese Engel Energie durch reines Nachdenken manifestieren – diese Vorstellung gefällt mir weitaus besser. Die Engel der ersten Sphäre besitzen das größte Wissen über Gott und seine Werke und Offenbarungen. Zu ihnen gehören die Seraphim, Cherubim und die Throne.

Seraphim

Die Seraphim sind Gott am nächsten, sie konzentrieren sich auf die Manifestation von Schwingungen, um die göttliche Energie beständig intakt zu halten, und repräsentieren reine Liebe, Licht und Feuer. Sie halten jegliche negative Energie von Gott fern und schaffen und übertragen positive Energie in alle Chöre der Engel und bis in den materiellen Bereich. Sie kreisen nicht um Gott und singen schöne Lieder, um für eine angenehme Stimmung zu sorgen, sondern sie umkreisen das Göttliche, um dessen fortdauernde Existenz zu sichern, und versorgen auch uns mit dieser Energie, damit wir unser Leben weiterführen können.

Vermutlich gibt es vier Führerengel in diesem Bereich. Sie entsprechen den vier Winden der Erde und schlagen die Lüfte mit jeweils sechs Flügeln. Der Herrscher der Seraphim ist entweder Jehoel, Metatron oder Michael. Andere Engel, die in dieser Ordnung erwähnt werden, sind Seraphiel, Uriel, Kemuel und Nathanael. Wenn Sie sich näher mit den Neun Chören beschäftigen, werden Sie feststellen, dass mehrere Engel in mehr als einer Kategorie erwähnt werden und in der himmlischen Hierarchie auf- und absteigen, je nachdem, wo sie im Universum benötigt werden. Diese unterschiedliche Position trifft besonders auf die vier Erzengel Michael, Gabriel, Raphael und Uriel zu.

Die Seraphim (reine Lichtwesen) leuchten so sehr, dass ein Mensch vor Angst sterben würde, wenn er einen Seraph in seiner ganzen Pracht erblicken könnte. Nur Gott, die Göttin und Michael sind in der Lage, ganz mit ihnen in Interaktion zu treten. Man sagt, ihr Antlitz wäre hell wie der Blitz und ihre Gewänder so leuchtend weiß wie der Schnee der Arktis. Sie sind immer in Bewegung und unermüdlich mit ihren Aufgaben beschäftigt.

Magische Menschen können durch die Kraft ihrer Gebete und durch ihre Fähigkeit, Energie hervorzurufen, Zugang zu den Seraphim erhalten. In diesem Zusammenhang erinnere ich mich an die Worte eines Freundes, der einmal zu mir sagte: »Möchtest du gegen die alten Damen antreten, die in den hinteren Reihen einer Kathedrale sitzen und dort ihren Rosenkranz beten? Sie verfügen über mehr magische Kräfte als viele Zaubermeister, die sich ihres magischen Könnens rühmen.« Ich zweifle nicht an seinen Worten.

Das Wort Seraph bedeutet »Eifer«. Das heißt mit anderen Worten, dass diese Engel göttliche Liebe und Mitgefühl in sich aufnehmen. Man kann ihnen auf der astralen Ebene nur mit großer Ehrfurcht begegnen, Menschen können sie lediglich einladen, mit ihnen in Kontakt zu treten. Das bedeutet nicht, dass die Seraphim mit Menschen nichts zu tun haben oder nicht hören, was Menschen ihnen sagen. Sie können mit ihnen sprechen und sie um Unterstützung bei ihrer Magiearbeit bitten, aber Sie können Sie niemals sehen (nachdem sie so furchteinflößend sind, möchten Sie das vermutlich auch gar nicht). Wenn Ihr Schutzengel zu den Seraphim gehört, sind Sie möglicherweise mit einer Aufgabe betraut, die zur Veränderung der Welt oder des menschlichen Bewusstseins beiträgt. Zur

Erfüllung einer derartigen Mission brauchen Sie Inspiration, göttliche Liebe und die Kraft der Seraphim.

In anderen Mythologien waren die Phönixe Engel von hohem Rang und den Seraphim und Cherubim gleichgestellt. Sie wurden zum Element der Sonne und stehen mit bestimmten Planeten in Verbindung. Sie besaßen zwölf Flügel und waren von vogelähnlicher Gestalt mit violettrotem Gefieder.

Wenden Sie sich bei Ihrer Magiearbeit an die Seraphim, wenn Sie um Energie für die Menschheit oder für die Planeten bitten. Sie sind über Gruppenrituale erreichbar. Wenn Sie sie anrufen möchten, entzünden Sie eine weiße Kerze für das Göttliche und eine violette Kerze für die Seraphim.

Cherubim

Die Cherubim sind die Hüter des Lichts und der Sterne. Sie erschaffen und leiten positive Energie von Gott. Ihre Erscheinungsform ist so vollkommen, dass sie vermutlich alle anderen Engel darin übertreffen. Ihr Ursprung ist assyrisch oder akkadisch, der Name bedeutet »die, die Fürsprache einlegen«. Sie sind mächtige Geister des Wissens und der grenzenlosen Liebe. Interessanterweise erscheinen sie im Bewusstsein der Menschen oft als halb Mensch und halb Tier mit einem Löwengesicht. Die Architekten der Antike haben sie in Statuen mit menschlichen Gesichtern und Körpern von Bullen oder Löwen dargestellt, die die Tempeleingänge und andere heilige Orte bewachten. Ursprünglich waren die Cherubim keine Engel, aber im Laufe der Zeit wurden sie der himmlischen Hierarchie zugeordnet. Vielleicht gehörten sie zu einer verlorenen Spezies, die nun mehr im astralen als im physikalischen Bereich tätig ist. Die Menschen sehen in ihnen Wesen, die Mensch und Tier zugleich verkörpern. Die Cherubim wachen über die Galaxien und sammeln und verteilen Energie, wo sie benötigt wird. Sie sind die Hüter aller religiösen Stätten, von prachtvollen Kathedralen bis hin zu einfachen Andachtsorten.

Die Cherubim können auch persönliche Beschützer sein, die flammende Schwerter schwingen, wenn es erforderlich ist.

Ein etwas erschreckendes Bild zeigt die Cherubim mit vier Gesichtern und vier Flügeln; dies könnte ebenfalls ein mythologisches Symbol für die vier Winde darstellen. Sie treten als heilige Tiere und als die Vorreiter Gottes auf. Zu ihnen gehören Ophaniel, Rikbiel, Cherubiel, Raphael, Gabriel, Uriel und Zophiel. Ich weiß nicht, warum diese starken und attraktiven Engel in künstlerischen Darstellungen oft als kleine Wesen dargestellt werden, die wie Babys aussehen. Mir gefallen sie mit Löwengesichtern und menschlichen Körpern besser, vielleicht sind Sie aber anderer Meinung.

Wenn Sie in Ihrer Zauberarbeit göttlichen Schutz, Weisheit und Wissen suchen, wenden Sie sich an die Cherubim. Viele der ägyptischen Gottheiten, vor allem Sekhmet, Bast und Anubis, könnte man für Cherubim halten. Einige Archäologen sind jetzt der Meinung, dass die berühmte Sphinx mit ihrem menschlichen Gesicht und dem Körper eines Löwen älter als die bisher bekannte ägyptische Kultur sein könnte und möglicherweise aus einer noch unbekannten Zivilisation stammt. Um die Cherubim anzurufen, entzünden Sie eine weiße Kerze für das Göttliche und eine blaue Kerze für die Cherubim.

Throne

Die Throne werden den Planeten zugeordnet, deshalb gehören die meisten der planetarischen Engel, die in diesem Buch erwähnt wurden, zu dieser Kategorie. Sie erschaffen, leiten und sammeln eingehende und ausgehende positive Energie. Die Throne tragen den Namen »die Vieläugigen«. Sie sind eine Art Nachrichtenübermittler für das Göttliche und fungieren als Lehrer der Demut. Ihr Name »die Throne« kommt von der Vorstellung, dass die Macht des Göttlichen auf ihren festen Schultern ruht. Ihr Anliegen ist die Ausübung von Gerechtigkeit, sie bringen Ungerechtigkeit ans Licht und senden heilende Energie zu allen, die unter Ungerechtigkeit leiden. Die Rangfolge ist auch hier nicht völlig klar. Der Prinz der Throne könnte Oriphiel, Zabkiel oder Zaphkiel, möglicherweise auch Raziel oder Jophiel sein. Die Throne sind sehr an den Aktivitäten der Menschen interessiert, doch sie übertragen ihre Energie lieber durch die Schutzengel, als selbst in Interaktion mit den Menschen zu treten.

In Ihrer Zauberarbeit rufen Sie die Throne an, wenn Sie Stabilität oder Unterstützung bei der Klärung von Beziehungen innerhalb von Gruppen oder zwischen zwei Menschen suchen. Auch für alle Fragen in Bezug auf die Planeten oder die planetaren Energien können Sie sich an die Throne wenden. Um sie zu rufen, entzünden Sie eine weiße Kerze für das Göttliche und eine grüne Kerze für die Throne.

Die Engel der zweiten Sphäre

Die Engel der zweiten Sphäre (die Herrschaften, Mächte und Tugenden) sind mit der Führung eines bestimmten Planeten und der Engel betraut, die weniger wichtige Aufgaben zu erfüllen haben. Diese Engel bewegen sich in einer Konzentration von Kraft. Sie erfüllen die Aufträge, die sie von den Engeln der ersten Sphäre erhalten, und befassen sich mit dem Kosmos und seinen inneren Zusammenhängen. Einige Gelehrte auf dem Gebiet der Engel vertreten die Meinung, dass sich die Engel der zweiten Sphäre nicht um die Menschen kümmern, da sie viel zu beschäftigt mit dem Kosmos sind. Ich kann jedoch nicht glauben, dass sie die Gebete und den Energiestrom der Menschen nicht erreichen. Ebenso wenig glaube ich daran, dass ihnen eine so menschliche Eigenschaft wie Arroganz eigen ist.

Die Herrschaften

Die Herrschaften (Dominaten) erfüllen die Rolle der göttlichen Führer und verbinden Materie und Geist miteinander, ohne dabei die Übersicht zu verlieren. Sie tragen die Zeichen der Autorität wie Zepter und Reichsapfel. Der Prinz dieses Ordens ist entweder Hasmal oder Zadkiel, möglicherweise auch Muriel oder Zacharael. Interessanterweise trägt der älteste Engel auch den Namen Dominion.

In der Zauberarbeit sind alle Bereiche von Führung den Herrschaften zugeordnet. Sie sind der Inbegriff des Gesetzes von Ursache und Wirkung und gehen äußerst präzise vor. Die Herrschaften verleihen »natürliche Führungsrollen« und sorgen dafür, dass es den Menschen unter diesen Führern auch wohl ergeht. Sie sind nicht auf der Seite der korrupten Regierungen und Politiker oder der weltlichen oder kirchlichen Führer, denen das Wohl der Menschen nicht wirklich am Herzen liegt. Wenn Sie nach göttlicher Weisheit streben, bitten Sie die Herrschaften um Hilfe, sie sind die idealen Vermittler und Schlichter. Wenn Sie ein wichtiges Projekt vorhaben oder in einem bestehenden Projekt auf der Stelle treten, bitten Sie die Herrscher um Hilfe. Um sie zu rufen, entzünden Sie eine weiße Kerze für das Göttliche und eine rosafarbene für die Herrschaften.

Die Mächte

Die Mächte haben die Geschichte der Menschheit im Auge, zu ihnen gehören die Engel von Geburt und Tod. Sie organisieren die Weltreligionen und schicken ihnen göttliche Energie, um ihre positiven Aspekte zu erhalten. Bei Chaos sorgen sie für Ordnung. Einige Theologen halten sie für älter als die anderen Chöre der Engel. Sie sind die göttlichen Krieger, die nicht durch Angst und Hass wirken, sondern durch mitfühlende Liebe. Sie üben Gerechtigkeit, aber ihre Antriebskraft besteht nicht in Feindseligkeit. Die Mächte alarmieren uns und schicken warnende Botschaften, wenn Unheil droht. Diese Botschaften können sich in Form von Gefühlen, Träumen oder Gesprächen äußern; um sie zu empfangen, müssen wir jedoch das innere Zwiegespräch verstummen lassen und auf das hören, was uns die Engel zu sagen haben: Sie arbeiten mit dem sechsten Sinn der Menschen, um uns zum Zuhören zu bewegen. Auch hier besteht Unklarheit darüber, wer das Oberhaupt dieses Ordens ist. Nach den Hermetikern ist es Ertosi, aber auch Sammael und Camael werden erwähnt. Andere Engel dieser Kategorie sind Gabriel und Verchiel.

Bei der Zauberarbeit sind sie die Kriegerengel. Sie sollten sie anrufen, wenn Sie in Schwierigkeiten sind. Die Mächte sind Spezialisten im Aufspüren von versteckten Verhaltensmustern, die lediglich unserem Ego dienlich sind und andere Menschen verletzen. Diese Engel stehen Ihnen bei, wenn Sie die Dinge klar sehen möchten. Sie verteidigen Ihr Heim, Ihren Besitz, Ihre Kinder oder andere Menschen, um deren Schutz und Verteidigung Sie sie anrufen. Um sie zu rufen, entzünden Sie eine weiße Kerze für das Göttliche und eine gelbe Kerze für die Mächte.

Die Tugenden

Die wichtigste Aufgabe der Tugenden ist es, spirituelle Energie in großem Umfang zur Erde und zum kollektiven menschlichen Bewusstsein zu senden. Sie sind als die »Wunderengel« bekannt und verleihen Gnade und Tapferkeit. Im planetaren System der Ägypter und im hermetischen Bereich war das Oberhaupt der Tugenden Pi-Rhe. Zu den herrschenden Prinzen dieses Ordens gehören Michael, Raphael, Barbiel, Haniel, Hamaliel, Tarshissh, Sabriel, Uzziel und Peliel.

Die Tugenden haben eine Vorliebe für Menschen, die versuchen, ihre eigenen Grenzen und Möglichkeiten zu überschreiten. Sie schätzen Draufgänger und positive Menschen, die versuchen, andere zu Licht und Harmonie zu führen. Die Tugenden sind die Geister der Bewegung, sie leiten die elementare Energie, die auf unserem Planeten wirkt. Unter ihrer Schirmherrschaft stehen die Erde, die Luft, das Feuer, das Wasser, der Geist, das Wetter und alle Umwälzungen auf der Erde, die durch die Elemente ausgelöst werden. Sie sind die Engel der Natur.

Wenn Sie Zauberarbeit mit den Elementen betreiben, werden Sie bei den Tugenden Anhörung und Unterstützung finden. Wenden Sie sich an die Tugenden, wenn Sie Probleme haben, Heilung suchen oder krank und ängstlich sind. Um sie zu rufen, entzünden Sie eine weiße Kerze für das Göttliche und eine orangefarbene Kerze für die Tugenden.

Die Engel der dritten Sphäre

Die Engel der dritten Sphäre sind sehr mit dem Leben der Menschen verbunden und werden als die Engel der Erde betrachtet. Sie sind immer wieder in unserem Leben wirksam und schenken uns große Aufmerksamkeit. Zu dieser Kategorie gehören die Engelsfürsten, die Erzengel und die einfachen Engel.

Engelsfürsten

Sie sind die Anführer von großen Menschenansammlungen, wie sie auf Kontinenten, in Ländern, Städten und anderen großen menschlichen Verbänden vorkommen. Sie sind für globale Reformen tätig. Man findet sie in Konferenzräumen und Schwimmbädern, überall dort, wo sich Menschen zusammenfinden, um zu lernen, Entscheidungen zu treffen oder einfach, um sich zu vergnügen. Auch diese Engel schaffen und leiten positive Energie aus dem weltlichen in den göttlichen Bereich und umgekehrt. Sie sind die Hüter von Religion und Politik und unterstützen die menschlichen Führer bei ihren Entscheidungen über die weltlichen Dinge. Zu den herrschenden Engeln dieser Ordnung gehören Requel, Anael, Cerviel und Nisroc. Nach der ägyptischen Überlieferung ist das Oberhaupt der Engelsfürsten Suroth.

Diese Engel werden oft als Fürsten bezeichnet, weil sie besonders mit Städten, Staaten, Ländern, Inseln und Kontinenten verbunden sind. Bei den Treffen der Vereinten Nationen können Sie sie sich wie eine große Schar von Engeln vorstellen, die die Staatsoberhäupter umkreist.

Bei der Engelmagie wenden Sie sich an diese Engel, wenn es um Diskriminierung und die Ausrottung von Menschen oder Tieren (was die Göttin verhüten möge) und um unzureichende Führer von Städten oder Betrieben geht oder wenn Sie um Stärke und weise Entscheidungen für diese Orte und ihre Bewohner bitten möchten. Für die Engelsfürsten haben Menschenrechte und wirtschaftliche Reformen oberste Priorität.

Um sie zu rufen, entzünden Sie eine weiße Kerze für das Göttliche und eine rote für die Engelsfürsten.

Erzengel

Die Erzengel sind nicht ohne weiteres einzuordnen, sie gehören oft zu einer der anderen Sphären oder Chöre. Dennoch haben sie gerne mit Menschen zu tun, wenn sich Gelegenheit dazu ergibt. Sie sind eine besondere Einheit im Reich der Engel, die den Umgang mit Menschen aller Schichten und Altersgruppen gewohnt sind. Auch sie erzeugen und leiten Energie in beide Richtungen. Im Kapitel 2 und an anderen Stellen in diesem Buch wird die Magiearbeit mit den Erzengeln beschrieben.

Um sie zu rufen, lesen Sie bitte im Kapitel 4 unter den zugehörigen Farben nach.

Engel

Die einfachen Engel sind einer bestimmten Person zugeordnet, oft sind sie als Schutzengel bekannt. Sie beschäftigen sich mit den Anliegen der Menschen und den Erscheinungen der materiellen Welt und leiten ebenfalls Energie aus dem göttlichen Bereich zu uns und umgekehrt. Unsere Schutzengel begleiten uns durch alle Inkarnationen, die wir auf dieser Erde durchleben, sie sind unsere treuesten Freunde und Gefährten. Sie sind bei uns, wenn wir geboren werden, und stehen uns bei, wenn wir die Pforte des Todes durchschreiten. Sie verteidigen uns, wenn wir in Schwierigkeiten sind, helfen uns in der Welt zurechtzufinden und unterstützen uns bei der Erfüllung unserer göttlichen Aufgabe. Sie rufen bei Bedarf auch die andere Kräfte der Neun Chöre zu Hilfe. Sie können aber einen großen Teil dieser Unterstützung und Hilfe nur geben, wenn wir sie darum bitten. Der freie menschliche Wille ist manchmal nicht nur ein großes Geschenk, sondern auch unser Verhängnis. Wir müssen lernen, unsere verbissene Haltung aufzugeben und offen über unsere Sorgen und Bedürfnisse zu sprechen. (Kapitel 7 ist den Schutzengeln gewidmet, ich werde dort noch näher auf sie eingehen.)

Unsere Schutzengel sind beständig mit allen anderen Engeln der Neun Chöre in Kontakt. Sie übermitteln unsere Botschaften im Bruchteil einer Sekunde.

Wenn wir unsere Schutzengel um Hilfe bitten, erreichen wir damit auch Gott und alle anderen Engel. Wieder einmal möchte ich Ihnen sagen, dass Sie niemals alleine sind. Obgleich alle Engel schnell wie ein Herzschlag handeln können, erfordern die Anliegen, die andere Menschen betreffen, manchmal mehr Zeit oder entwickeln sich nicht in der Weise, wie wir es uns erhofft haben. Bei der Anrufung der Engel ist es wichtig, Herz und Verstand rein und offen zu halten und alle Bitten so zu formulieren, dass sich die Hilfe in der für jeden Beteiligten bestmöglichen Form zeigen kann oder dass der Beistand sich für alle gerecht und rücksichtsvoll auswirken kann. Es ist auch ein Irrtum zu glauben, durch die Anrufung der Engel von der eigenen Verantwortung befreit zu sein und sich selbst nicht mehr um seine Probleme kümmern zu müssen. Die Engel können jedoch Hindernisse aus dem Weg räumen und Möglichkeiten eröffnen, die vorher nicht offen standen.

Die Schutzengel können aus jedem der Neun Chöre stammen. Jeder Engel hat seine bestimmte Aufgabe, keiner ist besser oder wichtiger als der andere. Um Ihren Schutzengel anzurufen, können Sie neben einer weißen Kerze für das Göttliche eine Kerze in Ihrer Lieblingsfarbe entzünden.

Der Energiefluss von Gott zu den Menschen und umgekehrt ist für alle Engel von zentraler Bedeutung. Denn wenn dieser Energiefluss versiegt, bedeutet das das Ende der Existenz sowohl für die Menschen als auch für die Engel. Alle kosmischen und menschlichen Gesetze unterliegen den Engeln, sie können das Schicksal eines jeden Menschen jederzeit wenden. Doch sie werden sich niemals als Mitverschwörer für eine böse Absicht missbrauchen lassen. Wenn es an der Zeit ist, Gerechtigkeit zu üben, wird dies von den Engeln mit Strenge und Liebe praktiziert, nicht aber als bösartige Vergeltungsaktion. Geschichten, die von solchen Taten erzählen, sollen nur die Einfältigen erschrecken.

Wir können mit jedem Engel der Neun Chöre Engelmagie durchführen. Für die Heilung unseres Planeten zum Beispiel würden Sie sich an die spezielle Kategorie von Engeln wenden, die dafür verantwortlich ist. Alle Engel stimmen sich auf die Anweisungen der Heiligen Mutter und des Heiligen Vaters ein und folgen ihnen. Die Menschen, die ihre Herzen der weiblichen Gottheit geöffnet haben, werden in unserer Gesellschaft große Veränderungen bewirken. Die Göttin ist ganz eindeutig die Königin der Engel, wenn Sie sie brauchen, müssen Sie sie nur anrufen. Bei der Arbeit mit den Engeln werden Sie nur von Ihren eigenen Zweifeln und Ängsten behindert. Wenn wir daran zweifeln, dass uns die Kraft der Engel Beistand gewähren kann, brechen wir die Verbindung zu ihnen ab. Durch mangelnden Glauben oder starke Ängste schließen wir die Tür, die uns den Weg zu den Engeln öffnet.

Anrufung an die Neun Chöre

Strahlende Seraphim, ich rufe euch,
Umkreist mich, schenkt mir Liebe.
Mächtige Cherubim, beschützt meine Pforte,
Nehmt von mir Kummer und Hass.
Ihr Throne, steht mir mit eurer Stärke bei,
Macht mich stark, ob auf Wasser oder Land.
Ich rufe die Herrschaften, die wahren Führer,
Lasst mich gerecht sein, in allem, was ich tue.
Ihr Mächte, bildet einen Schutzkreis,
Helft mir, allen Stürmen zu widerstehen.
Geheimnisvolle Tugenden, seid bei mir,
Elementare Energien, ich lade euch ein.
Ihr Engelsfürsten, bringt die Reformen auf diese Erde,
Segnet die Welt und jedes neugeborene Kind.
Ihr prachtvollen Erzengel, zeigt mir den Weg
Zu Frieden und Harmonie für jeden Tag.
Schutzengel, du Macht der Göttin,
Segne mich und weise mir den Weg mit deinem Licht.

Die Tatsache, dass Sie dieses Buch gewählt haben und beabsichtigen, Engelzauber zu betreiben, macht Sie zu einem besonderen Menschen. Nur wenige Menschen haben den Mut, Engelzauber zu praktizieren, denn das erfordert eine ehrbare Lebensführung, und das ist nicht immer einfach. Manche glauben auch, die Engel würden nicht in ihre Glaubensvorstellungen passen. Ich bin zu dem Schluss gekommen, dass die Engel zu jeder Zeit und an jedem Ort passend sind, sie sind nicht so wählerisch wie wir. An einem wunderschönen Wintermorgen hatte ich in unserem Lebensmittelgeschäft einiges zu besorgen und dabei fiel mir plötzlich auf, dass ich die Menschen um mich herum wirklich sehen, das heißt tatsächlich wahrnehmen konnte. Ich erkannte, dass all diese Menschen nicht alleine waren, sondern dass ihre Engel (einige oder viele) immer bei ihnen waren. In meiner Überraschung wurde mir klar, dass unsere Erde wirklich ein sehr bevölkerter Ort ist. In diesem Augenblick erlebte ich Sinneswahrnehmungen, die ich schon lange vorher erfolglos geübt und angestrebt hatte. Bei jeder einzelnen Person konnte ich spüren, was sie am meisten bedrückte. Einige Menschen gingen herum, als wären sie ganz alleine auf dieser Welt, und ich hätte ihnen nur zu gerne sagen wollen, dass dies nicht zutrifft. Andere waren sehr beschäftigt mit ihren Gedanken an Arbeit, Familie, Freunde usw. Auf einen Blick konnte ich erkennen, wer unehrlich war oder böse Gedanken hegte. Ich sah auch, wer sein Leben trotz schöner Kleider oder eines perfekten Make-ups für leer und sinnlos hielt. Es war, als ob ich eine Schattenebene betreten hätte.

Als ich weiterging, fühlte ich, dass meine Engel bei mir waren. Sie waren sehr groß und ich spürte ihre pulsierende Energie. Ich weiß nicht, woher dieses Wissen kam, ich konnte es einfach wahrnehmen. Die anderen Menschen sahen mich an und lächelten, und ich lächelte zurück. Das ist sehr ungewöhnlich, wenn man weiß, dass die meisten Menschen in meiner Gegend nicht besonders freundlich sind, vor allem nicht zu Fremden, die ihnen zufällig begegnen. Ich spürte, dass die, die mir ein herzliches Lächeln schenkten, die Anwesenheit der Engel fühlen, aber dieses Gefühl nicht deuten konnten. Ich fühlte mich groß und geliebt und von wahrer Harmonie umgeben.

Während ich auf den Parkplatz ging, kam mir der Gedanke, eine Eingabe an die Neun Chöre zu richten. Mit dieser Eingabe stellen Sie sich allen Kategorien von Engeln vor und lassen sie wissen, dass Sie wirklich bereit sind, sie in Ihr Leben einzuladen und mit ihnen Engelmagie zu betreiben.

Für die Eingabe brauchen Sie eine weiße Kerze für die Göttin und eine weitere für Gott, außerdem eine Kerze für jeden Bereich der Neun Chöre, insgesamt also elf Kerzen. Wenn Sie möchten, können die Kerzen die vorher beschriebenen Farben haben. Sie sollten bei diesem Ritual alleine und absolut ungestört sein. Sie brauchen Zeit, um mit den Engeln in Ruhe zu sprechen, deshalb sollten Sie dabei nicht durch Telefonanrufe, Fernsehen, Besucher oder Familienmitglieder unterbrochen werden. Gehen Sie zu Ihrem Altar und entzünden dort Ihre Kerze oder Lampe. Atmen Sie tief ein und halten Sie beide weiße Kerzen in den Händen. Sprechen Sie ein Gebet, das Ihrem Glauben entspricht, und sagen Sie präzise, was Sie tun möchten. Ich werde kein Gebet vorgeben, denn es soll aus Ihrem Herzen kommen. Mit dem Entzünden der beiden weißen Kerzen sagen Sie:

Ich entzünde diese Kerze für Gott.
Ich entzünde diese Kerze für die Göttin.

Wenn Sie mit Engelmagie vertraut sind, sollten Sie jetzt in der Ihnen bekannten Weise einen magischen Kreis ziehen. Wenn Sie nicht wissen, wie man einen magischen Kreis zieht, können Sie im Kapitel 6 nachschlagen. Wenn Ihnen der Gedanke Unbehagen bereitet, stellen Sie sich einfach vor, dass Sie von weißem Licht umgeben sind.

Stellen Sie die Kerzen der Reihe nach auf und beginnen dann mit der Kerze für Ihren Schutzengel. Sprechen Sie dabei folgende Worte:

Ich entzünde die Kerze für den Schutzengel und lade meinen Schutzengel in mein Leben ein. Ich verpflichte mich, mit den Engeln Magie zu betreiben und meinen Mitmenschen und diesem Planeten nach besten Kräften zu helfen. So sei es.

Entspannen Sie sich und denken über das nach, was Sie eben gesagt haben. Spüren Sie die Nähe Ihres Schutzengels und bekräftigen Sie, dass Sie auf die Botschaften, die Sie erhalten, hören werden.

Entzünden Sie dann die Kerze für den Erzengel und sagen dabei:

Ich entzünde diese Erzengelkerze und lade die Erzengel in mein Leben ein. Ich verpflichte mich, mit den Erzengeln Magie zu praktizieren und meinen Mitmenschen und diesem Planeten nach besten Kräften zu helfen. So sei es.

Wie vorher entspannen Sie sich und denken über die Erzengel und ihre Bedeutung für Sie nach.

Gehen Sie auch für die restlichen Chöre auf diese Weise vor, entzünden Sie für einen nach dem anderen je eine Kerze, rufen die Engel und geben dann Ihr Versprechen ab. Meditieren Sie über jeden der Chöre.

Wenn Sie fertig sind, atmen Sie tief ein und aus und schließen dann die Augen. Öffnen Sie sich der universellen Harmonie.

Zum Abschluss machen Sie bei den Engeln, die Sie angerufen haben, eine Eingabe. Es spielt keine Rolle, ob es sich dabei um eine große oder kleine Bitte handelt. Sprechen Sie Ihre Eingabe laut und deutlich aus.

Dann atmen Sie wieder tief ein und aus und entspannen sich. Danken Sie allen Engeln für ihre Teilnahme und Unterstützung. Wenn Sie einen magischen Kreis gezogen haben, können Sie ihn jetzt auflösen.

Sie können sich den Neun Chören jederzeit anschließen, unabhängig davon, ob Sie in guter Stimmung sind oder sich gerade in einer Lebenskrise befinden. Die Engel sind immer bereit, uns zu helfen.

Die Königin der Engel

(Die Geschichte der heiligen Catherine Laboure)

Ich bin nicht katholisch und war es auch nie, aber als ich diese Geschichte zum ersten Mal gehört habe, sprang mein Herz vor Freude, und ich spürte, wie sich meine Nackenhaare hochstellten. Ich glaube, es gibt keinen Bericht, der die Macht und die Existenz der Königin der Engel, die Wesenheit, die wir Wiccaner als die Lady verehren, besser darstellen könnte.

Am 18. Juli 1830 erwachte Catherine Laboure, eine Frau aus dem Orden der Barmherzigen Schwestern in der Hausnummer 140 in der Rue du Bac in Paris, Frankreich, und sah einen strahlenden Engel, der sie bat, schnell in die Kapelle zu gehen. Dort erblickte sie die Königin der Engel, die ihr eine besondere Botschaft übermittelte. In ihrer ersten Botschaft teilte sie Catherine mit, dass sie die gesegnete Mutter aller Kinder sei. Sie nannte sich selbst die Königin der Engel.

Nach diesem ersten Besuch zog sich Catherine viele Monate lang zurück, um zu beten. Jeden Morgen ging sie zur Kapelle in der Hoffnung, die Königin der Engel dort wieder zu sehen. Eines Morgens erschien sie ihr erneut. Sie stand auf einer Weltkugel in strahlendem Licht und war umhüllt von der Sonne. An jedem ihrer Finger glänzte ein Ring, und als sie ihre Hände öffnete, loderten leuchtende Feuerstrahlen aus ihren Handflächen und entzündeten die Weltkugel, auf der sie stand. Umgeben von dem ungeheuren strahlenden Licht der Engel, sprach die Königin die folgenden Worte:

Die Sphäre, die du siehst, stellt den Planeten Erde dar. Die Strahlen aus meinen Händen symbolisieren die Gnade, die mir gegeben ist, um sie meinen Kindern zu schenken, wenn sie mich darum bitten.

Die Edelsteine, die nicht erstrahlen, sind die Gnaden, um die meine Kinder vergessen haben zu bitten. Das Licht der Engel repräsentiert ihre Macht und Anwesenheit auf der Erde. Erlaubt mir, euch zu helfen, meine Kinder. Sucht nach dem Licht der Engel.

Die Vision von Catherine wurde intensiver. Die Strahlen aus den Händen der Königin warfen Funkenregen auf alle Bereiche der Sphäre. Eine ovale goldene Tür, die Tür zum Paradies, bewegte sich in Wellen um die Erscheinung. Die Königin der Engel sprach weiter:

Es ist der göttliche Wille, dass du dieses Medaillon erhältst, das das Bild dieser himmlischen Vision zeigt. Dieses Medaillon wird für immer ein Zeichen meines Schutzes sein und zeigen, dass die Engel gegenwärtig sind, um die zu tragen, die den Weg der bedingungslosen göttlichen Liebe gehen. Allen, die dieses Medaillon vertrauensvoll tragen, werden Gnade, Segen und Stärke gewährt werden.

Daraufhin erhielt Catherine stellvertretend für alle Katholiken dieser Welt das Medaillon. Der Legende nach wurden die, die dieses Medaillon vertrauensvoll trugen, mit Tausenden von Wundern und göttlichen Gnaden beschenkt. Das Medaillon wurde bekannt als das »Wundertätige Medaillon«. Auf der ganzen Welt tragen viele Menschen noch immer dieses Medaillon der Engelskraft als ein Geschenk der Königin oder der Lady, wie wir sie nennen.

Nachdem ich diese Geschichte gehört habe, ging ich zu unserem katholischen Devotionaliengeschäft. Ich hatte ein seltsames Gefühl, als ich zwischen all diesen religiösen Gegenständen umherging, aber gleichzeitig freute ich mich darüber, dass ich stark genug in meinem eigenen Glauben war, um mich mit einer anderen Religion zu beschäftigen. Ich konnte das andere Glaubenssystern respektieren, ohne es herabzusetzen oder meinen eigenen Glauben darüber zu vergessen. Schließlich fand ich das Wundertätige Medaillon mit einer dazugehörigen Karte.

Zu Hause legte ich beides auf meinen Engelaltar (siehe Kapitel 2) und reinigte, weihte und erfüllte beide Gegenstände mit Energie. Obwohl auf der Rückseite der Karte ein Gebet stand, formulierte ich die Anrufung in meinen eigenen Worten, um mein persönliches spirituelles Bedürfnis auszudrücken:

Holde Göttin, ich vereine mich mit dir unter dem Namen Lady. Sie ist die Königin der Engel, die das Wundertätige Medaillon überbracht hat. Möge dieses Medaillon für mich ein sicheres Zeichen für deine mütterliche Zuneigung sein und mich immer an den Eid erinnern, den ich in meiner Religion abgelegt habe. Möge ich durch deinen liebevollen Schutz gesegnet sein und durch die Gnade deines Prinzgemahls bewahrt werden. Du mächtigste aller Jungfrauen, du Mutter und alte Frau, lass mich in jedem Augenblick meines Lebens in deiner Nähe sein, sodass ich wie du gemäß dem Schwur leben kann, den ich gegeben habe. Mit diesem Medaillon rufe ich die Kräfte der Engel, um meinen Mitmenschen beizustehen und mein eigenes Leben zu bereichern. So sei es.

Wenn Sie das Wundertätige Medaillon nicht für sich verwenden möchten, ist dies in Ordnung. Ich musste einige Zeit suchen, bis ich ein Medaillon fand, das auf der Rückseite kein Kreuz trug. Ich selbst verwende keine Schmuckgegenstände, auf denen ein Kreuz abgebildet ist, denn dieses Zeichen steht für Angriff und hat für mich eine negative Bedeutung. Wenn Sie möchten, wählen Sie ein anderes Schmuckstück, das Sie anspricht. Wenn Sie jüdischen Glaubens sind, wählen Sie vielleicht den Davidsstern, für Wiccaner eignet sich das Pentakel. Das gewählte Symbol sollte in jedem Fall für Sie von besonderer Bedeutung sein. Sie müssen überzeugt sein, dass es zu der Absicht, die in dem oben erwähnten Segensspruch ausgedrückt wird, beiträgt.

Die Katholiken haben ein Gebet, das sie stets sprechen können, wenn Schwierigkeiten auftreten. Ich gebe es hier einmal im Original und dann etwas umgewandelt wieder, damit es auch für die anderen Glaubensrichtungen passt. Alle Götter und Göttinnen sind eins, deshalb bin ich sicher, dass ich damit unsere Lady nicht verletze. Der Legende nach wurde dieses Gebet zum ersten Mal von Gabriel gesprochen:

Heilige Maria, Mutter Gottes,
der Herr sei mit dir.
Du bist gebenedeit unter den Frauen,

und gebenedeit ist die Frucht deines Leibes, Jesus.
Heilige Maria, Mutter Gottes,
bitte für uns Sünder
jetzt und in der Stunde unseres Todes.
Amen.

Wenn Sie einer anderen Glaubensrichtung angehören, möchten Sie vielleicht das folgende Gebet sprechen:

Heilige Göttin, du bist voll der Gnade, Gott ist mit dir. Du bist gebenedeit unter den Frauen, und gebenedeit ist die Frucht deines Leibes, der Gemahl und der Sohn. Heilige Göttin, Mutter der Erde, wirke Wunder für deine Kinder, jetzt und in der Stunde der Not. So sei es.

Die Königin der Engel und der magische Kreis

Die Königin der Engel schickt die Seraphim, um die Gebete der Menschen aufzunehmen und sie an Gott weiterzuleiten. Alle Engel begegnen ihr sehr ehrfürchtig. Sie hat ihre eigene Art, mit ihnen umzugehen. Wenn Sie also einen magischen Kreis ziehen und entweder Gott oder die Göttin anrufen, rufen Sie damit gleichzeitig auch die Engel an, die sie begleiten. Das geschieht ganz unabhängig von der Religion, der Sie angehören, selbst wenn Sie beim Ziehen des magischen Kreises gar nicht an die Gegenwart von Engelwesen denken. Wenn Sie aber die Engel bewusst mit einbeziehen, wird der Unterschied deutlich spürbar sein. Wenn Sie mir nicht glauben, können Sie es selbst herausfinden.

Die meisten von uns können die Anwesenheit der Engel in ihrem Leben besonders dann spüren, wenn sie in einer schwierigen Lage sind. Ich bin dafür ein gutes Beispiel. Ich mühte mich gerade mit diesem Engelbuch ab und war dabei manchmal etwas frustriert, aber doch im Großen und Ganzen zufrieden mit meinem Leben. Plötzlich geriet ich durch einen beruflichen Streit, der gar nichts mit mir zu tun hatte, in eine sehr schwierige Situation. Ich war zutiefst unglücklich und fürchtete, dass mein ganzes Leben aus den Bahnen geraten könnte.

Ich ging zu meinem Engelaltar und entzündete dort zwei weiße Kerzen. Dann rief ich meinen Schutzengel und bat ihn darum, dass diese Phase in meinem Leben so schmerzlos wie möglich vorbeigehen möge und dass ich den Sinn und die darin enthaltene Wahrheit erkennen möge und ich mich nicht von meinen Gefühlen und meinem Ego blenden ließe.

Ich erinnerte mich daran, einmal gelesen zu haben, dass Menschen die spirituelle Energie in die materielle Welt weiterleiten. Engel dagegen bringen die materielle Energie in den spirituellen Bereich, und so bilden beide eine Verbindung zwischen der materiellen und der spirituellen Ebene. Ich begriff auch, dass ich erst dann in meiner Arbeit fortfahren konnte, wenn ich die große Anhäufung all meiner negativen Gefühle wie Zweifel, Ärger, Unzulänglichkeit, Ablehnung und Selbstkritik loslassen konnte.

Zuerst ging ich unter die Dusche und stellte mir vor, wie durch das Wasser sowohl mein physischer wie auch mein spiritueller Körper gereinigt wurde. Dann lud ich ein Glas mit kaltem Wasser (jedes Getränk ist dafür geeignet) mit Energie auf und stellte mir bei jedem Schluck vor, wie mein Körper Engelenergie und universelle Energie in sich aufnahm. Dann atmete ich tief ein und visualisierte, wie Heilenergie meinen ganzen Körper durchströmte. Ich atmete aus und ließ damit all meine Zweifel, Ängste und sorgenvollen Gedanken los. Ich rief die Lady mit einer Hymne von Edgar Allan Poe* an:

Am Morgen – am Mittag – zur Dämmerzeit –
Lady! war dir mein Loblied geweiht!
Im Guten und Bösen – in Freude und Weh –
o Mutter Gottes, bei mir steh!
Wenn hell die Stunden vorüberflogen
und keine Wolken am Himmel zogen,

---

* »Gedichte – Poems«, Übersetzung von Arno Schmidt und Hans Wollschläger, Walter Verlag 1973

führt deine Gnade die Seele mir
hin zu den deinen und zu dir:
nun, da des Schicksals Sturmesnot
so dunkel mein Heut und mein Gestern umdroht,
lass meine Zukunft widerscheinen
von süßer Hoffnung auf dich und die Deinen.

Dann sprach ich das Gebet von Gabriel mehrere Male wie ein Mantra:

Heilige Göttin, du bist voll der Gnade, Gott ist mit dir. Du bist gebenedeit unter den Frauen, und gebenedeit ist die Frucht deines Leibes, der Gemahl und der Sohn. Heilige Göttin, Mutter der Erde, wirke Wunder für deine Kinder, jetzt und in der Stunde der Not. So sei es.

24 Stunden später war das Problem aus meinem Leben verschwunden.

Andere Hierarchien

Ich habe eingangs erwähnt, dass in den verschiedenen Religionsrichtungen auch unterschiedliche Engelhierarchien aufgezeigt werden. Für dieses Buch habe ich die Neun Chöre gewählt, damit möchte ich die Bedeutung der jüdischen Mystik jedoch in keiner Weise schmälern. Die Kabbala spricht von zehn Sephiroths (Sephira in der Einzahl). Jede von ihnen repräsentiert eine eigene Welt, der man durch intensive Studien, Visionen, Phantasiereisen, persönliche Begegnungen mit dem Göttlichen und anderen Erlebnissen begegnen kann. Zu jedem Sephira gehört auch ein Engel. Die Sephiroth beinhalten Begriffe wie Basis, Pracht, Ewigkeit, Schönheit, Macht, Gnade, Wissen, Weisheit, Verständnis und Vollkommenheit (Krone). Das Diagramm, das diese Macht verkörpert, hat die Form eines Baumes. An den Wurzeln dieses Baumes befindet sich unter anderem der Schutzengel Sandalphon. Andere Engel an diesem Baum sind Saphkiel, der Engel der Meditation; Raphael, der göttliche Arzt; Gabriel, der die spirituelle Weisheit beherrscht, und Michael, der Anführer der himmlischen Heerscharen Gottes. An der Spitze des Baumes steht Metatron. Wir werden später auf diese Engel noch näher eingehen.

4. Der tägliche Umgang mit den Engeln

Das Wort Engel stammt aus der griechischen Version des hebräischen Wortes *mal'akh*, das bedeutet »die Schattenseite des Göttlichen«. Die Engel arbeiten im Dunkeln, das heißt, dass wir sie normalerweise nicht sehen, wohl aber ihre Anwesenheit und ihre Handlungen spüren können. Die Zauberkunst gehört ebenfalls in den Schattenbereich, sie bewirkt Veränderungen im Universum durch reine Willenskraft.

In diesem Kapitel erhalten Sie viele Informationen für die Magiearbeit mit Engeln. Wenn Sie von anderen Menschen hören, dass die Engel gar nicht magisch sind und Magiearbeit mit ihnen unmöglich ist, zeigt dies lediglich, dass diese Menschen völlig unwissend sind, denn ich arbeite ständig mit Engelmagie. Dieses Kapitel zeigt Methoden auf, die gut zum Engelszauber passen, und beschreibt geeignete Übungen für die Wochentage, Jahreszeiten, Monate, Farben und die planetarischen Stunden. Darüber hinaus werden wir auch mehr über die frühere und heutige Funktion der Engel erfahren.

Ihr Engeltagebuch

Wenn Sie Engelszauber betreiben möchten, brauchen Sie ein Tagebuch oder Notizbuch, um alle neu erlernten Dinge festzuhalten und dadurch einen Überblick über Ihre Arbeit zu haben. Dieses Notizbuch muss kein dicker Wälzer in blumiger Sprache oder ein wissenschaftlicher Bericht sein, in dem jeder einzelne Vorgang peinlich genau aufgezeichnet wird. Dennoch sind möglichst detaillierte Aufzeichnungen hilfreich, damit Sie später alles so genau wie möglich nachlesen können. Sie können Ihr Tagebuch auch mit Engelbildern, Bändern, Kalligrafie usw. schmücken und es als schönes Sammelwerk gestalten, das auch für Familienmitglieder oder Freunde von Nutzen ist, die selbst Engelszauber praktizieren möchten.

Die Engeltage der Woche

Manche Wochentage eignen sich besser für bestimmte Vorhaben als andere. Wenn Sie Engelmagie planen, sollten sie dafür den Wochentag auswählen, der am günstigsten für harmonische Arbeit ist.

Montag

Am Montag zentriert sich die Energie des Mondes. An diesem Tag sind Spiritismus, Träume, weibliche Energie, Gesundheit, Erfolg in spirituellen Bestrebungen, häusliche Dinge und Familienangelegenheiten besonders wichtig. Die Montagfarben sind Silber und Weiß.

Die Engel für den Montag sind Gabriel (siehe Seite 49 ff.), Arcan, Missabu und Abuzaha. Arcan ist bekannt als der König der Engel der Lüfte und Herrscher des Montags. Auch Abuzaha (Abuzohar) dient dem Montag und ist sehr empfänglich für Anrufungen und rituellen Zauber. Missabu ist ein Gehilfe von Arcan.

Dienstag

Der Dienstag kreist um die Marsenergie. Es ist ein guter Tag für Geschäfte, mechanische Dinge, Kauf und Verkauf von Tieren, Jagd, Studienbeginn, sexuelle Aktivitäten und Auseinandersetzungen. Die Dienstagfarben sind Rot, Rosa und Scharlachrot.

Die Engel für den Dienstag sind Camael, Samael, Satael, Amabiel, Friagne und Hyniel. Camael erscheint in der Gestalt eines Leoparden, wenn er angerufen wird. In der Mythologie der Druider war er ein Kriegsgott, deshalb wird er auch mit Mars in Verbindung gebracht (hier sehen wir wieder den Einfluss des heidnischen Glaubens). Camael wird manchmal als Mitglied der »Glorreichen Sieben« betrachtet; er gehört auch zu den Racheengeln. Ihm wird nachgesagt, er habe versucht, Moses davon abzuhalten, die Thora in Empfang zu nehmen. Es hieß, er sei dadurch unwiderruflich dem Tod geweiht gewesen. Kabbalisten vertreten allerdings oft die Meinung, er hätte die Zerstörung überlebt.

Samael bewegt sich als Zauberer in beiden Welten. Einige sehen in ihm den Engel des Todes, andere den »Strahlenden und Giftigen«. Er wird auch oft als Dämon betrachtet und beschuldigt, Satan zu sein. Es gibt jedoch andere Hinweise auf die Satane (im Plural) als diejenigen, die als Vertreter des Rechts auftreten, sozusagen eine Art von Engelpolizei. Angeblich deutet das nächtliche Heulen von Hunden auf die Anwesenheit von Samael hin. Einerseits ist er der Herrscher des fünften Himmels und Oberhaupt von zwei Millionen Engeln, andererseits war er es, der sich in eine Schlange verwandelt hat, um Eva dazu zu überreden, von der verbotenen Frucht der Erkenntnis zu kosten. Satael wird in magischen Ritualen als Engel der Lüfte angerufen, er ist der führende Geist des Planeten Mars. Amabiel gehört ebenfalls zu Mars, seine Energie richtet sich auf die menschliche Sexualität. Friagne ist auch dem Dienstag zugeordnet, er wird vom Osten aus angerufen. Außerdem ist er ein Mitglied des fünften Himmels. Auch Hyniel gehört zum Dienstag und ist mit dem Ostwind verbunden.

Mittwoch

Der Mittwoch steht unter der Leitung von Merkur. Der Mittwoch ist der richtige Tag für schnelle Aktivitäten, Kommunikation, Korrespondenz und Telefonanrufe. Er ist gut geeignet für Journalisten, Schriftsteller und Dichter, aber auch für Preisverhandlungen, Einstellung von Angestellten und Besuchen bei Freunden. Seine Farben sind Orange, Hellblau und Grau.

Die Engel für den Mittwoch sind Raphael (siehe Seite 42 ff.), Miel und Seraphiel. Alle drei Engel sind die Hüter des Planeten Merkur. Über Miel ist kaum etwas bekannt, Seraphiel ist das Oberhaupt der Seraphim und scheint der höchste aller Engelprinzen zu sein. Er wird vom Norden aus angerufen.

Donnerstag

Der Donnerstag ist ein Jupitertag und eignet sich gut für Geldangelegenheiten, denn Jupiter ist der herrschende Planet für alles, was die Finanzen betrifft. Weiterentwicklung der Persönlichkeit, Forschung, Studien, Reisen und soziale Zusammenkünfte sind ebenfalls günstig an diesem Tag. Seine Farben sind Violett und Königsblau.

Der Engel für den Donnerstag ist Sachiel. Er ist auch an den anderen Wochentagen beteiligt, manche ordnen ihn außerdem Montag oder Freitag zu. Er herrscht über den Planeten Jupiter und wird vom Süden aus angerufen.

Freitag

Der Freitag mit seinem Herrscherplaneten Venus eignet sich gut für Liebesdinge, zwischenmenschliche Beziehungen, Kommunikation, Näharbeiten und den Entwurf von künstlerischen Kostümen. Außerdem ist er günstig für Verbesserungen im Haushalt, Einkauf und die Planung von Festen. Seine Farben sind Smaragdgrün oder Pink.

Die Engel für den Freitag sind Ariel/Uriel (siehe Seite 52 ff.), Rachiel und Sachiel. Auch Rachiel beschäftigt sich mit der menschlichen Sexualität, er ist der herrschende Geist des Planeten Venus (zu Sachiel siehe auch unter Donnerstag).

Samstag

Die planetarische Entsprechung für den Samstag ist der Saturn. Alle Angelegenheiten, die die Öffentlichkeit, die Landwirtschaft, Familienverbände, rechtliche Dinge (wie Testament oder Nachlass), Schulden, Gespräche mit Rechtsanwälten, Finanzgeschäfte, gemeinsame Geldangelegenheiten, Immobilien und ältere Menschen betreffen, gehören zum Samstag. Außerdem ist er günstig für die Einschränkung von negativer Energie und das Aufgeben von alten Gewohnheiten. Seine Farbe ist Schwarz.

Die Engel für den Samstag sind Cassiel, Machatan, Uriel und Orifiel. Cassiel ist der Engel der Einsamkeit und der Tränen. Er ist der Herrscher des Planeten Saturn und erscheint gelegentlich auch als Engel der Geduld. Cassiel verbindet sich mit der Drachenenergie, er ist ein großer Bewunderer von Drachen.

Über Machatan wissen wir nur, dass er gut mit Cassiel zusammenarbeitet und ebenfalls zu Saturn gehört. Uriel wird auf Seite 52 ff. beschrieben.

Orifiel ist ein Engel der Wildnis, er herrscht über die zweite Stunde des Tages und steht ebenfalls mit dem Saturn in Verbindung.

Sonntag

Der Sonntag wird von der Sonne beeinflusst. Unter ihren Bereich fallen Gemeinschaftsarbeit, freiwillige Dienste, körperliche Übungen, sportliche Aktivitäten im Freien, Einkaufen und Verkaufen, Spekulieren, Geselligkeit, Gruppenaktivitäten, Volksfeste und Lotterien, Anbau von Getreide und alles, was die Gesundheit betrifft. Die Farben des Sonntags sind Gold oder Gelb.

Michael ist der erste Engel des Sonntags, aber für jede einzelne Stunde dieses Tages ist ein anderer Engel zuständig. Diese Engel sind Michael (erste Stunde), Anael (zweite Stunde), Raphael (dritte Stunde), Gabriel (vierte Stunde), Cassiel (fünfte Stunde), Sachiel (sechste Stunde), Samael (siebte Stunde), Michael (achte Stunde), Anael (neunte Stunde), Raphael (zehnte Stunde), Gabriel (elfte Stunde) und Cassiel (zwölfte Stunde). Wie man sieht, sind manche Engel an diesem Tag zweimal im Einsatz.

Siebentagemagie für mehr Harmonie in Ihrem Leben

Anhand der Angaben für die einzelnen Wochentage können Sie auswählen, was Sie an diesen Tagen für sich verbessern möchten. Es kann etwas sein, das an allen Tagen gleich ist oder täglich wechselt.

Treffen Sie Ihre Wahl unter realistischen Gesichtspunkten und schreiben dann die Namen der Wochentage auf insgesamt sieben Karteikarten.

Unter dem Wochentag notieren Sie auf jeder Karte Ihr Anliegen, dann unterschreiben Sie mit Ihrem Namen. Auf die Rückseite der Karte kommt der Name des Engels, der Ihr

Anliegen vertritt. (An manchen Tagen ist die Auswahl nicht sehr groß.)

Wenn Sie einen Engel nicht bei seinem Namen rufen möchten, verwenden Sie eine Anrede, die die Art der Energie beschreibt, die Sie ansprechen (Engel der Geschäfte, Engel der Heilung usw.).

Nehmen Sie alle Karten zur Hand, die Seite mit den Engelnamen zeigt nach oben. Nun erfüllen Sie die Karten mit Ihrem übergeordneten Wunsch, der darin besteht, mit den Engeln Magiearbeit zu praktizieren.

Legen Sie nun die Karten in der richtigen Reihenfolge in einem Stoß in die Mitte Ihres Altars, die Karte für den Tag, mit dem Sie beginnen möchten, liegt ganz oben.

Entscheiden Sie sich für einen bestimmten Zeitpunkt, an dem Sie den Engelszauber jeden Tag durchführen möchten. Es kann morgens oder abends sein, der einmal festgelegte Zeitpunkt sollte aber nicht verändert werden.

Wenn Sie für den Engelszauber bereit sind, entzünden Sie Ihre Öllampe (oder Kerze) und etwas Räucherwerk. Beginnen Sie mit dem kleinen Bannritual (siehe Seite 56 ff.), dann verwurzeln und zentrieren Sie sich.

Nehmen Sie die Karte des Tages zur Hand und schließen die Augen, dabei konzentrieren Sie sich auf die positive Energie der Engel, die Ihnen helfen.

Schreiben Sie den Engeln aber nicht vor, wie sie vorgehen sollen, und stellen Sie sich auch keine konkreten Situationen dazu vor – überlassen Sie alles vertrauensvoll der Engelenergie. Wenn Sie fertig sind, verbrennen Sie die Karte und streuen die Asche in den Wind.

Wenn Sie Ihre Lampe oder Kerze lange brennen lassen, denken Sie bitte an eine feuerfeste Unterlage. Vergessen Sie nicht, sich bei den Engeln, die Sie angerufen haben, zu bedanken, bevor Sie Ihren Altar verlassen.

Halten Sie Ihre Arbeit in Ihrem Notizbuch fest, später können Sie dann aufschreiben, ob und wie Ihnen diese Übung geholfen hat.

Die Engel der Jahreszeiten

Die Magiearbeit mit den Jahreszeiten ist für mich die reinste Form dieser Kunst. Als Menschen bewegen wir uns mit den Zyklen der Erde und sind verbunden mit den verschiedenen Erscheinungsformen der Energie und den Wandlungsstadien der Erde. Die Jahreszeitenmagie dient der Förderung von Wohlstand und Harmonie. Rufen Sie die Engel, die zu den einzelnen Jahreszeiten gehören, jeweils zu Beginn der Jahreszeit für ihr allgemeines Wohlbefinden an. Während der einzelnen Jahreszeiten wenden Sie sich mit Ihren besonderen Anliegen an die Engel.

Frühling

Frühlingsanfang ist normalerweise am 21. März. Der Frühling bringt neues Leben, Verjüngung, neue Ideen, Freundschaften und sexuelle Vereinigung, Kreativität und Kommunikation. Bei der Magiearbeit sind besonders Heilung, Reinigung, Spiritismus, Ausgleich von Rechnungen, Pflanzungen im Garten, Fruchtbarkeit und alle Dinge, die mit Luft in Verbindung stehen, im Vordergrund. Die Farben des Frühlings sind Pastelltöne in allen Schattierungen.

Milkiel ist der herrschende Engel des Frühlings und der Energien, die für diese Jahreszeit notwendig sind. Spugliguel ist das Oberhaupt des Frühlings. Am Frühjahrsanfang wenden Sie sich sowohl an Milkiel wie auch an Spugliguel. Vier weitere Engel, Amatiel, Caracasa, Core und Commissoros, sind die Hüter dieser Jahreszeit.

Sommer

Die Sommersonnenwende tritt um den 21. Juni ein. Der Sommer ist die Zeit von schnellem Wachstum und voller Blüte, tiefer sexueller Vereinigung, Stärke und dem Wunsch, die Fülle und den Reichtum unserer Erde miteinander zu teilen. Die Magiearbeit dient der Selbstliebe, der Schönheit, dem Schutz, der physischen und magischen Energie, dem Mut, der

Ehe und allen magischen Aspekten, die im Element Feuer enthalten sind. Die Farben des Sommers sind vibrierende Grün-, Blau-, Pink- und Gelbtöne.

Das Oberhaupt des Sommers ist Tubiel; er wird auch angerufen, damit die kleinen Vögel zu ihren Besitzern zurückkehren können. Andere Engel dieser Jahreszeit sind Gaviel, Tariel und Gargatel, der als Hüter des Sommers fungiert. Oranir ist das Oberhaupt der Sommersonnenwende und hilfreich gegen den bösen Blick.

Herbst

Der Herbstanfang fällt auf den 21. September. Der Herbst ist die Zeit der Ernte und der Früchte. Jetzt beginnt die Vorbereitung auf den Winter, man kann Ordnung in sein Leben bringen. Die Engelmagie ist vor allem den Arbeitsstellen und dem Besitz in größerem Umfang (Haus, Auto, Kühlschrank, Herd, Möbel usw.) gewidmet, außerdem richtet sie sich besonders auf Heilung, alle Arten von Studien und auf die magischen Aspekte des Elements Wasser. Die Farben des Herbstes sind Orange, Gold, Hellbraun, Braun und Tiefgelb.

Torquaret gilt als Oberhaupt dieser Jahreszeit zusammen mit den Hüterengeln Tarquam und Guabarel.

Winter

Die Wintersonnenwende tritt um den 21. Dezember ein. Jetzt ist die Zeit der Erholung und der Bestandsaufnahme dessen, was man erreicht hat. Nun können langfristige Pläne für das kommende Jahr geschmiedet werden. In der kalten Zeit ist oft Entspannung durch stille Kreativität möglich, außerdem sind jetzt mehr Schlaf und ausgiebige Pflege von Körper und Geist angebracht. Die Magiearbeit in dieser Zeit gilt der Verbannung von Krankheiten (seelischer und körperlicher Natur), der Meditation, der Aufgabe von Gewohnheiten (einschließlich Süchten und negativen Verhaltensmustern), der Planung von Engelmagie und besonders der Magiearbeit, die das Element Erde betrifft. Die Farben des Winters sind Weiß, Grün, Rot und Grau.

Das Oberhaupt dieser Jahreszeit ist Attaris; Amabael und Cetarari sind die Hüterengel des Winters. Michael ist auch der Engel des Schnees.

Magische Knoten für die Jahreszeiten

Nehmen Sie ein etwa 20 Zentimeter langes Stück Schnur in der Farbe der Jahreszeit, mit der Sie arbeiten möchten.

Schreiben Sie genau auf, wofür Sie den Zauber anwenden und welchen Engel Sie um Unterstützung bitten möchten. (Bitte denken Sie daran, dass Sie die Engel entweder namentlich oder mit der ihnen zugehörigen Energie rufen können.)

Gehen Sie zu Ihrem Engelaltar und entzünden dort Ihre Lampen oder Kerzen. Legen Sie die farbige Schnur in die Mitte des Altars und entzünden etwas Räucherwerk. Führen Sie das kleine Bannritual durch.

Dann sprechen Sie folgende Worte, während Sie die Schnur der Abbildung entsprechend knoten:

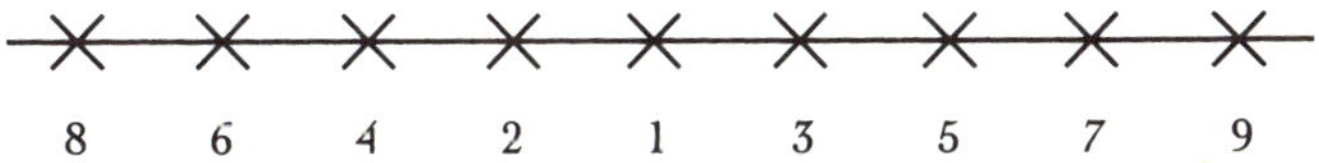

Mit dem ersten Knoten beginnt dieser Engelszauber,
Mit dem zweiten Knoten erscheinen die Kräfte von
(hier folgt der Name des Engels),
Mit dem dritten Knoten manifestiert sich der Wunsch,
Mit dem vierten Knoten wird mein Wille gefestigt,
Mit dem fünften Knoten wird dieser Zauber belebt,
Mit dem sechsten Knoten wird dieser Zauber gefestigt,
Mit dem siebten Knoten möge Engelszauber gewährt werden,
Mit dem achten Knoten wird der Zauber zur Bestimmung,
Mit dem neunten Knoten erfüllt sich mein Begehren!

Tragen Sie die Schnur so lange bei sich, bis sich der Zauberspruch erfüllt hat. Wenn der Zauber erfolgreich war, lösen Sie die Knoten und neutralisieren die Schnur, bevor Sie sie wegwerfen. Vergessen Sie nicht, dem angerufenen Engel für seine Hilfe zu danken.

Engel des Monats

Wie für die Tage und Jahreszeiten, so gibt es auch für jeden Monat einen bestimmten Engel, mit dem Sie auf verschiedene Weise arbeiten können.

Januar: Gabriel (siehe Seite 49 ff.), Farbe: Weiß

Februar: Barchiel, Engel der Hagelstürme, Farbe: Pastellblau

März: Malahidael. 91 Tage lang ist er der Herrscher vom Frühling bis zum Sommer. Er hilft bei der Suche nach einer Liebesbeziehung. Farbe: Pastellgelb

April: Raphael (siehe Seite 42 ff.), Farbe: Pastellgrün

Mai: Ambriel. Er hilft bei der Abwehr von Bösem und ist dem Mars zugeordnet. Farbe: Rosa

Juni: Muriel. Sein Name bedeutet Myrrhe, er wird vom Süden aus angerufen. Der Legende nach kann er einen fliegenden Teppich entstehen lassen. Farbe: Smaragdgrün

Juli: Verchiel steht in engem Kontakt mit den Kräften der Sonne. Farben: Blau und Violett

August: Michael (siehe Seite 4 ff.), Farben: Gold und Gelb

September: Uriel (siehe Seite 52 ff.), Farben: Orange und Rot

Oktober: Barbiel ermöglicht den Kontakt mit den Ahnen. Farben: Schwarz und Orange

November: Advachiel, Farbe: Braun

Dezember: Hanael. Sein Name bedeutet »Glanz«. Er bringt Botschaften zu Gott und hilft bei der Abwehr von allem Übel. Es besteht eine Verbindung zwischen ihm und Ishtar, der Göttin der Chaldäer. Farben: Rot und Grün.

Engelszauber für ein monatliches Vorhaben

Sie können jeden Monat beginnen, Ihre Vorhaben für die kommenden zwölf Monate zu planen. Nehmen Sie sich genügend Zeit für die Planung und sorgen Sie für eine ruhige Atmosphäre, vielleicht möchten Sie etwas leise Musik dazu hören.

Sie brauchen dazu einen Textmarker (oder Farbstift), zwölf Briefumschläge, einen Kalender und mehrere Papierstreifen. Wenn Sie möchten, kann die Farbe des Textmarkers dem Engel und dem Monat entsprechen, mit dem Sie arbeiten. Legen Sie alle Papierstreifen auf Ihren Engelaltar und bedecken Sie sie mit den Händen. Bitten Sie die Engelkräfte um Hilfe bei der Arbeit und machen das Zeichen des Bannpentagramms über alle Gegenstände auf dem Altar. Dann entzünden Sie Ihre Kerzen oder Lampen und etwas Räucherwerk.

Führen Sie das kleine Bannritual durch.

Schreiben Sie auf jeden Briefumschlag einen Monatsnamen, dann legen Sie die Umschläge der Reihe nach übereinander, der Monat, in dem Sie beginnen möchten, liegt zuoberst. Entspannen Sie sich und nehmen dann den ersten Umschlag zur Hand. Was möchten Sie in diesem Monat erreichen?

Schreiben Sie jedes Ihrer Ziele auf einen der Papierstreifen und unterschreiben ihn mit Ihrem Namen. Wenn Sie für den ersten Monat damit fertig sind, legen Sie alle Papierstreifen in den Umschlag, aber kleben ihn nicht zu. Schreiben Sie den Namen des Engels, den Sie um Unterstützung bitten, auf die Rückseite des Umschlags und legen ihn dann zur Seite.

Gehen Sie in gleicher Weise für alle folgenden Monate vor. Bitte denken Sie daran, dass Sie einen Engel statt mit seinem Namen auch mit der Energie rufen können, die er repräsentiert.

Wenn Sie fertig sind, verwahren Sie die Umschläge an einem sicheren Ort.

Am ersten Tag des Monats nehmen Sie das entsprechende Kuvert und legen es auf Ihren Altar. Sie können das kleine Bannritual durchführen und dann den Schutzengel des Monats rufen und ihn um Hilfe bei Ihren Vorhaben bitten. Halten

Sie den Umschlag in beiden Händen und stellen Sie sich vor, wie die Kraft der Engel durch Ihren Körper und in den Umschlag fließt. Kleben Sie das Kuvert zu und machen mit ausgestreckten Armen das Kreuzzeichen darüber. Lassen Sie das Kuvert den ganzen Monat über auf Ihrem Altar.

Am letzten Tag des Monats öffnen Sie das Briefkuvert. Verbrennen Sie die Papierstreifen, auf denen Ihre Ziele festgehalten sind, und danken den Engeln für die Unterstützung. Schauen Sie sich die Papierstreifen mit den Zielen, die Sie nicht erreicht haben, in Ruhe an. War Ihr Vorhaben für einen Monat zu hoch gesteckt oder hat sich ein Hindernis in den Weg gestellt? Wenn Sie es noch einmal versuchen möchten, überlegen Sie genau, welche Zeit für diesen Entschluss günstig sein könnte. Dann wählen Sie einen anderen Monat aus und stecken die Papierstreifen mit den unerledigten Anliegen in das entsprechende Kuvert.

Führen Sie am ersten und letzten Tag des Monats die oben beschriebene Prozedur durch und halten Sie in Ihrem Notizbuch Ihre Arbeit und Ihre Gedanken über diesen Engelszauber fest. Nach Ablauf der zwölf Monate schreiben Sie eine Zusammenfassung über das Ergebnis Ihrer Arbeit und die Veränderungen, die dieser Zauber in Ihrem Leben bewirkt hat.

Wenn nach einem Jahr noch Ziele offen sind, können Sie sie im nächsten Jahr noch einmal einbringen oder ganz aufgeben.

Engel und Farben

Engel lieben Farben. Farben und Musik sind eine universelle Sprache. Manche Menschen, die Zauberarbeit betreiben, glauben, dass nur bestimmte Farben ein Gefühl oder eine Absicht zum Ausdruck bringen können. Aber ich habe festgestellt, dass jeder Mensch seine eigene Beziehung zu Farben hat. Bisher habe ich zwar bestimmte Farbempfehlungen für die verschiedenen Engel gegeben, vielleicht ist Ihnen aber aufgefallen, dass ich keine sehr detaillierten Angaben dazu gemacht habe. Ich halte es für notwendig, dass jeder selbst herausfindet, welche Farbe in einer bestimmten Situation passend für ihn ist.

Farben haben in jedem Fall eine Wirkung auf die menschliche Psyche. Blau zum Beispiel erzeugt oft ein Gefühl von Entspannung und Ruhe, Rot wirkt dagegen anregend und lässt manchmal auch Streit oder Leidenschaft aufflammen. Die übliche Anwendung der Farben in der Magiearbeit berücksichtigt diese allgemein gültigen Reaktionen. Das bedeutet jedoch nicht, dass Sie sich immer genau an die Farbempfehlungen halten müssen. Wenn Sie gerne experimentieren, können Sie andere Farbkombinationen oder einzelne Farben ausfindig machen, die für Sie je nach Situation stimmig sind.

Ich schlage vor, dass Sie die Farben zunächst so anwenden, wie sie hier beschrieben sind, mit der Zeit können Sie dann zu einer individuellen Handhabung übergehen. Wenn Sie zum Beispiel die Farbe Grün bisher für Geldangelegenheiten verwendet haben, aber damit erfolglos waren, müssen Sie zuerst überlegen, wo der Grund für Ihr Scheitern liegen könnte. Vielleicht sind es nur Nebensächlichkeiten, wie mangelnde Konzentration oder ein falscher Zeitpunkt. Wenn Sie zu einem Schluss gekommen sind, können Sie es noch einmal versuchen.

Wenn Sie dann wieder nicht zum Ziel kommen, können Sie zum Beispiel statt Grün eine andere Farbe oder gar keine Farbe und stattdessen ein Symbol verwenden. Dieses Mal wird es sicher funktionieren. Beim nächsten Vorhaben nehmen Sie noch einmal Grün und stellen dann möglicherweise wieder fest, dass Ihr Plan misslingt. Vielleicht haben Sie einen inneren Widerstand gegen Grün entwickelt. Was könnten Sie dagegen unternehmen?

Wählen Sie zunächst einen anderen Farbton, es könnte eine Schattierung heller oder dunkler sein. Überlegen Sie, was die fragliche Farbe für Sie symbolisiert. Grün zum Beispiel steht für Heilung, Geld oder Glück. Sind Sie der Meinung, Wohlstand würde Ihnen nicht wirklich zustehen? Vielleicht denken Sie auch im Unterbewusstsein, dass Sie nicht gesund, sondern krank sein müssten. Sie können selbst herausfinden, welche Gründe für Sie zutreffen.

Farbentsprechungen

Weiß: Reinheit, Wahrheit, Engelenergien, Aufrichtigkeit, Hoffnung, spirituelle Stärke, Schutz, göttliche Macht, Krebs, Mond, für alle Zwecke geeignet

Violett: geistige Klarheit, Reichtum, weltliche Ambitionen, Macht, Religion, Heilung, schwere körperliche und geistige Krankheiten, Bewältigung von geschäftlichen Schwierigkeiten. Engel des Schützen: Jupiter, Mond (Lavendelblau), Merkur (Violett), Chaos (Dunkellila)

Blau: Ruhe, Geduld, Verständnis, Gesundheit, Spiritismus, Intuition, Weisheit, mentale und emotionale Kontrolle, Schutz, Glück, Transformation. Engel des Wassers: Jupiter, Venus (Hellblau), Seen, Ozeane, Fische (Dunkelblau), Venus (Blassblau), Stier, Krebs (Dunkelblau), Waage (Blaugrün), Schütze (Tiefblau), Mond, Wassermann (blau schimmernd)

Grün: Gesundheit, Glück, Vermögen, Fruchtbarkeit, Pflege, Wachstum, Geld, Wohlstand, ein gelungener Plan oder ein Projekt, das Früchte trägt. Engel der Venus (Blassgrün): Wälder, Berge, Erde, Stier, Fische (Meergrün)

Gelb: Anziehung, Charme, Vertrauen, Hypnose, Zeichnen, Faszination, Freude, Intellekt, Kommunikation, Reise, Faszination. Engel der Luft: Löwe, Sonne, Merkur (Hellgelb)

Orange: Karriere, Ermutigung, Stimulierung, Anpassungsfähigkeit, Wissbegierde, Mut, aktives Kapital. Engel des Merkur: Löwe, Jungfrau (Sienafarben), Wassermann (Dunkelorange)

Rot: Leidenschaft, Stärke, Potenz, Vitalität, langes Leben, Schutz, Abwehrkräfte, Impulsivität, Angriff, Gesundheit, Energie, Sieg. Engel des Feuers: Mars, Widder, Löwe (Scharlachrot), Skorpion (Tiefrot)

Rosa: Liebe, Leidenschaft, Kommunikation mit lieben Menschen, Entspannung, Heilung des Geistes, Erfolg, sauberes Le-

ben, Mitgefühl, Ehre, Sieg über das Böse. Engel der Venus: Stier, Waage
Silber: weibliche Energie, Parapsychologie, Stärke und Mitgefühl, Geduld, höhere Weisheit. Engel des Mondes: Krebs, Jungfrau, Chaos (Zinn)
Braun: Freundschaft, Erdenergie, Durchsetzungskraft, Gesundheit und Sicherheit von Tieren, finanzieller Erfolg. Engel der Erde: Berge, Wälder, Jungfrau, Wassermann
Schwarz: Bindung, Abwehr von negativer Energie, Bannzauber, Aufgabe von ungesunden Haltungen und Süchten, Schutz. Engel des Saturn: Erde, Chaos, Skorpion
Türkis oder Grau: Neutralisierung, Eindämmen von Klatsch, Ausgleich von Karma. Engel der Venus: Saturn, Waage

Der Farbenkreis der Engel

Für den Engelfarbenkreis brauchen Sie Stifte oder Textmarker in verschiedenen Farben, etwas Papier, eine Liste der Dinge, die Sie in Ihrem Leben verbessern möchten, und die Namen der Engel, die Sie um Hilfe bitten möchten. Sie können sich an die bisher erwähnten Engel wenden. Wenn Sie das Gefühl haben, dass keiner davon passend ist, suchen Sie bitte so lange, bis Sie einen Engel finden, der für Sie geeignet ist. Wenn das nicht gelingen sollte, bitten Sie stattdessen die Energie oder die Essenz der Engel um Hilfe.

Zeichnen Sie mithilfe einer Vorlage zwei Kreise übereinander auf die Mitte des Blattes, der äußere Kreis sollte etwa zwei Zentimeter größer als der innere Kreis sein. Teilen Sie dann die Kreise wie einen Kuchen in vier gleiche Abschnitte, jeder Abschnitt beinhaltet eine oder mehrere Bitten. Sie müssen den Kreis nicht künstlerisch wie ein keltisches Symbol ausgestalten, eine einfache Zeichnung genügt. Die Anzahl der Bitten sollten Sie zunächst auf etwa vier bis sechs beschränken.

Wählen Sie für jedes Anliegen eine passende Farbe aus. Wenn Sie zum Beispiel um Heilenergie für Ihr krankes Haustier bitten, würde sich Grün gut eignen. Für ein erfolgreiches Vorstellungsgespräch ist Orange die richtige Farbe.

Schreiben Sie alle Bitten mit einem schwarzen Stift in die vier Kreisabschnitte. Auf den äußeren Rand kommen die Namen der Engelenergie, die Sie brauchen, dann malen Sie das Viertel mit der betreffenden Farbe aus. Zuletzt schreiben Sie Ihren Namen quer über die Mitte des Kreises.

Legen Sie das Blatt in die Mitte Ihres Altars, entzünden dort Ihre Kerzen oder Lampen und führen das kleine Bannritual (siehe Seite 56 ff.) durch.

Nehmen Sie das Blatt mit dem Farbenkreis zur Hand, rufen Sie jeden der Engel einzeln nacheinander auf und sagen ihnen, was Sie auf das Papier geschrieben haben. Wenn Sie fertig sind, schließen Sie die Augen und stellen sich vor, wie Sie von Engelwesen umgeben sind, die jeweils den sie betreffenden Teil des Farbenkreises an sich nehmen. Bedanken Sie sich bei den Engeln für ihre Hilfe.

Hängen Sie Ihren Engelkreis in Ihrer Wohnung auf, vielleicht an Ihren Schlafzimmerspiegel oder an den Kühlschrank. Sie können ihn auch auf Ihrem Engelaltar lassen. Wenn Sie befürchten, dass jemand den Engelkreis sehen und sich darüber lustig machen könnte, dann legen Sie ihn an einen Ort, wo nur Sie ihn sehen können. Die Engel mögen die negative Haltung anderer Menschen ebenso wenig wie Sie selbst.

Wenn sich alle Bitten auf Ihrem Engelkreis erfüllt haben, ist es an der Zeit, den Kreis wieder zu neutralisieren. Bringen Sie ihn zum Altar und danken den Engeln für ihre Hilfe. Dann stellen Sie sich vor, dass sich durch den Zauber eine goldene Kugel über dem Papier bildet. Lassen Sie diesen Zauber entweder auf Ihren Altar oder in die Erde sinken. Dann verbrennen Sie den Engelkreis und verstreuen die Asche im Wind.

Wenn sich nicht alle Bitten auf Ihrem Kreis erfüllt haben, sollten Sie überlegen, worum Sie gebeten und wie lange Sie auf die Erfüllung der Bitte gewartet haben. Der Zeitraum für kleine Bitten beträgt im Allgemeinen etwa zwei Wochen bis einen Monat, größere Anliegen können auch bis zu drei Monate in Anspruch nehmen. Ich bitte Sie aber, sich nicht auf einen bestimmten Zeitraum festzulegen, es gibt hier keine fest geregelten Termine. Die Magiearbeit erfordert Geduld. Möglicherweise ist die Zeit für die Erfüllung einer bestimmten Bitte noch nicht reif oder die Umsetzung dauert länger, als Sie dachten. Sie sollten wissen, dass Magie ebenso wie der elektrische Strom den Weg des geringsten Widerstands geht. Wenn Sie sich also etwas schon sehr lange gewünscht haben, können Sie davon ausgehen, dass sich im Laufe der Zeit viele selbst geschaffene Blockaden wie Sorgen, Frustration, Zweifel usw. der Realisierung in den Weg gestellt haben. Wenn Sie Ihre negative Einstellung aufgeben können, erhöht sich damit die Chance für die Erfüllung Ihres Wunsches um ein Vielfaches.

Wenn Sie das Gefühl haben, lange genug gewartet zu haben, ohne dass etwas geschehen ist, dann lösen Sie den Zauber aus dem ersten Farbenkreis und stellen einen neuen Farbenkreis her, der nur für eine einzige Bitte bestimmt ist.

Die Engel der Stunden

Wenn Sie mit den Planetenstunden schon vertraut sind, werden Sie in diesem Abschnitt keine neuen Informationen erhalten. Jeder Stunde des Tages ist ein Engel zugeteilt, der Ihnen bei Ihrer Arbeit behilflich sein kann. Zu Beginn eines Projekts wirkt die Energie der ersten Stunde während des ganzen folgenden Verlaufs. Sie können eine Sache auch danach beurteilen, in welcher Stunde Sie zuerst davon erfahren haben.

Jede Stunde des Tages wird sowohl von einem Planeten wie auch von einem Engel beherrscht. Wir werden im Kapitel 13 mit den Planetenstunden arbeiten. Jetzt möchte ich Ihnen die Engel vorstellen, die zu den einzelnen Stunden gehören. Wichtig für die Festlegung der Engelstunden ist der Zeitpunkt des Sonnenaufgangs und des Sonnenuntergangs an Ihrem Wohnort an dem Tag, an dem Sie die Magiearbeit durchführen möchten (siehe dazu auch die Aufstellung auf Seite 108).

Der Farbenkreis

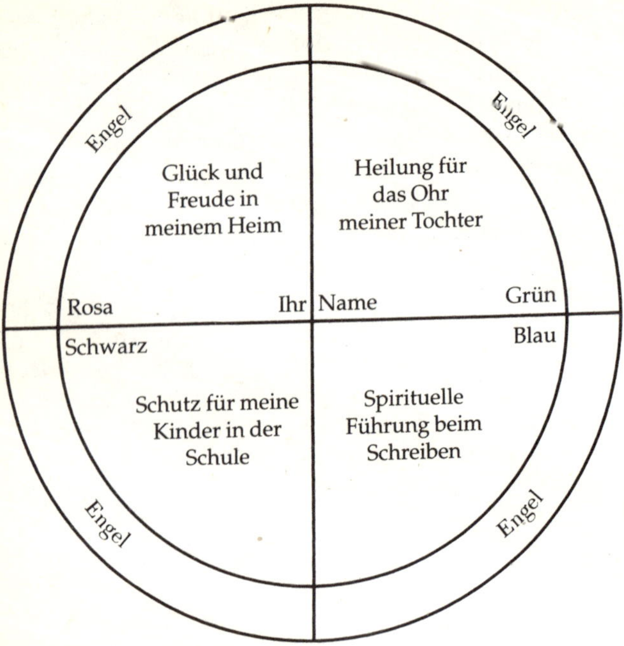

Wenn Sie den Zeitpunkt von Sonnenaufgang und Sonnenuntergang wissen, können Sie die Tages- und Nachtstunden in zwölf gleiche Teile aufteilen. Die einzelnen Abschnitte werden je nach Jahreszeit nicht immer genau 60 Minuten lang sein, denn im Sommer gibt es naturgemäß mehr Tages- und weniger Nachtstunden, im Winter ist es umgekehrt. Wenn die Einteilung fertig ist, können Sie sich der Aufstellung zuwenden.

Ich gebe Ihnen ein Beispiel, wie Sie mit den Engelstunden umgehen können, um den Ausgang einer bestimmten Situation vorauszusagen oder zumindest eine Vorstellung von der betreffenden Energie zu haben. Einmal, während ich an diesem

Buch schrieb, erhielt ich um 22.38 Uhr Ortszeit* einen Telefonanruf. Es war der 15. Februar, ein Mittwoch. Der Sonnenaufgang an diesem Tag war um 7 Uhr morgens, Sonnenuntergang um 17.42 Uhr. Demnach gab es 10 Stunden und 42 Minuten lang Tageslicht. Ich muss also 642 Minuten durch 12 teilen, um die Dauer der einzelnen Tagesplanetenstunden zu erhalten.

Der Anruf kam in den Abendstunden. Sonnenuntergang war um 17.42 Uhr, der Sonnenaufgang am folgenden Tag (16. Februar) war um 6.59 morgens. Die Nacht dauerte also 13 Stunden und 17 Minuten, insgesamt 797 Minuten. 797 geteilt durch 12 ergibt eine Planetenstundendauer von etwa 66,5 Minuten, aufgerundet 67 Minuten. Wir können die Rechnung später korrigieren, wenn wir feststellen, dass die Differenz von einer halben Minute eine Auswirkung auf die Bestimmung der Planetenstunde hätte.

Der Telefonanruf kam um 22.38 Uhr. Die erste Planetenstunde begann um 17.42 Uhr und dauerte 67 Minuten. Die zweite Planetenstunde begann um 18.49 Uhr, die dritte um 19.56 Uhr, die vierte um 21.03 Uhr, die fünfte um 22.10 Uhr und die sechste um 23.17 Uhr. Da der Anruf um 22.38 Uhr erfolgte, fällt er demnach in die fünfte Planetenstunde, also werden wir diese Stunde näher untersuchen. Wir müssen uns um den Unterschied von einer halben Minute nicht weiter kümmern, weil er sich auf die Bestimmung der Planetenstunde nicht auswirkt.

Auf der Engelstunden-Übersicht sehen wir, dass die fünfte Stunde nach Sonnenuntergang von dem Engel Cassiel beherrscht wird. Cassiel ist der Engel der Einsamkeit und der Tränen, er ist einer der Herrscher des Planeten Saturn und erscheint gelegentlich auch als Engel der Geduld. Cassiel liebt Drachen und ihre Energie. Obwohl wir den Einfluss der Planeten im Zusammenhang mit den Engeln noch nicht besprochen haben (wir werden später darauf zurückkommen), können Sie sich vielleicht schon vorstellen, worum es sich bei diesem Anruf gehandelt hat.

---

* Pennsylvania/Vereinigte Staaten (Anm. d. Übers.).

Wenn Sie glauben, ich hätte mir dieses Beispiel nur ausgedacht, dann irren Sie. Der Anruf kam von einer Freundin, die zu diesem Zeitpunkt Besuch von einer äußerst verzweifelten Frau hatte, die von Ihrem betrunkenen Freund geschlagen worden war. Meine Freundin rief mich an, um mich um Hilfe zu bitten. Die Energie von Cassiel – Einsamkeit, Tränen, weiser Rat und Geduld – zeigte sich in dieser Situation in ihrer ganzen Reichweite. Wir werden später sehen, dass die Planetenstunde von Saturn ebenfalls sehr bedeutsam ist. Saturn ist der Planet der Herausforderungen und der Prüfungen. Die misshandelte Frau muss sich bewusst bemühen, ihre Situation zu verbessern und sich aus dieser gewalttätigen Beziehung zu lösen (sie wurde schon seit zwei Jahren von ihrem Freund geschlagen). Sie muss erkennen, dass ihr gewalttätiger Partner sich nicht ändern wird und dass sie sich Rechtsbeistand holen muss, um die Situation klären zu können. Sie könnte ihren Freund zum Beispiel anzeigen. Im Hinblick auf die herrschende Planeten- und Engelstunde brauchte sie eindeutig Unterstützung und Beistand von Freunden und Behörden, um ihre Situation verändern zu können.

Mit einem Blick auf die Zusammenhänge in diesem Kapitel sehen wir, dass der Tag, an dem ich den Anruf erhielt, ein Mittwoch war, also ein Merkurtag (günstig für Telefonanrufe, Briefe und alle Arten von Kommunikation). Der Engel dieses Tages ist Raphael (Heilenergie); das heißt, dass die Göttin bemüht war, heilsam auf die Situation einzuwirken. Durch den Einfluss von Saturn waren ihre Bemühungen aber nur sehr schwer umzusetzen.

Ich vereinbarte mit den beiden Frauen einen Termin für den folgenden Freitag um 19.00 Uhr. Sonnenuntergang war an diesem Tag um 17.46 Uhr, Sonnenaufgang am folgenden Tag um 6.55 Uhr. Die Nachtstunden betrugen also insgesamt 13 Stunden und 11 Minuten, insgesamt 791 Minuten. 791 geteilt durch 12 ergibt, dass die Planetenstunden des Abends 65,9 Minuten, also aufgerundet 66 Minuten betragen. Die erste Stunde beginnt um 17.46 Uhr, die zweite um 18.52 Uhr, die dritte um

19.58 Uhr. Die beiden Frauen wollten um 19.00 Uhr bei mir eintreffen und ungefähr bis zur dritten Stunde bleiben.

Die herrschenden Engelenergien in diesen zwei Stunden waren Michael und Uriel. Im Kapitel 2 finden Sie genauere Angaben zu diesen Engeln und den Energien, die sie vertreten.

Warum brauche ich diese Information, bevor meine Besucherinnen eintreffen? Zunächst erfahre ich dadurch, wie entschlossen das Opfer ist, das heißt, ich kann einschätzen, ob sie bereit ist, den Tatsachen ins Auge zu sehen, oder ob ich mich in dem Gespräch eher vorsichtig ausdrücken muss. Außerdem kann ich auf diese Weise schon im Vorfeld die Engelenergien ausmachen, mit denen ich mich verbinden kann. Die entsprechenden Planetenstunden sind Sonne und Venus, das heißt, dass die Klientin für mich und meine Zauberarbeit zwar offen sein wird, aber durch den Einfluss von Venus auch in Erwägung zieht, ihrem Freund noch eine Chance zu geben. Wenn ich sie aber (mithilfe der Sonnenenergie) gleich mit den Tatsachen konfrontieren und dann mit dem Hinweis auf die Liebe ihrer Freunde und des Universums auf den Bereich der Selbstliebe und der Notwendigkeit für Wachstum und Entwicklung eingehen kann, könnte sich das als gute Strategie erweisen und das Opfer in eine Siegerin verwandeln.

Wenn wir das Kapitel noch einmal durchgehen, sehen wir, dass der Engel für den Freitag Ariel/Uriel ist, auch der Zeitpunkt des Besuchs fällt in seine Stunde, das ist ein gutes Zeichen. Die Klientin wird bereit sein, generell über Engel und Zauber als hilfreiche Kräfte zur Herstellung von Harmonie und Gleichgewicht in ihrem Leben zu sprechen. Freitag ist ein Venustag, also ist eine liebevolle und fürsorgliche Atmosphäre wichtig. Der Raum sollte in Pastelltönen gehalten sein, im Hintergrund kann leise Musik spielen. Die Frau hat sich zu diesem Schritt in dem jahreszeitlichen Zyklus (Februar) entschlossen, der der Vorbereitung des Säens gewidmet ist. Das lässt den Schluss zu, dass sich die Situation im darauf folgenden jahreszeitlichen Abschnitt, also im Mai oder Juni, stabilisieren wird. Natürlich war das nur eine Vermutung meinerseits, denn um

Engelstunden-Übersicht

Tagesstunde	Sonntag	Montag	Dienstag	Mittwoch	Donnerstag	Freitag	Samstag
1	Michael	Gabriel	Camael	Raphael	Sachiel	Uriel	Cassiel
2	Uriel	Cassiel	Michael	Gabriel	Camael	Raphael	Sachiel
3	Raphael	Sachiel	Uriel	Cassiel	Michael	Gabriel	Camael
4	Gabriel	Camael	Raphael	Sachiel	Uriel	Cassiel	Michael
5	Cassiel	Michael	Gabriel	Camael	Raphael	Sachiel	Uriel
6	Sachiel	Uriel	Cassiel	Michael	Gabriel	Camael	Raphael
7	Camael	Raphael	Sachiel	Uriel	Cassiel	Michael	Gabriel
8	Michael	Gabriel	Carmael	Raphael	Sachiel	Uriel	Cassiel
9	Uriel	Cassiel	Michael	Gabriel	Camael	Raphael	Sachiel
10	Raphael	Sachiel	Uriel	Cassiel	Michael	Gabriel	Camael
11	Gabriel	Camael	Raphael	Sachiel	Uriel	Cassiel	Michael
12	Cassiel	Michael	Gabriel	Camael	Raphael	Sachiel	Uriel

Nachtstunde	Sonntag	Montag	Dienstag	Mittwoch	Donnerstag	Freitag	Samstag
1	Sachiel	Uriel	Cassiel	Michael	Gabriel	Camael	Raphael
2	Camael	Raphael	Sachiel	Uriel	Cassiel	Michael	Gabriel
3	Michael	Gabriel	Camael	Raphael	Sachiel	Uriel	Cassiel
4	Uriel	Cassiel	Michael	Gabriel	Camael	Raphael	Sachiel
5	Raphael	Sachiel	Uriel	Cassiel	Michael	Gabriel	Camael
6	Gabriel	Camael	Raphael	Sachiel	Uriel	Cassiel	Michael
7	Cassiel	Michael	Gabriel	Camael	Raphael	Sachiel	Uriel
8	Sachiel	Uriel	Cassiel	Michael	Gabriel	Camael	Raphael
9	Camael	Raphael	Sachiel	Uriel	Cassiel	Michael	Gabriel
10	Michael	Gabriel	Camael	Raphael	Sachiel	Uriel	Cassiel
11	Uriel	Cassiel	Michael	Gabriel	Camael	Raphael	Sachiel
12	Raphael	Sachiel	Uriel	Cassiel	Michael	Gabriel	Camael

die Situation genauer beurteilen zu können, müsste ich anhand von Geburtsstunde und Geburtsort ein Kosmogramm erstellen. Für die Stärkung ihres Selbstwertgefühls würde ich der Klientin Selbsthypnose empfehlen und ihr einige Sitzungen anbieten, um ihr bei der Heilung der erlittenen Verletzungen und der Bewältigung der schlimmen Erfahrungen der Vergangenheit zu helfen, damit sie einen glücklicheren Lebensweg einschlagen kann.

Nach unserem Treffen lebte die Frau etwa einen Monat von ihrem Freund getrennt. Sie war offen für Hilfe durch Engelmagie, nicht aber für beratende Sitzungen. Sie hat die Herausforderung und die Chance, sich in ihrem Leben weiterzuentwickeln, nicht angenommen und ist stattdessen zu ihrem Freund zurückgekehrt. Zwei Monate später hat er sie erneut schwer misshandelt und ihr eine ernsthafte Kopfverletzung zugefügt. Nun sitzt er wegen Verletzung der Bewährungsfrist in Haft, während sie versucht, die Bruchstücke ihres Lebens wieder zusammenzufügen. Wie sich schon in der ersten Planetenstunde gezeigt hatte, brachte diese Situation viele Tränen mit sich.

Magie und Ethik

Viele Menschen, die Magiearbeit praktizieren, möchten nicht mit Engelkräften zusammenarbeiten, weil sie glauben, dass durch die Vollkommenheit der Engel ihre eigene Magie nur äußerst unzureichend wirken kann. Wenn das zutreffen würde, dann hätten die Magier im Laufe der vergangenen Jahrhunderte keinerlei Engelszauber durchführen können.

Die Engel können uns besser verstehen als wir selbst. Sie wissen sehr gut über unsere verschiedenen Temperamente und Gefühle Bescheid, dennoch möchten sie in jedem Bereich unseres Lebens mit und für uns tätig sein.

Unabhängig von der Art von Magiearbeit, die Sie betreiben, sollten ethische Grundsätze immer an erster Stelle stehen. Stellen Sie sich immer wieder die Frage, ob das, was Sie tun, das Richtige ist und ob Sie damit zu einer Verbesserung der jeweiligen Situation beitragen. Überlegen Sie auch, ob Sie sich dadurch besser fühlen und ob Sie die Situation von einem objektiven Standpunkt aus beurteilen.

Die Engel werden Ihnen bei der Beantwortung dieser Fragen behilflich sein. Denken Sie immer an eine offene Haltung und an den Grundsatz, dass mit Ihrer Arbeit niemand Schaden zugefügt werden soll.

5. Engel und Meditation

Meditation beginnt ganz einfach mit der Entspannung von Körper und Geist, sie beruhigt die Nerven, vermindert Stress und befreit den Geist. Allerdings erfordert sie etwas Übung. Ich halte sie nicht für anstrengend, dennoch ist dafür ein wertvoller Einsatz notwendig – nämlich Ihre Zeit.

Wenn die Meditation einmal Teil Ihres Tagesablaufs – morgens oder abends – geworden ist, wird sie zu einem ebenso natürlichen Vorgang wie das Atmen für Sie werden. Auch wenn Sie sich normalerweise schlecht an eine tägliche Routine oder feste Abläufe halten können, könnte Ihnen die Meditation einen Weg dazu eröffnen. Wenn Sie es wirklich möchten, werden Sie dafür auch Zeit und Raum finden.

Grundlagen der Engelmeditation

Wählen Sie dafür einen ruhigen Ort in Ihrer Wohnung oder gehen Sie bei schönem Wetter nach draußen unter einen Baum oder auf Ihre Terrasse. Sie sollten eine ruhige Umgebung haben und ganz ungestört sein. Der Zeitpunkt kann auch flexibel gestaltet werden, wenn die Kinder zum Beispiel unter der Woche in der Schule sind, meditiere ich am Vormittag. In den Sommerferien dagegen, wenn schulfrei ist, meditiere ich abends, bevor ich zu Bett gehe.

Atmen Sie dreimal tief ein und aus, Ihr Körper entspannt sich mit jedem Atemzug. Konzentrieren Sie sich auf Ihre Körpermitte (Nabelgegend) und gehen tiefer in die Entspannung. Stellen Sie sich vor, dass sich Ihr Körper fest mit der Erde verbindet – Sie sind eins mit dem Universum.

Atmen Sie noch einmal tief ein und aus und stellen Sie sich einen Engel vor, der den obersten Punkt Ihres Kopfes berührt und heilende und entspannende Energie sendet, die den ganzen Körper durchströmt und alle negativen Spannungen vertreibt. In der Hypnotherapie bitte ich meine Klienten oft, sich diese Spannungen als »schwarze Substanz« vorzustellen, die durch die Fußsohlen in die Erde fließt und dort in positive Energie umgewandelt wird. Viele Menschen sprechen dabei die einzelnen Körperteile gezielt an, zum Beispiel: »Die Energie fließt durch die Schädeldecke nach unten, die Augenmuskeln, meine Nase und mein Mund entspannen sich. Sie fließt weiter in Hals und Nacken, in die Schultern, Oberarme und Unterarme und weiter bis in Brust und Rücken und von dort in die Bauchmuskeln und weiter zu den Hüften usw.

Nun stellen Sie sich einen zweiten Engel vor, der Ihrem Körper Reinheit und Einklang bringt. Gehen Sie wie soeben beschrieben vor, beobachten und spüren Sie die Energie, die von Ihrem Scheitel durch den Körper nach unten strömt und durch die Fußsohlen aus Ihrem Körper austritt. Dieser Engel erfüllt Sie mit universeller Liebe. Viele Menschen erleben das als Prickeln und Durchströmen, das ist völlig normal.

Der dritte Engel hilft Ihnen dabei, Ihre Chakren (die sieben zentralen Energiepunkte in Ihrem Körper) in Einklang zu bringen. Chakra heißt in Sanskrit »Rad«; viele Menschen nehmen die Chakren wie drehende Scheiben oder Energiespiralen wahr. Wir werden nun auch ein neues Chakra öffnen, das oft mit Engeln und der kosmischen Energie in Verbindung gebracht wird, nämlich das Thymuschakra*. Ich hoffe, Sie halten mich nicht für so anmaßend, den Anspruch auf die Schöpfung eines neuen Chakras zu erheben; ich habe jedoch festgestellt, dass dieses Chakra bei der Arbeit mit Krebskranken sehr hilfreich ist.

Durch die Berührung der Engel entfaltet sich jeder Energiewirbel wie ein Paar Flügel und vibriert in der entsprechenden Chakrafarbe. Konzentrieren Sie sich zuerst auf das Kronenchakra (an der obersten Stelle des Kopfes) und stellen Sie sich

---

* Das Thymuschakra strahlt Frieden und Liebe aus. Es steht mit einem wichtigen Teil des Immunsystems, der Thymusdrüse, in Verbindung. Die Aktivierung dieses Chakras stärkt und unterstützt das Immunsystem bei Krebs, Aids, Schlaganfall und anderen Störungen.

vor, wie sich dort weiße Flügel entfalten. Dann öffnen sich auch die Flügel an den anderen Chakren in folgenden Farben:

Zweites Chakra: in der Mitte der Stirn – Violett
Drittes Chakra: am Kehlkopf – Blau
Viertes Chakra: Thymusdrüse (zwischen Kehlkopf und Herz) – Pink oder Aquamarinblau
Fünftes Chakra: Herzgegend – Grün
Sechstes Chakra: Nabelbereich – Gelb
Siebtes Chakra: Bauch – Orange
Achtes Chakra: Leistengegend – Rot

Stellen Sie sich zum Abschluss vor, wie ein Engel auf Sie zukommt, bei dessen Berührung Sie von einer Blase mit strahlend weißem Licht eingehüllt werden. Entspannen Sie sich und lassen Sie sich auf das Gefühl von Sicherheit und Geborgenheit ein.

Schließen Sie dann die Chakren wieder, dieses Mal beginnen Sie mit dem achten Chakra in der Leistengegend und gehen von dort nach oben zum Kronenchakra. Atmen Sie wieder dreimal tief ein und aus und zentrieren Sie sich. Dann öffnen Sie die Augen.

Es ist ganz normal, wenn Sie das Gefühl haben, Sie hätten geschlafen, da das Gehirn zunächst in einen Alphazustand kommt und mit zunehmender Praxis auch in den Thetazustand eintritt. Spirituelle Erleuchtung findet meist im Thetazustand statt, wenn die Gehirnwellen sehr langsam sind. Dieser Zustand ist dem Deltazustand im Schlaf sehr ähnlich.

Halten Sie Ihre Meditationserfahrungen in Ihrem Engeltagebuch fest.

Hinweise zur Meditation

Ich habe schon Hunderte von brieflichen Anfragen über den Verlauf der Meditation erhalten, deshalb möchte ich einige hilfreiche Hinweise dazu geben. Übung macht auch hier den

Meister. Je öfter Sie meditieren, umso besser wird es Ihnen gelingen. Idealerweise sollte jeder Mensch täglich meditieren, unabhängig davon, ob er Magiearbeit praktiziert oder nicht. Meditation wirkt wohltuend auf Körper, Geist und Seele, das gilt für Kinder und Erwachsene. Wenn Sie Ihren Kindern die Meditation schon in jungen Jahren nahe bringen, tragen Sie damit zu einem harmonischen und friedlichen Leben für sie bei. Sie machen Ihren Kindern damit ein wertvolles Geschenk und geben ihnen die Möglichkeit, wirksam gegen Stress anzugehen.

Ist echte Meditation auch möglich, wenn Sie dabei Ihren Gedanken nachhängen? Die Antwort lautet ja, lassen Sie die Gedanken einfach kommen, nach einiger Zeit wird es Ihnen möglich sein, sich für längere Zeitspannen zu zentrieren. Üben Sie ruhig weiter und sorgen Sie sich nicht, wenn Sie bestimmte Dinge oder Szenen nicht für einen längeren Zeitraum visualisieren können. Auch wenn Sie dabei einschlafen, ist das kein Grund zur Aufregung, denken Sie daran, dass Ihr Geist den Regeln folgt, die Sie selbst aufgestellt haben. Wenn Sie Ihre Augen schließen und ruhig daliegen, ist das für Ihren Körper ein Signal für Schlaf. Es erfordert einige Zeit, um ein neues Verhaltensmuster einzuüben und nicht mehr einzuschlafen. Wenn es danach trotzdem passieren sollte, bedeutet das einfach, dass Sie sehr ruhebedürftig sind.

Wenn es Ihnen schwer fällt zu meditieren, setzen Sie sich einfach 15 bis 30 Minuten lang in einen schwach beleuchteten Raum und atmen ohne Zwang tief ein und aus. Versuchen Sie dabei, leise Musik zu hören, die Ihnen gefällt. Sorgen Sie für eine Umgebung in grünen oder blauen Farben; wenn Ihnen das nicht zusagt, versuchen Sie es mit neutralen Farbtönen wie Beige, Grau oder Weiß. Wenn Sie das einige Tage oder Wochen praktiziert haben, sind Sie bereit für eine tiefere Meditation.

Beginnen Sie mit einer brennenden Kerze oder einem kleinen Gegenstand wie einem Bleikristall, der vor Ihnen hängt. Sie sollten nicht angestrengt darauf starren, sondern ruhig hinsehen, bis Sie spüren, dass Ihre Augenlider schwer werden.

Schließen Sie Ihre Augen, wenn Sie möchten, und lassen Sie die Lider langsam und friedlich nach unten sinken.

Sprechen Sie sich täglich positive Affirmationen vor, wie »Ich bin glücklich und gesund« oder »Ich bin erfüllt von Liebe und Frieden«. Vermeiden Sie dabei verneinende Aussagen wie »nicht«, »kann nicht«, »will nicht«, »sollte nicht« usw.

Sie können es auch mit Hypnosetonbändern oder Meditationsmusik versuchen. Meine ganze Familie hat diese Tonträger, die von verschiedenen Verlagen vertrieben werden, erfolgreich angewandt. Wählen Sie die Art von Tonträgern, die Ihrem intellektuellen Niveau entspricht.

Die Stimmen im Kopf

Keine Angst, Sie werden nicht verrückt. Viele Menschen hören oder fühlen diese »innere Stimme der Weisheit«, wenn Sie mit der Engelenergie in Kontakt kommen. Sie könnten diese Eingebungen wie eine plötzliche Idee oder Erkenntnis wahrnehmen, durch die Ihnen klar wird, was Sie tun können. Je mehr Sie mit der Engelenergie arbeiten, umso größer wird Ihre Aufnahmebereitschaft, sich auf den Rat und die Weisheit der Engel einzustimmen.

Als ich begann, an diesem Buch zu arbeiten, stellte ich die Frage: »Welcher Engel wird mir bei diesem Projekt behilflich sein?« Ich wurde ganz ruhig und dachte, ich könnte etwas in meinen Gedanken wahrnehmen, aber es geschah nichts. Dann schaute ich auf meinen Schreibtisch und sah, dass jemand eine Dollarnote neben den Computer gelegt hatte, auf der in großen Druckbuchstaben der Name Murphy stand.

Ich hatte diesen Geldschein schon vorher einige Male gesehen und wollte ihn immer in die Tasche stecken, aber ich hatte noch nie zuvor gesehen, dass ein Name darauf geschrieben war.

Zuerst dachte ich das Naheliegendste, nämlich, dass irgendjemand etwas auf den Geldschein geschrieben hatte. Ich hielt auch den Namen Murphy für einen dummen Namen, der für einen Engel nicht besonders ausgefallen war. Ich wusste aber auch, dass Engel eine Vorliebe für Spiele und Spaß haben und dass es ganz passend für mich wäre, mit einem Engel in Verbindung zu treten, der sich Murphy nennt. In der Welt eines magischen Menschen gibt es keine Zufälle, deshalb war Murphy der Richtige für mich.

Zunächst rief ich Murphy nur, wenn ich nicht mehr weiterkam. Später entzündete ich jeden Morgen eine Kerze und bat Murphy, mich bei meiner Arbeit zu unterstützen. Manchmal fand ich durch einen plötzlichen Einfall einen neuen Impuls. Bei meinen Hintergrundforschungen verhalf mir Murphy immer wieder genau zu der Information, die mir gerade fehlte. Er ließ mich niemals im Stich.

Ich weiß nicht, ob Murphy und ich auch beim nächsten Buch zusammenarbeiten werden oder ob ich einen »neuen« Engel für mein nächstes Manuskript finden werde. Aber ich bin dankbar für die Unterstützung und die Energie, die mir Murphy geschenkt hat.

Öffnen Sie sich der Weisheit und Führung durch die Engel und halten Sie ihre sanften Eingebungen möglichst genau in Ihrem Engeltagebuch fest.

Begegnung mit den Erzengeln in der Meditation

Im Kapitel 2 sprachen wir über die Erzengel Michael, Gabriel, Raphael und Ariel/Uriel. Entscheiden Sie sich, wem von ihnen Sie zuerst begegnen möchten. Für mich war es Raphael, der Engel der Heilung. Sie können eine Kerze in der Farbe von Raphael anzünden, also in Türkis, Pastellblau oder Rosa, und etwas leise Musik spielen. Führen Sie die grundlegende Engelmeditation wie beschrieben durch, aber anstatt die Chakren zu schließen und die Meditation zu beenden, bleiben Sie in dem veränderten Zustand und bitten in Gedanken um eine Begegnung mit dem Engel Raphael. Vielleicht können Sie mit Raphael sprechen und Worte voller Weisheit vernehmen oder einfach ein warmes und angenehmes Gefühl empfinden. Möglicherweise treffen Sie Raphael in einem Tempel, in einem Wald, bei einer Quelle oder an einem anderen Ort an. Lassen Sie die Bilder einfach entstehen. Wenn Sie fertig sind, schließen Sie die Chakren und beenden die Meditation wie gewöhnlich, indem Sie sich verwurzeln und zentrieren. Praktizieren Sie die Begegnung mit allen Erzengeln, die im Kapitel 2 aufgeführt sind, in einzelnen Meditationssitzungen, und halten Sie alle Erlebnisse in Ihrem Engeltagebuch fest. Wenn Sie allen vier Erzengeln auf diese Weise begegnet sind, können Sie auch die anderen Engelenergien kennen lernen.

Der Clan der sieben Erzengel

Sie werden nun auch die restlichen Erzengel treffen. Die westlichen Religionen sind sich nicht über die drei restlichen Engel einig, die noch zu den sieben Erzengeln gezählt werden.

Ich kann Ihnen nicht sagen, wer wirklich zu dem Clan der Sieben (manchmal werden sie auch als die »Herrlichen Sieben« bezeichnet) gehört. Die Babylonier hielten die sieben Planeten für Gottheiten, sie scheinen die Prototypen der sieben Erzengel zu sein. Ich glaube aber, Gott hat uns die vier Grundenergien des Universums geschenkt, die wir als Michael, Gabriel, Raphael und Uriel/Ariel anerkennen. Sie können selbst entscheiden, mit welchen Kräften Sie arbeiten möchten.

Christliche Gnostiker	Testament von Salomon	Persische Mythologie
1. Michael	1. Mikael	1. Gerechtigkeit oder Wahrheit
2. Gabriel	2. Gabriel	2. Wahre Ordnung
3. Raphael	3. Uriel	3. Gehorsam
4. Uriel	4. Sabrael	4. Wohlstand
5. Barachiel	5. Arael	5. Frömmigkeit oder Weisheit
6. Sealtiel	6. Jaoth	6. Gesundheit
7. Jehudiel	7. Adonael	7. Unsterblichkeit

Talismanzauber	Islamische Überlieferung	Jüdische Kabbala
1. Zaphkiel 2. Zadkiel 3. Camael 4. Raphael 5. Haniel 6. Michael 7. Gabriel	1. Gabriel 2. Michael 3. Azrael 4. Israfel	1. Methratton (Metraton) 2. Ratziel 3. Tzadqiel 4. Khamael 5. Mikhale 6. Haniel 7. Raphael 8. Gabriel 9. Methrattin

Die herrschenden Prinzen der Erzengel der himmlischen Ordnung	Buch von Tolbit	Enoch 1 (Äthiopischer Enoch)
1. Metatron 2. Raphael 3. Michael 4. Gabriel 5. Barbiel 6. Jehudiel 7. Barachiel 8. Satan (vor dem Fall)	1. Uriel 2. Raphael 3. Raguel 4. Michael 5. Sariel (Seraqel) 6. Gabriel 7. Remiel (Jeremiel)	1. Uriel 2. Raphael 3. Raguel (Ruhiel, Ruahel) 4. Michael 5. Zerachiel (Araqael) 6. Remiel

Die enthüllte Kabbala: Die zehn Sefiroth	
1. Metatron: Kether (Krone) 2. Ratziel: Chokmah (Weisheit) 3. Tzaphqiel: Binah (Verstehen) 4. Tzadqiel: Chesed (Gnade) 5. Khamael: Geburah (Stärke)	6. Mikhael: Tiphereth (Schönheit) 7. Haniel: Netzach (Sieg) 8. Raphael: Hod (Herrlichkeit) 9. Gabriel: Yesod (Quelle) 10. Metatron/Shekinah: Malkuth (Königreich)

Wir wollen außerdem auch einige der anderen bekannten Engel kennen lernen. Bitte denken Sie daran, dass Sie die Engel auch mit der Energie, die sie vertreten, rufen können, wenn Sie ihre Namen nicht verwenden möchten.

Metatron (männlicher Aspekt), Shekinah (weiblicher Aspekt)
(auch Methratton, Mittron, Mataraon, Merraton)

In nichtbiblischen Schriften wird Metatron als überragender Engel beschrieben. Sein Name bedeutet auch König der Engel, Prinz des göttlichen Antlitzes, Engel der Bundeslade und vieles mehr. Metatron stellt die Verbindung zwischen den Menschen und Gott her.

Die Bedeutung seines Namens ist geheimnisvoll und könnte aus dem lateinischen *metator* (»Maßnehmer«) stammen oder eine rein jüdische Erfindung sein.

Wenn Metatron angerufen wird, erscheint er als Flammensäule, die strahlend hell wie die Sonne ist. Er taucht sehr oft in der Überlieferung auf und wird manchmal für mächtiger als Michael gehalten. Manchmal erscheint er als sterbliches Wesen namens Enoch, das zu einem Engel wurde und nun als offizieller himmlischer Schreiber fungiert, der die Geheimnisse in Schriftform hütet und den Prozess aller menschlichen Handlungen verfolgt. Er gilt als Urheber und Bibliothekar der Aufzeichnungen der Akashiten.

In anderen Quellen wird Metatron durch das erste Pentakel der Sonne repräsentiert. Er ist »das Antlitz von Shaddai, dem Allmächtigen, dessen Anweisungen alle Kreaturen gehorchen und dem die Engelgeister mit gebeugtem Knie die Ehre erweisen ...«.

Die Inschrift auf dem Kreis lautet: »Erblicke sein Gesicht und seine Gestalt, nach der alle Dinge gebildet wurden und dem alle Kreaturen gehorchen.«

Obwohl Metatron von Rabbinern und mystischen Okkultisten begeistert verehrt wird, ist er den Christen ein Dorn im Auge. Metatron ist der Schriftführer der Wahrheit, der den Menschen, die ähnlich wie er sind, bevor er zum Engel wurde, Inspiration und Wissen schenkt. Die Christen haben offenbar Schwierigkeiten mit Menschen, die sich in Engel verwandeln. Sie nennen ihn weiterhin Enoch, ohne seinen Engelnamen Metatron zu verwenden. Schlimmer noch, sie bringen Metatron mit dem Satan in Verbindung und implizieren damit, dass Metatron ein blutrünstiger Teufel ist, dem es Freude bereitet, ungehorsame Menschen langsam zu vernichten. Diese gegensätzlichen Haltungen führen natürlich zu heftigen Streitgesprächen zwischen Priestern und Rabbinern.

Einer anderen Überlieferung nach wurde der Prophet Elias in einen Zwillingsbruder von Metatron mit dem Namen Sandalphon verwandelt. Er hat die Aufgabe, die Gebete der Gläubigen aufzunehmen (ähnlich wie die Seraphim der Neun Chöre). Aus diesem feinen Energiegespinst webt er eine Girlande oder einen Wandbehang in Violett und Rot.

Ein interessanter Aspekt ist die Assoziation zwischen Metatron und Shekinah, der hebräischen Version der hinduistischen Shakti, die die weibliche Seite Gottes in den Menschen repräsentiert. Die Erschaffung der Welt ist nach dem Zohar das Werk von Shekinah. Der Sinn des Lebens besteht demnach darin, die männliche und die weibliche Seite zu einem ausgewogenen Universum zusammenzufügen – und hier erkennen wir wieder ein heidnisches Prinzip.

Shekinah ist bekannt als »die Herrlichkeit, die von Gott strahlt«, sie steht für Befreiung, manche sehen sie auch als »Heiligen Geist«. Dieser Aspekt ist für mich persönlich sehr interessant, denn ich praktiziere Magiearbeit und fühle mich mit der christlichen Version dieser Zauberkunst unwohl, weil ich mich dort auf keine weibliche Gottheit beziehen kann. Das Bild des Heiligen Geistes als weibliche Figur hilft mir, die Heilenergie in Ausgleich zu bringen. Der jüdischen Überlieferung nach steht Shekinah zwischen dem Schöpfer und den Menschen. Am Sabbat umhüllt sie die Gläubigen mit ihrem Schleier des Göttlichen und kehrt am Ende des Tages wieder auf ihren göttlichen Platz zurück.

Es wird erzählt, dass Shekinah im Garten Eden blieb, als Adam und Eva daraus vertrieben wurden. Für mich ist das ein Hinweis darauf, dass sich die Menschen dem Patriarchat zuwandten und damit die Energie der Göttin hinter sich ließen. In anderen Legenden wird erzählt, Shekinah hätte ihr Schicksal zusammen mit Adam und Eva besiegelt und den Garten Eden verlassen. Der Sinn des Universums besteht in der Wiedervereinigung von Metatron (dem Schöpfer) und Shekinah (der Schöpferin). Beide verkörpern das heidnische Konzept einer männlichen und weiblichen Gottheit. Möglicherweise lehnen die Christen Metatron und Shekinah ab, weil sich die weibliche Gottheit dem Patriarchat beugen musste. Angeblich besteht eine der Aufgaben des Clans der Sieben darin, den Menschen die Energie von Shekinah zurückzubringen, damit alles wieder in Harmonie und Balance kommen kann.

In dem kleinen Bannritual (siehe Seite 56 ff.) werden Sie feststellen, dass darin die Worte »Shekinah, komm auf mich herab« vorkommen. Mit dem Mysterium des Weiblichen wird so ein ansonsten männlich orientiertes Gebet in Ausgleich gebracht.

Möglicherweise haben einige meiner bibelkundigen Leser mit dieser Zeile ihre Schwierigkeiten, für mich ist sie aber stimmig.

Raziel (auch Ratziel, Akrasiel, Gallizur, Saraqael oder Suriel)

Er ist der Engel der Mysterien. Rabbinischen Überlieferungen zufolge schrieb Raziel das Buch des Engels Raziel, in dem das gesamte himmlische und irdische Wissen zusammengefasst ist, um dem Glauben der menschlichen Rasse zu dienen. Der menschliche Autor ist nicht bekannt, der Legende nach wurde das Buch von Adam, Enoch, Noah und schließlich von Salomon modifiziert. Insgesamt handelt es sich hier um ein Grimoire – ein großes Werk der Magie. Raziel sucht und kennt alles, er ist die mitfühlende »Spürnase Gottes« und erinnert mich auch an den guten Pförtner eines Hotels. Wenn er angerufen wird, erscheint er in einem strahlend weißen Feuerschein. Er herrscht über die Hyyothen, die besser als die vier himmlischen Tiere der Shekinah bekannt sind. Sie haben die Aufgabe, das Universum zu stützen, und fungieren auch als die Engel des Feuers.

Remiel (auch Jeremiel)

Er ist der Engel der »wahren Vision«, der denen, die ihn anrufen, die Fähigkeit verleiht, die Wahrheit zu erfahren, wenn auch manchmal zu einem hohen Preis. Sein Totemtier ist der Adler. Remiel und Uriel haben ähnliche Eigenschaften und treten in der Legende als eine Person auf. Dem Konzept der Reinkarnation nach ist dieser besondere Engel damit betraut, den Seelen zu helfen, sich in einen neuen Körper zu integrieren.

Engelaugen

Der Gebrauch der »Engelaugen« in der Meditation ist eine wunderbare Möglichkeit für die Arbeit mit den Engeln. Wenn Ihnen diese Technik einmal vertraut ist, können Sie sie auch bei anderen Gelegenheiten anwenden. Die Engelaugen erlauben Ihnen, sich selbst auf andere Weise wahrzunehmen und zu erkennen, wie sich Ihre Entscheidungen auf andere auswirken oder wie Sie sich in einer beliebigen Situation einbringen können.

Die Meditation mit den Engelaugen kann dazu beitragen, Ihre übersinnlichen Fähigkeiten in Einklang zu bringen und dadurch Hellsehen, Psychometrie, Heilkräfte oder Wahrsagen besser anwenden zu können. Wenn Sie diese Meditationsform einmal gelernt und praktiziert haben, können Sie sofort in diesen Zustand übergehen, bevor Sie mit der Zauberarbeit beginnen.

Führen Sie die grundlegende Engelmeditation wie auf Seite 110 ff. beschrieben durch, ohne jedoch die Chakren zu schließen. Konzentrieren Sie sich darauf, Ihr Wesen mit den Engelenergien zu verbinden. Sie verspüren vielleicht Wallungen, aufsteigende Hitze, ein Prickeln oder Ähnliches. Jeder Mensch kann diese Empfindung auf andere Weise wahrnehmen. Manche überkommt auch ein Gefühl von Liebe oder Erstaunen.

Überlegen Sie, was Sie fragen oder welche Situation Sie klären möchten. Alle Themen kommen dafür infrage: Ihre berufliche Karriere, eine Familienangelegenheit, die Gesundheit eines geliebten Menschen, die Stärkung Ihres Selbstwertgefühls usw. Versuchen Sie nicht, das Problem auf logische Weise zu ergründen. Entspannen Sie sich einfach und denken Sie ohne Zwang an Ihre Frage.

Sprechen Sie in Gedanken folgende Worte:

Ich bitte um die Unterstützung der Engelkräfte für … (die jeweilige Situation).

Entspannen Sie sich. Vielleicht taucht die Antwort sofort in Ihrem Geist auf, möglicherweise in Form einer Eingebung oder einer blitzartigen Erkenntnis, vielleicht können Sie aber auch gar nichts Derartiges wahrnehmen. Lassen Sie Ihre Erwartungen los und konzentrieren Sie sich nicht zwanghaft auf die Frage, manchmal erscheint die Antwort auch erst nach Beendigung der Meditation.

Bedanken Sie sich bei den Engeln und schließen Sie die Meditation wie gewöhnlich ab. Vergessen Sie anschließend nicht, Ihre Erfahrungen in Ihrem Engeltagebuch festzuhalten.

Könnt ihr mich hören?

Die Engel können Sie immer hören, wenn Sie zu ihnen sprechen, unabhängig davon, ob Sie gerade meditieren oder irgendwo auf einer belebten Straße sind. Ihre Beziehungen zu den Menschen unterliegen aber immer dem Prinzip, dass sie nur helfen können, wenn sie darum gebeten werden. Das große Geschenk in unserem Leben ist unser freier Wille. Wir maßen uns oft an, in die Entscheidungen unserer Mitmenschen einzugreifen und dabei zu ignorieren, dass wir damit falsch handeln. Die Engel sind dazu aber nicht in der Lage, sie schalten sich in unser Leben nur dann ein, wenn wir sie ausdrücklich darum bitten.

Jeder von uns wurde in diesem Leben wieder geboren, um in einem bestimmten Bereich seines Daseins zu arbeiten. Wir alle haben aber auch ein Recht auf Liebe und Harmonie, denn sie sind das Geschenk, das Gott allen Kreaturen, Geschöpfen und Geistern gebracht hat. Wenn wir lernen, Harmonie in unser Leben zu bringen, können sich viele Veränderungen sofort manifestieren. Dieser Wandel zeigt sich manchmal erst in kleinen Dingen, die von innen nach außen dringen, wie bei einer Blume, die sich aus einer kleinen Knospe zur vollen Blüte entfaltet. Diese Veränderungen können aber auch wie ein Feuerwerk von Anfang an mit großer Wucht in Erscheinung treten und unseren Lebensweg beleuchten, bis unsere Mission in diesem Leben erfüllt ist.

Wir können jederzeit mit den Engelwesen sprechen, nicht nur, wenn wir in Schwierigkeiten sind; obwohl uns die Engel in Krisenzeiten besonders gerne zu Hilfe eilen. Aber auch bei kleinen Problemen rufen wir sie nicht vergeblich an. An einem warmen Nachmittag im Februar war ich zum Beispiel mit einer Freundin im Auto unterwegs. Sie hatte vergessen zu tanken und bemerkte es erst, als die Nadel der Tankanzeige schon im roten Bereich war. Während wir nach einer Tankstelle Ausschau hielten, bat ich die Engel in Gedanken, uns zu helfen, rechtzeitig zu einer Tankstelle zu kommen. Obwohl wir gerade im dichtesten Verkehrsgewühl steckten, gelang es uns, rechtzeitig eine Tankstelle zu erreichen. Sicher ist das nur ein winziges Ereignis angesichts der Existenz des Universums, aber für uns war es in diesem Moment sehr wichtig. Die Engel haben meine Bitte erhört.

Engel, Meditation und Poesie

Eine interessante Möglichkeit, um den Engeln in der Meditation zu begegnen, besteht darin, ein Gedicht, das Ihnen sehr gut gefällt, zu lesen und dann über den Aufbau und die Energie dieses Gedichts zu meditieren. Das Gedicht muss nicht von Engeln handeln, um für die Begegnung mit ihnen passend zu sein.

Bitte vergessen Sie nicht, Ihre Meditationserfahrungen in Ihrem Engeltagebuch regelmäßig festzuhalten. Wenn Sie ein Gedicht verwendet haben, sollten Sie zumindest den Titel aufschreiben, besser wäre natürlich das ganze Gedicht, damit Sie später problemlos darauf zurückkommen können.

Engel-Anbindungsmeditation

Für diese Art der Meditation können Sie die Hilfe eines Freundes in Anspruch nehmen, der die dafür nötige Tonbandaufnahme für Sie durchführt. Ich empfehle Ihnen, die Aufnahme so lange zu wiederholen, bis Sie ein Gespür für diese Art der Meditation entwickelt haben und den Klang Ihrer Stimme als angenehm empfinden. Die Engel-Anbindungsmeditation eignet sich besonders für magische Menschen, die mit den Engeln Magiearbeit betreiben und ihr Leben verändern möchten. Bei der Vorbereitung dieser Meditation sollten Sie absolut ungestört sein, Sie können leise Hintergrundmusik dazu spielen, wenn Sie möchten. Mir wird oft kalt, wenn ich meditiere, Sie können also eine warme Decke bereithalten, die sie bei Bedarf umlegen können.

Ich habe diesen Weg der Engelverbindung nicht selbst herausgefunden, sondern wurde durch das Buch *Commune with the Angels* (Gemeinschaft mit den Engeln) von Jane M. Howard, in dem sie diese Art der Meditation vorstellt, dazu inspiriert.

Magische Menschen lernen mit der Zeit, sich auf alle Arten der göttlichen Energie einzustimmen, also habe ich die nachfolgend beschriebene Sitzung selbst praktiziert.

Die Wortfolge sollte der jeweiligen Hypnosesitzung angepasst werden, sie klingt zuerst ein wenig seltsam, deshalb empfehle ich, es einige Male auszuprobieren, bevor Sie es auf Tonband aufnehmen. Wenn ein Freund die Aufnahme für Sie durchführt, lassen Sie ihn zuvor die Worte mehrmals wiederholen und ein wenig einüben.

Entspannung

Zunächst atmen Sie mit geöffneten Augen dreimal tief ein und aus und dehnen und strecken Ihre Muskeln. Dann schließen Sie die Augen und entspannen sich dabei langsam. Atmen Sie immer wieder tief ein und aus und gehen tiefer in die Entspannung, fühlen Sie, wie Ihr Körper sich immer mehr lockert. Mithilfe der tiefen Atmung lassen Sie alle Muskeln Ihres Körpers los, vom Scheitel bis zu den Zehen. Nehmen Sie wahr, wie sich ein Gefühl des Wohlbefindens in Ihnen ausbreitet, das sie genießen können. Atmen Sie immer wieder tief ein und aus. Während Sie ausatmen, lassen Sie alle Spannung in Körper und Geist los. Die belastenden Gedanken verschwinden immer mehr, lassen Sie sie ziehen. Je tiefer Sie in die Entspannung gehen, umso mehr nehmen Sie Gott und die Göttin wahr, die ihre Schutzengel zu Ihnen gesandt haben. Spüren Sie das Licht und die heilende Kraft Ihres Schutzengels, die Sie ganz einhüllen. Entspannen Sie sich weiter, lassen Sie alles los und nehmen Sie die universelle Heilkraft wahr, die Sie umgibt. Spüren Sie das herrliche Wohlbefinden, das sich in Ihrem Körper nun ausbreitet.

Die Engel können nur helfen, wenn wir sie darum bitten. Bitten Sie sie jetzt in Gedanken um ihren Beistand bei dieser Verbindungsmeditation. Konzentrieren Sie sich jetzt darauf. *(Warten Sie 15 Sekunden.)* Sprechen Sie jetzt in Gedanken mit Ihrem Schutzengel und bitten Sie auch ihn um Unterstützung bei dieser Meditation. Konzentrieren Sie sich jetzt darauf. *(Warten Sie 15 Sekunden.)*

Atmen Sie mehrmals tief ein und aus und entspannen Sie sich. Sie hören jetzt nur noch den Klang meiner Stimme, alles andere ist in weiter Ferne. Atmen Sie tief ein und aus, immer wieder und wieder. Entspannen Sie sich, atmen Sie ganz ruhig. Stellen Sie sich vor, wie der Engel Raphael über Ihrem Kopf schwebt, den obersten Punkt Ihres Kopfes berührt und heilende Energie durch Ihren ganzen Körper sendet. Raphael ist der Engel der Heilung. Durch seine Energie weichen alle negativen Gefühle wie Frustration, Ängste und Sorgen aus Ihrem Körper. Lassen Sie die Energie in Ihre Augen fließen, die Augenmuskeln entspannen sich, dann strömt die Energie weiter in die Nase, lockert den Kiefer und fließt in den Hals. Mit dieser Energie lösen sich alle negativen Gefühle, wie Trübsinn und Stress, aus Ihrem Körper, die Energie fließt weiter durch Schultern, Oberarme und Unterarme in die Hände und von dort in die Finger und Fingerspitzen, wo die negativen Gefühle Ihren Körper verlassen. Die heilende Energie fließt weiter in Brust und Bauch und verdrängt alle negativen Gefühle, wie Angst und Frustration, aus Ihrem Körper. Immer weiter nach unten fließt diese Energie in Becken, Hüften, Oberschenkel, Knie, Waden und weiter in die Füße, und durch die Zehen strömen alle negativen Gefühle aus Ihrem Körper heraus.

Jetzt schwebt der Engel Michael über Ihnen. Visualisieren Sie seine Stärke und Reinheit über Ihrem Kopf. Der Engel Michael berührt den obersten Punkt Ihres Kopfes, schickt liebevolle Kraft durch Ihren Körper und erfüllt ihn mit Hochachtung und Würde. Alle Blockaden lösen sich dabei auf. Nun spüren Sie die Berührung auf Ihrem Scheitel und Sie lassen diese warme Energie durch Ihren Körper fließen über Stirn, Augen, Nase und Mund. Ihr Kiefer entspannt sich. Sie fühlen sich sicher und geborgen, ganz locker und entspannt. Sie hören nur den Klang meiner Stimme und sinken immer tiefer in den Entspannungszustand. Mit dieser Energie breitet sich Wohlbefinden aus, während sie an Ihrem Nacken entlang in Schultern, Oberarme und Unterarme in Ihre Hände und Fingerspitzen fließt und dort austritt. Sicher und geborgen, locker und entspannt. Die Energie fließt weiter in Brust, Rücken und weiter in Hüften, Becken, Oberschenkel und locker und entspannt weiter in die Knie und Waden und von dort in die Füße, bis sie an den Zehen austritt.

Sie fühlen sich schwer, Sie gleiten dahin in Liebe und Frieden und in der Harmonie der Engel. Nun schwebt Gabriel über Ihnen. Sie ist der Engel der Wiedergeburt und der Transformation, durch ihre Berührung am obersten Punkt Ihres

Kopfes sendet sie eine besondere Form der Energie in Ihren Körper – die Energie der Wandlung. Mit ihrer Berührung bringt sie Glück und Harmonie in Ihr Leben. Sie spüren, wie sanfte Energie durch Ihre Stirn und weiter über Augen, Nase und Mund fließt. Sie hören nur den Klang meiner Stimme. Diese wohltuende Energie strömt in Nacken, Schultern, Oberarme und Unterarme und weiter in die Hände und durch die Fingerspitzen. Sie fühlen sich sicher und geborgen, locker und entspannt. Spüren Sie, wie die Energie von Gabriel durch die Brust nach unten fließt in den Rücken und sanft und entspannend weiterströmt in Hüften, Becken und Knie und von dort weiter in Waden und Füße bis in die Zehen. Diese Energie erneuert Ihren ganzen Wesenskern und bringt Harmonie in Ihr Leben und in Ihren Körper.

Nun schwebt der Engel Uriel über Ihnen. Er wartet darauf, Sie mit der Weisheit der Magie und der Prophezeiung zu erfüllen. Uriel schenkt Ihnen den Blick der Engelaugen, den inneren Blick, der in Ihrem täglichen Leben so hilfreich ist. Jetzt berührt Uriel den obersten Punkt Ihres Kopfes und lässt dieses Geschenk in jede Zelle Ihres Körpers und in jeden Bereich Ihres Geistes fließen. Sie fühlen sich ganz sicher und geborgen. Die Energie strömt weiter in den Kern Ihres ganzen Wesens. Sie fließt über Ihre Stirn in die Augen und schenkt Ihnen die Gabe des zweiten Gesichts; sie läuft weiter in Nase und Mund und schenkt Ihnen die Gabe der Weissagung; sie verschmilzt mit Ihrem Geist und erfüllt ihn mit der Weisheit der Ältesten und sie fließt weiter in Nacken und Schultern. Sie fühlen sich ganz sicher und geborgen, locker und entspannt. Nehmen Sie die Geschenke an, die Ihnen erwiesen werden. Die Energie fließt weiter in Oberarme, Unterarme und Finger und von dort weiter in die Brust. Sie schenkt Ihnen Mitgefühl und liebevolle Heilung. Die Energie strömt durch Rücken und Becken in die Hüften und ganz weich und entspannt weiter in Oberschenkel, Knie, Waden bis in die Füße und Zehen.

Sie gleiten, Sie schweben in einem Wirbel der Energie der Engel. Spüren Sie den Frieden und die Harmonie des Universums, die sie umgeben. Ihr Schutzengel hilft Ihnen, Ihren spirituellen, mentalen und physischen Körper in Einklang zu bringen. Zuerst berührt er Ihren physischen Körper, Sie spüren das warme Prickeln und sind in Harmonie mit dem Universum. Nun berührt Ihr Schutzengel Ihren mentalen Körper und bringt ihn in Einklang mit dem physischen Körper. Zuletzt berührt er auch Ihren spirituellen Körper. Wie edle Seide legt er sich knisternd über Ihren mentalen und spirituellen Körper und bringt beide in Gleichklang und Harmonie mit dem Universum.

Reinigung der Chakren

Bitte stellen Sie sich nun eine kleine rote Wolke vor. Während Sie einatmen, ziehen Sie die Wolke in Ihre Richtung, beim Ausatmen sinken Sie tiefer in die Entspannung und drücken mit Ihrem Atem die rote Wolke von sich weg. Wir werden uns bei allen Chakren Wolken in den entsprechenden Farben vorstellen. Mit dem Einatmen ziehen Sie die Wolke zu sich heran, mit dem Ausatmen schieben Sie sie von sich weg. Folgen Sie dabei Ihrem eigenen Rhythmus, Sie brauchen nicht zu befürchten, dass Sie eine der Farben vergessen könnten. Atmen Sie tief ein und ziehen dabei die Wolke mit dem Atem immer näher zu sich heran, mit dem Ausatmen schieben Sie sie immer weiter von sich weg. Mit jedem Atemzug gehen Sie tiefer in die Meditation.

Nun stellen Sie sich eine orangefarbene Wolke vor. Ziehen Sie sie mit dem Einatmen zu sich heran, mit dem Ausatmen schieben Sie sie von sich weg. Beobachten Sie, wie sie sich entfernt, und gehen Sie noch zwei Stufen tiefer in diesen Zustand.

Nun erscheint eine gelbe Wolke vor Ihnen, die Sie mit dem Einatmen immer näher zu sich heranziehen und mit dem Ausatmen von sich wegschieben. Beobachten Sie wieder, wie sie fortzieht. Entspannen Sie sich und sinken Sie drei Stufen tiefer als zuvor in diesen Zustand.

Atmen Sie nun die grüne Wolke immer näher zu sich heran und schieben Sie sie mit dem Ausatmen von sich weg. Beobachten Sie, wie sie sich langsam von Ihnen entfernt. Wieder gehen Sie drei Stufen tiefer als zuvor in diesen Zustand, entspannen Sie sich.

Nun sehen Sie die pinkfarbene Wolke vor sich, mit dem Einatmen kommt sie immer näher auf Sie zu, mit dem Ausatmen entfernt sie sich wieder. Sie gehen weitere drei Stufen tiefer in diesen Zustand und fühlen sich sicher und geborgen, locker und entspannt.

Jetzt kommt die blaue Wolke auf Sie zu, mit dem Einatmen wird sie immer näher angezogen, mit dem Ausatmen gleitet sie davon, Sie gehen noch einmal drei Stufen tiefer als zuvor in diesen Zustand. Entspannen Sie sich, lassen Sie alles los.

Nun ziehen Sie die violette Wolke mit dem Einatmen immer näher zu sich heran, mit dem Ausatmen schieben Sie sie von sich weg, dabei sinken Sie noch tiefer in diesen Zustand. Sie fühlen sich sicher und geborgen, ganz locker und entspannt.

Schließlich erscheint die goldene Wolke vor Ihnen, mit Ihrem Atem ziehen Sie sie immer näher zu sich heran, mit dem Ausatmen gleitet Sie von Ihnen fort. Sie gehen noch tiefer in die Entspannung, Sie fühlen sich ganz sicher und geborgen, locker und entspannt.

Vertiefung

Nun kommt Ihr Schutzengel auf einer weißen Wolke auf Sie zu. »Du bist jetzt bereit«, sagt Ihr Engel und nimmt Sie bei der Hand. Im Geiste gehen Sie mit ihm auf die Wolke und gleiten dahin in einem wunderbaren Universum voller Liebe und Harmonie. Ihre Wolke schwebt zu einer herrlichen Sommerwiese und zusammen mit Ihrem Schutzengel treten Sie auf die Wiese, die von Blumen und Liebe überströmt. Dieser heilige Ort ist nur für Sie bestimmt. Immer wenn Sie eine Blume sehen, werden Sie wissen, dass die Göttin in Ihrem Leben ist und dass die Engel bereit sind, Ihnen zu helfen. Die Blumen duften wundervoll, Sie atmen tief ein und nehmen den Duft der Blumen in sich auf, dabei gehen Sie noch tiefer in die Meditation.

Nun heben Sie den Blick zu dem blauen Himmel empor, dort sehen Sie kleine schneeweiße Wölkchen, die sich zusammenziehen und Ihren Namen am Himmel bilden. Lesen Sie Ihren Namen am Himmel. Die Engel sind bereit für Sie, sie schreiben Ihren Namen in die Wolken. Sie sind ebenso glücklich wie Sie. Nun kommt ein leichter Windstoß und fährt sanft durch Ihre Kleider, bevor er zum Himmel hochsteigt und Ihren Wolkennamen fortbläst. Ihr Name ist verschwunden und Sie fühlen sich sicher und geborgen, locker und entspannt.

Nun nimmt Ihr Schutzengel Sie bei der Hand. Sie fühlen sich sehr wohl, ganz friedlich, vollkommen sicher und geborgen. Hand in Hand gehen Sie über diese wundervolle Wiese, ein sanfter Abhang führt nach unten. Sie sehen zehn sanfte Hügel vor sich, die Sie nacheinander hinabschreiten, zuerst den zehnten, dann den neunten, dann den achten, immer tiefer nach unten. Sie fühlen sich vollkommen sicher und geborgen und bei jedem Schritt in absoluter Harmonie. Sie gehen mit diesem Gefühl der vollkommenen Harmonie den siebten, den sechsten, den fünften, den vierten, den dritten, den zweiten und schließlich den letzten Hügel nach unten. Sicher und geborgen sinken Sie noch tiefer in die Meditation.

Die Verbindung

Der Tempel der Göttin erwartet Sie, Sie können ihn am Rand der Wiese erkennen. Sie wissen, dass hier ein ganz besonderer Ort für Sie ist, und Sie gleiten dem Tempel der Göttin entgegen. Überall herrscht völliger Friede. In der Ferne vernehmen Sie das Zwitschern der Vögel und das Rauschen des Windes im Gras. Sie gleiten einen schmalen Weg entlang, über einen murmelnden Bach von kristallklarem Wasser hinweg. Dieses Wasser ist von der Göttin geweiht. Sie beugen sich hinunter und trinken von diesem Wasser, das Ihren Körper von allen Belastungen der Vergangenheit reinigt und Ihre Seele erneuert. Sie verspüren Frieden und Gelassenheit, während Sie sich dem Tempel nähern und sehen, wie wunderbar er ist. Können Sie auch die Engel erkennen? Sie sind alle in der Nähe des Tempels, manche gleiten in der Luft, andere arbeiten im Garten oder kümmern sich um Tiere. Sie sehen ihr Strahlen, es sind leuchtende Engelwesen.

Sie befinden sich nun vor den breiten Toren des Tempels und nehmen wahr, dass sie golden glänzen und größer sind als alles, was Sie je zuvor gesehen haben. Sie strahlen im Licht der Sonne, sie pulsieren geradezu, alles ist mit Kraft erfüllt. Die Tore des Tempels öffnen sich und Sie schreiten hindurch in die riesige Eingangshalle der Engel. Hier werden Sie der Göttin der Engel begegnen, sie wird Ihnen das Geschenk der Verbindung mit den Engeln verleihen. Sie sehen nach oben, die Göttin kommt auf Sie zu. Sie ist so schön, wie Sie es sich vorgestellt haben. Ihre Aura leuchtet so hell, dass Sie kaum in ihr liebevolles Antlitz blicken können. Sie streckt Ihnen die Hand zum Gruß entgegen, dann lächelt sie und küsst Sie auf die Stirn. Ihre eigene Aura erstrahlt voll heilsamer Energie. Die Göttin stellt Ihnen nun wichtige Fragen, die Sie in Gedanken beantworten müssen. »Bist du bereit, die Verbindung einzugehen, die dein Leben für immer verändern wird?« *(Warten Sie zehn Sekunden.)*

Sie neigt den Kopf und alle Engel im Tempel hüllen Sie ein in Liebe und Geborgenheit. Einer der Engel überbringt der Göttin ein wunderbares Tuch. Dann versammeln sich alle Engel, manche halten sich an den Händen und bilden einen Kreis um Sie, andere gleiten über Ihren Kopf. Alle freuen sich mit Ihnen und sind sehr aufgeregt. Die Göttin lächelt Ihnen ermutigend zu und legt das wundervolle Tuch um Ihre Schultern. Sie spüren, wie die Energie Ihren ganzen Wesenskern umwandelt. Ein Juckreiz steigt zwischen Ihren Schulterblättern auf, Sie wagen nicht, sich zu kratzen, und der Juckreiz verschwindet ebenso schnell, wie er gekommen ist.

Die Göttin legt die Hände auf Ihre Schultern und sagt: »Vom heutigen Tag an wirst du in Harmonie mit dem Universum leben. Du wirst wie einer meiner Engel auf Erden sein und zum Wohle aller handeln. Ich verleihe dir das Geschenk von Harmonie und Spiritismus und nur ich allein kann diese

Gabe wieder von dir nehmen. Wenn du dieses Geschenk missbrauchst und deine magischen Kräfte leichtfertig dafür einsetzt, anderen absichtlich Schaden zuzufügen, wirst du diese Fähigkeit verlieren.« Antworten Sie der Göttin in Gedanken, dass Sie sie verstanden haben.

Sie drückt Ihre Schultern leicht nach unten und Sie spüren, wie sich die Energiezentren in Ihrem Körper miteinander verbinden. Zuerst das unterste rote Chakra, dann folgt das orangefarbene Chakra in Ihrem Becken. Ihr Körper ist in völliger Harmonie. Nun tritt das gelbe Chakra in der Nabelgegend in die Verbindung mit dem Universum ein. Dann folgt das grüne Chakra in der Herzgegend. Spüren Sie, wie Ihr innerster Wesenskern eins mit dem Universum wird. Nun kommt auch das pinkfarbene Chakra dazu, es lässt die Liebe des Universums in Ihren Körper strömen. Dann schließen sich das blaue Chakra am Kehlkopf und das violette Chakra an Ihren Schläfen an, dort sitzt die Gabe des zweiten Gesichts und der Weisheit. Zuletzt folgt das strahlend weiße Kronenchakra, es pulsiert in Gemeinschaft mit den anderen Chakren und macht die Verbindung vollkommen.

Jetzt bittet Sie die Göttin, zu ihren Füßen niederzuknien. Sie steht über Ihnen und hält eine wunderschöne silberne Krone in den Händen. Die Engel sprechen leise: »Gehe die Verbindung ein, gehe die Verbindung ein.« Ihre Stimmen werden lauter: »Harmonie, Harmonie, Harmonie, Harmonie.« »Aaahhhooohhh!« *(Beginnen Sie leise und lassen den Ton dann für einige Sekunden lauter werden).*

Die Göttin setzt Ihnen die Krone auf den Kopf, damit ist die Verbindung besiegelt. Die Engel helfen Ihnen auf und beglückwünschen Sie, alle sind sehr glücklich. Sie fühlen sich auf eine besondere Weise verändert. Sie sind nun bereit, in die materielle Welt zu gehen und anderen zu helfen, voll Vertrauen, Sicherheit und Geborgenheit.

Die Göttin nimmt das Tuch von Ihren Schultern und führt Sie vor einen Spiegel. Sie sehen Ihr Spiegelbild transformiert und wunderschön, Sie sind ein leuchtendes Wesen mit Flügeln! Erfreuen Sie sich noch ein wenig an diesem Ort und lauschen Sie der Botschaft, die Ihnen die Göttin übermittelt. *(Warten Sie einige Minuten.)*

Die Rückkehr/Auftauchen

Nun ist es an der Zeit, zurückzukehren und sich von den Engeln zu verabschieden. Sie können jederzeit in Ihren Meditationen zu diesem Tempel zurückkehren, er wird immer für Sie zugänglich sein. Zusammen mit Ihrem Schutzengel verlassen Sie nun diesen Ort und gehen zurück auf die Wiese, von der Sie gekommen sind. Dort sollten Sie einen Moment entspannen und einfach loslassen. Ich zähle von eins bis fünf, bei der Zahl Fünf kehren Sie zurück in Ihren Wachzustand. Sie fühlen sich erfrischt und hellwach und vollkommen ausgeruht und spüren keinerlei unangenehme Nachwirkungen. Eins – kommen Sie nun langsam zurück. Zwei – erheben Sie sich. Drei – denken Sie daran, dass Sie ganz wach sind und sich sehr wohl fühlen. Vier – Sie sind schon beinahe wieder hier, öffnen Sie jetzt langsam Ihre Augen. Fünf – Ihre Augen sind ganz geöffnet. Sie sind jetzt hellwach, munter und wohlauf, vollkommen ausgeruht.

Sie sind soeben von einer Hypnosesitzung mit den Engeln zurückgekehrt. Trinken Sie in Ruhe eine Tasse Tee, essen Sie eine Kleinigkeit und schreiben Sie dann Ihre Erlebnisse in Ihrem Engeltagebuch auf. Sie werden Ihnen unvergesslich sein.

Entdecken Sie vergangene Leben

Die Engel helfen Ihnen, Erfahrungen aus vergangenen Leben zu entdecken, die in Ihrer jetzigen Inkarnation von Nutzen sein können. Sie gehen in gleicher Weise vor wie bei der eben beschriebenen Verbindungsmeditation. Sie brauchen also wieder einen Ort, an dem Sie nicht gestört werden, und einen Freund, dem Sie völlig vertrauen, oder ein Tonbandgerät. Bitte denken Sie daran, die Sitzung mehrere Male zu wiederholen, bevor Ihnen Ihr Gefühl sagt, dass Sie nun für die Tonbandaufnahme bereit sind.

Beginnen Sie die Sitzung wieder mit Entspannung, Reinigung der Chakren und Vertiefung, wie in der Verbindungsmeditation. Gehen Sie wieder bis zu dem Engeltempel und treten Sie in die Eingangshalle der Engel ein. Dann gehen Sie weiter vor wie hier beschrieben:

Ich spreche jetzt zu Ihnen, und während ich das tue, werden Sie sich noch tiefer entspannen. Ich bitte Sie, sich bestimmte Szenen vorzustellen. Diese Bilder helfen Ihnen, noch ruhiger zu werden. Sie fühlen sich ganz sicher und geborgen und in vollkommener Harmonie hier in dieser Engelshalle. Hier ist ein Ort der Sicherheit und Geborgenheit. Sie sind in der Lage, jede visualisierte Szene ohne Emotionen aus einer Beobachtungsposition zu verfolgen, als ob Sie einen Film sehen würden. Sie werden sich später an alles, was Sie gesehen haben, erinnern.

Stellen Sie sich vor, Sie würden am obersten Absatz einer goldenen Treppe stehen. Sie tragen das fließende Kleid eines Engels, Ihre Hand liegt auf dem strahlenden Treppengeländer und beim Hinuntersteigen nehmen Sie die Liebe der Engel wahr, die Sie umgeben. Während Sie die mit einem blauen Teppich ausgelegten Treppenstufen hinuntersteigen, gehen Sie noch tiefer in die Entspannung. Ich werde von fünf bis eins zählen, und während ich zähle, können Sie sich selbst aus einem distanzierten Blickwinkel wie von außerhalb wahrnehmen und dadurch neue Aspekte Ihres Wesens erkennen. Sie gehen langsam die Stufen hinunter und mit jedem Schritt sinken Sie tiefer und tiefer in die Meditation. Sie sind überrascht über das wunderbar leichte Gefühl, das Sie spüren. Bei der Zahl Vier werden Sie mit jedem Schritt immer mehr eins mit dem Universum, der Teppich fühlt sich an wie weiche Wattewölkchen. Sie gehen immer tiefer, bei drei schauen Sie auf Ihre Füße und sehen, dass Sie die Stufen gar nicht mehr berühren, so leicht und entspannt sind Sie, Sie gleiten nach unten, immer tiefer und tiefer in die Entspannung. Bei zwei können Sie das

Ende der Treppenstufen erkennen, Sie gleiten sanft nach unten, immer weiter in dieses wohltuende Gefühl, Sie fühlen sich von der Schwerkraft befreit, Ihre Füße berühren ganz leicht den Boden. Sie sind vollkommen entspannt und in Harmonie mit jedem Aspekt Ihres Daseins. *(Warten Sie 15 Sekunden.)*

Sie befinden sich in einem großen runden Innenhof mit schönen weißen Säulen, er ist wie ein riesiger Aussichtsturm, umgeben von verschiedenen wundervollen Pflanzen. In der Mitte des Innenhofs befindet sich ein großes rundes Wasserbecken, das mit tiefblauen Fliesen ausgelegt ist. Das Wasser darin ist ganz ruhig. Sie treten näher heran und fühlen, wie leicht Ihre Schritte sind. Im Wasser erkennen Sie Ihr Spiegelbild und stellen fest, wie schön Sie in diesem entspannten Zustand aussehen. Während Sie in das Wasser blicken, verändert sich Ihr Bild, und Sie sehen sich so, wie Sie vor etwa fünf Jahren waren. Sie erinnern sich daran, was Sie in dieser Zeit taten. Das Bild ist so klar, dass Sie versuchen, es zu berühren, aber dabei kommt das Wasser in Bewegung, und das Bild verschwindet. *(Pause.)*

Ein neues Bild erscheint und Sie sehen sich selbst vor zehn oder 15 Jahren. Sie erkennen Ihre Frisur und Ihre Kleider und Sie erinnern sich daran, was Sie in dieser Zeit getan haben. *(Pause.)*

Wieder berühren Sie das Wasser, das Bild verändert sich. Sie befinden sich in der Schule (wenn Sie noch zur Schule gehen, können Sie sich die Grundschule vorstellen), die Sie einmal besucht haben. Wieder nehmen Sie die Kleider, die Frisur und Ihr Gesicht von damals wahr. Welche Erinnerungen zeigt Ihnen das Bild im Wasser? *(Pause.)*

Mit der Erinnerung gehen Sie noch tiefer in die Entspannung. Sie berühren wieder das Wasser, das Bild verschwindet und verändert sich, nun können Sie in dem Wasserbecken erkennen, welche Ereignisse Ihr Leben bestimmt haben und Sie zu der Person werden ließen, die Sie jetzt sind. Das Bild trübt sich erneut und Sie sehen sich an Ihrem ersten Schultag. Welche Kleider haben Sie getragen, wie haben Sie sich damals gefühlt? *(Pause.)*

Wieder berühren Sie das Wasser und das Bild verändert sich. Sie atmen tief ein und aus und fühlen sich ganz entspannt, sicher und geborgen. Die Bilder helfen Ihnen, noch tiefer in die Entspannung zu gehen. Das Becken füllt sich nun mit sanften wirbelnden Farben, langsam formen sich andere Bilder. Sie berühren das Wasser. Dieses Bild kommt von sehr weit her, nicht aus Ihrem jetzigen Leben. Sie beobachten, wie das Bild immer deutlicher wird, bis Sie ein neues Gesicht im Wasser erkennen können. Sie berühren Ihre Nase und das Spiegelbild folgt Ihrer Bewegung, aber dieses Spiegelbild stammt aus einem Ihrer anderen Leben, vielleicht ist es ein unbekanntes Gesicht. Sie werden sich später an alle Eindrücke erinnern, die Sie in dem Becken gesehen haben.

(Bitte nehmen Sie sich für die Beantwortung der folgenden Fragen genügend Zeit.)
Zeigt das Spiegelbild einen Mann oder eine Frau?
Welche Art der Kleidung können Sie erkennen?
Sieht die Person glücklich oder traurig aus?
Gibt es etwas Auffälliges an diesem Bild?
Zu welcher Zeit gehört wohl dieses Bild?
Was war das wichtigste Ereignis in dieser Lebensspanne?
Was waren die größten Erfolge?
Was waren die tiefsten Niederlagen?
Was wurde in diesem Leben nicht gelöst und bis in die Gegenwart übernommen?
Welche Talente hatte die Person in dieser Inkarnation, zu denen Sie auch jetzt Zugang haben könnten?
Nehmen Sie diese Fähigkeiten und Talente jetzt in sich auf. Beim Anblick des Bildes gehen Sie noch tiefer in die Entspannung.
Gibt es jemand in dieser Inkarnation, der auch im jetzigen Leben bei Ihnen ist? Wer ist dieser Mensch und wie passt er in die Aufgabe Ihres jetzigen Lebens?

Während Sie die Bilder in dem Wasserbecken betrachten, erkennen Sie, dass Sie die tiefere Bedeutung des Bildes später noch besser begreifen werden. Sie fühlen sich noch immer ganz entspannt, sicher und geborgen. Berühren Sie jetzt das Wasser. Das Bild verschwimmt und Sie sehen sich wieder so, wie Sie jetzt sind, das Spiegelbild zeigt Ihre gegenwärtige Inkarnation. Atmen Sie tief ein und aus, Sie fühlen sich wohl, ganz sicher und geborgen. *(Pause.)*

Nun sehen Sie den Raum, in dem Sie sich zwischen den einzelnen Inkarnationen befanden, kurz bevor Sie in diesem Leben wieder geboren wurden und in den Schoß Ihrer Mutter eintraten. Welche Aufgaben wollten Sie in diesem Leben erfüllen? Was versuchten Sie zu erreichen? Welches Signal zeigt Ihnen, dass Sie mit dieser Aufgabe beginnen können? Werden Sie sich bei der nächsten Begegnung mit einem Menschen, der in Ihrer jetzigen Inkarnation von Bedeutung ist, an dieses Signal erinnern und es wieder erkennen? Haben Sie etwas vergessen, an das Sie sich erinnern sollten? *(Pause.)*

Sie werden das Wasserbecken nun verlassen und über die Treppe zurück zu der Halle der Engel gehen. Sie lächeln den Engeln zu und sagen ihnen Lebewohl. Zusammen mit Ihrem Schutzengel wandern Sie zurück zu der Wiese, von der Sie gekommen sind. Halten Sie einen Augenblick inne und entspannen Sie sich. Sie gleiten in Gedanken dahin. Sie werden sich an alles erinnern, was Sie hier erlebt haben, und tieferen Einblick in diese Inkarnation und in der Zukunft auch in andere gewinnen. Sie fühlen sich glücklich und gesund, in Harmonie mit dem Universum.

Beenden Sie die Meditation mit dem vorher beschriebenen Vorgang des Zurückkehrens und Auftauchens. Wie nach der Engel-Verbindungsmeditation können Sie jetzt etwas trinken, eine Kleinigkeit essen und Ihre Erlebnisse in Ihrem Engeltagebuch festhalten. Wenn Sie mit einem Freund oder einer Freundin zusammengearbeitet haben, können Sie Ihre Erlebnisse mit ihm oder ihr besprechen.

6. Engel und Rituale

Es gibt zwei Arten von Ritualen: Das eine dient der Verehrung des Göttlichen, das andere der Kreation von Veränderungen im Universum (das wird oft als Arbeitsritual bezeichnet). Die Verehrung des Göttlichen wird normalerweise an religiösen Feiertagen praktiziert.

Alle Rituale bestehen aus einer immer gleichen Folge von Bewegungen, Gedanken und Übungen, die das Göttliche in unserem Leben feiern und uns in Einklang mit den universellen Energien bringen sollen. Das Arbeitsritual ist normalerweise kürzer und dient einem bestimmten Zweck, zum Beispiel der schnellen Genesung eines Freundes nach einer Operation oder der erfolgreichen Suche nach einer neuen Arbeitsstelle. Die Engel lieben beide Arten der Rituale und sind nur zu gerne bereit, Ihnen dabei zu helfen.

Einige Zeremonienzauberer betreiben Magiearbeit erst, wenn sie ihren Schutzengel um Hilfe gebeten haben und mit ihm wie ein Team zusammenarbeiten können. Sie können das unabhängig von Ihrer religiösen Überzeugung oder Ihren magischen Praktiken genauso praktizieren. Ich habe dieses Kapitel so abgefasst, dass Sie Ihrer Überzeugung entsprechend arbeiten können.

Der Geist, der Sie in Ihrer Magiearbeit begleitet, kann entweder Ihr Schutzengel oder auch ein anderer Engel sein, den Sie mit seinem Namen anrufen können, damit er Ihnen bei dieser besonderen Art der Arbeit beisteht. Sie können aber auch die Energie (zum Beispiel die Energie der Heilung, des Wohlstands usw.) rufen, die der Engel verkörpert, wenn Sie seinen Namen nicht verwenden möchten.

Die Grundform eines Engelrituals

Es gibt verschiedene Versionen der rituellen Form, wir bleiben bei der, die sich am besten für den Engelszauber eignet. Es steht Ihnen aber frei, die Form nach Wunsch zu wählen. Ich gebe Ihnen nachfolgend lediglich ein Anwendungsbeispiel:

Entwurf für ein Engelritual

I. Eröffnung
   A. Verwurzeln und Zentrieren
   B. Andacht am Altar
   C. Reinigung des Raums
   D. Anrufung des Schutzengels
II. Ziehen des Kreises
   A. Ziehen des Kreises
      1. Durchführung des kleinen Bannrituals
      2. Ziehen eines freien Engelkreises
   B. Anrufung der Erzengelkräfte der vier Himmelsrichtungen
   C. Erhöhen der Schwingungsfrequenz
   D. Anrufung der Kräfte der Engel und des Göttlichen
   E. Bezeichnung des Vorhabens
      1. Heilung
      2. Talismane
      3. Spiritistische Arbeit
      4. Sonstiges
   F. Durchführung der Arbeit
   G. Verbindung mit der Engelenergie
      1. Lied
      2. Tanz
      3. Visualisierung
      4. Gesang
      5. Trommeln
      6. Rasseln/Glocken
III. Abschluss
   A. Entlassung der Engelkräfte der vier Himmelsrichtungen
   B. Dank an die Engel und das Göttliche
   C. Abschlussgebet
   D. Auflösung des Kreises (gegen den Uhrzeigersinn)
   E. Verwurzeln und Zentrieren

Formblatt für ein Engelritual

Datum: ____________________ Mondphase: ______________

Tag: ________________________ Stunde: __________________

Zweck des Rituals: ____

____

Beginn: Gedicht, Musik, Gesang, Visualisierung, Trommeln, Sonstiges ____

Ich beginne mit: ____

Altarandacht: Standard oder ______________________________

Ich rufe meinen Schutzengel mit: __________________________

Ich ziehe den Kreis durch: ________________________________

Ich rufe die folgenden Engelkräfte der vier Himmelsrichtungen (führen Sie die Namen auf oder die Art der Durchführung): ____

____

Ich rufe Gott oder die Engelenergien an (führen Sie auf, wen und wie): ____

Ich werde folgende Arbeit durchführen (führen Sie auf, was und für wen): ____

Ich werde folgenden Zauber anwenden: ______________________

Ich brauche folgende Hilfsmittel: __________________________

Ich verschmelze mit dem Göttlichen durch: ________________

Ich entlasse die Engelkräfte der vier Himmelsrichtungen durch: ____

Ich danke den Engeln und dem Göttlichen durch: ___________

Mein Abschlussgebet ist folgendes: ________________________

Zu den heiligsten Handlungen im Leben gehören die Rituale, die der Verehrung oder der Zusammenarbeit mit dem Göttlichen dienen. Rituale stellen einen besonderen Moment für Sie und den Schöpfer/die Schöpferin dar, dem Sie sich ganz hingeben, um in Einklang mit den universellen Energien zu schwingen.

Jeder Teil des Rituals ist wichtig, das Ganze fügt sich zu einer wunderschönen Symphonie zusammen, die jede einzelne Bewegungsfolge reflektiert. Vor Beginn eines jeden Rituals sollten Sie überlegen, was Sie damit erreichen möchten. Dient das Ritual der Ehre Gottes und der Verbindung mit dem Universum, oder möchten Sie damit jemand Unterstützung geben, der in Not ist?

Der Zweck des Rituals bestimmt die Dauer, die Wortwahl (wenn Sie dabei sprechen möchten) und die Gegenstände, die Sie dafür brauchen (vielleicht eine besondere Kerze).

Ich habe ein Engel-Formblatt (Seite 140) entworfen, um Ihnen die Vorbereitung Ihres Rituals zu erleichtern. Vielleicht möchten Sie das Formblatt kopieren, damit Sie es mehrmals verwenden können. Sie können die Abläufe Ihrer Engelrituale auch in einem eigenen Notizbuch festhalten.

Der Beginn des Rituals

Viele Rituale beginnen mit dem Vorgang des Verwurzelns und Zentrierens, dies kann durch Kontemplation oder Meditation geschehen. Sie schaffen damit Distanz zu Ihrem geschäftigen Alltag und bereiten sich darauf vor, Gott in Ihr Herz einzuladen.

Wenn Sie möchten, können Sie mit einem Gebet oder einem Lied beginnen, leise Musik spielen oder trommeln. Sie könnten auch ein Gedicht rezitieren oder ganz einfach die Augen schließen und sich ein Universum in vollkommenem Frieden und Harmonie vorstellen. Es ist nicht wichtig, wie Sie das Ritual beginnen, niemand muss Ihr Handeln gutheißen oder beurteilen. Hier ist ein passendes Gedicht, das mir gut gefällt:

In heiliger Stunde berühre ich den Altar,
Ich weiß, dass die Liebe der Göttin immer währt
Und Gott sich zeigt, um sie zu preisen.
Die positiven Energien verschmelzen miteinander
In meinem heiligen Tempel in strahlend hellem Licht.
Luft und Erde, Wasser und Feuer,
Ich sehe, wie die heilige Flamme höher steigt
Und hier in ihrem schimmernden Licht
Die Symphonie des Zaubers sich erhebt.
Die Engel schweben über mir, sie schlagen ihre mächtigen Flügel,
Um den Zauber meiner Göttin zu ehren.

Die Andacht am Altar und Andachtsstunden

Die Altarandacht eignet sich für Rituale und Andachtsstunden. Viele Religionen haben feste Zeiten oder Stunden für das Gebet, meist am Morgen, Mittag, bei Sonnenuntergang und um Mitternacht. Sie müssen Ihre Andachtsstunden nicht fest einplanen. Manche Menschen machen einfach eine kurze Pause in ihrem Alltag, schließen die Augen, verwurzeln und zentrieren sich und verschmelzen mit der göttlichen Wesenheit. Wir alle sind sehr beschäftigt, deshalb ist es manchmal unmöglich, alles zu unterbrechen und für 20 Minuten in einer bestimmten Himmelsrichtung niederzuknien. Ich weiß auch, dass Sie zu den Andachtszeiten nicht immer in der Nähe Ihres Altars sein können. Nachfolgend finden Sie ein Beispiel für eine Altarandacht, die sich auch für Rituale eignet. Es steht Ihnen jedoch frei, die Andacht nach Ihrem Wunsch zu verändern, so wie sie Ihnen passend erscheint.

Die Andacht am Engelaltar

Atmen Sie dreimal tief ein und aus. Verwurzeln und zentrieren Sie sich. Entzünden Sie Ihre Kerzen oder Lampen am Altar. Halten Sie die Hände über den Altar und sprechen dabei:

Dort oben und hier unten
Zirkulieren die Energien, die Göttin strahlt.

Dann berühren Sie die vier Ecken Ihres Altars in Uhrzeigerrichtung viermal. Wieder halten Sie die Hände über den Altar und sprechen dabei:

Ihr Engelskräfte auf Vogelschwingen,
Ich bitte euch um Harmonie,
Um Einsicht, um Willenskraft und um Liebe.

Spüren Sie, wie sich unter Ihren Händen Energie über dem Altar ausbreitet. Nun nehmen Sie die Hände weg und besiegeln den Altar zuerst durch die über der Mitte des Altars gekreuzten Arme, dann durch viermaliges Klopfen mit den Fingerknöcheln auf die Seite des Altars.

Nun können Sie den Raum reinigen oder das Ritual Ihrem Wunsch gemäß beginnen, wie zum Beispiel mit der Reinigung von Salz und Wasser oder mit der Reinigung und Weihung von Hilfsmitteln oder anderen Gegenständen. Sie können mit dem Ritual auch einfach fortfahren und den Raum reinigen.

Anrufung Ihres Schutzengels

Der nächste Schritt des Rituals ist die Anrufung Ihres Schutzengels. Dafür können Sie die folgenden Worte sprechen oder Ihre eigene Form der Anrufung wählen.

Licht des Universums, sei mir nahe,
Bringe meinen Schutzengel zu mir.
Unter dem Schutz der silbernen Flügel
Verschwindet jede negative Energie.
Ich bewege mich mitten in diesem tanzenden Universum,
Mein Leben ist sicher, geborgen und vollkommen ruhig.
Ich komme aus dem heiligen Zauberhain,
Ich schreite inmitten der Schrecken der Erde,
Die Kunde vom Paradies verfolgt mich
Und der Zauber, der vorausging.
Ich erhebe meine Arme zu einem heiligen Schwur.
Zum Wohle des spirituellen Wachstums der Menschen
Wirken wir gemeinsam, die Engel und ich,

Um den Zauber zu finden, die Schmerzen zu lindern,
Bewegen wir uns gemeinsam, dort oben und hier unten,
Unsere Kräfte verschmelzen und werden stärker,
Die Göttin schaut freundlich auf unser Werk,
Wenn sie auf mich herabsieht, sieht sie nicht einen, sondern zwei.

Wenn das Göttliche für Sie männlicher Natur ist, können Sie Göttin durch Gott ersetzen. Auch die folgenden Worte eignen sich für die Anrufung des Schutzengels:

Mein Schutzengel, ich rufe dich,
Um Hass und Furcht zu besiegen.
Ich arbeite mit dir gemeinsam.
So sei es.

Der Engelkreis

Der magische Kreis wird gezogen, um einen Arbeitsbereich zu schaffen, der frei von negativer Energie ist und uns erlaubt, unsere Energie und die Energie des Universums in einem bestimmten Bereich zu konzentrieren und dort die eigene Schwingungsfrequenz so zu erhöhen, dass sie mit den Kräften Gottes und der Engel verschmelzen kann. Man kann einen magischen Kreis auf verschiedene Weise ziehen, wir beschäftigen uns hier aber nur mit dem Engelkreis. Wenn Sie eine andere Technik für das Ziehen eines magischen Kreises vorziehen, können Sie diese verwenden. Bitte denken Sie aber daran, dass die einzelnen Teile eines Rituals so harmonisch wie möglich zusammenpassen sollen. Deshalb ist jedes Element in diesem Ritual auf das übergeordnete Ziel ausgerichtet, das in der Zusammenarbeit mit den Engelkräften besteht.

Der freie magische Engelkreis wird mit der rechten (wenn Sie Linkshänder sind, mit der linken) Hand gezogen. Sie können im Norden oder im Osten beginnen. Sie gehen dreimal im Kreis und zeigen dabei mit dem ausgestreckten rechten Zeigefinger zum Boden. Es ist auch möglich, nur einen Kreis zu ziehen, Sie haben die Wahl.

Beim Ziehen des Kreises können Sie die folgenden Worte sprechen:

Ich beschwöre dich, du Kreis der Engelskünste,
Damit du für mich hier bist
Als Grenze zwischen der Welt der Menschen und dem Reich der Engel,
Ein Begegnungsort voll Frieden und Freude, Liebe und Vertrauen
Enthält er die Kraft, die ich in ihm beschwöre.
Ich rufe die Engel des Ostens, des Südens, des Westens und des Nordens,
Um mir bei der Weihung dieses Kreises zu helfen,
Im Namen der göttlichen und der universellen Energien.
Dafür beschwöre ich dich, du großer Kreis der Kraft.
Die Legionen des Lichts erwarten meinen Ruf.
So sei es.

Stampfen Sie mit dem Fuß auf und sagen dann:

Dort oben und hier unten
Sei dieser Kreis besiegelt.

Der Hauptunterschied zwischen dem Engelkreis und anderen traditionellen magischen Kreisen besteht darin, dass Sie den Kreis gemeinsam mit Ihrem Schutzengel ziehen. Sie arbeiten wie ein Team zusammen. Stellen Sie sich deshalb vor, dass Ihr Engel an Ihrer Seite ist.

Es liegt bei Ihnen, wie detailliert Sie dieses Bild ausmalen möchten. Sie können sich an den Händen halten oder sich vorstellen, wie der Schutzengel seine Hände über Sie ausbreitet, während Sie den Kreis ziehen.

Sie müssen selbst herausfinden, womit Sie sich wohl fühlen und was sich für Sie am besten eignet.

Es ist von Vorteil, die Worte der Altarandacht, des Kreisziehens und der Anrufung der Engelkräfte der vier Himmelsrichtungen auswendig zu lernen. Denn es ist kraftvoller, die Worte frei zu sprechen als sie aus dem Buch abzulesen. Außerdem ist

Ihre Aufmerksamkeit beim Lesen zu sehr auf das Buch gerichtet, was die völlige Konzentration auf die richtige Energie erschwert. Bei der Altarandacht sollten Sie visualisieren, wie Sie selbst und der Altar von reiner weißer Lichtenergie eingehüllt werden. Wenn Sie den Kreis ziehen, stellen Sie sich blau oder weiß leuchtendes Feuer vor, das Sie und den ganzen Raum wie eine Blase umschließt. Bei der Anrufung der Engelkräfte der vier Himmelsrichtungen müssen Sie den Schleier enthüllen und den Engelkräften der vier Himmelsrichtungen erlauben, einzutreten und mit Ihnen zu arbeiten.

Es gibt einige Regeln, die beim Ziehen eines magischen Kreises zu beachten sind. Zunächst sollten Sie den Kreis nie verlassen, ohne ihn vorher an einer bestimmten Stelle zu öffnen. Beim Engelkreis stellen Sie sich dafür einfach auf den Perimeter, öffnen die Arme und stellen sich vor, wie sich ein Vorhang teilt. Sie gehen hindurch, wenden sich um und schließen den Kreis so, wie Sie ihn geöffnet haben. Wenn Sie in den Kreis zurückkehren möchten, gehen Sie in der gleichen Weise vor.

Der Kreis wird in entgegengesetzter Richtung aufgelöst, in der er gezogen wurde. Sie gehen dabei im umgekehrten Uhrzeigersinn um den Kreis herum und lösen ihn mit der Hand auf.

Wenn Sie dieses Ritual oft durchgeführt haben und sehr geübt darin sind, können Sie sich auch einfach in die Mitte des Kreises stellen, in die Hände klatschen und sich vorstellen, wie die Energie des Kreises zur Erde zurückkehrt.

Für das Ziehen des Kreises können Sie auch die folgenden Worte sprechen:

Mit den Engeln des Nordens erhält der Kreis Festigkeit,
Mit den Engeln des Ostens erfüllt er sich mit Weisheit,
Mit den Engeln des Südens belebt er sich mit Leidenschaft,
Mit den Engeln des Westens manifestiert sich Transformation.
Ich umkreise den Kreis dreimal
Und rufe das Licht an diesen Ort.

Anrufung der Engelkräfte der vier Himmelsrichtungen

Die Engelkräfte der vier Himmelsrichtungen verleihen schützende und harmonische Energie und stärken die Grenzen des Kreises. Wie beim Ziehen des Kreises kann man diese Kräfte auf verschiedene Weise und aus ganz unterschiedlichen Gründen anrufen. Da wir jedoch mit den Engelkräften arbeiten, werden wir uns auf die übliche Anrufung der Kräfte der vier Himmelsrichtungen beschränken. Sie können sie auf Ihre eigene Weise zusammenrufen oder in Bewegung bringen, es steht Ihnen frei, die Anrufung individuell zu gestalten.

Bei der Arbeit mit den vier Himmelsrichtungen haben Sie es mit einem Übergangsbereich in eine andere Welt zu tun, in unserem Fall ist es die Welt der Engel. Stellen Sie sich dafür eine Pforte, eine Öffnung oder einen geteilten Vorhang vor. Das visualisierte Bild spielt keine Rolle, vorausgesetzt, es beinhaltet den Begriff der »Öffnung«. Genauso werden die vier Himmelsrichtungen am Ende des Rituals wieder geschlossen, entscheidend ist dabei das »Schließen«. Bei der Anrufung der Engelkräfte der vier Himmelsrichtungen empfinden Sie möglicherweise Hitze, Kälte, starke Aufregung oder Ruhe. Behalten Sie diese Gefühle in Erinnerung, damit Sie wissen, was diese Energien für Sie bedeuten, und ähnliche Empfindungen bei der nächsten Anrufung richtig einordnen können.

Sprechen Sie immer zuerst langsam Ihre Altarandacht, die Worte für das Kreisziehen und die Anrufung der Engelkräfte der vier Himmelsrichtungen. Nehmen Sie sich Zeit dafür, es eilt nicht. Seien Sie sich all Ihrer Worte, Gedanken, Gefühle, die Sie kundtun, und der Energien, die Sie manifestieren und anziehen möchten, ganz bewusst.

Am Ende entlassen Sie alle Engelkräfte genau so, wie Sie sie angerufen haben. Da es sich hier um Engelenergie handelt, verabschieden und bedanken Sie sich bei den Engeln für die Zeit und die Kraft, die sie Ihnen gewidmet haben. Nachfolgend finden Sie Anrufungen an die Engelkräfte der vier Himmelsrichtungen, die sich für ein Engelritual eignen. Während

Sie sich den jeweiligen Himmelsrichtungen zuwenden, breiten Sie Ihre Arme weit aus und erlauben so der Engelenergie, in den Kreis einzutreten.

Ich heiße dich willkommen, Engelshüter des Ostens,
Dein Name ist Raphael.
Heiler, Beschützer, Ernährer der Kinder Gaias.
Engel der Liebe, der Freude und des Lachens.
Ich rufe dich als Beschützer dieses Kreises und Hüter dieses heiligen Ortes.

Ich heiße dich willkommen, Engelshüter des Südens,
Dein Name ist Michael.
Du bringst Ausgleich in unsere Welt.
Engel der Gerechtigkeit, der Stärke und des Schutzes.
Ich rufe dich als Beschützer dieses Kreises und Hüter dieses heiligen Ortes.

Ich heiße dich willkommen, Engelshüterin des Westens,
Dein Name ist Gabriel.
Du bringst den Kindern des Mysteriums die Transformation.
Engel der Auferstehung, der Gnade und des Friedens.
Ich rufe dich als Beschützerin dieses Kreises und Hüterin dieses heiligen Ortes.

Ich heiße dich willkommen, Engelshüter des Nordens,
Dein Name ist Ariel.
Du bringst die Träume und die Prophezeiungen.
Engel der Natur, des Spiritismus und der Lehren.
Ich rufe dich als Beschützer dieses Kreises und Hüter dieses heiligen Ortes.

Zur Verabschiedung gehen Sie in umgekehrter Uhrzeigerrichtung um den Kreis herum und beginnen mit der Engelkraft, die Sie zuletzt angerufen haben. In diesem Fall ist es Ariel:

Engelkraft des Nordens,
Dein Name ist Ariel.

Ich danke dir für deine Geschenke der Natur, des Spiritismus
und der Lehren.
Geh, wenn du musst, und bleib, wenn es dir beliebt,
Heil dir und leb wohl!

Engelkraft des Westens,
Dein Name ist Gabriel.
Ich danke dir für deine Geschenke der Auferstehung,
der Gnade und des Friedens.
Geh, wenn du musst, und bleib, wenn es dir beliebt,
Heil dir und leb wohl!

Engelkraft des Südens,
Dein Name ist Michael.
Ich danke dir für deine Geschenke der Gerechtigkeit,
der Stärke und des Schutzes.
Geh, wenn du musst, und bleib, wenn es dir beliebt,
Heil dir und leb wohl!

Engelkraft des Ostens,
Dein Name ist Raphael.
Ich danke dir für deine Geschenke der Liebe, der Freude
und des Lachens.
Geh, wenn du musst, und bleib, wenn es dir beliebt,
Heil dir und leb wohl!

Bei der Anrufung der Engel sind die Arme wie ein geöffnetes Tor weit ausgebreitet, bei der Verabschiedung können Sie die Arme schließen und den Kopf senken und damit Abschluss und Ehrerbietung ausdrücken. Wenn Sie das kleine Bannritual gesprochen haben, können Sie auf das Kreisziehen und die Anrufung der vier Himmelsrichtungen verzichten, denn das ist schon im kleinen Bannritual enthalten. Manche Menschen führen auch beide Rituale durch, das ist ebenso möglich.

Erhöhen Sie Ihre Schwingungsfrequenz

Die elektrische Kraft der Engelpräsenz in Ihrem Kreis kann Ihr eigenes Energiefeld verstärken und Ihnen ermöglichen, in einer höheren Frequenz zu schwingen und diese Energie in Ihren Körper aufzunehmen. Wir sind Geschöpfe mit einem freien Willen, daher müssen wir den Engeln unseren Wunsch nach Hilfe deutlich mitteilen. Vor Beginn des Rituals müssen wir uns wieder verwurzeln und zentrieren, um sicherzustellen, dass wir uns anschließend nicht unsicher oder ängstlich fühlen.

Sie können hauptsächlich mit Ihrem Schutzengel oder den Engelkräften der vier Himmelsrichtungen arbeiten, die Sie angerufen haben, das erfordert etwas Übung. Möglicherweise verspüren Sie plötzlich einen Ruck, eine Veränderung Ihrer Körpertemperatur oder das Gefühl, als ob Ihre Nerven in einem Lichtsockel verankert wären. Stellen Sie sich vor, dass sich Ihre Schwingungsfrequenz in reines weißes Licht umwandelt. Manche Menschen spüren eine leichte Berührung an den Schultern, wenn die Engel der vier Himmelsrichtungen ihnen helfen, ihr Energiefeld anzuheben. Andere stellen sich vor, dass ihr Schutzengel sie liebevoll umarmt. Sie werden Ihr eigenes Bild finden, so wie es Ihnen am besten entspricht.

Anrufung der Engelkräfte und der göttlichen Energie/ Bezeichnung des Vorhabens

Sie sollten sich gründlich auf das Ritual vorbereiten und wissen, welche Energie Sie für Ihre Arbeit anrufen möchten. Zuerst wenden Sie sich je nach Ihrer Glaubensvorstellung an Gott oder die Göttin und dann gezielt an die Kräfte, deren Hilfe Sie für Ihr Vorhaben benötigen. Wir haben im Kapitel 2 über die verschiedenen Arten der Anrufung gesprochen, daher folgt hier nur eine kurze Erläuterung zu Ihrer Erinnerung: Anrufen heißt, etwas in Ihren Kreis einzuladen. Sie rufen nur gute Energien, also die Kräfte Gottes und die positive Kraft der Engel; bei der Anrufung von Lichtwesen besteht keinerlei Gefahr. Wenn Sie um Heilkräfte bitten, müssen Sie sich auf diese bestimmte Energie konzentrieren. Sie können einen Engel bei seinem Namen nennen oder einfach um die Kraft bitten, die er vertritt.

Sie können die Anrufung der Göttin mit den folgenden Worten beginnen:

Ich grüße dich, o Göttin
Jungfrau, Mutter und weise Frau
Juwel des Universums
Göttliche ewige Flamme
Krone der Erleuchteten
Zepter meines Glaubens
Unzerstörbarer Tempel
Gewähre mir Stärke
Für meinen Körper
Für den Zauber dieser Nacht

Oder:

Für Heilenergie in dieser Arbeit
Rufe ich dich, Heilige Mutter,
Umgib mich mit der Kraft der Engelwesen,
Damit ich … (nennen Sie hier den Zweck Ihres Rituals).

Dieser Teil des Rituals ist sehr wichtig, deshalb sollten Sie sich vorher über Ihre Absicht völlig im Klaren sein und wissen, was Sie ausdrücken möchten. In der Magiearbeit gibt es viele Variationsmöglichkeiten, das trifft auch für die Anrufung zu. Sie können die Energie entweder in Ihren Körper strömen lassen oder sich zur Unterstützung mit ihr umgeben. Entscheidend ist, dass Sie sich bei dem, was Sie tun, wohl fühlen. Bitte denken Sie daran, dass die Engel Ihren freien Willen in keiner Weise einschränken und Ihnen keine Unterstützung gewähren, mit der Sie bewusst oder unbewusst nicht umgehen können. Die Engel halten sich viel strenger an die kosmischen Regeln, als wir es tun.

In diesem Ritual habe ich die Anrufung und die Benennung des Vorhabens miteinander kombiniert. Sie können beides aber auch getrennt voneinander durchführen, vor allem dann, wenn Sie eine besonders starke Gottheit oder Engelkraft anrufen möchten, wie zum Beispiel die Isis. Sie können sie zunächst anrufen, um ihre Kraft in Ihrem Körper aufzunehmen, und erst dann Ihr Vorhaben benennen. Dazu ein Beispiel:

Himmlische Scharen, versammelt euch hier,
Während ich die Energie der Mutter in mich aufnehme.

Dann wenden Sie sich an die Engel:

Erde und Himmel, Wasser und Feuer,
Ich rufe die Engelskräfte zu mir.

Eine weitere Möglichkeit für die Anrufung der Engelskräfte sind folgende Worte:

Ich beauftrage dich (Name des Engels), *du Engel des Lichts, der im Dienste Gottes und der Göttin ist, die über und vor allen Dingen stehen, komm herab in diesen Zauberkreis.*

Ich kann gut verstehen, wenn Sie die Vorstellung stört, überhaupt jemand anzurufen. Nach einer gewissen Zeit werden Sie damit keine Schwierigkeiten mehr haben, aber vielleicht sind Sie jetzt in Sorge, dass Sie etwas Falsches tun oder lediglich einige seltsame Sprüche aufsagen könnten. Das wird ganz sicher nicht der Fall sein, aber wir können solche Bedenken trotzdem ernst nehmen, deshalb sollten Sie einfach nur Licht anrufen, wenn Sie im Zweifel sind.

Durchführung des Vorhabens

Die Durchführung entspricht immer genau dem, was Sie ausgedrückt haben. Es kann sich um ein Gebet für einen bestimmten Zweck oder um die Herstellung eines Talismans handeln. Sie können zum Beispiel eine Engel-Anstecknadel für einen Freund mit Energie aufladen, um ihm damit Schutz und Heilung zu schenken. Auch eine Meditationssitzung zur Stärkung Ihrer spirituellen Kräfte ist möglich. Bitte legen Sie alles Nötige bereit, damit Sie den Zauberkreis nicht unnötig verlassen müssen, denn mit jeder Öffnung wird der Energiekreis auch geschwächt (es sei denn, Sie sind in diesen Ritualen schon sehr geübt).

Verschmelzung mit der Engelenergie

Die Verschmelzung mit der Engelenergie gibt uns die Möglichkeit, Kraft zu gewinnen. Wir nennen das den Energiekegel und bezeichnen damit den kegelförmigen Punkt, an dem sich die zur Verfügung stehenden Energien zentrieren und dann hinausgesandt werden, um das angestrebte Vorhaben umzusetzen. Wenn Sie dagegen nur Ihre eigene Energie verstärken, ohne mit dem Göttlichen oder den Engelkräften zu verschmelzen, werden Sie sich vermutlich anschließend ziemlich erschöpft und kraftlos fühlen. Das ist aber keinesfalls das, was wir mit der Verstärkung der Energie erreichen möchten, denn wir sollten die uns zur Verfügung stehenden Kräfte auch richtig nutzen. Die Menschen, die im Laufe der Jahrhunderte Magiearbeit betrieben haben, haben die Verstärkung der Energie auf verschiedene Arten herbeigeführt, zum Beispiel durch Gesang, Tanz, Visualisierung, Trommeln, Rasseln, Glocken usw. Es gibt auch einen alten volkstümlichen Brauch, bei dem ein weißer und ein schwarzer Stein gegeneinander geschlagen werden. Durch dieses Geräusch gelangt man in den Alphazustand (möglicherweise sogar in den Thetazustand), in dem die Begegnung mit der Energie des Göttlichen und der Engel stattfindet. Sie müssen selbst herausfinden, welche Methode für Sie am besten geeignet ist.

Vielleicht gefällt Ihnen das folgende kleine Lied:

In dieser Nacht
In dieser Stunde
Rufe ich die Engel,
Um die Energie zu erhöhen.

Lieder mit Versen, die sich reimen, eignen sich besonders gut. Wenn Sie sich aber mit einer anderen Methode wohler fühlen, ist das ebenfalls in Ordnung. Manche Menschen wiederholen auch nur den Namen des Engels oder einer Gottheit; auch das ist eine Möglichkeit, die Sie versuchen können.

Sie sollten immer langsam und ruhig beginnen und dann langsam lauter und schneller werden. Auf dem Höhepunkt lassen Sie die gesamte Energie, die Sie gewonnen haben, los und richten sie gezielt und zentriert auf Ihren Wunsch oder auf die Veränderung, die Sie anstreben. Sie werden feststellen, dass die Durchführung sehr einfach ist.

Nachdem Sie so die Energie verstärkt haben, möchten Sie sich vielleicht ein wenig entspannen. Manche Menschen nehmen im Zauberkreis einen kleinen Imbiss (zum Beispiel Saft oder etwas Gebäck) zu sich, das ist eine Art der Kommunion mit dem Göttlichen. Kohlenhydrate sind sehr hilfreich bei der Verwurzelung der Energie. Wenn Sie noch überschüssige Kräfte haben, können Sie Ihre Hände auf den Altar oder auf die Erde legen und die Energie hineinfließen lassen.

Vielleicht möchten Sie zum Abschluss meditieren. Setzen Sie sich ruhig hin und entspannen Sie sich. Erlauben Sie den Engeln, Ihnen zu Diensten zu sein und Ihnen dabei zu helfen, Frieden und Harmonie in Ihr Leben zu bringen.

Abschluss des Rituals

Wir haben bereits über die Entlassung der Engelkräfte der vier Himmelsrichtungen gesprochen. Bitte achten Sie darauf, in der Mitte Ihres Kreises zu stehen und den Kräften Gottes und der Engel für ihre Hilfe zu danken. Vergessen Sie dabei auch Ihren Schutzengel nicht, Ihr Dank wird sicher gerne angenommen. Viele Menschen sprechen zum Abschluss noch ein Gebet oder einen Segensspruch. Am Ende lösen Sie Ihren Kreis auf und verwurzeln und zentrieren sich noch einmal.

Engelkommunion

Der Sinn dieser Zeremonie besteht in der Verehrung des Göttlichen. Durch die Engelkommunion ehren Sie Gott und bedanken sich bei den Engeln für ihre Unterstützung. Sie können die Kommunion in ein Ritual integrieren oder sie als eigenes Ritual durchführen. Wenn Sie Magiearbeit sehr häufig praktizieren, werden Sie die Kommunion vermutlich nicht jedes Mal durchführen, denn sie nimmt einige Zeit in Anspruch. Ich praktiziere die Zeremonie einmal pro Woche, so wie es meine Zeit erlaubt.

Sie brauchen für dieses Ritual etwas Kuchen oder Brot und Saft oder ein alkoholisches Getränk wie Wein. Die meisten verzichten allerdings auf Alkohol. Bedecken Sie das Brot und das Getränk vor Beginn der Zeremonie mit einem Tuch und halten Sie alles bereit, damit das Ritual nicht unnötig unterbrochen wird, weil etwas fehlt.

Nehmen Sie nun das Tuch von dem Brot, falten es zusammen und legen es an Ihrem Altar zur Seite. Weihen und segnen Sie das Brot mit dem Zeichen des Bannpentagramms. Dazu sprechen Sie folgende Worte:

Ich rufe die Heerscharen der Engel des Himmels und der Erde,
Ich leite die Energien im Uhrzeigersinn, um alles Negative aus diesem Brot zu verbannen.
Ich leite die Energien im Uhrzeigersinn, um Frieden, Harmonie und Liebe zu schaffen.
Ich rufe den Segen Gottes und der Göttin auf uns herab, um dieses Brot für die göttliche Kommunion zu weihen.

Legen Sie Ihre Hände auf das Brot und spüren Sie dann, wie die Kraft des Göttlichen durch den obersten Punkt Ihres Kopfes in Ihre Hände und weiter in das Brot fließt. Brechen Sie ein Stück davon ab (nicht abschneiden) und sprechen Sie folgende Worte, bevor Sie das Brot essen:

Ich nehme dieses Brot in meinem Körper auf als Sakrament für … (hier folgt der Name Ihrer Gottheit).
Möge ich an diesem und an allen Tagen mit Frieden, Harmonie und Liebe gesegnet sein.
So sei es.

Enthüllen Sie dann den Behälter mit dem Getränk und gießen etwas davon in ein geweihtes und gesegnetes Trinkgefäß. Bedecken Sie den Behälter wieder und stellen ihn auf Ihrem Altar zur Seite. Weihen und segnen Sie das Trinkgefäß, indem Sie das Zeichen des Bannpentagramms darüber machen, dazu sprechen Sie folgende Worte:

Ich rufe die Heerscharen der Engel des Himmels und der Erde,
Ich leite die Energien im Uhrzeigersinn, um alles Negative aus dieser Flüssigkeit zu verbannen.
Ich leite die Energien im Uhrzeigersinn, um Frieden, Harmonie und Liebe zu schaffen.
Ich rufe den Segen Gottes und der Göttin auf uns herab, um diese Flüssigkeit für die göttliche Kommunion zu weihen.

Legen Sie Ihre Hände auf das Trinkgefäß und spüren Sie, wie die Kraft des Göttlichen durch den obersten Punkt Ihres Kopfes in Ihre Hände und weiter in das Gefäß fließt. Sagen Sie dann:

Ich nehme diese Flüssigkeit in meinem Körper auf als Sakrament für … (hier folgt der Name Ihrer Gottheit).
Möge ich an diesem und an allen Tagen mit Frieden, Harmonie und Liebe gesegnet sein.
So sei es.

Dann trinken Sie. Verweilen Sie anschließend noch einen Moment in der Meditation und denken Sie an die Geschenke, die Sie von Gott erhalten haben.

Zusammenfassung

In diesem Kapitel haben wir die Standardrituale und die Einzelheiten der etwas aufwändigeren Engelrituale kennen gelernt. Jetzt ist es an der Zeit, Ihr Wissen in die Praxis umzusetzen. Je öfter Sie die Rituale durchführen, umso besser werden Sie sie beherrschen. Das heißt nicht, dass Sie nicht auch schon beim ersten Mal erfolgreich sein können, aber mit zunehmender Übung werden Sie mit diesen Ritualen gewandter und vertrauensvoller umgehen können.

7. Die Kontaktaufnahme mit den Engeln

Sei wie eine helle Flamme vor mir,
Sei wie der leuchtende Leitstern über mir,
Sei wie ein ebener Weg vor mir,
Bei Tag, bei Nacht und für immer.

ALEXANDER CARMICHAEL

Es ist nicht leicht, jemanden davon zu überzeugen, dass ihm ein Schutzengel zur Seite steht. Unsere Gesellschaft existiert in der Welt der Materie und unser Leben hängt von materiellen Dingen wie Nahrung, Wohnung, Kleidung, Wärme usw. ab. Wir sind von so vielen weltlichen Bedürfnissen, Bildern und Geräuschen umgeben, dass wir die subtilen Erscheinungen dieses Universums gar nicht wahrnehmen – die Dinge, die wir fühlen, aber nicht sehen können.

Ich wohne in einer Kleinstadt und kann nicht unbedingt voraussetzen, dass meine Klienten offen für den Glauben an mystische Dinge sind. Viele von ihnen haben die meiste Zeit ihres Lebens in einem selbst geschaffenen Gefängnis verbracht und sich immer nur um ihre körperlichen Bedürfnisse und Wünsche gekümmert. Als ich in meinen Sitzungen zum ersten Mal von Schutzengeln gesprochen habe, erntete ich völlig verblüffte Blicke von meinen Klienten. Sie hielten mich für eine Hexe, die an Engel glaubt. Wie weit war es mit uns gekommen!

Langsam begann ich in meinen Tarotsitzungen, die Karte der Mäßigung einzusetzen, um damit die Botschaften der Engel an meine Klienten weiterzugeben. Diese Karte ist dafür besonders gut geeignet, denn sie stellt einen Engel dar, der den Fragesteller (also die Person, für die das Tarot gelegt wird) dazu ermutigt, seine Talente der Situation angemessen einzusetzen, Geduld zu üben und um die Hilfe Gottes zu bitten.

Meine Klienten waren oft sehr verblüfft, wenn ich Ihnen geraten habe, sich an ihren Schutzengel zu wenden.

Der Glaube an Engel hängt ebenso wie die religiöse Überzeugung von persönlichen Erfahrungen ab. Auch wenn die Berichte anderer Menschen sehr interessant sein können, so sind sie für den Leser dennoch nicht wirklich nachzuvollziehen. Es ist etwa so, als würde man ein Weihnachtsmärchen lesen: »... und plötzlich erschienen viele Engel vor meinem staunenden Auge.« Sie können so etwas zwar lesen, aber im Grunde wissen Sie, dass Sie es nicht glauben können. Nichtsdestoweniger können Sie großen Gefallen an derartigen Geschichten finden.

Kein Buch, keine Diskussion, keine Fernsehsendung und kein Kinofilm kann Sie davon überzeugen, dass Engel wirklich existieren. Sie müssen selbst den ersten Schritt tun, indem Sie die Engel in Ihr Leben einladen und ihre Präsenz anerkennen, um ihre wunderbare Art der Hilfe erleben zu können. Ich habe festgestellt, dass mein Leben durch die Einwirkung der Engel ruhiger verläuft, dass sich so genannte Zufälle jeden Tag ereignen und dass sich meine ganze Lebensperspektive in positiver Weise verändert hat. Ich kann die Existenz der Engel nicht beweisen, aber ich kann belegen, dass mein Leben durch meinen Glauben an sie erfüllter und harmonischer verläuft.

Die Schutzengel zeigen sich immer so, wie wir sie wahrnehmen können. Manche Menschen sehen ihre Schutzengel als Krieger, als schöne sanfte Frauen oder als Alte und Weise mit gebieterischem Auftreten. Das Tagebuch der deutschen Mystikerin Mechthilde, die als Ancilla Domini bekannt war und 1919 starb, erfreute sich großer Beliebtheit, denn sie beschrieb darin anschaulich ihre lebenslange Beziehung zu ihrem Schutzengel und zu vielen anderen Engeln des himmlischen Reiches. Aus Ihren Schriften können wir erfahren, dass die Schutzengel den Menschen, die auf der Erde viel Leid erleben müssen, in scharlachroten Gewändern mit einer Krone auf dem Kopf erscheinen. Die Schutzengel der Kinder sind oft in Blau gekleidet. Es ist vorstellbar, dass Mechthilde die Aura bestimmter Menschen sehen konnte, denn ihre Wahrnehmungen stimmen mit dem überein, was Okkultisten über die Farben der Aura berichten.

Der Beschützer an meiner Seite

Das Bild des Schutzengels ist ebenso wie andere mystische Vorstellungen von vielen Legenden umgeben. Manche Menschen glauben, es gäbe nur einen Schutzengel, der uns während des ganzen Lebens schützend zur Seite steht und uns hilft, wichtige Entscheidungen zu treffen. Andere sind der Ansicht, jeder Mensch wäre von Tausenden von Schutzengeln umgeben. Wieder andere vertreten die Meinung, dass wir einen bestimmten Engel an unserer Seite haben, der von anderen Engeln unterstützt wird, wenn wir in einer sehr schwierigen Lage sind oder wenn wir verschiedene Projekte in Angriff nehmen, bei denen der Beistand der Engel erforderlich ist. Im Laufe unserer spirituellen Entwicklung können uns von Zeit zu Zeit verschiedene Engel begleiten, die uns Unterstützung geben und uns das vermitteln, was wir wissen müssen. Daneben gibt es auch noch die Vorstellung, dass die Engel unser höheres Selbst vertreten und damit der spirituelle Teil von uns sind, der im Einklang mit dem Universum ist.

Wenn mich die Leute für verrückt halten, weil ich ihnen rate, ihren Schutzengel um Beistand zu bitten, dann sage ich nur: »Versuchen Sie es doch einfach. Was können Sie dabei verlieren? Niemand außer den Engeln wird Ihre Bitte hören.«

Im Lauf der Jahre habe ich viele Geschichten über Engel gehört und gelesen. Während ich zum Beispiel an diesem Kapitel schrieb, rief mich eine Wiccanerin aus Idaho an und bat mich um eine Auskunft über eine Organisation, die ich leite. Wir unterhielten uns ein wenig und ich erzählte ihr von dem Buch und meiner Arbeit mit den Engeln.

»Wissen Sie«, sagte sie dann, »ich hatte gestern Abend ein seltsames Erlebnis. Es gibt hier einige Streitigkeiten und ich wäre beinahe von Wilderern auf meinem Grundstück erschossen worden. Sie hatten bereits ihre Gewehre auf mich gerichtet und ich dachte schon, ich musste sterben, da senkten sie plötzlich die Waffen, stiegen in Ihren Geländewagen und fuhren davon. Ich war sehr aufgebracht und ging zum Fluss hinunter. Ich liebe mein Land sehr und hatte schon viele Schwierigkeiten mit den Wilderern. Ich setzte mich also ans Ufer des Flusses und begann herzzerbrechend zu weinen. Nach einiger Zeit wurde ich sehr schläfrig, kauerte mich auf den Boden und schlief ein. Etwa eine Stunde später rüttelte mich jemand an der Schulter. Ich öffnete langsam die Augen und schaute mich um. Direkt neben mir stand eine wunderschöne Frau mit rabenschwarzen Haaren und grünen Augen. Sie sagte: ›Wach auf, wach auf! Wenn du die ganze Nacht hier liegen bleibst, wirst du im Schlaf erfrieren. Du musst jetzt nach Hause gehen.‹ Mit diesen Worten verschwand sie. Sie hatte vollkommen Recht, die Februarnächte sind hier bitterkalt.«

Als ich die Anruferin nach der schwarzhaarigen Frau fragte, sagte sie: »Ich habe sie zum ersten Mal gesehen, als ich noch ein kleines Mädchen war. Sie trägt Lederkleidung und hat eine doppelschneidige Axt bei sich.« Diese Beschreibung entspricht zwar nicht dem üblichen Bild eines zarten, sanften himmlischen Wesens, dennoch handelt es sich bei diesem kraftvollen Geschöpf ganz sicher um einen Schutzengel. Ich habe noch nicht gesagt, womit die Dame aus Idaho ihren Lebensunterhalt verdient. Sie fährt Lastwagen und transportiert Sprengstoffe. Ich kann mir für sie keinen besseren Schutzengel vorstellen.

Die Engel erscheinen uns stets so, wie wir sie wahrnehmen können. Sie zeigen sich durch hilfreiche Menschen, liebevolle Gedanken und Erkenntnisse, die wie für uns geschaffen scheinen. Sie sind die ideale Ergänzung unserer eigenen Energie in jedem Atom und in jedem Molekül. Eine gute Freundin beschrieb ihren Schutzengel so: »Er hat einen sehr muskulösen Körper, lange schwarze Haare und schwarze Flügel. Er ist für mich nicht sexuell anziehend, aber er ist immer da, wenn ich ihn brauche. Er ist so zuverlässig. Wenn ich an ihn denke, fühle ich mich durch seine mächtigen Schwingen sofort sicher und geborgen.« Wie sein Name schon sagt, ist der Schutzengel bei uns, um uns zu beschützen und uns zu helfen.

In einer Hypnosesitzung, in der einer meiner Klienten in seine früheren Leben zurückgeführt wurde, wurden wir beide schlagartig mitten in der Sitzung von seinem Schutzengel überrascht. »Plötzlich stand sie vor mir, mitten auf der Wiese. Zuerst wusste ich nicht, dass sie mein Schutzengel war. Sie war eine Indianerin mit langen schwarzen Zöpfen und einem schelmischen Lächeln, das mir sehr gut gefiel. Sie hatte keine Flügel, aber sie konnte fliegen. Sie trug ein braunes Kleid, das kunstvoll mit einem Perlenmuster in Rot, Gelb und Schwarz bestickt war. Sie sagte mir, sie sei seit dem Tag meiner Geburt bei mir. Ich gewann den Eindruck, dass sie eine Urahnin von mir gewesen sein musste. Sie sagte, sie könne heilen und sie werde bei mir sein, bis ich sterbe.«

Verantwortung übernehmen

Wenn Sie sich aktiv an Ihren Schutzengel oder einen anderen Engel wenden, geben Sie damit dem Universum auf positive Weise bekannt, dass Sie bereit sind, Ihr Leben zu ändern und Verantwortung für Ihre Handlungen zu übernehmen. Sie werden nicht länger Ihre Eltern, Ihre Lehrer, Ihre Freunde, Ihren Ehepartner, Ihren Chef oder Ihre Kinder für Ihre Probleme verantwortlich machen. Wenn wir zum ersten Mal Kontakt mit den Engeln aufnehmen, lautet unser Motto: »Ich bin bereit, für meine Handlungen einzustehen.« Wir möchten Gott in unserem Leben wirken lassen und uns verändern, um in Einklang mit dem Universum zu kommen.

Die Engelenergien sind überaus freundlich, sie bewegen sich genau in der Geschwindigkeit, die uns persönlich entspricht. Die Engel sind entschlossen, uns zu helfen, und ihre Entscheidung basiert nicht auf Manipulation, Geld, Sex, Eifersucht oder Habsucht. Die Handlungen der Engel sind völlig makellos, sie tragen zu unserer spirituellen Weiterentwicklung bei. Die Engel sind außergewöhnliche Wesen, denn sie legen ihre Absichten ganz offen dar.

Ihre erste Aufgabe bei der Zusammenarbeit mit einem Schutzengel besteht in einer Bestandsaufnahme Ihres Lebens. Beginnen Sie mit der Loslösung von lang gehegtem Groll und Kummer. Befreien Sie sich von all Ihren verkrusteten und schmerzlichen Erfahrungen und bitten Sie Ihren Schutzengel, Sie mit seinem Licht zu beleuchten, damit Sie all die verschiedenen Probleme nacheinander in Angriff nehmen können. Wir Menschen tragen zu viele unnötige Lasten mit uns herum und diese seelischen Blockaden führen oft zu kontraproduktivem Verhalten. Befreien Sie sich selbst aus dem Gefängnis der Verdammung, damit Ihr Leben aktiver, befreiter und intensiver als je zuvor werden kann.

Sie können zunächst ein eigenes wöchentliches Ritual entwerfen und es Ihrer Lebensweise entsprechend formulieren. Es muss nicht sehr lang und ausgefeilt sein, um den entscheidenden Punkt zu treffen und Ihre Schwingungsfrequenz zu verändern. Wichtig ist nur, dass es aus dem Herzen kommt, dann wird es vollkommen sein.

Begegnen Sie Ihrem Schutzengel

Sie können selbst entscheiden, wie Sie mit Ihrem Schutzengel in Kontakt treten möchten, ich mache hier nur einige Vorschläge:

In der Meditation: Sie können Ihrem Schutzengel in jeder Meditationssitzung begegnen und mit ihm kommunizieren.

Im Gebet: Sprechen Sie mit Ihrem Schutzengel, sagen Sie ihm oder ihr, was Sie brauchen. Nachfolgend finden Sie ein kleines Gebet, es ist die veränderte Version eines katholischen Kindergebets:

Engel der Göttin, mein lieber Beschützer,
Ihre Liebe schickt mich hierher zu dir,
Komm bei Tag oder Nacht, sei an meiner Seite,
Um mich zu erleuchten, zu beschützen, zu leiten und zu führen.

In einem Brief: Sie können Ihrem Schutzengel einen Brief schreiben und erklären, warum Sie ihm gerne begegnen möchten. Sie brauchen nicht zurückhaltend zu sein, niemand außer einem Engel wird diesen Brief lesen. Schreiben Sie alles auf, was Ihnen auf dem Herzen liegt, so als ob Sie Ihrem besten Freund Ihre Gedanken mitteilen würden. Wenn Sie fertig sind, bringen Sie den Brief zu Ihrem Altar und verbrennen ihn dort, dann streuen Sie die Asche in den Wind. Sie werden bald von Ihrem Schutzengel hören.

Mit einer Suchanzeige: Ich habe diese Möglichkeit schon im Anfangskapitel erwähnt. Ich möchte Sie wissen lassen, dass die Anzeigen, die ich geschrieben habe, in weniger als zwei Wochen Erfolg gezeigt haben.

In einem Gedicht oder einem künstlerischen Ausdruck: Der schönste Weg, mit Ihrem Engel zu kommunizieren, besteht in der Anwendung Ihrer natürlichen Talente. Dazu gehört alles, was Sie gut können, sei es Zeichnen, Malen, Nähen, Handwerken, Gedichteschreiben usw.

Beginnen Sie einfach zu sprechen: Fühlen Sie sich traurig oder einsam? Sprechen Sie mit Ihrem Schutzengel. Sind Sie gerade aufgeregt und glücklich und voller Lebenslust? Die Schutzengel freuen sich, wenn sie hören, dass in Ihrem Leben alles großartig läuft und dass Sie spüren, wie Sie sich weiterentwickeln. Die Engel hören auch Ihren philosophischen Überlegungen gerne zu: Was ist das Göttliche? Wie passe ich in das Universum? Worin besteht meine Mission? Habe ich in diesem Leben nur eine oder mehrere Aufgaben? Wenn Sie mit den Engeln in einen Dialog treten, schaffen Sie damit die Möglichkeit, auch eine Antwort zu erhalten. Vielleicht gewinnen Sie eine plötzliche Einsicht oder erhalten durch Ihre innere

Stimme oder über bildhafte Vorstellungen weise Antworten auf Ihre Fragen.

Eine Freundin hatte vor kurzem eine ziemlich unangenehme Scheidung hinter sich gebracht. »Immer, wenn es sehr schwierig wurde«, so erzählte sie, »habe ich mit meinen Engeln gesprochen.« Zwei ihrer Engel waren sowohl als Leibwächter als auch als spirituelle Rückenstärkung an ihrer Seite. »Sie sind einfach großartig. Ich fühle, dass sie immer bei mir sind. Ich bin so froh, dass ich meine Engel getroffen habe. Sie geben mir mehr Gelassenheit und Zuversicht.«

Sie müssen nur Ihr Herz und Ihre Gedanken offen halten. Nehmen Sie sich am besten jetzt ein wenig Zeit und bitten Sie Ihren Schutzengel, sich Ihnen vorzustellen. Ich bin sicher, Sie werden nicht enttäuscht werden.

Kontaktaufnahme

In der Magiearbeit erfahren wir, dass es im Universum Dinge, Orte, visuelle und nicht visuelle Bilder gibt, die einander entsprechen und in Einvernehmen miteinander stehen. Wir möchten jetzt über einige Möglichkeiten sprechen, die uns helfen, mit dem Schutzengel Kontakt aufzunehmen.

Statuen

Wenn Sie eine Engelstatue dort aufstellen, wo Sie leben oder arbeiten, können Sie dadurch die Engelenergie anziehen. Eine Statue erinnert uns daran, dass wir nicht alleine in diesem Universum sind, sondern immer von liebevollen Energien umgeben werden. Sie können die Figur mit göttlicher Energie aufladen, sodass sie ständig darauf ausgerichtet ist, negative Energien in positive umzuwandeln.

Ich arbeite in Tarotsitzungen oft mit misshandelten Frauen. Viele der Frauen (und auch der Männer) kommen zu mir, wenn sie zur Scheidung entschlossen sind und versuchen, für sich und die Kinder den richtigen Weg einzuschlagen. In den

Sitzungen sprechen wir über ganz praktische Dinge, wie zum Beispiel über einen empfehlenswerten Anwalt, das richtige Verhalten vor Gericht und den Umgang mit Familienmitgliedern und Freunden, die entweder für oder gegen die Scheidung sind.

Daneben unterhalten wir uns auch über spirituelle Themen, zum Beispiel darüber, wie die Frauen in dieser schwierigen Situation Kraft schöpfen können.

Ich schlage den Klientinnen immer vor, eine Engelstatue zu kaufen und in dem Raum aufzustellen, in dem sich die meisten Streitgespräche abspielen. Ich sage ihnen, wie sie den Raum reinigen, weihen und mit Energie aufladen können, um ihn zu schützen und negative Energie in positive Energie voll Liebe und Licht umzuwandeln. Obwohl das Problem dadurch nicht gelöst wird, berichten mir die Klientinnen, dass der Raum danach eine ausgeglichenere Atmosphäre hatte und dass sie in den Streitgesprächen oft zu einer schnelleren Lösung kamen, die meist darin bestand, dass der misshandelnde Partner das Haus für immer verließ.

Wenn die kritische Zeit vorbei ist und das Leben der Klientin in ruhigeren Bahnen verläuft, komme ich persönlich in ihre Wohnung und führe dort ein entsprechendes Reinigungsritual durch.

Schmuck

Eines der schönsten Geschenke, das Sie jemand machen können, ist eine Anstecknadel in Form eines Schutzengels, die es manchmal schon sehr preiswert zu kaufen gibt. Wenn ich etwas Geld übrig habe, kaufe ich immer ein ganzes Sortiment von diesen Nadeln. Sie können sie jemandem anstecken und dazu sagen: »Du musst nur darum bitten, dann wird dir dein Engel zu Hilfe kommen. Diese kleine Anstecknadel soll dich daran erinnern, dass du geliebt wirst und nicht alleine auf der Welt bist. So sei es.«

Manche Menschen, denen ich so eine Nadel geschenkt habe, fangen sofort an, die Nadel mitsamt dem Kleidungsstück, an dem sie steckt, herumzuschwenken und dabei »Hilf mir, hilf mir!« zu rufen. Keiner von ihnen wurde enttäuscht.

An einem Freitagabend hatte ich zusammen mit meinen Kindern und meinem Vater (mein Mann war verhindert) ein festliches Abendessen mit Kerzenlicht vorbereitet. Beim Nachtisch verkündete ich, dass ich für alle ein besonderes Geschenk hätte, und übergab jedem am Tisch eine Engel-Anstecknadel. Ich steckte sie jedem der Anwesenden an und sagte ihnen, wie sehr ich sie liebte und dass sie stets ihren Schutzengel anrufen sollten, wenn sie in Schwierigkeiten waren und ich nicht in der Nähe sei, um ihnen beizustehen. »Aber«, so fügte ich hinzu, »auch wenn ich bei euch bin, könnt ihr euren Schutzengel in Gedanken anrufen. Die Engel werden euch immer hören.«

Alle Kinder waren begeistert und legten ihre Anstecknadeln jeden Abend auf meinen Schreibtisch, damit sie nicht verloren gingen. Jeden Morgen vor dem Schulweg wurden die Nadeln wieder angesteckt.

Auf diese Weise nahmen die Kinder bewusst sowohl meine Energie wie auch die der Engel mit zur Schule. Mein Vater bewahrt seine Anstecknadel immer in seiner Jackentasche auf, nimmt sie am Abend zusammen mit seinem Kleingeld heraus und legt sie auf den Nachttisch. Am Morgen steckt er beides wieder in seine Tasche zurück.

Kunstwerke

Gemälde von Engeln können uns den Zugang zum Reich der Engel erleichtern. Sie können ein Engelbild über Ihren Altar oder in den Raum hängen, in dem Sie meditieren. Einer meiner Freunde hat immer ein Engelbild bei sich, um Frieden und Wohlergehen zu sichern.

Engelkleider

Sie müssen nicht mit Kleidern herumstolzieren, die reich mit Engeln bestickt sind, obwohl auch das möglich wäre. Ich möchte Sie aber darauf aufmerksam machen, dass sich durch die Arbeit mit den Engeln auch Ihre äußere Erscheinung verändern wird. Möglicherweise wechseln Sie den Stil Ihrer Kleidung oder Ihre Haarfarbe, vielleicht verwandeln Sie auch die Einrichtung in Ihrer Wohnung. Ich habe festgestellt, dass die Wirkung der Engelkräfte das Selbstbewusstsein und die Kreativität stärkt. Der erste Schritt zu einer Veränderung betrifft meist den persönlichen Bereich, möglicherweise sind Sie mit Ihrem Aussehen nicht mehr zufrieden und überlegen, was Sie daran verbessern könnten.

Eine erfolgreiche Veränderung ermutigt Sie auch, den nächsten Schritt zu tun, und so beginnen Sie neben Ihrer äußeren Erscheinung und Ihrer persönlichen Umgebung auch andere Dinge neu zu gestalten und damit mehr Harmonie in Ihr Leben zu bringen. Auf diese Weise entwickelt sich unsere Kreativität weiter und inspiriert auch andere Menschen zu einer Neugestaltung.

Einige meiner Bekannten, die anfingen, sich mit Engelszauber zu beschäftigen, trugen allmählich immer öfter Kleider mit Blumenmustern. Sie begannen sogar damit, ihre eigenen Kleider zu nähen, und wählten dafür Farben, die besser zu ihrer Persönlichkeit passten. Mir fiel auf, dass die Männer sich lockerer kleideten und ihre Erscheinung insgesamt gepflegter wurde. Männer und Frauen, die sich mit Engelszauber beschäftigten, verloren auch an Übergewicht und begannen Sport zu treiben. Die Engel lieben Individualismus und Kreativität und sie helfen uns dabei, in dieser Welt einen Ort zu finden, an dem wir unbefangen wirklich wir selbst sein können.

Wenn Sie erst einmal Kontakt mit Ihrem Schutzengel aufgenommen haben, werden Sie viele Botschaften durch ihn empfangen. Manchmal schlummert eine solche Botschaft im Unterbewusstsein und dringt durch irgendeinen Anlass in das Bewusstsein. Je mehr Sie mit Ihrem Schutzengel zusammenarbeiten, umso mehr Erkenntnisse und Erleuchtungen werden Sie dadurch erhalten. Wie bei allen spirituellen Studien macht auch hier die Übung den Meister.

Diese Übung eignet sich auch als Ritual, das Sie einmal pro Woche in Ihre Morgen- oder Abendandacht integrieren können. Ich habe dieses Ritual entworfen, um Ihnen zu helfen, Ihr Leben zu »entrümpeln« und überflüssigen Ballast abzuwerfen, unabhängig davon, ob es sich um Verletzungen aus der Vergangenheit oder negative Ereignisse aus der letzten Zeit handelt.

Sie brauchen dafür einen Behälter, einige Papierstreifen, einen Stift und etwa eine Stunde Zeit, in der Sie nicht gestört werden. Gehen Sie zu Ihrem Engelaltar und führen dort die Engelandacht und das kleine Bannritual (siehe Seite 56 ff.) durch.

Verwurzeln und zentrieren Sie sich, dann nehmen Sie die Papierstreifen und schreiben alle negativen Gedanken und Ereignisse auf, die Sie belasten. Sie können auch aufschreiben, warum Sie diese Dinge bisher nicht loslassen konnten. Möglicherweise möchten Sie Ihre Gefühle auch so ausdrücken: »Ich weiß nicht, warum ich mich noch damit beschäftige, aber es schmerzt mich noch immer.« Sie können dazu leise Musik spielen oder vor sich hin summen. Falten Sie die Papierstreifen so zusammen, dass Sie nicht mehr lesen können, was darauf steht.

Dann legen Sie sie in den Behälter auf Ihrem Altar. Verwurzeln und zentrieren Sie sich. Wenn Sie bereit sind, können Sie mit der Sitzung beginnen.

Sie brauchen dafür eine leichte, feuerfeste Schale.

Führen Sie in Ihrem Altar Ihre Andacht und das kleine Bannritual durch, dann nehmen Sie einen der Papierstreifen aus dem Behälter.

Lesen Sie, was darauf steht. Bitten Sie Ihren Schutzengel, Ihnen beizustehen. Halten Sie das Papier mit zwei Fingern an einer Ecke, als ob es schlecht riechen würde. Sind Sie sicher, dass Sie es loswerden möchten?

Verwurzeln und zentrieren Sie sich. Stellen Sie sich Ihren

Schutzengel an Ihrer Seite vor, der Ihnen hilft, den überflüssigen Ballast aus Ihrem Leben zu entfernen. Halten Sie das Papier über die feuerfeste Schale und sprechen dabei:

Ich überlasse dich den Engeln. Ich verwandle alle negative Energie aus dieser Situation in positive, lebensbejahende, liebevolle Energie. Jetzt, in diesem Augenblick!

Verbrennen Sie das Papier.

Verwurzeln und zentrieren Sie sich. Wenn das Feuer erloschen ist, streuen Sie die Asche auf die Erde und sagen dazu:

Segen für dich, Mutter Erde,
Die Schmerz und Kummer in sich aufnimmt
Und sie in positive Energie verwandelt
Zum Wohle ihrer Kinder.

Damit ist für Sie dieser Teil der Sitzung beendet. Warten Sie einige Sekunden, bevor Sie den nächsten Papierstreifen verbrennen.

Wenn der Behälter leer ist, können Sie ihn im Laufe der Zeit wieder mit neuen Papierstreifen füllen. Sie werden aber feststellen, dass die Streifen immer weniger werden, je länger Sie mit den Engeln zusammenarbeiten. Eines Tages werden Sie den Behälter gar nicht mehr brauchen. Halten Sie die Entwicklung in Ihrem Engeltagebuch fest. Schreiben Sie zum Beispiel auf, wie Sie sich gefühlt haben, nachdem Sie einen Papierstreifen mit einem besonders quälenden Erlebnis, wie zum Beispiel eine Trennung, verbrannt haben. Es könnte auch sein, dass Sie so den Schmerz um den Tod eines geliebten Menschen endlich bewältigen können. Auch das gehört zum Prozess der Lebensreinigung.

Viele Menschen verzieren ihren Behälter für die Papierstreifen mit Mustern oder wählen einen besonders schönen Behälter dafür aus.

Er sollte in jedem Fall dekorativ sein, denn damit wird ausgedrückt, dass der Prozess der Umwandlung beginnt, sobald der erste Papierstreifen im Behälter liegt.

Durch die Arbeit mit Ihrem Schutzengel wird sich Ihre Einstellung zum Leben verändern. Ich hatte zum Beispiel früher einen Chef, der nicht wollte, dass seine Mitarbeiter zu ihm kamen und sagten: »Ich habe ein Problem.« Stattdessen sollten sie sagen: »Ich bin in einer Situation, über die wir sprechen müssen.« Dann musste man kurz schildern, worum es ging, und Lösungsvorschläge unterbreiten. Es dauerte eine Weile, bis ich mein Verhalten ändern konnte, aber ich habe dadurch gelernt, zuerst über meine Situation und mögliche Ursachen nachzudenken und dann Lösungsschritte auszuarbeiten.

Ich habe festgestellt, dass die Engel in Bezug auf unsere Erfahrungen den gleichen Standpunkt einnehmen. Wenn Sie Ihrem Schutzengel von Ihren Schwierigkeiten berichten, sollten Sie nicht von Problemen, sondern einfach von bestimmten Situationen in Ihrem Leben sprechen. Etwas als Problem zu bezeichnen heißt, dass Sie sich schon entschieden haben, diese Angelegenheit als negativ einzustufen. Stattdessen könnte sie aber einfach eine Herausforderung, eine Lernerfahrung, ein Ereignis sein, das notwendig war, um Sie in Ihrer Arbeit weiterzubringen oder eine positive Entwicklung in Ihrem Leben zu fördern. Probleme können getarnte Geschenke für uns sein, auch wenn es manchmal schwer ist, sie emotional zu bewältigen.

Wenn Ihnen etwas zustößt, sollten Sie in Gedanken einen Schritt zurücktreten und sich fragen: »Warum ist das genau jetzt in meinem Leben passiert? Was kann ich daraus lernen?« Versuchen Sie nicht gleich in Panik zu geraten, denn die Angst hindert uns, nüchtern über eine Situation nachzudenken. Sie können mit positiven Situationen auf die gleiche Weise umgehen. Sicher sind Sie schon einmal einem interessanten Menschen begegnet, mit dem Sie einen anregenden Nachmittag verbringen konnten, von dem Sie aber wussten, dass Sie ihn vermutlich nie wieder sehen würden. Sie könnten nun an dieses schöne Erlebnis zurückdenken und Ihren

Schutzengel fragen, warum Sie gerade diese Person kennen gelernt haben. Was konnten Sie an diesem Tag für sich lernen? Vielleicht erscheint die Antwort nicht sofort deutlich vor Ihnen, aber nach einiger Zeit wird Ihnen sicher vieles dazu einfallen.

Ich habe im Laufe der Jahre sehr viel durch meine Tarotklienten gelernt. Dazu gehört die Erkenntnis, dass jeder Mensch die Welt auf eine andere Weise wahrnimmt. Das betrifft auch Dinge, die ich in unserer Gesellschaft für allgemein gültig hielt und von denen ich dachte, dass sie für jeden Menschen die gleiche Bedeutung hätten. Das betrifft zum Beispiel die Vorstellung von Liebe. Für mich gehört zur Liebe Achtung, Zuwendung und Würde. Ich habe aber festgestellt, dass nicht alle Menschen Liebe auf diese Weise sehen. Viele meiner Klienten halten Liebe und Geld oder Liebe und Sex für eine unzertrennliche Einheit. Für andere wiederum bedeutet Liebe Sicherheit und Geborgenheit in ihrem Leben. Tatsächlich hat jeder Mensch unterschiedliche Kriterien, um Liebe zu definieren und wahrzunehmen, woher liebevolle Gefühle kommen und woran Liebe erkennbar ist.

Wenn Sie Magiearbeit betreiben, müssen Sie sich Ihrer eigenen Wahrnehmung bewusst sein. Was brauchen Sie, um sich geliebt und geborgen zu fühlen? Was bedeutet für Sie Geld, Erfolg oder Freundschaft? Was ist für Sie wichtiger, Qualität oder Quantität? Wenn Sie über diese Fragen nachgedacht haben, möchten Sie vielleicht Ihre Haltung gegenüber verschiedenen Dingen ändern. Möglicherweise haben Sie aber Blockaden aufgebaut, die verhindern, dass Sie das Bild als Ganzes wahrnehmen können. Unter Umständen sind Sie mit Ihren Überlegungen in eine Sackgasse geraten.

Bitten Sie Ihren Schutzengel, Ihnen bei der Überprüfung Ihrer Vorstellungen zu helfen. An welchen Bereichen müssen Sie arbeiten, um Harmonie in Ihrer Umgebung zu schaffen? Was können Sie verstärken? Wovon möchten Sie sich befreien? Haben Sie anderen Menschen die Möglichkeit eingeräumt, Ihre Wahrnehmung von sich selbst und Ihr Leben im Allgemeinen zu manipulieren? Ihr Schutzengel wird Ihnen helfen, wenn Sie Ihre Gedanken ordnen und entrümpeln, Sie müssen ihn nur darum bitten.

Keinem soll Schaden zugefügt werden

Die Engel sorgen dafür, dass Sie Ihren ethischen Prinzipien treu bleiben. Denn ihre Hilfe hat immer das Wohl aller Beteiligten im Auge, darin liegt der große Vorteil der Zauberarbeit mit den Engeln und der Verbindung zum Universum. Niemand von uns möchte mit seiner Magiearbeit einem anderen Schaden zufügen. Bedauerlicherweise geben manche Menschen die Magiearbeit auf, weil sie befürchten, dass sie damit unbeabsichtigt den Lauf der Dinge beeinflussen und vielleicht jemand schaden könnten, auch wenn sie nur Gutes tun wollten. Bei der Arbeit mit den Engeln ist diese Besorgnis etwas umstritten. Die Anfänger in der Magiekunst, die Gefahr laufen könnten, sich in die Angelegenheiten anderer Menschen einzumischen, können keinen Schaden anrichten, wenn sie nur den Engelszauber kennen. Wenn sie später bereit sind, auch in andere Bereiche vorzudringen, werden die Engel bei ihnen sein und sie führen. Wenn die Magiepraktikanten die nötigen Werte und Prinzipien, die für eine Ausweitung ihres Wissens notwendig sind, nicht beachten, werden die Engel letztendlich dafür sorgen, dass diese Aktivitäten ein Ende finden. Die betreffende Person wird sich dann anderen Dingen zuwenden, und so wird weder dem Lehrer noch dem Schüler aus dieser Erfahrung Schaden entstehen.

Ich habe im Laufe der letzten Jahre ein ganze Reihe von Menschen in der Magiearbeit unterrichtet und bin zu dem Schluss gekommen, dass jeder Aspirant zunächst den Engelszauber und die Begegnung mit dem Schutzengel kennen lernen sollte. Auf diese Weise kann man mit dem Schüler und dem Engel gleichzeitig arbeiten und für alle Beteiligten eine optimale Unterweisung sichern.

Dialog mit dem Schutzengel

Bei dieser Übung sollen Sie mit Ihrem Schutzengel ins Gespräch kommen. Sie brauchen dafür Papier, einen Stift (oder einen Computer) und etwa zehn Minuten Zeit.

Stellen Sie sich zwei Personen vor, einen Schutzengel und den Menschen, für den dieser Engel verantwortlich ist. Es muss sich bei dem Menschen nicht um Sie selbst handeln, wenn Sie das nicht möchten. Stellen Sie sich das ganze Bild wie eine Szene in einem Stück vor, Sie können Ihrer Phantasie völlig freien Lauf lassen.

Schließen Sie die Augen und atmen Sie mehrere Male tief ein und aus. Stellen Sie sich vor, dass die beiden Personen einander wie in einem Bühnenbild gegenübersitzen und sich zulächeln. Der Engel gibt dem Menschen die Hand und stellt sich vor.

Öffnen Sie die Augen und schreiben Sie den Dialog auf, der zwischen den beiden stattfindet. Sie müssen nicht genau festhalten, wer von beiden gerade spricht, denn das wissen Sie bereits. Später können Sie vor den Worten des Engels noch ein »E« und für Ihre eigenen Worte ein »M« (für Mensch) einsetzen. Schränken Sie Ihre Vorstellungskraft nicht ein, Sie können auch eigenartige Dinge aufschreiben, denn niemand außer Ihnen wird Ihre Aufzeichnungen später lesen.

Nach zehn Minuten legen Sie den Stift nieder und schließen die Augen. Entspannen Sie sich und atmen tief ein und aus. Danken Sie Ihrem Schutzengel für seine Hilfe bei dieser Übung.

Nach 24 Stunden lesen Sie den Dialog noch einmal durch. Fühlen Sie sich dadurch besser? Ist eine Botschaft für Sie darin enthalten?

Ich gebe hier den Dialog zwischen dem Engel Murphy und mir wieder:

MURPHY: Ich grüße dich, Sherman.
RAVENWOLF: Ich grüße dich auch.

MURPHY: Was kann ich heute für dich tun?
RAVENWOLF: Ich habe Schwierigkeiten mit meinem Manuskript. Es gibt so viel, was ich über Engel berichten könnte, aber ich komme einfach nicht weiter.
MURPHY: Es kommt ganz darauf an, wo du deinen Maßstab ansetzt.
RAVENWOLF: Ich weiß, was du meinst, aber ich möchte anderen Menschen helfen, ihr Leben positiver zu gestalten.
MURPHY: Du hast es bisher ganz gut gemacht. Deine anderen Bücher sind sehr beliebt und bei diesem wird es nicht anders sein.
RAVENWOLF *(jammernd)*: Ich brauche mehr Material.
MURPHY: Das ist kein Problem. Wir haben gerade zusammen das Engel-Brainstorming gemacht und es hat funktioniert.
RAVENWOLF: Ja, das stimmt, es hat funktioniert.
MURPHY: Ja, ich weiß. Wie wäre es mit einem Engelscheck?
RAVENWOLF: Was ist denn das?
MURPHY: Das ist ein Einfall von mir, der den Menschen zu Wohlstand in ihrem Leben verhelfen soll.
RAVENWOLF: Wie funktioniert das?
MURPHY: Es ist ganz einfach. Du zeichnest einen Scheck auf ein Blatt Papier, er muss groß genug sein, um etwas hineinzuschreiben. Es ist ein Scheck der Ersten Engelbank des Universums. Hast du verstanden?
RAVENWOLF: Ich glaube schon. Was macht man mit dem Scheck?
MURPHY: Man füllt ihn natürlich aus. Du kannst den Geldbetrag hineinschreiben, den du benötigst, aber auch Gesundheit, Frieden, Aufrichtigkeit usw., alles, was du dir wünschst. Die Erste Engelbank des Universums hat keine Beschränkungen und macht auch keine Unterschiede zwischen ihren Kunden. Wenn du modern sein willst, kannst du dir auch gleich eine Kreditkarte ausstellen.
RAVENWOLF: Das ist eine großartige Idee, das werde ich gleich ausprobieren. Vielen Dank, Murphy.
MURPHY *(lächelnd)*: Dafür sind wir Engel da.

Bevor Sie auf diese Erde kamen, standen Sie im Mittelpunkt der Aufmerksamkeit. Es wurde eine Beratung über Sie abgehalten. Ihr Schutzengel ist nicht zufällig gerade bei Ihnen, es wird sorgfältig ausgewählt, welcher Engel welchem Menschen zugeordnet wird. Dem Universum ist bekannt, dass Sie ein besonderer Mensch sind, denn Sie gehören zu der kleinen Gruppe von Männern und Frauen, die über den materiellen Bereich hinausgehen möchten und das Geschenk der Magie anwenden, um nach spirituellem Licht, Liebe und Fröhlichkeit auf dieser Erde zu streben. Für dieses anspruchsvolle Ziel ist auch der Beistand eines ganz besonderen Schutzengels erforderlich.

Ihr Engel hat sich in Ihrem Leben bereits in Träumen, Gefühlen, Zusammentreffen, Visionen und Impulsen bemerkbar gemacht.

Er versucht Sie an Ihre Aufgabe auf dieser Welt zu erinnern und er ist kein Produkt von Phantasie oder Aberglauben. Wenn Sie daran zweifeln, bitten Sie Ihren Schutzengel ganz präzise um etwas, was es Ihnen ermöglicht, an ihn zu glauben. Ich habe um »Glocken und Pfeifen« gebeten und genau das habe ich auch erhalten. Ein Schlag auf den Kopf hätte kein deutlicheres Zeichen sein können.

Vielleicht ist Ihnen nicht bekannt, dass Ihr Schutzengel im Lauf der Jahrhunderte von den Magiern des Westens als äußerst wichtige Energieform anerkannt wurde. Im Kontakt mit dem Schutzengel hielt man alles für möglich, denn er ist ein individueller Führer auf vielen Ebenen des Daseins. Ihr Schutzengel stellt zwar ein Verbindungsglied zum Göttlichen dar, aber er ist nicht Gott und er fungiert auch nicht als Vermittler in Ihrer unmittelbaren Kommunikation mit Gott oder der Göttin (wie zum Beispiel ein katholischer Priester im Beichtstuhl).

Wenn heute jemand Magiearbeit lehrt und behauptet, die Engel (insbesondere Ihr Schutzengel) würden zu einer bestimmten Religionsgemeinschaft oder Sekte gehören und für

Sie nur dann existieren, wenn Sie ein Mitglied dieser Gemeinschaft werden, erweist er Ihnen einen schlechten Dienst. Durch den Ausschluss der Engel sollen Sie damit in das engstirnige religiöse Schema anderer Menschen gepresst werden. Es spielt keine Rolle, was Ihnen irgendjemand erzählt, denn Sie werden Ihre eigenen einmaligen Erfahrungen machen, wenn Sie einmal mit Ihrem Schutzengel in einem Ritual zusammengearbeitet haben.

Wenn der Zugang zu dieser Energiequelle absichtlich verhindert wird, wird damit auch die Möglichkeit beschnitten, Neues zu erfahren und anderen Menschen zu helfen. Immer wenn ich magische Menschen treffe, die sich darüber entrüsten, dass ich an Engel glaube und mit ihnen zusammenarbeite, erkenne ich verwöhnte kleine Magier in ihnen, die bestimmte Grenzen nicht überschreiten möchten.

In diesem Fall muss ich mit Bedauern feststellen, dass diese Menschen niemals wirklich in der Lage sein können, sachkundige Magiearbeit zu praktizieren.

Zusammen mit Ihrem Schutzengel können Sie in Ihrer Magiearbeit überaus erfolgreich sein. Dinge, die Ihnen früher schwierig erschienen oder mehr als zwei Wochen Arbeit erforderten, gelingen jetzt sehr leicht. Ihr Schutzengel hilft Ihnen, Einsicht in jede Situation zu erhalten, daraus zu lernen und so Ihr Leben mit Harmonie zu bereichern. Mit seiner Unterstützung können Sie seelische und geistige Blockaden beseitigen, die Ihren Erfolg in der Vergangenheit behindert haben. Der Schutzengel ist sowohl Botschafter als auch Werkzeug des göttlichen Lichts.

Engel können nicht manipuliert werden. Sie folgen einer kosmischen Ordnung und halten sich an Regeln, die sich unserem Verständnis entziehen, gerade das macht sie zu Engeln. Sie können sie um Hilfe und Führung bitten und mit ihnen zusammenarbeiten, aber Sie können ihnen nicht vorschreiben, was sie wann und auf welche Weise zu tun haben, denn das liegt nicht im Bereich der Menschen. Geister können manipuliert werden, aber echte Engel nicht.

Falsche Engel

Beim Surfen im Internet habe ich eines Abends eine Meldung entdeckt, in der behauptet wird, es gäbe falsche Engel. Ich halte das für einen Widerspruch in sich, es erinnert mich an die Menschen, die Hexen als böse bezeichnen. Hexen als Günstlinge des Satans zu betrachten, kann ich nur für einen üblen Scherz halten, denn echte Hexen glauben nicht einmal an seine Existenz. Wahre Hexen verpflichten sich durch einen Eid, die Menschen zu schützen und ihnen zu dienen. Die Botschaft im Computer scheint mir ein ähnlicher Irrtum zu sein, denn ein echter Engel kann unmöglich falsch sein. So etwas gibt es einfach nicht.

Die Person im Computer berichtet von einem »Wesen«, das sie veranlasst hatte, Gift zu trinken. Nun frage ich Sie, welcher Engel, der ja ein Lichtwesen ist, sollte diesem armen Menschen aufgetragen haben, Gift zu trinken? Ein derartiger Vorgang ist völlig ausgeschlossen, kein echter Engel würde jemals auf den Gedanken kommen, so etwas zu tun. Im Anschluss an die Geschichte dieser Person folgten noch weitere Botschaften, die die Existenz falscher Engel bestätigten. Meine erste Reaktion darauf war die Frage, was wohl in den Köpfen dieser Leute herumspukte. Sicher keine Engel, so viel steht für mich fest.

Im Bereich von Spiritismus, New Age und Okkultismus gibt es viele Dilettanten. Die erwähnte Person und diejenigen, die ihre Aussage bestätigen, gehören zu dieser Kategorie. Denn sie haben sich nicht wirklich ernsthaft mit den Erkenntnissen über Engel beschäftigt, sondern einfach etwas Dummes getan (oder eine dumme Anweisung befolgt), weil sie sich selbst etwas zu diesem Thema ausgedacht haben. Wir alle müssen lernen, eigenverantwortlich zu handeln und nicht nach Ausflüchten zu suchen, die auf sehr wackeligen Beinen stehen.

Jeder weiß, dass es in dieser Welt auch Böses gibt, aber das Böse zeigt sich nicht durch die Engel.

Bei der Arbeit mit Ihrem Schutzengel müssen Sie aufhören, an Zufälle zu glauben. Meiner Ansicht nach gibt es tatsächlich keinen Zufall. So gut wie nichts geschieht ohne Grund, wir sind meist nur zu blockiert und verschlossen, um das zu erkennen. Um mit den Engeln arbeiten zu können, müssen Sie von Anfang an für alle Ebenen der Kommunikation offen sein. Engel können sich sehr subtil verhalten, vor allem dann, wenn wir ihnen nur wenig Aufmerksamkeit schenken.

Wenn Sie versucht haben, in Kontakt mit Ihrem Schutzengel zu treten, aber der sanften Stimme in Ihrem Inneren nicht vertrauen oder sicher sind, dass die Engel auf diesem Weg nicht zu Ihnen sprechen können, ist das in Ordnung. Sie können die Botschaften der Engel auch auf andere Weise empfangen.

Wenn wir etwas lesen, sind wir meist eher geneigt, es für wahr zu halten. Ich will damit nicht sagen, dass das immer ratsam ist, aber offensichtlich nehmen wir Informationen in Schriftform leichter auf, weil unser Gehirn ein Teil unseres Körpers ist. Gedruckte oder geschriebene Worte sind sozusagen etwas, das wir (be)greifen und sehen können. Medien wie Radio, Bücher, Fernsehen und Filme können wir sehen, hören und berühren. Wenn wir unsere Sinne gebrauchen können, wird uns durch unseren Verstand der Eindruck von Realität stärker vermittelt.

Es gibt verschiedene einfache Techniken, die magische Menschen seit langer Zeit anwenden, um sofort Antwort auf Fragen zu großen und kleinen Problemen zu erhalten. Alle diese Methoden sind sehr leicht durchzuführen und beginnen ungefähr mit den gleichen Worten:

Lieber Schutzengel,
lass das dritte Lied, das im Radio nach dem jetzigen kommt, eine Botschaft für mich in Bezug auf … (sagen Sie hier Ihr Anliegen oder Ihre Frage) *enthalten.*

Warten Sie, bis das Lied gespielt wird, ich bin sicher, dass darin eine Antwort für Sie enthalten sein wird. Die gleiche Methode kann man auch auf das Fernsehen anwenden:

Lieber Schutzengel,
ich brauche neue Ideen. Gib meiner Kreativität mit diesem Fernsehprogramm durch ein Wort, einen Satz oder vielleicht ein Bild einen neuen Impuls und wende mein Projekt dadurch in eine positive Richtung.

Bei einem Kinofilm können Sie sagen:

Lieber Schutzengel,
ich weiß nicht, welchen Film ich heute Abend anschauen soll. Führe mich zu dem Film, der mir die meisten Informationen oder den richtigen emotionalen Ansporn für meine Spiritualität gibt.

Vielleicht glaubt Ihr Schutzengel, dass Sie etwas Aufmunterung brauchen können, und führt Sie deshalb in die munterste Komödie, die Sie je gesehen haben.

Bei einem Buch, einer Zeitschrift oder Zeitung eignen sich folgende Worte:

Lieber Schutzengel,
ich habe die folgende Frage/das folgende Problem … (benennen Sie die Frage oder das Problem möglichst präzise). *Ich schlage jetzt dieses Buch an einer beliebigen Stelle auf. Bitte führe mich zu dem richtigen Satz, der mir weiterhilft.*

Wenn Sie etwas im Internet suchen, sagen Sie Folgendes:

Lieber Schutzengel,
ich brauche Informationen über … (sagen Sie genau, was Sie brauchen). *Bitte führe mich zu der richtigen Person oder in den richtigen Bereich im Internet, wo ich die Antwort finden kann.*

Wenn Sie für das Unbekannte offen sind, ermöglichen Sie damit Ihrem Geist, die Engelenergien aufzunehmen. Je aufnahmebereiter Sie sind, umso schneller erhalten Sie die nötigen Informationen, umso mehr entwickelt sich Ihre Spiritualität und umso stärker wird auch Ihr Glaube und Ihre Aufnahmebereitschaft für die Botschaften, die Sie empfangen. Die Engel schicken niemals negative Botschaften oder Gedanken, sonst wären Sie keine Engel.

Die Engel im Team

Wir dürfen davon ausgehen, dass uns mit zunehmender spiritueller Entwicklung auch mehr Engel zugeteilt werden, die unseren Schutzengel unterstützen. Sie bilden ein besonderes Team, das jedem Menschen gesandt wird, der über den alltäglichen Trott des Lebens hinausgehen möchte. Dieses Team besteht aus Mitgliedern der Neun Chöre (siehe Kapitel 2). Wenn Sie Engelszauber praktizieren, schalten sich diese Engel sofort ein, um Ihnen bei der Manifestierung von positiven Energien zu helfen, die die Möglichkeiten, die Sie ohne ihre Mitwirkung hätten, weit übersteigen. Manche, die an Engel glauben, denken zwar, dass nur eine Gruppe von mehreren Menschen diese verschiedenen Engelscharen ansprechen kann, aber ich bin anderer Ansicht. Die Engelarbeit in der Gruppe ist sicher ebenfalls von Vorteil für das menschliche Bewusstsein. Ich will die Kraft, die in gemeinsamen Gedanken liegt, gewiss nicht abstreiten. Zunächst müssen Sie aber lernen, alleine mit den Engeln zu arbeiten, um dadurch Zuversicht zu gewinnen. Sie müssen erst Ihr eigenes Leben in Ordnung bringen und empfänglicher für die Engelenergie werden, bevor Sie mit anderen Menschen zusammenarbeiten können. Sie werden spüren, wenn Sie dafür bereit sind.

Engel und das Problem mit der Steuererklärung

Mein Vater hat viele Jahre getreulich seine Arbeit verrichtet. Ein Jahr nach seiner Pensionierung geriet er in Schwierigkeiten, denn sein Steuerberater starb eine Woche vor dem

Abgabetermin der Steuererklärung. Mein Mann schlug einen anderen Steuerberater vor, aber er wusste nicht, ob dieser empfehlenswert war. Mein Vater ging also mit seinen Papieren dorthin, kehrte aber schon einige Stunden später äußerst aufgeregt zurück. Er hatte dort erfahren, dass er eine Nachzahlung von zweitausend Dollar leisten sollte. Ich hielt dies zwar für seltsam, aber ich wusste keinen Rat, denn in Steuerdingen weiß ich nicht Bescheid.

Ich unterbrach meinen hektischen Tagesablauf, schloss die Augen und bat meinen Schutzengel ruhig um Hilfe für meinen Vater. Ich hielt es nicht für fair, dass mein Vater mit einer Nachzahlung bestraft werden sollte, nachdem er endlich in seinen verdienten Ruhestand gegangen war. Als ich meine Augen wieder öffnete, läutete das Telefon. Eine Freundin, von der ich schon seit drei Monaten nichts mehr gehört hatte, rief an, um mich zu fragen, ob ich mit ihr essen gehen wollte. Ich fragte sie spontan nach einem zuverlässigen Steuerberater, der älteren Menschen bei der Steuererklärung helfen würde. Sie nannte mir sofort Namen und Telefonnummer eines angesehenen Beraters und bot mir sogar an, ihn für mich anzurufen und einen Termin für meinen Vater und auch für mich zu vereinbaren. Innerhalb von 24 Stunden wurde die Steuererklärung meines Vaters korrigiert, dadurch blieb ihm die hohe Nachzahlung erspart.

Außerdem fand der neue Steuerberater noch eine falsche Berechnung in der Erklärung, deren Korrektur sich für meinen Vater ebenfalls günstig auswirkte.

Als mein Vater zurückkam, strahlte er über das ganze Gesicht. Er erzählte mir, wie gut alles gelaufen war. Ich lächelte ihn an und sagte: »Das ist großartig!«

Er trat einen Schritt zurück und schaute mich etwas seltsam an. »Du hast schon die ganze Zeit gewusst, dass es gut ausgehen würde, nicht wahr? Ich glaube, meine Neuigkeiten überraschen dich gar nicht!«

Ich schaute ihn aufmerksam an und sagte: »Die Engel überraschen mich immer wieder.«

8. Engel und das Element Luft

Luft, Feuer, Wasser, Erde – die Elemente der Schöpfung sind wesentliche Bestandteile unserer Existenz. Unsere Energien vermischen sich täglich mit diesen heiligen Elementen, unabhängig davon, ob wir uns ihrer Präsenz bewusst sind oder nicht. Unsere Lungen brauchen Luft zum Atmen, unser Getreide braucht Wasser, um wachsen zu können. Wir verwenden Feuer für das Erhitzen von Wasser und für das Heizen unserer Häuser, wenn der Winter kommt. Das Wasser erhält nicht nur unseren Körper, sondern es versorgt auch Pflanzen und Tiere mit Nahrung.

Wir bauen unsere Häuser aus Erde und erfreuen uns an den Früchten, die sie hervorbringt. Es ist nicht erstaunlich, dass jedem Element besondere Engel zugeordnet sind, die dafür sorgen, dass die Ordnung der Welt durch die Struktur dieser Elemente aufrechterhalten wird.

Sie könnten sich fragen, ob diese Engel nicht zu sehr mit ihren elementaren Aufgaben beschäftigt sind, um noch an einer Zusammenarbeit mit uns Interesse zu haben? Dem ist durchaus nicht so, denn die Engel der Elemente wissen, wie wichtig die menschliche Interaktion und Magie für den Kosmos sind. Sie freuen sich, wenn wir uns für die Zauberarbeit entscheiden und sie um ihre Unterstützung bitten. Durch die Beschäftigung und die Arbeit mit Luft, Feuer, Wasser und Erde bringen wir auch unser eigenes Leben auf natürliche Weise in Harmonie und Balance.

Wir werden uns der materiellen Welt um uns herum und der Achtung, die sie erfordert, bewusst. Die Engel der Elemente warten nur darauf, dass wir uns ihre Geschenke nutzbar machen.

Bitte denken Sie bei der Arbeit mit diesen (und allen anderen) Engeln an folgende Prinzipien:

Die Engel werden von uns angerufen, nicht etwa einberufen oder abkommandiert.

Ihre Arbeit muss immer auf ein positives Ziel gerichtet sein, Engel unterstützen keine negativen Absichten.

Wenn Sie die Namen der Engel nicht verwenden wollen, können Sie sich stattdessen an die Energie wenden, die sie vertreten.

Arbeiten Sie immer mit Ihrem Schutzengel zusammen. Seien Sie in Ihrer Magiearbeit kreativ.

Erkennen Sie sowohl die Kraft der Elemente als auch die der Engel an.

Ich praktiziere gerne Magiearbeit mit dem Element Luft, denn obwohl man sie nicht sieht, weiß man doch, dass sie da ist. Sie ist der praktische Beweis für das Unsichtbare. Luft wurde im Laufe der Jahrhunderte immer wieder für magische Zwecke eingesetzt und sie kann für die Menschen ein Freund, aber auch ein Schrecken sein. Dieses Element ist kraftvoll, schnell, stark und unsichtbar, es bringt Dinge geschwind an einen anderen Ort, bläst Negatives fort und drängt uns dazu, alles aus einem neuen Blickwinkel zu sehen. Die Engel der Luft bewegen sich auf die gleiche Art. Sie sind starke, unwiderstehliche Geschöpfe, die durch den Atem des Göttlichen für Reinheit und Frieden sorgen.

Mithilfe der Luft und den dazugehörigen Engeln können Sie Ihre Magiearbeit sehr erfolgreich praktizieren.

Luft symbolisiert Verstand, Kommunikation, Wissen, Konzentration, die Fähigkeit, Mysterien zu kennen und zu begreifen, Bewegung (meist schnelle Bewegung), die Enthüllung von Geheimnissen, Telepathie, Erinnerung, Hypnose, verschiedene Bewusstseinszustände und Weisheit.

In der Magiearbeit ist regelmäßiges Atmen sehr wichtig. Die Botschaften der Engel können uns besser erreichen, wenn Körper und Geist entspannt sind, das wird durch langsame ruhige Atmung erreicht.

Tägliche Meditation kann viel dazu beitragen, denn die Fähigkeit, gut zu meditieren, schenkt uns Glück, Ausgewogenheit und Frieden.

Sie sollten für eine Luftmeditation etwa 15 Minuten lang ganz ungestört sein. Setzen oder legen Sie sich in eine bequeme Position, die Arme und Beine werden nicht gekreuzt, um den Energiefluss im Körper nicht zu unterbrechen.

Atmen Sie mindestens dreimal langsam tief ein und aus. Verwurzeln und zentrieren Sie sich. Schließen Sie die Augen und entspannen Sie sich, lassen Sie alles los.

Entspannen Sie sich. Stellen Sie sich vor, wie eine Sommerbrise an Ihrem Körper entlang vom Kopf bis zu den Zehen streicht. Lassen Sie zu, dass sie alle negativen Erlebnisse des heutigen Tages mit sich nimmt und Sie sicher und geborgen zurücklässt.

Visualisieren Sie, dass Sie in einer goldenen Lichtblase eingehüllt sind. Erlauben Sie sich, sich warm und geliebt zu fühlen. Bitten Sie Ihren Schutzengel um Hilfe bei dieser Meditation.

Stellen Sie sich verschiedene Dinge vor, die mit dem Element Luft zusammenhängen, wie zum Beispiel Federn, sich sanft wiegende Weidenbäume oder eine Sommerwiese, durch die der Wind streicht. Lassen Sie sich von diesem Element umgeben und fühlen Sie, wie sich der Frieden und die Harmonie des Universums ausdehnen und Sie umfangen.

Nun stellen Sie sich die Engel der Luft vor. Wenn Sie sie nicht sofort wahrnehmen können, sorgen Sie sich nicht, dass Sie etwas falsch machen. Jeder Mensch nimmt die Welt auf andere Weise wahr, deshalb ist das, was Sie sehen, genau das Richtige für Sie. Bitten Sie die Engel der Luft, ihre Geschenke in Ihr Leben zu bringen. Entspannen Sie sich noch weiter, gleiten Sie dahin, wenn Sie möchten. Wenn Sie bereit sind, aus Ihrem veränderten Zustand zurückzukehren, machen Sie drei tiefe Atemzüge und nehmen Glück und Energie in Ihren Körper auf. Öffnen Sie die Augen und sagen dann: »Ich bin hellwach und ganz munter.« Verwurzeln und zentrieren Sie sich. Halten Sie Ihr Erlebnis in Ihrem Engeltagebuch fest und wiederholen Sie die Meditation, so oft Sie möchten.

Zugehörige Bereiche zum Element Luft

Die Luftenergie ist naturgemäß vermittelnd. Nachfolgend finden Sie eine Auswahl von passenden Bereichen für die Arbeit mit dem Element Luft und den Engeln der Luft.

Astrologische Zeichen: Zwillinge, Waage, Wassermann
Düfte: stark duftende Blumen wie Rosen (vor allem in Weiß, Pink oder Gelb) und ätherische Öle (besonders Lavendel oder Maiglöckchen)
Farben: Gelb, Gold, die sanften Farben der Morgendämmerung
Kräuter: Fenchel, Hopfen, Majoran, Petersilie, Salbei, Minze, Dill, Basilikum, Oregano
Metalle: Zinn und Kupfer
Musikinstrumente: Blasinstrumente
Orte: erhöhte Bereiche wie Berge, Türme und Flugzeuge; Bibliotheken, Reisebüros, Praxen von Psychiatern, Psychologen, Hypnotherapeuten oder anderen geistigen Heilern (dazu gehören auch Treffen mit gleichgesinnten Menschen), Schulen, Strände
Rituale und Anliegen: geistige Heilung, Wahrsagen und esoterische Studien, Ergründung der inneren Wahrheit, Beseitigung von Negativität, Rückgabe von verlorenen oder gestohlenen Dingen an den Besitzer, Auffindung von vermissten oder entführten Personen, sichere Reisewege
Sinnesorgan: Gehör
Sportarten: Skifahren, Laufen, Bogenschießen, Drachenfliegen, Bungeejumping, Gleitschirmfliegen
Steine: Zitrin, grüner Achat, Rosenquarz, Quarz
Visualisierung: Federn, Rauch, Räucherwerk, schwebende Blätter
Magiebereiche: Wahrsagen, persönliche Weiterentwicklung, Geist, Wind
Zeit: Morgendämmerung

Engel der Ankündigungen: Sirushi (persisch)
Engel der Anmut: Ananchel
Engel des Donners: Ramiel, Uriel
Engel der Erfindungen: Liwet
Engel der Erinnerung und der Toleranz: Mupiel
Engel des freien Willens: Tabris
Engel des Gebets: Akatriel, Metatron, Raphael, Sandalphon, Michael
Engel der Geheimnisse und des verborgenen Wissens: Satarel
Engel des Himmels: Sahaqiel
Engel der Höhe: Barachiel, Gabriel, Gediel
Engel der intellektuellen Errungenschaft: Akriel
Engel der Kommunikation und des Schutzes: Ambriel
Engel der Luft (allgemein): Chasan, Casmaron, Cherub, Iahmel
Engel der Mäßigung: Baglis
Engel der Mittagswinde: Nariel
Engel der Morgendämmerung: Hlm hml
Engel der Nordwinde: Cahiroum
Engel der Orkane: Zamiel, Zaafiel
Engel der Philosophie und der Meditation: Iahhel
Engel der positiven Gedanken: Vohumanah
Engel der Reinheit: Tahariel (reinigt Gedanken und Umgebung)
Engel der schriftstellerischen Inspiration: Ecanus
Engel des Schutzes von Bibliotheken, Archiven und Lernstätten: Harahel
Engel der Stürme: Zakkiel, Zaamael
Engel der Tauben: Alphun
Engel der Träume: Gabriel
Engel der Vögel: Arael, Anpiel
Engel der Wahrheit: Armait (auch für Harmonie, Güte und Weisheit)
Engel der Wahrheitsuchenden: Haamiah
Engel der Weisheit, des Wissens und des Lernens: Dina
Engel der Winde: Moriel, Ruhiel, Rujiel, Ben Nez

Engel der Wirbelstürme: Rashiel, Zavael
Engel der Wolken: allgemeine Zugehörigkeit namenlos (sie wurden am ersten Tag der Schöpfung erschaffen)
Engel des Zwielichts: Aftiel

Symbol des Elements Luft

Engel der vier Winde

Die Engel der vier Winde sind Raphael (Osten), Michael (Süden), Gabriel (Westen) und Uriel/Ariel (Norden). Wir haben diese Engel schon detailliert besprochen (siehe Kapitel 2), jetzt möchten wir uns mit den Winden befassen und sehen, wie sie in die Magiearbeit integriert werden können.

Für die Anrufung der Engel der vier Winde sollten Sie sich genau in die entsprechende Himmelsrichtung wenden. Wenn Sie zum Beispiel den Ostwind anrufen, wenden Sie sich mit Gesicht und Körper dem Osten zu, breiten die Arme aus und sprechen laut und deutlich. Die Windengel mögen kein Gemurmel, sie zeigen Stärke und Willenskraft und möchten, dass Sie lernen, Ihren Platz zu behaupten und stolz auf sich zu sein.

Um die beste Zeit für die Arbeit mit diesen Engeln herauszufinden, könnten Sie sich einen Luftsack kaufen. Der Wetterdienst im Fernsehen ist zwar sehr zweckmäßig, wenn Sie aber in einem Tal oder in einer Senke wohnen, könnte die Windrichtung dadurch beeinflusst werden. Sie können Ihren Luftsack mit Engeln besticken, wenn Sie gut mit Nadel und Faden umgehen können. Beim Aufhängen des Luftsacks bitten Sie die Engel der vier Winde, Ihr Eigentum zu beschützen und Ihre Familie vor Schaden zu bewahren. Ihr Luftsack sollte von einem Ihrer Fenster aus zu sehen sein, damit Sie nicht immer nach draußen gehen müssen, wenn Sie mit den Engeln der vier Winde arbeiten möchten. (Es hängt natürlich auch von den Außentemperaturen ab, wie gerne man nach draußen geht.)

Wenn die Anschaffung eines Luftsacks zu teuer ist, binden Sie einfach ein Stück Stoff an eine Stange, die Sie von der Wohnung aus gut sehen können. Verwenden Sie dafür gelben oder weißen Stoff und besticken oder bemalen Sie ihn mit magischen Symbolen, die zu den Engeln der vier Winde passen.

Die Engel des Ostwinds

Wenn Sie an die Engel des Ostwinds denken, stellen Sie sich eine leichte Frühlingsbrise vor, die die eisige Herrschaft des Winters beendet. Das ist ein leicht duftender, warmer Windhauch, der in der Nase kitzelt, den Kreislauf wieder in Schwung bringt oder uns wie ein Kribbeln überläuft, wenn wir etwas Neues lernen oder ein Konzept richtig begreifen. Die Engel des Ostwinds bringen Versprechen, neue Projekte, aufregende Anfänge und die Hoffnung auf eine bessere Zukunft. Sie arbeiten besonders gerne mit Menschen, die große Ideen haben, die sie auch umsetzen möchten, und sie fungieren als Führer der Menschen, die das Universum bewegen und erschüttern. Wenn Sie ein humanitäres Projekt planen, bitten Sie die Engel des Ostwinds um Hilfe.

Diese Engel eignen sich besonders gut für den Einsatz von Massenkommunikationsmitteln auf der persönlichen Ebene. Sie sind die Engel der Freundschaft und leiten Ihre Botschaften an die ganze Familie weiter (unabhängig davon, ob es Ihre leibliche oder eine spirituelle Familie ist). Rufen Sie die Engel des Ostwinds, um vermisste Personen oder verloren gegangene Gegenstände wieder zu finden oder den inneren, wahren Kern einer Sache zu erforschen. Diese Engel geben uns auch intellektuelle Inspiration oder Aufschwung für eine Arbeit, bei der wir unseren Verstand einsetzen müssen. Die Engel des Ostwinds konzentrieren sich auf Expansion, sie lieben positive Affirmationen. Wenn Sie solche Affirmationen aufschreiben oder sprechen möchten, sollten Sie diese Engel bitten, Ihre Botschaft zu Gott zu bringen.

Bitten Sie die Luftengel bei jeder Art von Kommunikation um Hilfe, dazu gehören Telefonanrufe, Briefe, wichtige Dokumente und Verträge, Faxe, E-Mails, Fernsehen, Zeitungen und Zeitschriften und sogar das Internet. Diese Engel können besonders effektiv sein, wenn der Wind von Osten kommt.

Der Zauber des Sonnenaufgangs unterliegt der Obhut der Engel des Ostwinds. Sie können ein Engelritual für die Morgendämmerung entwerfen, das einen Reinigungsvorgang beinhaltet. Andere magische Bereiche, die zur Morgendämmerung gehören, sind zum Beispiel Studien und Forschungsarbeit, Arbeitsverhältnisse, Aufgabe von Suchtverhalten jeder Art, Reisen, Loslassen von Schuld und Neid, ein wacher Geist und geschäftlicher Erfolg.

Anrufung

Heil euch, ihr Engel des Ostwinds,
Ihr warmen Energien eines hoffnungsvollen Morgens,
Ihr Winde der Aktion und der Kommunikation,
Kommt in diesen heiligen Raum
Und schenkt meiner Magie eure Antriebskraft.

Die Engel des Südwinds

Denken Sie an den schweren Duft eines Sommertags, an leuchtende Nachmittage und an prachtvolle Sonnenuntergänge, wenn die Luft Sie sanft liebkost und die Nacht brennendes Verlangen entfacht. Denken Sie an würzige, schwere Lüfte und damit an die Engel des Südwinds – muskulöse, mitfühlende und kreative Wesen, die göttliche Bilder in die Seele brennen. Diese starken Engel lieben Entschlossenheit und den Weg der schöpferischen Kraft. Unter allen Engeln der vier Winde sind sie die fröhlichsten. Sie schätzen eine entspannte Umgebung, in der Raum für Scherze, Vergnügungen und Hobbys ist. Sie sind ohne Zweifel die Engel der wahren Freude.

Die Engel des Südwinds sind mit dem Feuer verbunden und erfreuen sich an Magiearbeit mit Kerzen, Feuerstellen, Laternen, Lagerfeuern und generell an Flammen. Naturgemäß können sie am besten bei Südwind tätig sein.

Künstler, Musiker, Tänzer und Kampfsportler sind die Lieblinge dieser Engel. Sie haben auch Freude an Kochkünsten, gleichgültig, ob es sich um Grillen im Freien oder um exquisite französische Küche handelt. Sie sind ganz eindeutig die Engel der Tatkraft, die uns bei Transformation, Erfolg, Verfeinerung und Reinigung unterstützen.

Der Zauber des Mittags unterliegt der Obhut der Engel des Südwinds. Diese wunderbare Zeit eignet sich gut für ein Ritual zur Erneuerung der Kraft. Andere günstige Bereiche für die Mittagszeit sind Schutz, Geld, Mut und Erfolg im Allgemeinen.

Anrufung

Heil euch, ihr Engel des Südwinds,
Ihr leidenschaftlichen Energien der Kreativität der Mittagszeit,
Ihr Winde des Lachens und des Mitgefühls,
Kommt in diesen heiligen Raum
Und schenkt meiner Arbeit euer Begehren.

Die Engel des Westwinds

Denken Sie an den scharfen Geruch der Herbstblätter und den Dunst des Sonnenuntergangs, der sich durch die Kühle der Dämmerung schleicht. Das ist die Zeit des zauberhaften Zwielichts, wenn ein klarer Luftzug durch die Wirbel der fallenden Blätter streift. Denken Sie an kühle, formgebende Energie, an Wesen, die wie Wellen ungeachtet aller Widerstände jede Situation durchdringen – das sind die Engel des Westwinds. Man findet sie dort, wo spirituelle Heilung und Wandlung der Seele erforderlich sind.

Die Engel des Westwinds sind mit dem Element des Wassers verbunden. Die Magiearbeit mit Intuition, Emotionen, Liebe, Spiritualität und Heilung unterliegt ihrem Verantwortungsbereich. Sie sind die Beschützer von Menschen, die andere pflegen, wie auch von Brautleuten und Seelenverwandten; sie nehmen Anteil am natürlichen Fluss des Lebens und am beständigen Strom der Harmonie. Naturgemäß unterstützt der Westwind die Magiearbeit mit dem Element Wasser. Die Engel des Westwinds lieben alle Arten von religiösen Ritualen und verleihen der Magiearbeit ihre sprühende Energie und ihre reinigenden Schwingungen.

Diese Engel sind die Hüter der Pforte des Todes, bei Beerdigungen spenden sie Lebenden und Verstorbenen Trost und Zuspruch. Rufen Sie diese Engel an, wenn Sie eine geliebte Person oder ein Tier verloren haben, das ihnen teuer war. Denn sie schenken Zuspruch und Heilung, während sich das geistige Wesen und der Mensch mit der Transformation des Todes auseinander setzen.

Der Zauber des Sonnenuntergangs ist die ideale Zeit, um Rituale zur persönlichen Transformation durchzuführen. Außerdem eignet sich diese Zeit für die Umwandlung von negativen Verhaltensmustern und Gewohnheiten, wie zum Beispiel Suchtverhalten, und für den Abbau von Übergewicht. Auch für innere Reisen auf der Suche nach Antworten auf wichtige Fragen und für Trauerarbeit ist der Sonnenuntergang die passende Zeit.

Anrufung

Heil euch, ihr Engel des Westwinds,
Ihr kühlen Energien des zauberhaften Zwielichts,
Ihr Winde der Heilung und der Transformation,
Kommt in diesen heiligen Raum
Und schenkt meinem Zauber euren sanften Fluss.

Die Engel des Nordwinds

Denken Sie an die gewaltigen Kräfte der Winterstürme und an die klirrende Kälte von glitzernden Eisbergen. Raue, beißende Windstöße voll frostiger, trockener Luft brausen bei Mitternacht durch einsame öde Täler – das sind die Engel des Nordwinds mit eisernen Muskeln und der Präsenz von übermächtigen Riesen.

Die Engel des Nordwinds sind auf positive Weise zerstörerisch, ihr Wind ist so streng und unerbittlich, dass er alle negativen Situationen mit sich fortreißt. Diese Engel merzen Wut und Ärger auf diesem Planeten mit Freuden aus, sie zerstören die Energien, die danach trachten, dem Universum Schaden zuzufügen. Die kühlen Engel des Nordwinds befassen sich mit Schutz und Ausgleich und finden keinen Gefallen an Fruchtbarkeits- und Wohlstandszauber, obwohl sie mit dem Element der Erde verbunden sind. Sie sind vor allem im Kampf anzutreffen, wenn wir darum ringen, das Richtige zu tun, oder uns gegen das Böse zur Wehr setzen müssen.

Sie geben Unterstützung bei Gerichtsverhandlungen und sind die Beschützer von Polizeibeamten und bewaffneten Wachmännern, diese Engel scherzen nicht, sie kämpfen unerbittlich gegen Ungerechtigkeit an. Mitternacht ist ihre Zeit.

Die Magiearbeit um Mitternacht eignet sich hervorragend für spiritistische und übersinnliche Rituale. Außerdem ist das der richtige Zeitpunkt für die Beschäftigung mit Träumen, Meditation, Schönheit, Reinigung, Freundschaft, Stabilität und Fruchtbarkeit in jeder Hinsicht.

Anrufung

Heil euch, ihr Engel des Nordwinds,
Ihr eisigen Energien des Schutzes um Mitternacht,
Ihr Winde des Ausgleichs und der Gerechtigkeit,
Kommt in diesen heiligen Raum
Und schenkt dieser Arbeit eure eiserne Stärke.

Schutzengel-Glocken

Ein schönes Ritual für die ganze Familie besteht darin, Schutzengel-Glocken vor das Haus zu hängen. Jedes Familienmitglied segnet eine wetterfeste Glocke, die zumindest ein ganzes Jahr überdauern sollte. Sie wählen einen Tag, der Ihnen dafür am günstigsten erscheint, das könnte zum Beispiel für alle die Wintersonnenwende oder Ostern sein. Auch die Geburtstage der einzelnen Familienmitglieder eignen sich dafür. Das sanfte Klingeln der Glocken begleitet Sie während des ganzen Jahres und erinnert Sie daran, dass Ihre Schutzengel immer in Ihrer Nähe sind.

Bringen Sie die Glocken zu Ihrem Engelaltar, dort werden sie gereinigt, geweiht und mit Energie aufgeladen, um echte Harmonie, Frieden und Gesundheit in Ihr Leben zu läuten. Bitten Sie auch Ihren Schutzengel um seinen Segen für die Glocken.

Dann hängen Sie die Glocken an einen Baum in Ihrem Garten oder auf Ihren Balkon oder Ihre Terrasse.

Verwurzeln und zentrieren Sie sich. Rufen Sie die Engel der vier Winde an und bitten auch sie um ihren Segen für die Glocken.

Zeremonie des Engellichts

Sie können diese Zeremonie zwar das ganze Jahr über durchführen, aber für Christen bietet sich besonders die Weihnachtszeit an, für Wiccaner eignet sich Lichtmess (2. Februar) oder Yule (am 21. Dezember). Die Anhänger des jüdischen Glaubens ziehen vielleicht das Hanukah-Fest als passenden Anlass vor. Wenn Sie die Zeremonie im Freien durchführen möchten, ist die Sommersonnenwende ein idealer Zeitpunkt.

Zubehör:
20 Papiertüten (zum Beispiel aus Butterbrotpapier)
20 Teelichter
Sand oder nicht brennbares Katzenstreu (mindestens eine Tasse pro Tüte)
Schere
Engelschablone (siehe Seite 195)

Zeichnen Sie anhand der Schablone einen Engel auf jede Papiertüte und schneiden Sie ihn aus. Schütten Sie eine Tasse Sand oder Katzenstreu auf den Boden jeder Tüte, dann wird je eine Kerze hineingestellt. Stellen Sie die Tüten mit den Kerzen so auf den Boden, dass sie eine Allee bilden, die zu Ihrem Altar führt. Jeweils zehn Kerzen befinden sich auf jeder Seite dieses Lichterwegs.

Die Zeremonie soll uns helfen, die Engel zu begleiten. Die Person, die die Zeremonie leitet, geht zuerst durch den Kerzenweg und entzündet dabei jede einzelne Kerze am Weg und dann auch die Kerzen am Altar. Wenn alle Kerzen brennen, spricht sie die folgenden Worte:

Schutzengel, nimm mich bei der Hand, ich bin bereit.
Die Engel der Luft erzeugen Worte und Gedanken
Und verbreiten den süßen Duft der Weisheit mit jeder Kerzenflamme.
Ich gehe mit dir auf diesem Weg des Lichts –
Heraus aus der Dunkelheit in den Glanz des Geistes.
Ich führe den Weg an.

Alle nachfolgenden Personen sagen:

Schutzengel, nimm mich bei der Hand, ich bin bereit.
Die Engel der Luft erzeugen Worte und Gedanken
Und verbreiten den süßen Duft der Weisheit mit jedem Schritt, den ich gehe.
Ich gehe mit dir auf diesem Weg des Lichts –
Heraus aus der Dunkelheit in den Glanz des Geistes.

Bleiben Sie bei jedem Kerzenpaar stehen und bitten dort um Beistand oder drücken Ihre Verehrung und Freude aus. Sie könnten zum Beispiel sagen: »Ich suche nach Weisheit« oder »Ich danke Gott für meine Gesundheit« usw. Sie müssen die Bitten oder die Worte der Verehrung nicht laut sprechen, nur Gott und die Engel müssen sie sicher hören. Wenn alle Teilnehmer der Zeremonie am Altar versammelt sind, sollte der

Engelschablone

Leiter eine Andacht sprechen und dann beiseite treten, um den anderen Platz zu machen.

Wenn alle fertig sind, geht der Leiter der Zeremonie den gleichen Weg zurück und löscht dabei alle Kerzen. Am Ende sagt er:

Schutzengel, ich danke dir, dass du mit mir gegangen bist.
Engel der Luft, bleibt, wenn es euch beliebt, und geht, wenn ihr müsst.
Möge ich stets mit euch auf dem Weg des Lichts gehen –
Heraus aus der Dunkelheit in den Glanz des Geistes.
Heil euch und lebt wohl.

Der Leiter der Zeremonie übergibt die Kerzen den anderen Teilnehmern, damit sie sie mit nach Hause nehmen und dort auf ihren Altar stellen können.

Engel-Traumkissen

Fällt es Ihnen schwer, sich an Ihre Träume zu erinnern? Nähen Sie ein kleines Kissen, indem Sie ein Stück Stoff an drei Seiten zusammennähen und mit Beifuß und Rosenblättern füllen. Dann schließen Sie auch die vierte Seite und bringen nach Wunsch noch ein Band an. Zeichnen Sie das Bannpentagramm auf Ihr Kissen, um es von allem Negativen zu befreien. Legen Sie das kleine Traumkissen unter Ihr normales Kopfkissen. Bevor Sie schlafen gehen, legen Sie einen Stift und einen Block (oder ein Tonbandgerät) an Ihrem Bett bereit. Sprechen Sie vor dem Einschlafen die folgenden Worte:

Engel der Träume, Engel der Luft,
Schönster und holder Engel Gabriel.
Ihr Engel, wacht freundlich und fürsorglich über mich,
Um meine Träume zu erfassen, sodass sie mir nahe sind.
Ich möchte mich an das erinnern, was am wichtigsten für mich ist.

Wenn Sie aufwachen, schreiben Sie sofort alles aus Ihrem Traum auf, an das Sie sich erinnern können. Machen Sie sich keine Sorgen, wenn Sie den Inhalt nicht gleich deuten können. Warten Sie einen oder zwei Tage, bevor Sie Ihre Notizen noch einmal durchgehen. Vielleicht ist etwas Zeit erforderlich, bis die Bedeutung des Traums in Ihr Bewusstsein dringen kann.

Engel und Internet

Sind Ihnen im Internet schon äußerst unangenehme Personen begegnet, die in einem Chatroom sehr störend wirken? Ich möchte Ihnen einen Spruch mitteilen, der mir eines Abends eingefallen ist und sich wunderbar für die positive Veränderung der Atmosphäre in einem Raum eignet:

Ich halte die Kraft in meiner Hand,
Ich erhebe meinen Arm und behaupte meinen Platz,
Schneller Wind, Luftstoß,
Ich schicke Harmonie,
Die Engel singen, ich wirble herum,
Ich werfe die Energie hoch und hinaus!

Ich habe es versucht und festgestellt, dass dieser Spruch besonders in Stresssituationen oder beim Umgang mit unangenehmen, gemeinen Menschen sehr wirksam ist und das Surfen im Internet erleichtert.

Engelbotschaften

Ich habe im Laufe der Jahre viele Engelbotschaften von freundlichen und offenherzigen Menschen erhalten, die meine Bücher gelesen haben. Diese Geschenke und Briefe kommen immer dann, wenn ich sie am wenigsten erwarte – erst recht von Menschen, die ich nicht einmal kenne, und wenn ich mich gerade an einem Tiefpunkt befinde. Ich bin sehr dankbar für diese freundlichen Gesten, die ich aufs Geratewohl erhalte. Warum schicken Sie nicht auch einem Freund oder Bekannten, der sich gerade nicht sehr wohl fühlt oder dem etwas Unangenehmes zugestoßen ist, eine Engelbotschaft? Sie müssen dafür keine langen Briefe schreiben, ein kleiner Vers wie der folgende genügt:

Diese kleine Botschaft soll dir sagen,
Dass ich deine Arbeit und dein freundliches Wesen schätze.
Geh hinaus, atme tief ein und aus
Und bete darum, dass du alles bekommst, was du brauchst.
Ich weiß, dass die Engel dich hören werden.
Denn ich habe sie darum gebeten.
Möge dein Weg voller Licht und Liebe sein
Und dein Geist dich den ganzen Tag begleiten.
All deine Sorgen mögen mit einem Flügelschlag und einem Gebet verschwinden
Und alle deine Tage mögen hell und freundlich für dich sein.

Sie können stattdessen auch ein kleines Gedicht oder einen Vers schicken und der betreffenden Person damit zeigen, dass sie Ihnen wichtig ist. Ich halte speziell für solche Nachrichten Papier und Briefmarken bereit, um den Menschen eine Freude zu machen, von denen ich glaube, dass sie es nötig haben. Es kostet nicht viel und trägt zu Harmonie und Aufmunterung bei.

9. Engel und das Element Feuer

Das Feuer – es schmeichelt uns mit seiner einladenden Wärme, aber es zeigt auch seine gefährlichen Krallen, wenn wir uns zu nahe heranwagen. Es ist ein Element des Behagens ebenso wie des Chaos, es verzehrt die Luft, die wir atmen, und nimmt alles mit sich, was sich ihm in den Weg stellt.

Feuer ist das heilige Element der Tempel und der Salons, es muss unter Kontrolle gehalten werden, um in Harmonie mit den Menschen existieren zu können. In der Magie aber erleben wir es in seiner ganzen Wildheit, es trägt mit dem sanften Flackern einer magischen Kerze bis zur Gewalt eines Vulkanausbruchs zu einem positiven Ergebnis unserer Arbeit bei. Die Engel des Feuers treten wie das Element selbst in impulsiver und heftiger Form auf. Sie sind tapfer und unerschrocken und erfreuen sich an allem, was stark und aufregend ist.

Die Engel des Feuers unterstützen die leidenschaftliche Begeisterungsfähigkeit und Kreativität der Menschen. Das Element Feuer symbolisiert Reinigung, Mut, den Willen zum Erfolg, das höhere Selbst, Verfeinerung, Kunst und Transformation. Es offenbart sich im wohltuenden Sonnenlicht eines milden Sommernachmittags ebenso wie in der versengenden Glut der unbewohnbaren Wüste. Feuer bedeutet Leidenschaft, und genauso sind auch seine Engel.

Engel und Kreativität

Der starke Wunsch nach Veränderung ist die erste Voraussetzung dafür, dass sich unser Leben wirklich ändern kann. Sie müssen sich die Dinge nicht nur anders wünschen, sondern ein so starkes und tiefes Begehren nach einer Veränderung verspüren, dass es kaum noch zu ertragen ist. Sie müssen Ihr Bewusstsein aktivieren und ganz deutlich machen, dass Sie diese Veränderung realisieren werden, auch wenn noch so viele unbewusste Blockaden errichtet wurden, die sich in den Weg stellen. Die erbetene Hilfe der Engel gibt Ihnen Unterstützung, aber Sie müssen auch Ihren Beitrag dazu leisten, denn leider treten Veränderungen nicht allein schon dadurch ein, dass sie herbeigesehnt werden.

Je intensiver wir Kreativität oder ein anderes Ziel ansteuern, umso schneller entzieht sich uns auch dieses Ziel. Um den stetigen Fluss der schöpferischen Kraft beizubehalten, müssen wir unseren Blickwinkel immer wieder verändern, denn vollkommene Harmonie trägt nicht zu einer Weiterentwicklung der Kreativität bei. Wir brauchen das Chaos im Leben, um so lange zu »schmoren«, bis sich aus der ganzen Verwirrung und all den verschwommenen Konzepten ein Gedanke herauskristallisiert, der sich schließlich in eine glänzende Idee verwandelt. Das Wichtigste in diesem Prozess ist jedoch die Fähigkeit, sich zu entspannen und Geduld zu üben – zwei Dinge, die nicht immer im Gleichklang miteinander sind. Es ist schwer, kreativ, geduldig und entspannt zu sein, wenn unsere Umgebung diesen kreativen Prozess nicht verstehen kann und versucht, unsere schöpferische Kraft durch Termine, nutzlose Regeln oder überhebliche Arroganz zu kontrollieren und zu definieren.

Wenn ich an einem Buch schreibe und einen Punkt erreiche, an dem ich nicht weiterkomme (leider fließen meine Gedanken nicht automatisch aus meinem Gehirn in den Computer), unterbreche ich meine Arbeit und gehe in mein Zimmer. Der übliche Kommentar meines Mannes lautet dann immer: »Soll ich dafür sorgen, dass du schlafen kannst?«

»Nein, ich ruhe mich nur ein wenig aus.« Ich entspanne mich und führe in Gedanken das kleine Bannritual und die Altarandacht durch. Dann lasse ich alle Gedanken los und befreie meinen Körper von Stress. Zwei Abwehrmechanismen schützen mich dabei vor Störungen. Einen davon übernimmt mein Mann, indem er versucht, die Kinder davon abzuhalten, in mein Zimmer zu kommen. Falls das misslingt, erledigt mein Hund (es ist ein riesiger Hirtenhund) den zweiten Teil der Abwehr.

Wenn alles ruhig ist, halte ich entweder eine Art von Traumzwiesprache mit meinem Schutzengel oder ich atme tief ein und aus, schließe die Augen und gehe in das Gefühl von Sicherheit und Geborgenheit. Auf diese Weise kann ich mich vor Einbrüchen meiner Kreativität durch ängstliche Vorstellungen (»Ich bringe es nicht fertig«, »Was ist, wenn ich es nicht schaffe?«) oder Selbstkritik (»Wem kann ich schon etwas vormachen? Ich kann es einfach nicht«, »Meine Arbeit ist lange nicht so gut wie die von XY«) oder durch Kritik von anderen (»Wofür machst du das eigentlich? Du kannst es sowieso nicht«, »Vergeude deine Zeit nicht damit«) befreien. Außerdem wird es mir dadurch möglich, die starre Fixierung auf ein Thema, die nur zu Frustration führt, zu durchbrechen. Wenn ich diese Barriere überwunden habe, setzt der kreative Aufschwung wieder ein.

Wenn ich zum Beispiel die frustrierenden Formalitäten eines Kapitels (unabhängig davon, ob sie nun tatsächlich vorhanden oder nur angenommen sind) hinter mir gelassen habe, kann ich vollkommen in den Fluss der Kreativität eintauchen. Ich vergesse die Zeit und meine Umgebung und sogar meine körperlichen Bedürfnisse. Kein Telefonanruf und nicht einmal der Gang zur Toilette dürfen mich dabei unterbrechen.

Wir müssen aber die Tatsache akzeptieren, dass Kreativität auch unproduktive Perioden erfordert. In dieser Zeit kann man sich anderen Dingen zuwenden, wie zum Beispiel Putzen, Einkaufen, Rasenmähen, Ölwechseln usw. Manchmal mache ich eine Pause, lese eine Zeitschrift, schaue mir einen Film an, gehe spazieren oder unterhalte mich mit einem Freund, um auf andere Gedanken zu kommen. Ich verrichte auch kleine Arbeiten im Haus, wie zum Beispiel Tapezieren (ich habe acht Monate gebraucht, um mein Esszimmer neu zu streichen), aber ich widme mich diesen Arbeiten immer nur für kurze Zeit. An einem Tag wird das Fenster abgeschmirgelt, am nächsten Tag lackiert, nach einer Woche zum zweiten Mal lackiert usw. Das ermöglicht mir eine entspannende Unterbrechung der Schreibtischarbeit und bringt mich auf andere Gedanken.

Die Engel des Feuers sind uns in unserer schöpferischen Entwicklung gerne behilflich und unterstützen uns, wenn unsere Kreativität durch Ängste, Frustration, Selbstkritik und die Missbilligung anderer behindert wird. Diese Engel lieben Fröhlichkeit und Spiele, vielleicht zeigt sich ihre Hilfe auf überraschende Weise, wie zum Beispiel durch eine Einladung zum Schwimmen oder durch die Möglichkeit, eine Kinovorstellung zu sehen, die angeblich schon ausverkauft war. Ich habe hier das Beispiel des Schreibens verwendet, weil das mein Tätigkeitsbereich ist. Für Sie ist es vielleicht Malen, Tanzen, an einer Skulptur zu arbeiten oder Computer-Software zu schreiben. Kreativität kann sich in jedem Aspekt unseres Lebens zeigen, wir müssen uns ihr nur öffnen.

Visualisierung der Engel des Feuers

Verwurzeln und zentrieren Sie sich. Schließen Sie die Augen und atmen Sie dreimal tief ein und aus. Wenn Sie unruhig sind, führen Sie die tiefe Atmung länger durch. Entspannen Sie sich. Ihre Arbeit und Ihr Erfolg sind nicht in Gefahr, wenn Sie sich ein wenig Zeit nehmen, um in der Entwicklung Ihrer Kreativität sicherer zu werden.

Stellen Sie sich vor, dass Sie sich auf einer weiten Sommerwiese in der Mittagssonne befinden. Ein Engel mit schillernden Flügeln erscheint vor Ihnen und bietet Ihnen an, Sie an den Ort der unbegrenzten Ideen zu bringen. Zuvor stellt er jedoch eine Bedingung: Sie müssen ein Loch graben, in das Sie all Ihre Zweifel, Ängste und Missbilligung versenken. Sie stimmen zu und führen aus, was der Engel Ihnen gesagt hat.

Plötzlich fängt die Erde an zu beben und aus all den vergrabenen negativen Gefühlen erwächst ein goldener Baum des Wissens. Der Engel klopft Ihnen auf den Rücken und sagt, dass der Baum schon bald für einen anderen Reisenden von Nutzen sein wird. Dann nimmt Sie der Engel bei der Hand und Sie erheben sich mit ihm in den blauen Himmel hinauf. Die Luft umfängt Sie wie sanfte Wellen. So ist es, wenn man frei ist.

Bald ist es Zeit, wieder zu landen. Der Engel steuert auf eine Lichtung in einem Wald von überragender Schönheit zu. In der Mitte der Lichtung befindet sich ein leuchtendes Feuer. Der Engel weist Sie an, sich am Feuer zu entspannen, und verspricht Ihnen, dass Sie die Bilder und Ideen, nach denen Sie suchen, in den tanzenden Flammen entdecken werden. Entspannen Sie sich und schauen Sie in die Flammen. Setzen Sie sich nicht unter Druck, lassen Sie die Bilder vor Ihrem inneren Auge von selbst entstehen.

Wenn Sie fertig sind, erlauben Sie dem Engel, Sie wieder bei der Hand zu nehmen und mit Ihnen zurück auf die Sommerwiese zu fliegen. Entspannen Sie sich unter dem goldenen Baum des Wissens. Wenn Sie bereit sind, in Ihren Wachzustand zurückzukehren, zählen Sie von eins bis fünf und öffnen dann die Augen.

Halten Sie Ihre Erlebnisse in Ihrem Engeltagebuch oder auf einer Karteikarte fest. Wenn Sie einen guten Einfall haben, sollten Sie ihn in die Tat umsetzen. Wenn das aber nicht sofort der Fall ist, ist das auch kein Grund zur Sorge. Behalten Sie die Karteikarte einige Tage bei sich und schauen Sie gelegentlich darauf.

Je öfter Sie diese Meditation durchführen, umso besser kann Ihre Kreativität fließen. Sie müssen daran glauben, dass die Engel Ihnen helfen werden, und darauf vertrauen, dass gute Ideen in einem Entwicklungsprozess entstehen. Die meisten guten Einfälle brauchen Zeit, um vom Unterbewusstsein in das Bewusstsein zu dringen. Wenn Ihnen die Notizen auf Ihrer Karteikarte nicht weiterhelfen, legen Sie die Karte in eine Schachtel und schauen erst nach etwa einem Monat wieder darauf. Vielleicht werden Sie von dem, was Sie geschrieben haben, angenehm überrascht sein. Manchmal kamen mir Ideen, die nicht zu meiner gegenwärtigen Arbeit passten, sich aber einige Monate später genau in ein anderes Projekt fügten.

Zugehörige Bereiche zum Element Feuer

Die Feuerenergie ist von ihrer Natur her vermittelnd. Nachfolgend finden Sie eine Auswahl von passenden Bereichen für die Arbeit mit dem Element Feuer und den Engeln des Feuers.

Astrologische Zeichen: Widder, Löwe, Schütze
Düfte: stark stimulierende Düfte wie Bougainvillea, Zitrusfrüchte, Flieder, Patchouli, Nelken, Weihrauch und Muskat
Farben: Rot, Orange, Sienabraun
Kräuter und Blumen: Sonnenblumen, Ringelblume, Drachenblut, Cayennepfeffer, Knoblauch, Zwiebel, Raute, Lorbeer, Geißklee
Metalle: Gold und Messing
Musikinstrumente: Streichinstrumente
Orte: Wüsten, Vulkane, Öfen, Feuerstellen, Sportplätze, heiße Quellen, Saunas, Strände, Arenas, Schönheitssalons, Tanzstudios, Kinosäle, Theaterbühnen, Schlafzimmer
Rituale und Anliegen: Kreativität, sexuelle Leidenschaft, Mut, Stärke, Energie, Autorität, Bannrituale, Schwingung, Bekämpfung von Krebs
Sinnesorgan: Sehkraft
Sportarten: Jagd, Scharfschießen, Football, Fußball, Triathlon, Boxen, Kickboxen, Kampfsportarten
Steine: roter Jaspis, Blutstein
Visualisierung: alle Arten von Flammen, heiße Gegenstände, Sterne, Kometen
Zauberbereich: Schutz, Entwicklung der Kreativität, Kerzen, Sturm, Sterne
Zeit: Mittag

Engel des Feuers

Engel des brennenden Busches: Zagzagel
Engel des Erfolgs und des Glücks: Barakiel
Engel des Feuers: Nathaniel (Nathanel), Arel, Atuniel, Jeohoel, Ardarel, Gabriel, Seraph

Engel der Flammen: El Auria; ein Name, der Ouriel (Uriel) entspricht
Engel des guten Zwecks: Nemamiah (Kriegerengel)
Engel der Inspiration in Kunst und Schönheit: Hael
Engel der Kometen: Zikiel oder Ziquiel, Akhibel
Engel der Konstellationen: Kakabel (Kochbiel), Rahtiel
Engel der Kreativität und der lebendigen Vorstellungen: Samandriel
Engel des Lichts: Isaac, Gabriel, Jesus, Mihr (parsische Religion), Parvagigar (arabisch)
Engel des Lichts (allgemein): Raphael als Herrscher der Sonne, Uriel, Shamshiel
Engel der Liebe, der Leidenschaft, der Romantik und der Seelenpartner: Anael
Engel der Lieder: Uriel, Radueriel, Israfel, Shemiel, Metatron
Engel des Nordsterns: Abathur, Muzania, Arhum Hii und die vier Engel der mandeanischen Überlieferung
Engel der Sonnenscheibe: Chur (altpersisch), Galgaliel
Engel der Sonnenstrahlen: Schachlil
Engel der Sterne: Kakabel, Kohabiel
Engel des Sterns der Liebe: Anael
Engel des Tageslichts: Shamshiel

Symbol des Elements Feuer

Kerzenmagie

Eine der bekanntesten Arten von einfacher Magie ist die Kerzenmagie. Kerzen sind romantisch, nicht bedrohlich, tröstend und farbenprächtig. Sie sind einfach zu handhaben und ziehen nicht allzu viel Aufmerksamkeit auf sich. Niemand kommt auf seltsame Gedanken, wenn Sie gerne Kerzen anzünden. Denn schließlich tragen sie in jedem Haus zu einer angenehmen Atmosphäre bei und vermitteln ein Gefühl von Geborgenheit.

Die Kerzenmagie ist sehr einfach. Kerzen nehmen Ihre persönliche Kraft schnell auf und sie geben auch Energie ab, ohne dass sie viel Aufmerksamkeit erfordern. Sie sind in vielen verschiedenen Farben erhältlich, die gut auf die Magiearbeit abgestimmt werden können, und sie erinnern uns immer daran, dass wir zur Verbesserung unseres Lebens beitragen wollen. Wir möchten in unserem Bewusstsein die Vorstellung verankern, dass wir wirklich etwas in unserem Leben verändern möchten. Kerzen signalisieren den Engeln außerdem, dass wir für die Arbeit bereit sind. Engel lieben die Kerzenmagie.

Eine nicht angezündete Kerze repräsentiert das Element der Erde, wenn aber die Flamme den Docht berührt, wird sie zu einem Ausdrucksmittel der vier Elemente. Der aufsteigende Rauch der Flamme ist mit der Luft verbunden, das schmelzende Wachs entspricht dem Wasser, die tanzende Flamme dem Element Feuer und die Kerze selbst symbolisiert die Erde. In der Geschichte gab es Zeiten, in denen brennende Kerzen als inakzeptabel und böse betrachtet wurden, aber Kerzen wurden auch jahrhundertelang allgemein als Teil religiöser Rituale und Verehrung angesehen. Sie sollten sich deshalb nicht scheuen, mit ihnen zu arbeiten.

Wenn man »für jemand eine Kerze anzündet«, erweist man der betreffenden Person oder ihren Bedürfnissen seinen Respekt und drückt damit den Wunsch aus, dieser Person helfen zu wollen. Diese Handlung ist eine aktive Reaktion auf die Bedürfnisse eines anderen Menschen und gilt außerdem als Zeichen der Treue, mit dem die Achtung sich selbst und seinem Glauben gegenüber ausgedrückt wird.

Im Grunde genommen sind dies sehr wichtige Aspekte. Der einfache Vorgang des Anzündens einer Kerze hat mehr positives Gewicht, als viele Menschen glauben. Da normalerweise niemand von Ihren Aktivitäten weiß (es sei denn, Sie erzählen es herum), kann sich auch niemand darüber lustig machen.

Es ist sehr einfach, mit Kerzen zu arbeiten, denn sie sind schnell vorbereitet und mit Energie gefüllt. Die Vorbereitung besteht darin, die Kerzen mit Duftöl oder heiligem Wasser einzureiben. Zu Beginn bitten Sie Ihren Schutzengel um Hilfe. Drücken Sie Ihr Anliegen so klar wie möglich aus, um die Kommunikation einfacher zu machen. Wir Menschen haben die schlechte Angewohnheit, nicht deutlich zu sagen, was wir wirklich meinen; schlimmer noch, oft sind wir uns gar nicht darüber im Klaren, was wir wirklich möchten. Unsere Schutzengel verfügen zwar über den nötigen Spürsinn, um herauszufinden, was uns beschäftigt, aber wir müssen ehrlich zu uns selbst sein, um uns genauer auf unsere Ziele konzentrieren zu können. Wahrhaftigkeit in allen Dingen ist immer die beste Strategie.

Reiben Sie das Öl von der Spitze der Kerze nach unten bis zur Mitte und dann vom Ende der Kerze wieder nach oben bis zur Mitte, um Dinge anzuziehen. Um dagegen etwas von sich zu entfernen, gehen Sie in umgekehrter Weise vor, das heißt, Sie reiben das Öl von der Mitte der Kerze aus nach oben und dann wieder von der Mitte aus nach unten ein. Wenn die Kerze in einem Glasgefäß ist, verwenden Sie statt des Öls heiliges Wasser, das Sie von außen auf das Glas auftragen und trocknen lassen. Sie können auch mit etwas Öl das Zeichen des Bannpentagramms über die Kerze machen oder es mit heiligem Wasser auf die Unterseite des Glases zeichnen.

Halten Sie die Kerze fest in einer Hand oder in beiden Händen und lassen Sie Ihre Energie um die Kerze zirkulieren. Stellen Sie sich dabei vor, dass Ihr Schutzengel die Kerze mit Ihnen zusammen hält. Denken Sie an Ihr Anliegen und erfüllen Sie die Kerze damit. Manche Menschen halten die Kerze dabei am liebsten ganz nahe am Körper, andere lassen einfach ihre Gedanken in die Kerze einströmen. Sie können selbst herausfinden, welche Form Ihnen am meisten zusagt.

Kerzen- und Siegelmagie passen sehr gut zueinander. Ritzen Sie Ihr Lieblingssymbol in die Kerze ein, bevor Sie sie anzünden. Sie können dafür Ihr persönliches Siegel oder das

Ihres Schutzengels oder des Engels der Elemente verwenden. Auch ein astrologisches Symbol oder ein anderes Zeichen, das Ihnen gefällt, eignet sich dafür (siehe auch Kapitel 14, Siegel und Symbole).

Sie können alle Arten von Kerzenständern verwenden, ich persönlich ziehe Messing vor. Hölzerne Kerzenständer entzünden sich leicht und Glasbehälter können zerspringen, deshalb stellen beide ein Sicherheitsrisiko dar. Ein guter alter Messingkerzenständer auf einer Metallunterlage bietet die größte Sicherheit, dennoch sollten Sie immer in Reichweite einer brennenden Kerze sein.

Entzünden Sie die Kerze möglichst nicht mit einem Zündholz, denn die Engel haben eine Abneigung gegen Schwefel. Verwenden Sie stattdessen ein Feuerzeug. Konzentrieren Sie sich auf Ihre Bitte, Sie können sie laut aussprechen (und positiv formulieren) und dann die Flamme des Feuerzeugs langsam dem Docht nähern.

Auch das Löschen der Kerzen erfordert Umsicht. Der Überlieferung nach sollte eine Kerze nicht ausgeblasen werden, denn dadurch wird das göttliche Licht durch den eigenen Atem gelöscht (man spuckt sozusagen in das göttliehe Antlitz). Viele magische Menschen ziehen daher Kerzenlöscher vor, sie sind nicht teuer und in vielen verschiedenen Formen erhältlich. Wenn Sie die Flamme mit den Fingern ausdrücken oder einen Kerzenlöscher verwunden, besiegeln Sie damit die Kraft Ihrer Absicht und erweisen gleichzeitig dem Göttlichen die Ehre. Es gibt auch eine andere Theorie, die besagt, dass mit dem Ausblasen der Flamme auch die Wirkung der damit verbundenen Magiearbeit unweigerlich zerstreut wird.

Beschränken Sie sich auf ein Anliegen pro Kerze, denn durch eine Vielzahl von Situationen wird die Aufmerksamkeit von einem bestimmten Ziel abgelenkt und die Magiearbeit dadurch abgeschwächt. Ich entzünde immer eine Kerze zu Ehren meines Schutzengels, wenn ich andere Arten der Kerzenmagie betreibe. Kerzen, die nur der Ehrung des Schutzengels dienen, können immer wieder neu angezündet werden. Andere Kerzen, die für einen bestimmten Zweck entzündet wurden, sollten Sie am besten vollständig abbrennen lassen. Wenn Sie nicht allzu viel Zeit haben, verwenden Sie deshalb lieber eine kleine Kerze, die schneller abbrennt, denn die Größe der Kerze hat keinen Einfluss auf die Qualität der Magiearbeit. Im Notfall ist auch eine kleine Geburtstagskerze geeignet.

Auch die Zahl der verwendeten Kerzen hat in der Magiearbeit keine sehr große Bedeutung. Ich weiß, dass gewisse Magievorgänge verschiedenfarbige Kerzen erfordern, die in einer Sitzung angezündet werden müssen, aber für einfache Anwendungen ist dies meist nicht notwendig. Bei größeren Ritualen können mehrere Kerzen wirkungsvoll verwendet werden, für einfache Zeichen der Ehrerbietung oder für eine bestimmte Bitte ist dagegen eine Kerze ausreichend. Sie müssen also nicht den ganzen Raum mit Kerzen erleuchten und damit ein unnötiges Brandrisiko eingehen.

Wenn Sie eine Kerze nicht in der gewünschten Farbe finden, können Sie stattdessen immer weiße Kerzen verwenden. Die Farbe Weiß ist für jede Art des Zaubers geeignet, denn sie verkörpert Gott und Reinheit.

Briefe an die Engel

Dieser einfache Zauber kann sich sehr entscheidend auf Ihr Leben auswirken. Schreiben Sie einen Brief an einen Engel Ihrer Wahl, in dem Sie Ihr Anliegen ausdrücken. Dann verbrennen Sie den Brief und bitten die Engel des Feuers, Ihre Botschaft an den entsprechenden Engel weiterzugeben. Diese Methode eignet sich auch für die Kommunikation mit Menschen. Vielleicht haben Sie den aufrichtigen Wunsch, von einem bestimmten Menschen zu hören, aber Ihnen fehlt der Mut, ihn anzurufen. Schreiben Sie dieser Person einen Brief, der positiv formuliert ist, und bitten Sie Ihren Schutzengel, mit dem Schutzengel des Adressaten Kontakt aufzunehmen und Ihr Anliegen weiterzugeben. Sie sollten dabei auch anzeigen, dass für den Fall, dass im Rahmen Ihres spirituellen Wegs der richtige Zeitpunkt für eine Kommunikation mit diesem Menschen noch nicht gekommen ist, Ihre Botschaft erst dann weitergegeben werden kann, wenn es so weit ist. Sie sollten sich immer über Ihre Motive und die Auswirkung Ihres Handelns auf andere im Klaren sein. Wenn Sie aus Rachegelüsten heraus an einen anderen Menschen herantreten möchten, wird der Engelszauber für Sie nicht wirksam sein.

Engel und Befreiung

Wir alle erleben immer wieder Situationen, in denen wir uns völlig erschöpft und ausgelaugt fühlen und neue Kraft schöpfen müssen. Wenn Sie sich beim nächsten Mal in dieser Lage befinden und das Gefühl haben, nichts mehr leisten zu können, können Sie an Ihrem Altar die folgenden Worte sprechen:

Ich nehme die Kraft in meine Hände
Aus der Luft, aus dem Feuer, aus dem Wasser, aus der Erde.
Die Kraft der Engel und des Göttlichen
Lässt die Energie in mir in Bewegung kommen und pulsieren.
Ich schaffe, ich erzeuge, ich forme,
Ich lasse einen kraftvollen Energiesturm erbrausen.
Ich forme, ich schaffe die elementare Kraft,
Die in mir wie eine vollkommene Blume erblüht.
Eine Blume der Stärke,
Eine Blume der Heilung,
Ich herrsche.

10. Engel und das Element Wasser

Genau wie unsere Gefühle, wogt, prasselt, plätschert und braust das Wasser durch unser Leben. Es ist ständig in Bewegung, es erhält uns und zeigt uns, wie wir durch Schwierigkeiten hindurchfließen oder geistige Blockaden durchbrechen können. Das Wasser kann uns mit unserem Kummer überfluten oder uns auf den Wellen der Freude tanzen lassen. Und genau wie unsere Gefühle, ist auch das Wasser ständiger Veränderung unterworfen.

Wasser ernährt und säubert, es ist das heilige Element der Reinigung. Die Engel des Wassers haben freundliche Gesichtszüge und eine angenehme Gestalt. Sie können wie sanfte Frauen erscheinen, aber wir sollten uns dadurch nicht täuschen lassen, denn ihre Energie ist stark und tief greifend. Diese Engel tragen durch Heilung und innere Transformation zu Harmonie in unserem Universum bei.

Die Engel des Wassers finden sich in den Strömungen tiefer Flüsse und im sanften Wellenschlag einer Anlegestelle. Sie bewegen sich ständig durch unser Leben und bringen überall Heilung, wo sie benötigt wird. Der Wasserzauber steht in Zusammenhang mit allem, was fließt, unter anderem mit Meer Nebel, Regen, Bächen, Flüssen, heiligen Schalen mit Flüssigkeit oder Spiegeln.

Engel und Selbstwert

Wir nehmen nur selten wahr, dass wir an mangelndem Selbstwertgefühl leiden. Anderen Menschen fällt es vielleicht eher auf, sie könnten unser Verhalten für absurd halten. Wir aber gehen scheinbar leicht darüber hinweg und geben dabei immer mehr von unserer Selbstachtung preis. Wenn wir Glück haben, werden wir durch ein Ereignis oder eine Person darauf aufmerksam gemacht und können eine Veränderung anstreben. Im schlimmeren Fall werden wir letztendlich auf dem Tiefpunkt des menschlichen Daseins ankommen.

Die Hauptursache für mangelndes Selbstwertgefühl liegt in einer negativen Konditionierung. Wo beginnt diese Konditionierung? Ist sie so ansteckend wie eine Grippe? Manchmal übernehmen wir sie tatsächlich von anderen, denn negative Menschen neigen dazu, ihre Haltung auf andere zu übertragen. Die Engel des Wassers helfen uns, solche Menschen von uns fern zu halten, wenn wir sie darum bitten und das wirklich möchten. Manchmal müssen wir eine Bestandsaufnahme unseres Lebens durchführen und uns bewusst werden, wo wir stehen und was wir tatsächlich tun. Wir müssen uns die Zeit nehmen, die Menschen in unserer Umgebung genau zu betrachten und uns darüber Gedanken zu machen. Warum ist dieser Mensch in meiner Nähe? Hat diese Person einen gesunden und positiven Einfluss auf mich? Wie fühle ich mich, wenn ich mit diesem Menschen zusammen bin? Warum lege ich Wert auf das, was er denkt?

Wir Menschen haben die schlechte Angewohnheit, über andere ungerecht zu urteilen. Wenn wir jemand ablehnen, kann das auf Eifersucht, Egoismus oder Angst beruhen. Wir müssen lernen, diese ungerechten Urteile deutlich zu erkennen, um sie dann loslassen zu können.

Ebenso müssen wir die Verantwortung für unsere eigene, negative Konditionierung übernehmen. Selbstkritik ist hilfreich, wenn sie dazu beiträgt, uns selbst und anderen Gutes zu tun. Wenn sie aber unsere Kreativität einschränkt und unsere Persönlichkeit erstickt oder Ängste und Hemmungen hervorruft, erweisen wir uns damit keinen guten Dienst. Wenn wir uns selbst nicht richtig wahrnehmen können, werden wir diese negativen Bilder weiter übertragen.

Mangelndes Selbstwertgefühl kann sich genau in dem Moment bemerkbar machen, in dem wir es am wenigsten erwarten. Ein unverdienter Vorwurf unseres Vorgesetzten, eine ruppige Bemerkung von unserem Lebenspartner oder der Erfolg, der sich trotz mühsamer Arbeit nicht einstellen will, gehören ebenso zu dem Problem des mangelnden Selbstwertgefühls wie eine verpatzte Prüfung oder ein Foto, das uns so zeigt, wie wir uns ganz und gar nicht sehen möchten.

Jeder Mensch auf diesem Planeten leidet von Zeit zu Zeit unter einem Mangel an Selbstwertgefühl, deshalb verhalten wir uns auch oft so unvernünftig. Wir prahlen, wir sind rücksichtslos, wir treffen Entscheidungen, ohne deren Auswirkung auf andere Menschen (oder unsere Umwelt) zu bedenken, oder wir pflegen Umgang mit negativen Menschen, nur weil sie gerade populär sind. Wir müssen nicht jeden Tag in Hochstimmung sein, aber wir können einen glücklichen Mittelweg einschlagen und unser Leben so einrichten, dass es in Harmonie mit den Kräften des Universums fließen kann. Die geeignete Unterstützung dafür erhalten wir von den Engeln des Wassers.

Zunächst sollten wir vor allem damit aufhören, uns selbst abzuwerten und all die negativen Botschaften in uns aufzunehmen, die wir schon von klein auf von anderen Menschen über uns zu hören bekommen haben. Sicher ist diese Erkenntnis für Sie keine Neuigkeit, aber es sollte uns bewusst sein, dass der Aufbau des Selbstwertgefühls ein anhaltender Prozess ist, der ständige Arbeit erfordert. Wir Menschen finden oft Gefallen an Dingen, die wir »ein für alle Mal« erledigen können, um uns dann etwas Neuem zuzuwenden. Unsere Selbstachtung benötigt aber ebenso wie ein Auto ständige »Wartung«. Sie ist auch mit einem Garten vergleichbar, in dem alles gut wächst, wenn er gepflegt wird. Damit will ich niemand ermutigen, zu einem Egoisten zu werden. Aber wir sollten uns bewusst sein, dass eine positive Einstellung uns selbst gegenüber die Voraussetzung dafür ist, auch unseren Mitmenschen mit Achtung und Höflichkeit zu begegnen. Sie haben sicher schon richtig vermutet, dass Engel gutes Benehmen sehr schätzen und gerne dazu beitragen, es zu fördern.

Bitten Sie die Engel, die Botschaften, die Sie an sich selbst senden, neu formulieren zu können. Achten Sie auf Ihre Gedanken und verwandeln Sie die negativen Selbstgespräche in

Ihrem Kopf in positive Dialoge. Wenn Ihnen das schwer fällt, können Sie aus einem spirituellen Ratgeber einige Ihrer Lieblingspassagen auswählen, die Sie immer dann in Gedanken wiederholen können, wenn das negative Gedankenmuster wieder überhand zu nehmen droht.

Arbeiten Sie an Ihrem Image, verändern Sie Ihre Frisur, Ihre Kleidung, Ihre Körperhaltung usw. Sie müssen sich nicht über Nacht in eine Schönheitskönigin oder einen Strahlemann verwandeln und dafür auch keine Unsummen von Geld ausgeben, denn Sie werden nur die Dinge kaufen, die Ihnen wirklich entsprechen. Kümmern Sie sich nicht um die neuesten Modetrends. Sie eignen sich für langweilige Menschen mit geringem Selbstwert, die gerne über andere urteilen, weil ihre eigenen Ängste sie daran hindern, sich auf sich selbst zu besinnen. Ihr höheres Selbst weiß, was zu Ihrer äußeren Erscheinung passt und Ihre Selbstachtung und Spiritualität stärkt. Bitten Sie die Engel des Wassers, Ihnen bei der Auswahl der Kleider, der Einrichtungsgegenstände usw. behilflich zu sein, die Ihrer Energie entsprechen oder Ihr Selbstwertgefühl unterstützen. Nehmen Sie sich dafür Zeit und genießen Sie diese Entwicklung.

Ernähren Sie sich richtig und sorgen Sie für körperliche Bewegung. Das heißt nicht, dass Sie ständig Kalorien zählen oder ein teures Gymnastikgerät kaufen müssen. Sie sollten aber lernen, Ihren Körper gut zu behandeln. Er ist das einzige Bewegungsmittel, das Ihnen in diesem Leben zur Verfügung steht, und er wird Ihnen gut zu Diensten sein, wenn Sie vernünftig mit ihm umgehen.

Arbeiten Sie an Ihrem Selbstvertrauen. Finden Sie heraus, was Ihnen Spaß macht – auch wenn es nur ein Spaziergang im Park ist –, und nehmen Sie sich die Zeit, es auch zu tun. Sie müssen Ihre Zeit nicht mit materiellen Dingen aufwiegen, wichtig ist, dass Sie sie so verbringen, dass Sie sich dabei wohl fühlen. Wenn Sie glauben, keine besonderen Fähigkeiten zu haben, bitten Sie die Engel des Wassers um Unterstützung bei der Suche nach einer Beschäftigung, die Ihr Selbstvertrauen stärkt. Sie werden von den Möglichkeiten, die sich Ihnen eröffnen, angenehm überrascht sein. Versuchen Sie ganz bewusst, alltäglichen Trott zu vermeiden. Wenn Sie feststellen, dass sich etwas ständig wiederholt, bemühen Sie sich darum, die Routine zu durchbrechen.

Die Engeltafel

Zur Stärkung des Selbstwertgefühls können Sie eine Engeltafel herstellen. Kinder werden davon begeistert sein, denn dadurch können sie ihrer Kreativität freien Lauf lassen.

Zubehör: liniertes Papier, Stift, Bastelpapier in verschiedenen Farben, Schablone mit Engelflügeln (siehe unten), Schere, ein Bogen fester Karton oder Tonpapier, Klebstoff oder Tesafilm, dicker schwarzer Filzstift, Dekorationsmaterial (Spangen, Spitzen, Bänder usw.)

Schablone für Engelflügel

Verwurzeln und zentrieren Sie sich. Atmen Sie dreimal (oder mehrmals, wenn Sie einen hektischen Tag hatten) tief ein und aus. Schreiben Sie auf das linierte Papier alle positiven Dinge auf, die Sie in Ihr Leben bringen, oder das, was Sie bei sich selbst verbessern oder verändern möchten.

Wählen Sie aus, welche Engel, welcher Zeitpunkt, welche Farben usw. für Ihr Vorhaben geeignet sind, und tragen Sie dies jeweils neben dem Wunsch in die Liste ein.

Schneiden Sie Engelflügel aus dem Bastelpapier in den passenden Farben entsprechend Ihrer Liste aus.

Schreiben Sie Ihren Wunsch jeweils auf die Vorderseite der Engelflügel, auf die Rückseite kommen die entsprechenden Symbole, Engelnamen usw. Sie müssen nicht alles so detailliert ausführen, wenn Sie nicht möchten, verzieren Sie die Flügel nur so, wie es Ihnen Spaß macht.

Schreiben Sie Ihren Namen in großen Druckbuchstaben ganz oben auf den Karton, dann kleben Sie die Flügel darauf. Hängen Sie die Engeltafel in Ihr Schlafzimmer oder an den Kühlschrank. Wenn sich einer der Wünsche erfüllt hat, nehmen Sie die entsprechenden Flügel ab und bedanken sich bei den Engeln. Verbrennen Sie die Flügel und streuen die Asche in den Wind. Belohnen Sie sich mit einem Geschenk, wie zum Beispiel einer CD oder einem neuen Paar Schuhe. Am gleichen Tag sollten Sie als ein Zeichen der Freundlichkeit etwas besonders Gutes für sich und für einen anderen Menschen tun.

Muster für geschmückte Engelflügel

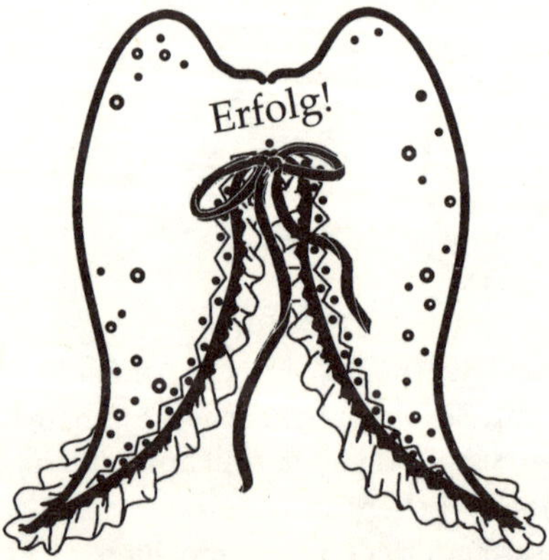

Zugehörige Bereiche zum Element Wasser

Die Wasserenergie ist von ihrer Natur her empfangend. Nachfolgend finden Sie eine Auswahl von passenden Bereichen für die Arbeit mit dem Element Wasser und den Engeln des Wassers.

Astrologische Zeichen: Krebs, Skorpion, Fisch
Düfte: sanft duftende Blumen und Duftöle wie Kamille, Myrrhe, blühende Kakteen, Hyazinthen, Iris, Jasmin
Farben: Blau, Aquamarin, Türkis, die gedämpften Farben eines Sonnenuntergangs
Kräuter und Blumen: Seegras, Kakteen, Wasserlilien, Kopfsalat, Äpfel, Thymian, Vanille, Schafgarbe, Sandelholz
Metalle: Silber und Quecksilber
Musikinstrumente: Klangschalen, Zimbeln, klingende Metalle
Orte: Meer, Bäche, Teiche, große und kleine Flüsse, Brunnen und Quellen, Springbrunnen, Schwimmbecken, Duschen, Badewannen, Whirlpools, Kurbäder, Saunen, Dampfbäder, neblige Orte, Schiffe, Boote, Flöße
Rituale und Anliegen: körperliche Heilung, Hellsehen, Reinigung, Spiritismus, Träume, Schlaf, Freundschaften, Familienangelegenheiten, Bewältigung von Trauer
Sinnesorgan: Tastsinn, übersinnliche Fähigkeiten
Sportarten: Schwimmen, Tauchen, Rudern, Eislaufen und Rollschuhlaufen, alle Arten von Rennsport, Wasserballett
Steine: Amethyst, Lapislazuli, blauer Turmalin
Visualisierung: Muscheln, Wellen, ein glänzender Teich, Nebel
Zauberbereich: Wahrsagen, persönliche Weiterentwicklung, Heilung, Spiritualität
Zeit: Abenddämmerung

Engel des Wassers

Engel der Befreiung und der Unabhängigkeit: Colopatiron (er öffnet die Gefängnistore)
Engel der Dankbarkeit: Shemael

Engel der Fische: Gagiel, Arariel, Azareel
Engel der fließenden Ströme: Nahaliel
Engel der Flüsse: Trsiel, Rampel, Dara (persisch)
Engel des Flusses Jordan: Silmai, Nibdai
Engel des Friedens und des Ausgleichs: Gavreel
Engel der Geburt und der Muttermilch: Ardousius
Engel der Gnade: Michael, Gabriel, Rhamiel, Rachmiel, Zadkiel
Engel des Hagels: Bardiel (Baradiel, Barchiel), Nuriel, Yurkami
Engel der Heilung von Körper, Geist und Seele: Shekinah
Engel der Kräfte der Intuition: Sachiel
Engel des langen Lebens: Mumiah, Scheiah, Rehail
Engel der Liebe: Raphael, Rahmiel, Theliel, Donquel, Anael, Liwet, Mihr
Engel des Meeres: Rahab
Engel des Mitgefühls: Rachmiel, Raphael
Engel der platonischen Liebe und Freundschaft: Mihr
Engel der positiven und liebevollen Gedanken: Hahaiah
Engel des Regens: Matarel, Mathariel, Ridia, Matriel (singen Sie die Namen hintereinander), Zalbesael (Zelebsel), Dara (persisch)
Engel der Regenschauer: Zaa'fiel
Engel des Schnees: Shalgiel, Michael
Engel der Schönheit: Camael, der auch Herrscher der Freude und des Glücks ist (Kurzes Gebet: »Camael, Engel der Freude, komm herab auf die Erde und schenke allen Dingen Schönheit.«)
Engel des Schutzes für Schiffsreisen: Elemiah
Engel der Tiefe: Tamiel, Rampel, Rahab
Engel zur Überwindung von Eifersucht: Balthial
Engel der Vorhersage von Empfängnis und Geburt: Gabriel
Engel des Wassers: Phul
Engel der Wasserinsekten: Shakziel
Engel der Wassertiere: Manakel
Engel der Wiccaner und Baptisten: Raphael, Barpharanges
Engel der Wildhühner: Trgiaob
Engel der Wissenschaft und der Medizin: Mumiah

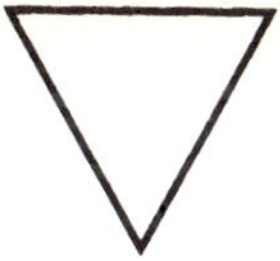

Symbol des Elements Wasser

Engelwasser

Nach volkstümlichen Bräuchen in Amerika gibt es verschiedene Arten für die Herstellung von heiligem Wasser. Es besteht meist aus einer Mischung von Wasser, etwas Alkohol und gemahlenen Kräutern. Diese Flüssigkeit wird durch ein Musselintuch gesiebt und zur Reinigung des Bodens verwendet oder für Heilung und Reinigung auf Menschen, Orte und Gegenstände gesprenkelt. Die Grundinhaltsstoffe dafür sind:

$^{1}/_{2}$ l Quellwasser
10 ml Isopropylalkohol
Ausgewählte Kräuter

Um Ihre eigenen Kräuter zermahlen zu können, brauchen Sie einen Mörser und einen Stößel. Sie können auch fertige Ölessenzen kaufen, dadurch können Sie auf das Sieben und Zerstoßen verzichten.

Engelwasser für die Bodenreinigung: Glyzerin und Geißblatt. Anrufung der Engel des Lichts.
Engel-Friedenswasser: Jasmin und Lavendel. Anrufung von Itqal, dem Engel der Zuneigung, der die Harmonie unter den Menschen fördert.
Engel-Segenswasser: Weihrauch und Myrrhe. Anrufung von Gabriel, dem Engel des Taufwassers.
Engel-Heilungswasser: Eukalyptus und Kiefer. Anrufung von Raphael, dem Engel der Heilung.
Engel-Bannwasser: Nelken und Engelwurz. Anrufung von Michael oder Uriel, die Kriegerengel.

Engel-Reinigungswasser: Flieder und Kiefer. Anrufung von Gabriel und Michael.

Weihen und erfüllen Sie das Wasser an Ihrem Engelaltar mit Energie, dabei gehen Sie genauso vor wie bei der Herstellung von heiligem Wasser (siehe Kapitel 2, einfache Durchführung).

Engel für die Hausreinigung

Ihr Engel, segnet dieses Haus,
An Ort und Stelle,
Von Wand zu Wand,
Von einem Ende zum anderen,
Vom Speicher bis zum Fundament,
Von den Grundmauern bis zum Dachgiebel,
Von oben bis unten.

Ich scherze nicht, wenn ich behaupte, dass die Engel Ihnen ganz konkret und auch im übertragenen Sinn beim Hausputz behilflich sind. Erinnern Sie sich daran, dass Ihre Mutter und Großmutter zweimal im Jahr einen Großputz veranstalteten, immer im Frühjahr und im Herbst? Die meisten von uns mussten dabei mithelfen, denn untätige Hände waren nicht gefragt. Ich persönlich glaube, die Erwachsenen wollten uns Kinder einfach in der Nähe haben, um ab und zu einige Befehle erteilen zu können, im Sinne von »Einer muss ja sagen, was gemacht werden muss«. Schon meine Mutter und Großmutter meinten ganz richtig, dass man zwar arm sein kann, aber deshalb nicht schmutzig sein muss. Also hieß es: »Mach dich mal an die Jalousien, sie haben es nötig! «

Es ist besser, den Hausputz gründlich zu planen, als ihn einfach spontan anzusetzen. Hören Sie erst den Wetterbericht, dann wählen Sie einen sonnigen Tag für das Projekt. Am Abend bevor Sie schlafen gehen, trinken Sie eine Tasse Kamillentee. Erstellen Sie eine Liste aller fälligen Arbeiten, übertreiben Sie es aber nicht, es muss nicht alles an einem Tag erledigt werden.

Die meisten magischen Menschen führen zweimal im Jahr einen Hausgroßputz im praktischen und im übertragenen Sinn durch. Sie wissen sicher, was Sie für die praktische Reinigung brauchen, aber wie sieht es mit der inneren Reinigung aus? Stellen Sie einfach Engelwasser wie vorher beschrieben her, Sie brauchen außerdem etwas Gewürznelkenöl in einer Duftrichtung, die Ihnen gefällt (siehe auch Kapitel 4, »Der tägliche Umgang mit den Engeln«). Besorgen Sie weiße Teelichter oder Votivkerzen in Gläsern für jeden Raum Ihrer Wohnung oder Ihres Hauses.

Verwenden Sie vorzugsweise umweltfreundliche Putzmittel und leisten Sie sich neue Eimer, Besen, Schwämme, Putzlappen usw. Sie können zumindest ein Zimmer mit einem Gegenstand schmücken, der nicht teuer sein muss, aber Sie stets daran erinnert, dass die Engel immer bei uns sind.

Beginnen Sie den Engelputztag (die Kinder haben daran besondere Freude, es macht die mühselige Arbeit etwas leichter) mit einer Altarandacht, in der Sie die Engel bitten, Ihnen bei der Reinigung zu helfen, Ihr Heim zu segnen und Sie vor Überanstrengung zu bewahren. Laden Sie alle Familienmitglieder zu einem Frühstück im Freien in ein Café oder ein anderes Lokal ein, um ein wenig nach draußen zu kommen und das schöne Wetter zu genießen.

Wenn Sie ein Zimmer gereinigt haben, öffnen Sie die Fenster und stellen sich vor, wie die Engel der Luft hereinkommen und alles Negative aus dem Raum verbannen. Wenn die Fenster wieder geschlossen sind, sprenkeln Sie das vorbereitete heilige Wasser im Uhrzeigersinn in den Raum. Bitten Sie die Engel des Wassers, den Raum zu reinigen und zu segnen. Dann entzünden Sie Räucherwerk und bitten auch die Engel des Feuers um Reinigung und Segnung des Zimmers. Gehen Sie mit einer brennenden Kerze im Uhrzeigersinn einmal durch den Raum. Wenn Sie ein Teelicht oder eine Votivkerze im Glas verwenden, stellen Sie sie an einen sicheren Ort, wo sie zu Ende brennen kann. Zuletzt nehmen Sie eine Prise Salz und verstreuen sie im Uhrzeigersinn im Raum, dabei bitten Sie die Engel der Erde, den Raum zu reinigen und zu segnen. Wenn Ihnen Kristalle gefallen, können Sie einen mit Energie aufladen, in jedes Zimmer tragen und ihn dann neben die brennende Kerze legen.

Schließlich werden noch alle Türen und Fenster versiegelt. Dafür benetzen Sie einen Finger mit etwas Nelkenöl und zeichnen ober- und unterhalb aller Fenster und Türen ein Pentakel. Sie brauchen nur ganz wenig Öl dafür. Bitten Sie die Engel des Geistes, Ihr Heim vor allen negativen Energien zu beschützen.

Zur Mittagszeit führen Sie noch eine Altarandacht durch, in der Sie den Engeln für die bisher geleistete Arbeit und ihre anhaltende Unterstützung danken. Vielleicht veranstalten Sie ein kleines Picknick oder einen Imbiss im Freien, um etwas Abstand von der Putzarbeit zu bekommen.

Bei Sonnenuntergang wiederholen Sie die Altarandacht noch einmal. Ein leichtes Abendessen ist sicher empfehlenswert, denn die meisten möchten nach einem Hausputz keine aufwändige Mahlzeit kochen. Sie könnten auch den Pizzaservice beauftragen oder etwas Fertiges aus einem Restaurant besorgen, um gar nicht kochen zu müssen. Um Mitternacht oder bevor Sie schlafen gehen, danken Sie den Engeln für ihre Hilfe bei der Arbeit und für den Schutz Ihres Hauses.

Eine Engelschachtel

Dieses Projekt nimmt einige Zeit in Anspruch, aber es lohnt sich. Die Schachtel eignet sich gut als Geschenk für Kinder oder Erwachsene, aber Sie können sie ebenso gut für sich selbst benutzen.

Zubehör: Bastelpapier und Pergamentpapier in verschiedenen Farben, schwarzer Filzstift, eine Liste mit »guten Gedanken«, Schachtel, Klebstoff, Farbe, Dekorationsmaterial (Pailletten, Bänder, Spangen), Klebefolie, Locher, Garn, ein kleiner Engelstempel

Schneiden Sie das Bastelpapier in etwa fünf Zentimeter lange und acht Zentimeter breite Streifen. Wenn Sie einfallsreich sind, können Sie auch Engel in dieser Größe ausschneiden oder den Engelstempel verwenden.

Schreiben Sie mit dem schwarzen Filzstift einen guten Gedanken auf jedes ausgeschnittene Papier.

Kleben Sie dic Folie auf das Papier und stanzen Sie mit dem Locher ein Loch hinein. Dann ziehen Sie ein Stück Garn durch das Loch und verknoten es.

Verzieren Sie die Schachtel.

Schreiben Sie auf ein Pergamentpapier die folgenden Worte:

Du hältst hier eine Engelschachtel in Händen,
Die mit Liebe und den Gedanken der Göttin gesegnet ist.
Wenn du gerade traurig und niedergeschlagen bist
Oder die Stimme der Engel hören möchtest,
Dann öffne die Schachtel und lies die Botschaft, die darin ist,
Und hänge sie dort auf, wo du ihre Segenswünsche sehen kannst.
Am Ende des Tages
Dankst du den Engeln für ihre Hilfe.
Dann legst du die Botschaft in die Schachtel zurück.
Und schläfst ruhig und zufrieden ein.

Engel-Frustrationsschnur

Ich habe mich bei meiner Freundin Annie für die vielen Stunden zu bedanken, die sie mit mir in Hypnosesitzungen verbracht hat. Als Annie zum ersten Mal zu mir kam, litt sie unter starken Schmerzen in der linken Schulter. Sie hatte sich vor einiger Zeit an ihrer Arbeitsstelle eine Verletzung zugefügt; aber je eingehender wir uns mit Annies seelischem Zustand beschäftigten, umso mehr körperliche und emotionale Themen kamen ans Licht, darunter auch viele alte Wunden, die nie richtig heilen konnten. Während wir einen Bereich nach dem anderen bearbeiteten, klangen die Schmerzen langsam ab, bis der Arm schließlich wieder ganz schmerzfrei und voll funktionsfähig war. Sowohl Annies Schutzengel wie auch die

Engel der Heilung waren an dem schnellen Heilungsprozess wesentlich beteiligt.

Als sich der Gesundheitszustands des Arms gebessert hatte, begannen Probleme am Bein aufzutauchen. Annies Arzt schlug vor, sich mit ihrer Zuckerkrankheit zu beschäftigen (die zu dieser Zeit nicht medikamentös behandelt werden musste). Wir führten stattdessen geistige Heilung durch und schließlich verschwanden auch die Beschwerden am Bein.

In einer Sitzung bat ich darum, mit Annies höherem Selbst sprechen zu dürfen. Ich fragte: »Was braucht Annie?« Die Antwort lautete: »Sehr viel.« – »Nenn mir doch einige Dinge.« Ich wartete schweigend und geduldig auf die Antwort. »Sie ist völlig verstrickt, sie muss sich entspannen.« – »Kannst du Annie in dieser Woche helfen, sich zu entspannen?« – »Ja, aber sie hört mir kaum zu.« Ich überlegte eine Minute. »Lass uns etwas versuchen. Was ist die Lieblingsfarbe von Annie?« »Blau.« – »Gut. Hat Annie Freude an hübschen Dingen?« »Aber ja.« – »Ich werde Annie eine hübsche blaue Schnur mit vielen Knoten geben. Wenn Annie das Gefühl hat, unter Stress zu leiden, möchte ich, dass sie einen der Knoten löst. Kannst du Annie dabei helfen?« – »Ja.«

Nach der Sitzung habe ich Annie an die Schnur erinnert, und in der darauf folgenden Woche gab ich sie ihr. Ich hatte die Schnur inzwischen gereinigt, geweiht und mit Energie geladen und Annies Schutzengel und die Engel des Wassers gebeten, uns zu helfen, den Stress in Annies Leben aufzulösen.

Annie benutzte die Schnur in den ersten Wochen gar nicht. »Ich war zu beschäftigt«, meinte sie zerstreut. Ich wusste, welcher Teil von Annie im Widerstand war, und wollte den Plan mit den Knoten nicht aufgeben. Also lächelte ich freundlich und bat sie, es in der folgenden Woche noch einmal zu versuchen.

Aber auch in der folgenden Sitzung stellte sich heraus, dass Annie die Schnur noch nicht benutzt hatte. Sie hielt mit aller Kraft an ihren alten Gewohnheiten fest, weil sie fürchtete, dass sie, wenn sie diese aufgab, von ihrer Familie nicht mehr gebraucht und geliebt werden würde. Es waren einige Sitzungen erforderlich, bis dieser Widerstand aufgelöst werden konnte, aber schließlich gelang es ihr, sich aus den alten Verstrickungen und negativen Verhaltensmustern zu befreien.

Später band Annie die Schnur, in der einmal die Knoten waren, an ihre Nachttischlampe, um sich immer an die heilsamen Geschenke der Engel zu erinnern.

Engel-Geburtstagsfeier

Die Engel lieben Geburtstagsfeiern, vor allem, wenn sie auf spirituelle Weise begangen werden. Ihr Geburtstag ist der Tag, den Sie gewählt haben, um auf diesen Planeten zu kommen und damit auch die Lektion dieses Lebens in Angriff zu nehmen. Alles war eigens für Sie ausersehen worden – Ihre Umgebung, Ihre Eltern, Ihr Körper und der Zeitpunkt Ihrer Geburt – und all dies fügt sich in den großen Plan des Universums ein. Es gibt niemanden auf dieser Erde, dessen Weg nicht auf die gleiche Weise vorbereitet worden wäre. Deshalb ist jeder von uns, unabhängig von allen äußeren Umständen, ein wahrhaft besonderer Mensch.

Es ist vorteilhaft, seine genaue Geburtstunde zu kennen, aber wenn das nicht der Fall ist, sollten Sie sich deshalb keine Sorgen machen. Es ist Ihnen bewusst, dass der Zeitpunkt, den Sie dafür gewählt haben, in jedem Fall der richtige war. Bei der Planung der Geburtstagsfeier sollten Sie auch Ihre Lieblingsfarben und Ihre speziellen, ganz individuellen Vorlieben in Betracht ziehen. Vielleicht möchten Sie einen besonderen Gegenstand auf den Altar stellen, möglicherweise ein Geschenk für sich selbst. Eventuell möchten Sie bei der Zeremonie auch ein bestimmtes Gedicht oder einen Auszug aus einem Buch vorlesen. Denken Sie an all das Gute, das Sie in dem vergangenen Jahr erlebt haben, und überlegen Sie, welche Ziele Sie in dem kommenden Jahr anstreben. Schreiben Sie diese Ziele auf ein Blatt Papier und legen es auf Ihren Altar. Wenn Sie fertig sind, verwurzeln und zentrieren Sie sich. Dann entzünden Sie Ihre

Kerzen, ziehen den Engelkreis und rufen die Engelkräfte der vier Himmelsrichtungen. Diese Zeremonie dient der Verehrung und wird üblicherweise ohne Worte durchgeführt, wenn Sie aber ein Gedicht oder etwas Ähnliches vorbereitet haben, haben Sie jetzt die Möglichkeit, es zu lesen. Sie können Gott und den Engeln für Ihr bisheriges und Ihr zukünftiges Leben danken und um Hilfe, Führung und Weisheit im kommenden Jahr bitten. Sie können sich bei der Geburtstagszeremonie auch entspannen und meditieren. Am Ende reinigen und weihen Sie eine Schale mit Wasser und reiben damit Ihren Körper ein, während Sie dem Göttlichen Ihren Gruß entbieten. Zum Abschluss entlassen Sie die Engelkräfte der vier Himmelsrichtungen und lösen den Zauberkreis auf.

Engel und Ärger

Niemand ist gerne wütend. Vor einigen Jahren hat mir ein Freund den folgenden guten Rat gegeben, der mir seither oft sehr hilfreich war: Halten Sie stets einige kleine Salztütchen (wie man sie in Schnellimbisslokalen oder Restaurants erhält) in Ihrer Tasche bereit, auf jedem Tütchen sollte der Name eines Ihrer Lieblingsengel und ein Symbol Ihrer Wahl stehen. Der Engel Itqal ist gut dafür geeignet, denn er ist für Harmonie zwischen Menschen mit unterschiedlichen Ansichten zuständig. Wenn Sie auf ärgerliche Menschen treffen, öffnen Sie ein Salztütchen und nehmen ein klein wenig davon auf die Zunge. Das restliche Salz werfen Sie auf den Boden oder über Ihre Schulter. Stellen Sie sich vor, wie der Ärger abfällt oder sich in positive Energie verwandelt. Das Salz auf Ihrer Zunge erinnert Sie an Ihre eigenen Gefühle von Wut und Ärger und hilft Ihnen dabei, diese Emotionen unter Kontrolle zu halten.

Spontane Gefühle dauern nur etwa zehn Sekunden lang an. Wenn Sie einen negativen Gedanken für diese kurze Zeit festhalten und in etwas Positives verwandeln können, haben Sie schon viel gewonnen.

Beim Umgang mit schwierigen Menschen können Sie Ihren Schutzengel sofort um Hilfe bitten. Bleiben Sie gelassen und beginnen Sie nicht zu argumentieren, wenn der strittige Punkt nicht allzu wichtig für Sie ist. Versuchen Sie Ihre Stimme in der Auseinandersetzung immer mehr zu senken, dadurch wird der hitzige Charakter der Situation gemildert. Stellen Sie keine unklaren Fragen, sondern drücken Sie Ihr Anliegen klar und deutlich aus, und versuchen Sie herauszufinden, worum es wirklich geht. Manchmal bricht ein Streit aus, weil Sie buchstäblich nicht auf der gleichen Wellenlänge wie die andere Person sind.

Wenn Sie jemand verbal angreift und aus heiterem Himmel heraus Drohungen ausspricht, die Ihnen völlig unverständlich sind, dann bitten Sie Ihren Schutzengel, Ihnen zu erklären, worum es tatsächlich geht. Atmen Sie tief ein und aus und lauschen Sie. Sie werden die Antwort, auf die Sie warten, so schnell erhalten, wie es nötig ist. Manchmal greifen uns andere Menschen an, weil sie deprimiert sind und sich mit dem Leben im Allgemeinen oder mit einem bestimmten Problem abquälen. Diese Menschen sind sozusagen an einer Grenze angekommen und versuchen ihre Gefühle (geteiltes Leid ist halbes Leid) durch unbegründete Anschuldigungen und leere Drohungen auch auf andere zu übertragen. Geraten Sie nicht in Panik, sondern versuchen Sie stattdessen gelassen zu bleiben und in Ruhe zu überlegen, was dieser Vorfall zu bedeuten hat und wie Sie damit zurechtkommen können. Manchmal bleibt Ihnen nichts anderes übrig, als einfach zuzuhören.

Engel und Ausgleich

Die Engel können sehr hilfreich zum »Ausgleich aller Dinge« beitragen. Hatten Sie schon einmal das unangenehme Gefühl, dass jemand in gewisser Weise Macht über Ihr Leben hat? Die Engel können Ihnen helfen, die Dinge wieder in Balance zu bringen, wenn Sie sie darum bitten. Sie brauchen dafür eine kleine weiße Kerze, einen alten Kochtopf und Eiswürfel. Lassen Sie das Wachs am Kerzenende ein wenig schmelzen, sodass Sie die Kerze fest in den Kochtopf setzen können, dann legen Sie viele Eiswürfel in den Topf um die Kerze herum. Verwurzeln und zentrieren Sie sich und rufen Sie Ihren Schutzengel und die Engel des Wassers an. Bitten Sie die Engel, die Kontrolle, die andere über Ihr Leben haben, auf positive Weise zu beseitigen. Während das Eis schmilzt, stellen Sie sich vor, wie Blockaden und Kälte aus Ihrem Leben entschwinden. Wenn die Flamme der Kerze das Eis (oder Wasser) erreicht hat, wird sie verlöschen. Beobachten Sie, wie sie verlöscht, und erkennen Sie, dass die Freiheit ganz zu Ihrer Verfügung steht. Wenn die Kerze erloschen ist, gießen Sie das Wasser in ein Loch in die Erde oder in ein Gewässer im Freien. Vergraben Sie die Kerze in der Erde. Vergessen Sie nicht, sich bei den Engeln des Wassers für ihre Hilfe zu bedanken.

Dieser einfache Zauber eignet sich zur Beseitigung aller möglichen Blockaden aus unserem Leben, dabei kann es sich um andere Menschen, widrige Umstände, eine Hemmung der Kreativität, Krankheiten oder Ähnliches handeln. Wählen Sie eine farbige Kerze und eine Engelstunde, die am besten zu der betreffenden Situation passen.

Sie können die folgenden Worte zur Neutralisierung sprechen, wenn Sie möchten:

Engel des Wassers,
Meine ersehnten Freunde,
Ihr teuren Heerscharen des Lichts,
Kommt zu mir,
Werft die Blockaden in meinem Leben in das Wasser der Transformation,
Verbrennt die Blockaden in meinem Leben in den Flammen der Harmonie
Im Namen des Gottes und der Göttin des Vaters, des Sohnes und des Heiligen Geistes.
So sei es.

Die meisten gesundheitlichen Beschwerden entstehen durch Stress, Unfälle oder genetische Bedingungen. Einige Ärzte und Forscher halten Stress für die Hauptursache von vielen körperlichen und seelischen Krankheiten. Je mehr wir unter Stress leiden, umso anfälliger sind wir auch für Krankheiten. Beschwerden, die durch einen Unfall ausgelöst werden, sind eindeutiger Natur, man weiß also genau, dass das Problem zum Beispiel durch eine Verletzung entstanden ist. Vererbte Krankheiten können schon bei der Geburt oder später auftreten, wie zum Beispiel in sehr stressreichen Zeiten oder im Alter. Ebenso gut ist es möglich, dass sie gar nicht in Erscheinung treten. In jedem Fall trägt Ihre geistige Haltung entscheidend zum Heilungsverlauf bei.

Immer wenn wir über Heilung und Magiearbeit sprechen, wird damit nicht behauptet, dass magische Arbeit ausreicht, um eine Krankheit zu heilen. Man sollte bei Bedarf immer einen Arzt aufsuchen und außerdem auf vernünftige Ernährung achten, stimulierende Getränke (wie Kaffee) vermeiden und stressreiche Situationen und negative Verhaltensweisen möglichst einschränken. Darüber hinaus sollten wir regelmäßig Freizeitaktivitäten planen und auch tatsächlich durchführen. Die Engel können uns jedoch helfen, den Heilungsprozess zu beschleunigen.

Diese Erfahrung wurde durch ein bedauerliches Erlebnis mit einer meiner Klientinnen bestätigt:

»Was ist los?«, fragte ich Amanda, die einen eisigen Winterwindhauch und vereinzelte Schneeflocken mit sich brachte, als sie durch meine Haustür stürmte.

»Du wirst es nicht glauben«, sagte sie, warf ihren Mantel ab und setzte sich zu mir ins Esszimmer.

Ich goss ihr eine Tasse Tee ein und beobachtete, wie Kälte und Anspannung deutlich sichtbar aus ihrem Gesicht verschwanden. »Worum geht es?«, fragte ich wieder.

»Mein bester Freund hat gestern Abend auf sich selbst geschossen!«

»Nein!«

Sie nickte traurig. »Aber er lebt und er wird durchkommen. Was kann ich nur tun?«

Wir sprachen über die Situation und entschieden, dass es unerlässlich war, zunächst den Schutzengel ihres Freundes im Gebet oder in der Meditation anzusprechen. Danach rief sie im Krankenhaus an, um herauszufinden, was sie in das Krankenzimmer ihres Freundes mitbringen durfte. Am nächsten Tag gingen wir zusammen einkaufen. Amanda fand einen kleinen Engel, den man über sein Bett hängen konnte, und außerdem eine Engel-Anstecknadel für sein Nachthemd. Jeden Abend stimmte sie das folgende Lied an, zu dem ich geraten hatte und das mit einem Gebet an Gabriel endet:

Hast du die Gesundheit wiederhergestellt, o Göttin,
Werde ich dich wieder zur Jungfrau, Mutter und alten Frau führen.
Deshalb möge dir unsere Göttin beistehen,
Du sollst gesegnet sein, ebenso wie der Kuchen und das Bier,
Das Aradia ihren Anhängern bot, bevor sie sie verließ.
So helfe dir
Die Jungfrau, die Mutter und die alte Frau.
So sei es.

Und diesen Zeichen mögen jene folgen, die an meinen Namen glauben.
Sie werden Dämonen vertreiben und in neuen Zungen sprechen,
Wenn sie etwas Giftiges trinken, wird es ihnen keinen Schaden zufügen.
Sie legen den Kranken die Hände auf,
Sodass sie gesund werden
Im Namen des Vaters, des Sohnes und des Heiligen Geistes.

Heil dir, du edle Frau, du bist voll der Gnade, der Herr ist mit dir.
Du bist gebenedeit unter den Frauen, und gebenedeit ist die Frucht deines Leibes,

der Gemahl und der Sohn.
Heilige Göttin, Mutter der Erde,
Wirke deinen Zauber für deine Kinder
Jetzt und in der Stunde der Not.
So sei es.

Zur großen Überraschung seiner Ärzte konnte der Freund von Amanda die Intensivstation schon nach weniger als zwei Wochen verlassen, da er sich bereits auf dem Weg der Besserung befand. Natürlich musste er sich in den folgenden Monaten mit seelischen und körperlichen Konflikten auseinandersetzen. Ich war sehr berührt von der Haltung Amandas, die über die Rolle der trauernden Freundin hinausging und entschlossen war, den ihr möglichen Beitrag zu der schwierigen Situation zu leisten. Ihr Freund ist schließlich wieder ganz gesund geworden und trägt seine Anstecknadel bis zum heutigen Tag stolz an seinem Revers.

Engellächeln

Es besteht kein Zweifel darüber, dass die Arbeit unseres Immunsystems durch Lächeln positiv beeinflusst wird. In einem Forschungsprojekt wurden Testpersonen angewiesen zu lächeln, wodurch Veränderungen in ihrer Physiologie ausgelöst wurden, der Hormonspiegel veränderte sich drastisch. Wir sollten jeden Tag viel öfter lächeln, auch wenn es uns nicht immer leicht fällt, denn Lächeln trägt zu einer Verbesserung der chemischen Zusammensetzung unseres Blutes bei. Versuchen Sie anderen Menschen stets ein Engellächeln zu schenken. Rufen Sie dafür zuerst Ihren Schutzengel an, dann lächeln Sie und schicken damit anderen Menschen liebevolle Energie. Mit Ihrem Lächeln tragen Sie nicht nur zu Ihrer eigenen Gesundheit bei, sondern lassen auch Ihre Freunde und Bekannten und Ihre Familie an Ihrer positiven Energie und der Ihres Schutzengels teilhaben.

Wenn ich mit meinen Klienten in der Hypnotherapie arbeite, vergesse ich nie, ihnen ein aufmunterndes Lächeln zu schenken, das ihren Heilungsprozess beschleunigt. Es funktioniert immer.

Engelanrufung für Wicca-Initiation und Taufe

Die Zeremonie der Wicca-Initiation und Taufe wurde schon praktiziert, bevor sich die gegenwärtigen Religionsstrukturen auf unserer Erde gebildet hatten, es handelt sich also um eine heidnische Praktik. Nachfolgend finden Sie einen keltischen Segensspruch für ein Kind, der sich für jede Situation eignet:

Ich sprühe die Gnade des Göttlichen über dieses Kind,
Mögest du ihm Tugend und Wachstum schenken,
Mögest du ihm Stärke und Führung gewähren,
Mögest du ihm finanzielle Stabilität und Besitz verleihen,
Vernunft und klare Sinne ohne Arglist.
Die Weisheit der Engel möge stets bei ihm sein,
Sodass es die Welt verändern kann
Und die Bestimmung seines Lebens findet.
So sei es.

11. Engel und das Element Erde

Die Erde ist unsere Heimat. Wenn die Erde nicht existieren würde, wenn sie nicht unser Zuhause wäre, wären wir vollkommen andere Wesen. Die Erde ist das Element der Stärke und der Nahrung, sie teilt uns ihre Geheimnisse freizügig mit, wenn wir bereit sind, sie anzunehmen.

Die Erde ist die heilige Grundlage unseres Daseins, sie gibt uns Bestand. Ihr Herz schlägt in einem beständigen Rhythmus. Als Pfeiler der Stärke sind die Engel der Erde stets bereit, uns zu stützen, wenn wir Kraft und Ausdauer brauchen. Sie sind die wahren Kenner des Mysteriums des Lebens und der Magie und sie sprechen jeden Tag in der Flora und Fauna unseres Planeten zu uns.

Diese Engel sind geduldig und freundlich, ihr vorrangiges Anliegen ist das Überleben unseres Planeten und die Erleuchtung seiner menschlichen Bewohner. Die Engel der Erde beschäftigen sich mit Fruchtbarkeit, Ernährung, den Jahreszeiten, Stabilität und Wohlstand.

Engel-Magietasche

Dieses Projekt macht der ganzen Familie Spaß und ist ein wunderbares Geschenk für einen besonders guten Freund. Besorgen Sie eine kleine Stofftasche, die Ihnen gefällt; sie kann reich verziert oder ganz schlicht sein. Wenn Sie geschickt sind, können Sie auch selbst so eine kleine Tasche herstellen. Schneiden Sie aus einem Stück Filz ein Paar Engelflügel aus, die Sie auf die Tasche nähen. Sie können im Kapitel 4 nachlesen, welche Farben passend sind, um Ihrer Tasche eine persönliche Note zu verleihen.

Halten Sie die Tasche über Ihren Engelaltar und bitten Sie die Engel, sie zu segnen und zu weihen. Wenn sie für einen Freund bestimmt ist, sollten Sie klar ausdrücken, wer sie erhalten soll. Bitten Sie darum, in den nächsten Tagen besondere Dinge zu finden, mit denen Sie die Tasche füllen können.

In den kommenden Tagen halten Sie Ausschau nach Dingen, die sich dafür eignen, zum Beispiel eine Feder, ein schöner Stein, eine nette Kleinigkeit aus dem Kaufhaus, dekorative Bänder usw. Bringen Sie die Tasche zu Ihrem Altar und legen Sie alle Dinge darauf, die Sie gefunden haben. Wenn Ihre Sammlung fertig ist, bitten Sie die Engel, jeden einzelnen Gegenstand zu segnen und mit Energie aufzuladen. Dann stecken Sie alles in die Tasche, halten sie an Ihr Herz und erfüllen sie mit Ihrem guten Willen. Stellen Sie sich vor, wie er in Ihrem Geist erstrahlt.

Wenn Sie fertig sind, bedanken Sie sich bei den Engeln für ihre Hilfe und schenken die Tasche dem Freund, für den sie bestimmt ist. Sie können sie natürlich auch selbst behalten. Die Regel lautet, dass der Inhalt der Engeltasche niemandem gezeigt werden soll. Er ist nur für den Besitzer der Tasche bestimmt.

Zugehörige Bereiche zum Element Erde

Die Erdenergie ist von ihrer Natur her empfänglich. Nachfolgend finden Sie eine Auswahl von passenden Bereichen für die Arbeit mit dem Element Erde und den Engeln der Erde.

Astrologische Zeichen: Stier, Jungfrau, Steinbock
Düfte: würzige Düfte wie Kiefer, Moschus, Piment, Weihrauch, Patchouli, Geißblatt, Myrrhe
Farben: Grün und Braun
Kräuter und Pflanzen: Moos, Farne, Bäume, Strohblumen, bodenbedeckende Pflanzen, Zypressen, Mimosen, Misteln, Stechpalmen
Metalle: Eisen und Blei
Musikinstrumente: Trommeln und alle Schlaginstrumente
Orte: Wälder, Gärten, Höhlen, Bauernhöfe, Märkte, Küchen, Gärtnereien, alle unterirdischen Orte, Keller, Minen

Rituale und Anliegen: Stabilität, Wachstum, Wohlstand, Fruchtbarkeit, Verwurzeln, Arbeitsstelle und Wohnung finden, Wohltätigkeit
Sinnesorgan: Tastsinn
Sportarten: alle Wintersportarten
Steine: Jade, Quarz, Obsidian
Visualisierung: Steine, Bäume, Salz, Schmutz, Ton, Weizen, Mais
Magiebereich: persönliche Weiterentwicklung, Knotenzauber, Gartenarbeit, Steinzauber, Heirat und Magie, die kriminelle Handlungen betrifft
Zeit: Mitternacht

Engel der Erde

Engel der Alchimie und Mineralogie: Och
Engel der Bäume: Maktiel, Zuphlas
Engel der Bauern: Sofiel
Engel der Berge: Mehabiah
Engel der Erdbeben: Sui'el, Rashiel
Engel der Ernährung: Isda
Engel der Fruchtbarkeit: Samandiriel, Yushamin
Engel über Früchte und Obstbäume: Teiaiel oder Isiaiel, Adad (assyrisch-babylonisch)
Engel der Fülle: Barbelo (weiblich – Fruchtbarkeit; Glauben, Integrität, Erfolg und Fülle)
Engel der Gaia: Michael, Jehoel, Metatron, Sar ha-Olam, Mammon
Engel des Gartens: Cathetel (verbessert und unterstützt gesundes Wachstum und Ertrag von Gemüse und Früchten)
Engel des Gemüses: Sealiah, Sofiel
Engel des Genusses: Anahita (weiblich – Beschützerin der Naturfreunde und derer, die die Erde fruchtbar erhalten)
Engel des Handels: Anauel (Erfolg, Handel, Wohlstand; Schutz für alle, die ein eigenes Geschäft haben oder gründen möchten)

Engel der Haustiere: Hariel (zuständig für Wachhunde, Katzen und andere Haustiere und für Tiere in der Landwirtschaft)
Engel der Hügel: namenlos (möglicherweise Feen und Devas)
Engel der Kräuter: namenlos
Engel der Kriechtiere: Trgiaob
Engel der Landwirtschaft: Risnuch
Engel der Nahrung: Manna
Engel der Pflanzen: Sachluph
Engel zum Schutz der kleinen Kinder und jungen Tiere: Afriel
Engel des Staubs: Suphlatus
Engel der Wälder: Zuphlas
Engel der wilden Tiere: Mtniel, Jehiel, Hayyel (hilft auch, die Ausrottung wilder Tiere zu beenden)
Engel der Wildnis: Orifiel (Schützer der Wildnis und ihrer Freunde)
Engel der Wildvögel: Trgiaob
Engel der Wüsten: namenlos
Engel der zahmen Tiere: Behemiel
Engel über die zahmen Tiere: Thegri (Thuriel), Mthniel, Jehiel, Hayyal

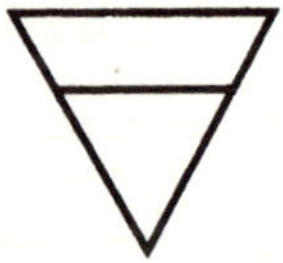

Symbol des Elements Erde

Ein neues Heim mit Engelmagie

Der Ort, an dem wir wohnen, hat starken Einfluss auf uns, denn unser Zuhause repräsentiert Sicherheit und Geborgenheit in unserem Leben. Wenn die Umstände (ob zufällig oder frei gewählt) erfordern, dass wir uns auf die Suche nach einem neuen Zuhause machen, so ist die Wahl des Wohnorts sehr bedeutsam für uns. Die Art der Engelmagie für ein neues Zuhause ist unabhängig davon, ob wir aus einer Notwendigkeit heraus oder aufgrund einer freien Entscheidung umziehen. Schreiben Sie alles auf, was Sie in Bezug auf eine neue Wohnung brauchen und sich wünschen.

Möchten Sie in einem großen Haus, einem kleinen Appartement, in der Stadt, auf dem Land, in der Nähe Ihrer Arbeitsstelle oder einer guten Schule wohnen? Welche Art von Wohnung suchen Sie – Altbau, Neubau oder eine Etagenwohnung? Hätten Sie gerne einen Garten, um den Sie sich kümmern möchten?

Blättern Sie in Ruhe einige Immobilienangebote durch, um sich zu orientieren. Wünschen Sie eine bestimmte Ausstattung, und wenn ja, welche?

Nehmen Sie sich einige Tage Zeit, um sich ein genaues Bild von der Umgebung zu machen, in der Sie wohnen möchten. Wenn Sie zu einem Ergebnis gekommen sind, überprüfen Sie Ihre Liste noch einmal, um sicherzustellen, dass darin alles für Sie Notwendige aufgeführt ist.

Dann besorgen Sie sich ein kleines Holzhäuschen, wie es zum Beispiel in der Weihnachtszeit als Christbaumanhänger verkauft wird oder in einem Spielwaren- und Geschenkeladen zu finden ist.

Schreiben Sie mit weißer Farbe Ihren Namen (ich würde zum Beispiel »Silvers Haus« schreiben) auf das kleine Haus. Lassen Sie genügend Platz für die Hausnummer frei.

Stellen Sie auch fest, welche Zeit, welche Kerzenfarbe, welcher Tag und welche Stunde usw. am besten für die Arbeit für Ihr neues Zuhause geeignet ist. Anhand der Erkenntnisse, die Sie inzwischen gewonnen haben, können Sie nun einen bestimmten Engel als Beistand auswählen oder einfach die Engel der Erde um ihre Hilfe bitten.

Beginnen Sie mit der Altarandacht, dann reinigen, weihen und segnen Sie Ihr kleines Haus. Anschließend halten Sie das Haus in beiden Händen und bitten die entsprechenden Engel um Hilfe bei der Suche nach dem geeigneten Wohnort für Sie. Stellen Sie das Haus auf die vorbereitete Liste und lassen beides auf Ihrem Altar.

Wenn Sie das richtige Haus oder die passende Wohnung gefunden haben, malen Sie die entsprechende Hausnummer auf das kleine Holzhaus und führen wieder eine Altarandacht durch. Halten Sie das Haus in beiden Händen und bitten die jeweiligen Engel um Unterstützung, um das Haus oder die Wohnung Ihrer Wahl auch wirklich zu erhalten, vorausgesetzt, dass es wirklich das Richtige für Sie ist. (Manchmal glauben wir, das passende Haus oder die ideale Wohnung gefunden zu haben, aber es fehlen uns noch notwendige Informationen darüber.)

Halten Sie sich in Ihrer Magiearbeit auch immer eine Rückzugsmöglichkeit offen, sodass die Magie auch dann zu Ihrem Wohl wirken kann, wenn sich herausstellt, dass das betreffende Haus oder die Wohnung doch nicht das richtige Zuhause für Sie sein sollte.

Wenn Sie definitiv das für Sie Passende entdeckt haben und mit der finanziellen Regelung beschäftigt sind, bitten Sie die Engel wiederum an Ihrem Altar um Unterstützung. Achten Sie darauf, Ihren Wunsch nach einer unkomplizierten, rechtlich einwandfreien Transaktion klar auszudrücken, und vergessen Sie nicht, auch hier eine Ausweichmöglichkeit einzuräumen, falls bei Ihrer Entscheidung unerwartete Schwierigkeiten auftauchen sollten.

Wenn Sie tatsächlich umgezogen sind, schaffen Sie in Ihrem neuen Zuhause einen heiligen Bereich, führen die notwendige magische Hausreinigung durch und danken den Engeln für ihre Hilfe bei der erfolgreichen Suche. Verwahren Sie das kleine Holzhaus an einem sicheren Ort auf. Sie können es sicher später für andere Zwecke, wie zum Beispiel für den Schutz Ihres Hauses, für mehr Harmonie in Ihrer Umgebung oder zur Unterstützung bei Reparaturen oder neuen Anschaffungen für Ihr Heim verwenden.

Die Unterstützung der Engel bei der Suche nach einer neuen Stelle oder bei der Planung der beruflichen Karriere

Sie können um keinen Preis der Welt Harmonie in Ihr neues Zuhause bringen, wenn Ihnen Ihre Arbeit nicht gefällt. Die ideale Situation ist gegeben, wenn Ihnen das, was Sie tun, Spaß macht und Sie damit genug verdienen können, um Ihre Bedürfnisse zu befriedigen und auch noch etwas für besondere Wünsche übrig bleibt.

Wenn wir auf der Suche nach einer Tätigkeit sind, die uns befriedigt, kommen wir nicht umhin, uns selbst einige schwierige Fragen zu beantworten, andernfalls können wir mit der Magiearbeit keinen Erfolg erzielen.

Überlegen Sie ganz ernsthaft, was Sie mit Ihrem Leben anfangen möchten. Was wünschen Sie sich? Welche Art von beruflicher Tätigkeit ermöglicht Ihnen, in Harmonie mit Ihrer Umgebung und sich selbst zu leben? Diese Fragen kann man nicht vorschnell beantworten. Möglicherweise ist es angebracht, über dieses Thema zu meditieren. Bei dieser Seelenforschung ist entscheidend, dass wir auf alle inneren Einwände und negativen Erwartungen, die unser rationelles Denken uns vorgibt, verzichten. Das bedeutet, sich nicht auszumalen, welche Hindernisse und Widrigkeiten sich in den Weg stellen könnten. (Zum Beispiel: »Ich kann nicht Jura studieren, weil ich nicht genügend Geld habe.«) Wenn Ihre Gedanken in diese Richtung gehen, boykottieren Sie sich damit selbst. Stellen Sie sich stattdessen vor, in einer vollkommenen Welt zu leben, in der Ihnen alle Türen offen stehen. Auf dieser Grundlage entscheiden Sie sich für das, was Sie am liebsten tun möchten.

Beginnen Sie dann, dieses Ziel sowohl auf magische wie auch auf praktische Weise anzustreben. Schreiben Sie Ihr genaues Berufsziel auf eine Karteikarte und stellen Sie die Karte auf Ihre Kommode, auf den Kühlschrank oder an einen anderen Ort, an dem Sie sie zumindest einmal täglich sehen können. Überlegen Sie in Ruhe, welche Schritte notwendig sind, um das berufliche Ziel Ihrer Wahl zu erreichen. Wenn Sie zum Beispiel Anwalt oder Anwältin werden möchten, überlegen Sie, wie lange Sie dafür studieren müssen, wie viel Geld dafür ungefähr notwendig sein wird usw. Hören Sie nicht auf innere Einwände, die Sie an Ihrem Ziel zweifeln lassen, sondern achten Sie auf einen positiven und optimistisch geführten inneren Dialog.

Vielleicht wissen Sie nicht genau, welche Schritte für die Erreichung Ihres Traumberufs notwendig sind? Unterhalten Sie sich mit verschiedenen Menschen darüber, das ist nicht so kompliziert, wie es klingen mag, denn die meisten Leute sprechen gerne über ihre Arbeit und haben es eher schwer, willige Zuhörer zu finden. Sie werden sicher auf Offenheit stoßen und alle notwendigen Informationen erhalten, wenn Sie zu erkennen geben, dass Sie an diesen Auskünften wirklich interessiert sind. Die Menschen werden Ihnen gerne detailliert von ihrem Werdegang erzählen und auch über mögliche Hindernisse und Schwierigkeiten sprechen, die sich ergeben könnten. Hören Sie aufmerksam zu. Wenn jemand von seinen eigenen Erfahrungen erzählt, weiß er genau, wovon er spricht. Sie können sich auch Notizen machen, wenn Sie das gerne möchten.

Entwerfen Sie eine Übersicht, in der der logische Ablauf aller notwendigen Schritte zu Ihrem beruflichen Wunschziel detailliert aufgeführt ist. Wenn Sie zum Beispiel Krankenschwester werden möchten, finden Sie heraus, bei welcher Schule Sie sich bewerben müssen und welche Anmeldeformulare dafür notwendig sind. Dieser Vorgang stellt einen Schritt in Ihrer Übersicht dar und erhält ein Kästchen, das Sie abhaken können, wenn es erledigt ist, um dann zum nächsten Kästchen überzugehen usw. Diese Übersicht ist wichtig, denn so können Sie auch Ihre Magiearbeit dem logischen Ablauf entsprechend durchführen. Schreiben Sie neben jedes Kästchen den Namen des Engels, den Sie bei der Bewältigung des Vorhabens, das dort aufgeführt ist, um Hilfe bitten möchten. Wenn Sie den Engel nicht mit seinem Namen bezeichnen möchten, können Sie stattdessen einfach »Engel der Erde« schreiben oder die

Eigenschaften des Engels nennen, der Sie bei Ihrem Plan unterstützen soll. Der Engel der Heilung Raphael wäre zum Beispiel als Helfer für das Berufsziel der Krankenschwester gut geeignet. Wenn Sie große Ziele in kleine Abschnitte unterteilen, sind sie leichter zu erreichen. Immer wenn Sie das Vorhaben in einem der Kästchen erfolgreich durchgeführt haben, belohnen Sie sich mit einer Kleinigkeit, wie zum Beispiel mit einem Buch, das Sie sich schon lange gewünscht haben; einem Kinofilm, den Sie schon immer sehen wollten; oder einem Ferngespräch mit einem Freund, von dem Sie schon lange nichts mehr gehört haben. Die Belohnungen müssen nicht groß sein, wichtig ist, dass sie für Sie eine vollbrachte Leistung repräsentieren. Bedanken Sie sich bei Ihren Engeln für jedes Kästchen, das Sie abhaken können. Geben Sie der Sorge um Geld oder um die Bewältigung des nächsten Schrittes keinerlei Raum in Ihren Gedanken. Sprechen Sie sich auf dem Weg zu Ihrem neuen beruflichen Ziel selbst Mut und Vertrauen zu.

Arbeiten Sie daran, Ihr berufliches Ziel in der Meditation ganz ausführlich zu visualisieren. Sehen Sie sich zum Beispiel ganz konkret als Anwalt, der lächelnd seine Arbeit verrichtet. Praktizieren Sie diese Vorstellung jeden Tag. Stellen Sie sich vor, wie Sie sich in eine Hochschule einschreiben, wie Sie lächelnd in einer Klasse sitzen, mit Ihren Kommilitonen sprechen usw. Sehen Sie vor sich, wie Sie Ihre Prüfungsblätter mit guten Noten zurückbekommen. Visualisieren Sie, wie Sie Spaß am Studium haben und voller Begeisterung an die neue Aufgabe gehen.

Beginnen Sie mit der Engelmagiearbeit. Suchen Sie nach Bildern von Menschen, die in Ihrem Traumberuf arbeiten, und schneiden Sie sie aus. Wenn Sie zum Beispiel Künstler oder Anwalt werden möchten, suchen Sie nach entsprechenden Fotos in Zeitungen und Zeitschriften. Besser wäre noch, Sie würden sich Ihrem Berufswunsch entsprechend kleiden und dann einen Freund oder Familienangehörigen bitten, ein Polaroidfoto von Ihnen in Ihrer neuen Berufskleidung zu machen. Schreiben Sie Ihr Berufsziel genau mit allen Einzelheiten wie

Gehalt, Arbeitsplatz, Sozialleistungen, Versicherungen, Verkehrsmittel usw. auf. Arbeiten Sie sehr gründlich. Überprüfen Sie, welche Magiebereiche für die Art der Arbeit, die Sie anstreben, gut geeignet sind, und schreiben Sie sie auf, denn Sie werden in der Zukunft noch oft Verwendung dafür haben.

Ebenso wie bei der vorher beschriebenen Hausmagie legen Sie Ihr Foto und die dazugehörige Liste auf den Engelaltar und führen die Altarandacht durch. Geben Sie genau an, welche Art von Arbeit/Beruf Sie anstreben, und bitten Sie um Hilfe für die Erreichung Ihres Ziels. Wenn Ihr Berufsziel mehrere vorbereitende Schritte wie eine Ausbildung oder Lehre erfordert, sollten Sie die einzelnen Abschnitte nacheinander in Betracht ziehen und Ihre Magiearbeit darauf abstimmen. Erwarten Sie nicht, dass der Erfolg über Nacht eintritt, und halten Sie sich ebenso wie bei der Hausmagie eine Rückzugsmöglichkeit offen, falls das gewählte Berufsziel doch nicht das richtige für Sie sein sollte. Wenn wir uns etwas erträumen, bedenken wir manchmal nicht alle Tatsachen. Wenn ich zum Beispiel gerne Arzt oder Ärztin werden würde, aber kein Blut sehen und diesen Widerwillen auch nicht überwinden kann, wäre vielleicht ein anderer Bereich besser für mich geeignet. Die Möglichkeit, Ihre Meinung zu ändern, sollten Sie sich immer vorbehalten, damit Sie den Weg zum Erfolg beibehalten können. Zu Beginn eines jeden neuen Abschnitts in Ihrer beruflichen Entwicklung sollten Sie wieder ein Ritual durchführen.

Wenn Sie sich schließlich um eine Stelle bewerben, sollten Sie sich bei der Erstellung Ihres Lebenslaufs professionell beraten lassen. Legen Sie Ihren Lebenslauf auf den Altar, führen dort die Altarandacht durch und drücken wieder Ihre konkreten Bedürfnisse im Hinblick auf Ihren Berufswunsch aus. Bitten Sie die Engel um die entsprechenden offenen Stellen und lassen Sie eine Kopie Ihres Lebenslaufs auf dem Altar.

Beginnen Sie mit der Suche nach der richtigen Stelle und füllen Sie die dafür notwendigen Bewerbungsformulare aus. Jeden Abend kehren Sie zu Ihrem Engelaltar zurück und bitten dort um Unterstützung. Sie sollten nie enttäuscht sein, wenn die Dinge sich nicht so schnell entwickeln, wie Sie es gerne hätten. Seien Sie sich stets bewusst, dass die für Sie optimale Stelle, die genau Ihren Wünschen entspricht, auch in Erscheinung treten wird. Dank der offen gehaltenen Rückzugsmöglichkeit gehen Sie kein Risiko ein.

Wenn Sie einen Termin für ein Vorstellungsgespräch erhalten haben, gehen Sie am Vorabend zu Ihrem Engelaltar und bitten darum, die für Sie richtige Arbeitsstelle zu erhalten, die wirklich Ihren Bedürfnissen entspricht. Stellen Sie sich in der Meditation vor, wie Sie das Vorstellungsgespräch erfolgreich durchführen und wie gelassen, intelligent und interessant Sie auf den Gesprächspartner wirken werden. Wenn Sie vor dem Gebäude stehen, in dem das Gespräch stattfindet, bitten Sie Ihren Schutzengel um seinen Beistand. Dann sagen Sie dem Engel der Branche, in der Sie arbeiten möchten, warum Sie hier sind und was Sie suchen. Erinnern Sie sich an die Neun Chöre aus dem Kapitel 3? Jeder Geschäftszweig, jede Branche, jede Regierungsstelle usw. hat ihren eigenen Schutzengel. Diese Engel helfen Ihnen herauszufinden, was in Ihrem eigenen Interesse und im Interesse der Gesellschaft liegt, bei der Sie sich bewerben. Ich wünschte, ich hätte diese Erkenntnis schon gewonnen, bevor ich meine verschiedenen Arbeitsstellen angenommen habe; denn das hätte mir viele Sorgen und Schwierigkeiten erspart. Wenn das Vorstellungsgespräch nicht den gewünschten Erfolg bringt, bleiben Sie gelassen und lassen Sie den Mut nicht sinken. Bitte denken Sie immer daran, dass der Verzicht auf die inneren Einwände und negativen Erwartungen unerlässlich ist.

Wenn Sie Ihr Ziel schließlich erreicht haben, belohnen Sie sich selbst und denken Sie daran, den Engeln für ihre Hilfe zu danken.

Die folgenden Punkte sind bei diesem Prozess unbedingt zu beachten: der Verzicht auf innere Einwände, ein Plan der konkret durchzuführenden Schritte und das Vertrauen in das Göttliche. Unabhängig von der Art Ihrer Magiearbeit oder der Absicht, die Sie damit verfolgen, sollten Sie diese drei wichtigen Dinge nie aus den Augen verlieren, denn sie sind der Schlüssel zum Erfolg.

Lassen Sie Ihrer Kreativität bei der Planung der einzelnen Schritte freien Lauf. Ich gebe Ihnen dazu einige Beispiele:

Entwerfen Sie eine Visitenkarte mit Ihrem Namen und dem Beruf, den Sie ausüben möchten:

> SILVER RAVENWOLF
>
> *Engelberaterin und klinische Hypnotherapeutin*
>
> Sitzungen nur nach Vereinbarung
>
> Telefonnummer

Sie könnten auch einen Zeitungsartikel entwerfen, in dem über Ihren erfolgreichen Aufstieg berichtet wird. Eine entsprechende Schlagzeile könnte so aussehen (siehe Seite 245).

Bill bekommt einen gut bezahlten Job

Diese Geschichte hat sich aus heiterem Himmel ereignet. Eines Nachmittags rief mich eine junge Frau an und sagte mir, dass ihr Freund gerne mit mir sprechen würde. Ich hatte bereits andere Termine, aber sie sagte, dass sie sich große Sorgen um ihn mache und ob es mir möglich wäre, am folgenden Tag ein Telefongespräch mit ihm zu führen? Schließlich stimmte ich zu, seinen Anruf am nächsten Tag entgegenzunehmen.

Entsprechend ihrer Ankündigung rief er am nächsten Vormittag an. Seine ersten Fragen betrafen seine Tochter, die bei ihrer Mutter in Texas lebte. Ging es ihr gut? Ich legte die Karten und sie zeigten, dass alles in Ordnung war, es gab keine besonderen Probleme. Im Gespräch erwähnte er ein Vorstellungsgespräch, das er für den folgenden Tag vereinbart hatte.

Der Engelbote

Jenine E. Trayer führt mit Ihrem letzten Titel die Bestsellerliste an

Entwerfen Sie ein Zertifikat, das anzeigt, dass Sie Ihr Ziel erreicht haben.

Hiermit wird bestätigt, dass

____

das Ziel

____

heute, am

__________ *20*___ *erreicht hat*

*Unterschrift*____________________

Herzlichen Glückwunsch!

Üben Sie Ihre Unterschrift mit dem Titel, den Sie erreichen möchten. Sie müssen nicht befürchten, sich lächerlich zu machen, denn niemand wird davon wissen.

Silver RavenWolf – Best Selling Author

Silver RavenWolf – Best Selling Author

Er befürchtete, die Stelle nicht zu bekommen. Das Jahresgehalt für diese Stelle lag bei etwa 30.000 Euro.

»Ich brauche diesen Job dringend«, sagte er.

»Warum versuchen Sie nicht Ihren Schutzengel um Hilfe zu bitten?«, fragte ich ihn.

»Soll ich das einfach laut sagen?«

»Natürlich. Bitten Sie Ihren Schutzengel, Ihnen zu helfen, und wenn Sie das Gebäude betreten, in dem das Vorstellungsgespräch stattfindet, bitten Sie auch den Engel dieser Branche, Ihnen beizustehen. Sie werden sehen, dass alles in Ordnung sein wird«, riet ich ihm.

Ich vergaß diese Unterhaltung und dachte, dass ich nie mehr wieder von dem Mann hören würde. Am Abend jedoch erhielt ich einen weiteren Anruf.

»Hier spricht Bill. Ich möchte Ihnen danken, dass Sie mir von meinem Schutzengel erzählt haben. Ich habe genau das gemacht, was Sie gesagt haben – und ich habe die Stelle bekommen!«

Die Umwandlung von Angst

Der Einfallsreichtum unseres Geistes kennt keine Grenzen. Alles, was positiver Natur ist, trägt dazu bei, dass wir unsere Ziele erreichen können. Natürlich müssen wir zuerst wissen, welcher Art unsere Ziele tatsächlich sind, und das setzt voraus, dass wir ein Leben ohne Angst führen können.

Ich hatte zum Beispiel schreckliche Angst davor, im Fernsehen über meine Überzeugung zu sprechen. Mein Vater war sicher, dass mein Leben ruiniert wäre, wenn allgemein bekannt werden würde, dass ich mich mit alternativer Religion und Heilung beschäftigte. Er achtet meinen Glauben und weiß, dass ich damit niemand Schaden zufüge, aber er befürchtete, dass es ein großer Fehler sein könnte, damit an die Öffentlichkeit zu gehen. Seine Angst war nicht unbegründet, denn viele andere Wiccaner haben unter Druck am Arbeitsplatz, an ihrem

Wohnort und sogar innerhalb ihrer eigenen Familie zu leiden. Ich kannte das nur zu gut, denn ich hatte in meiner Arbeit oft mit solchen Fällen von Diskriminierung zu tun. Als ich zum ersten Mal Gelegenheit hatte, im amerikanischen Fernsehen zu sprechen, misslang der Auftritt. Meine Angst führte zu einer negativen Ausstrahlung, die sich auf die Menschen auswirkte, die das Gespräch vorher mit mir geführt hatten. Ich war mir darüber auch im Klaren, doch dieses Fiasko löste in mir das Gefühl aus, inkompetent und dumm zu sein. Es war für mich an der Zeit, ernsthaft darüber nachzudenken, was ich in meinem Leben erreichen wollte und warum ich es wollte.

Ich kam zu dem Entschluss, dass es nicht möglich sei, Bücher zu verkaufen, ohne auf die eine oder andere Art dafür zu werben und sich nach den Regeln der Marktwirtschaft zu richten. Mein Konzept besteht darin, dieses System für mich zu nutzen und es nicht gegen mich zu richten. Dennoch möchte ich mich niemals gezwungen fühlen, die Erwartungen anderer Menschen erfüllen zu müssen. Dazu gehört zum Beispiel, dass ich nicht bereit bin, ständig auf Buchvorstellungen unterwegs zu sein. Denn mein Hauptverantwortungsbereich liegt darin, für meine Kinder da zu sein. Ich möchte aber betonen, dass es sich bei solchen Werbefahrten nicht um die überzogene Anforderung eines bestimmten Verlags handelt, sondern um eine durchaus übliche Praxis im Verlagsgeschäft, der die meisten Autoren auch nachkommen. Eine Buchvorstellung gehört also zum üblichen Geschäft und stärkt außerdem das Selbstbewusstsein des Autors, wenn viele Menschen zu einer solchen Veranstaltung kommen, um dessen Bücher signieren zu lassen. Ich weiß, dass ich einige Zugeständnisse machen muss, für mich heißt das konkret, dass ich die Orte auswähle, an die ich problemlos kommen kann. Ein wichtiges Kriterium für mich ist, dass ich mich in dieser Zeit um das Wohlergehen meiner Kinder nicht sorgen muss. Ich verreise also nicht sehr weit und auch nicht für längere Zeit. Wenn meine Kinder größer sind, wird es mir möglich sein, auch diesen Bereich des Verlagsgeschäfts zu genießen. Ich habe mich aber entschlossen, so lange zu warten, bis es so weit ist. In Ihrer beruflichen Karriere müssen Sie selbst beurteilen, wie Sie mit den verschiedenen Anforderungen umgehen. Dabei sollten Sie niemals vergessen, dass die Entscheidung wirklich in Ihrer Hand liegt. Es ist mir gelungen, meine Öffentlichkeitsarbeit langsam und kontinuierlich zu verbessern. Dieser Prozess nahm viel Zeit in Anspruch, aber schließlich hatte ich noch einmal Gelegenheit, im Fernsehen aufzutreten. Wieder löste dieser Termin große Angst in mir aus. Ich malte mir immer und immer wieder die schlimmsten Situationen aus, die eintreten könnten, bis mir klar wurde, was ich falsch machte. Ich war in Gedanken dabei, negative Umstände zu kreieren und Schwierigkeiten regelrecht anzuziehen.

Ich nahm also die Sache auf andere Weise in Angriff und gab meinen Ängsten ganz bewusst eine positive Richtung. Die Sendung war sehr erfolgreich, ich fühlte mich dabei ausgezeichnet. Es zeigte sich, dass meine Welt dadurch nicht über mir zusammenbrach, sondern dass die Menschen, die das Interview gesehen hatten, sogar begeistert waren. Ich werde nie vergessen, wie ich zwei Tage nach der Fernsehsendung meine Bank betrat und, kaum durch die Glastüre gekommen, mir eine Bankangestellte schon zurief: »Ich habe Sie neulich im Fernsehen gesehen, es war sehr aufregend!« Sie war alles andere als wütend auf mich. Auch die anderen Bankangestellten waren begeistert. »Wie schade, dass ich es verpasst habe«, sagte eine andere und ich konnte am Ton ihrer Stimme hören, dass ihre Worte wirklich von Herzen kamen. Als ich später in ein Restaurant am Ort ging, erfuhr ich dort ebenfalls die gleiche, überaus freundliche Resonanz.

Diese wertvolle Erfahrung hat mich gelehrt, meinen Ängsten nicht nachzugeben. Außerdem hat sich dadurch gezeigt, dass ich meine Ängste verwandeln und auf eine positive Lösung meines inneren Konflikts ausrichten kann. Das ist eine Aufgabe, die niemand leicht fällt. Wenn Sie dabei erfolgreich waren, sollten Sie das auch anerkennend zur Kenntnis nehmen und stolz auf Ihren Erfolg sein. Wir werten uns selbst nur allzu oft ab, weil wir nicht möchten, dass wir von anderen Menschen für arrogant gehalten werden. Es ist gut, bescheiden zu sein – aber es ist dumm, das eigene Selbstbewusstsein zu zerstören. Mangelnde Selbstachtung macht uns nicht nur depressiv, sondern sie überträgt sich auch auf die Menschen um uns herum und zieht sie ebenfalls in das Gefühl von tiefer Mutlosigkeit. Denken Sie daran, dass jede Ihrer Handlungen bei irgendeinem anderen Menschen eine ebensolche Reaktion auslöst.

Der Umgang mit Eifersucht

Wir halten Eifersucht für ein Gefühl (und das ist sie natürlich auch), dennoch richtet sie sich meist auf materielle Dinge wie auf die Arbeit, die Wohnung, den Besitz und natürlich vor allem auf Menschen, die wir als unser Eigentum betrachten. (Im Unterbewusstsein wissen wir natürlich, dass das falsch ist, aber wir haben die schlechte Angewohnheit, diese Haltung dennoch einzunehmen.) Ich habe mich entschlossen, den Bereich der Eifersucht dem Element der Erde zuzuordnen, weil er in direktem Bezug zu Stabilität und Sicherheit in unserem Leben steht.

Eifersucht ist eindeutig keine engelhafte Eigenschaft, sie bringt uns mehr Schaden als Nutzen. Die Engel können uns aber helfen, gegen unsere Eifersucht anzugehen, wenn wir den Mut haben, dieses Gefühl nicht zu verstecken und es als das anzuerkennen, was es tatsächlich ist.

Jeder von uns hat verschiedene Auslöser für seine Eifersucht, das bedeutet, dass jeder Mensch aus ganz unterschiedlichen Anlässen eifersüchtig reagiert. Wir sollten daher zunächst genau untersuchen, was uns eifersüchtig macht und warum das so ist. Das ist ebenso schwierig wie der Umgang mit unseren Ängsten. Angst und Eifersucht ergänzen sich hervorragend und beide zusammen wirken sich verheerend auf Harmonie aus. Wenn wir diesem brodelnden Gefühlsgemisch auch noch unsere Unsicherheit zugeben, erhalten wir ein übles Gebräu, das gelegentlich zu explodieren droht. Je mehr sich diese fatale Mixtur in unserem Leben ausbreitet, umso größer wird die Verwirrung und umso unglücklicher werden wir selbst dabei. Diese negativen Energien haben eine ungute Schneeballwirkung und können alles, was wir in mühsamer Arbeit erreicht haben, so schnell zunichte machen, dass wir manchmal gar nicht wissen, was eigentlich geschehen ist und was der wirkliche Auslöser dafür war.

Die Beseitigung von negativer Energie aus unserem Leben erfordert Mut und Ehrlichkeit sich selbst gegenüber. Deshalb sollten Sie erst Frieden mit sich selbst schließen, bevor Sie darangehen, Ihr Seelenleben zu erforschen. Seien Sie sich stets bewusst, dass alles, was Sie in Ihrem Innersten entdecken könnten, nicht so schrecklich sein kann, dass es nicht zum Guten gewendet werden könnte. Wenn Sie in eine gähnende schwarze Tiefe blicken, bedeutet das, dass Sie Ihre Angst vor dem Umgang mit Ihrer eigenen dunklen Seite noch nicht bewältigt haben. Schauen Sie stattdessen auf das Licht und erkennen Sie, dass jeder Mensch auf diesem Planeten diesen Weg in sein Innerstes gehen muss, um Ausgeglichenheit und Harmonie zu erreichen.

Beantworten Sie bitte nun die folgenden Fragen: Wie oft werde ich eifersüchtig? (Mehrmals am Tag? Einmal pro Woche? Ab und zu?) Je öfter Sie Eifersucht verspüren, umso mehr Arbeit haben Sie vor sich. Welche Art von Eifersucht kennen Sie bei sich? (Begehren Sie den Besitz anderer Menschen? Geht es meist um die Liebe?) Richtet sich Ihre Eifersucht auf eine bestimmte Person oder auf Situationen im Allgemeinen?

Gefühle von Eifersucht und Neid entstehen meist, wenn wir unsere Sicherheit und Geborgenheit auf irgendeine Weise bedroht sehen. Untersuchen Sie Ihre Antworten auf die oben gestellten Fragen unter diesem Aspekt. Zeigen Ihre Antworten, dass Sie befürchten, etwas oder jemanden zu verlieren? Betreffen die Antworten Ihr Selbstwertgefühl und das Gefühl von Ausweglosigkeit? Manche Menschen werden eifersüchtig, wenn sie verletzt wurden. Diese Art der Eifersucht kann mitunter in ihrer schlimmsten Erscheinungsform auftreten, denn sie kann sich in Hass verwandeln, wenn wir nicht achtsam sind.

Ich möchte Ihnen helfen, der Ursache des Problems auf die Spur zu kommen. Denn wenn Sie einmal den tieferen Ursprung Ihrer Eifersucht entdeckt haben, können Sie auch beginnen, sich davon zu befreien. Immer wenn ein eifersüchtiger oder übel wollender Gedanke in Ihnen auftaucht, können Sie ihm mit dem Wort »Engelsegen« entgegenwirken, dadurch wird der negative Gedanke in einen positiven umgewandelt.

Schreiben Sie die verschiedenen Formen der Eifersucht bei Vollmond auf ein Blatt Papier und bringen es zu Ihrem Engelaltar. Führen Sie Ihre Altarandacht durch und bitten Sie die Engel, Ihnen zu helfen, Ihre negativen Gefühle zu überwinden. Arbeiten Sie ganz konkret daran, die Eifersucht aus Ihrem Leben zu beseitigen, indem Sie neue Verhaltensweisen versuchen, sich selbst beglückwünschen, wenn Sie erfolgreich waren, indem Sie sich mit Ihren Ängsten konfrontieren und lernen, nicht zu kritisch mit sich selbst und anderen zu sein.

Die Affirmation für die Engelfülle

Ich bin eine große Anhängerin von Affirmationen. Affirmationen sind positive Aussagen, die Ihnen helfen sollen, ein produktiveres und harmonischeres Leben zu führen. Es ist nicht wichtig, ob Sie sie sprechen oder aufschreiben, solange sie kurz und positiver Natur sind und sich für die tägliche Anwendung eignen. Eine kurze Affirmation lautet zum Beispiel:

Die Engel bringen Harmonie in mein Leben.

Längere Affirmationen, wie die folgende, können Sie sprechen, wenn Sie morgens aufstehen und bevor Sie abends schlafen gehen.

Ich bin eins mit dem Universum,
Ich bin eins mit den Reichtümern meines Bewusstseins und
Unterbewusstseins,
Ich bin eins mit dem Göttlichen.

Es ist mein Recht, wohlhabend, glücklich und erfolgreich zu sein.
Geld fließt mir großzügig und endlos im Überfluss zu.
Ich bin des universellen Reichtums wahrhaft würdig.
Die Engel segnen mich mit finanziellem Wohlstand und Sicherheit.
Ich wiederum segne andere mit meinen Talenten und meiner Liebe.

Engel und entlaufene Haustiere oder verloren gegangene Gegenstände

In unserer Gesellschaft spielen Haustiere eine wichtige Rolle. Sie bringen uns der Erde näher und lehren uns die Lektion der bedingungslosen Liebe. Wenn ein Haustier vermisst wird, erfüllt sich das ganze Haus mit Traurigkeit, aber die Engel können uns helfen, es wieder zu finden. Sie brauchen dafür eine grüne Kerze, ein grünes Band, ein Foto Ihres Haustiers, eines seiner Lieblingsspielzeuge und einen Gegenstand, an dem sich die Haare (oder Schuppen, Federn oder Ähnliches) des Tieres befinden. Der Engel der zahmen Tiere ist Behemiel. Entzünden Sie die grüne Kerze, rufen Sie Ihren Schutzengel und bitten Sie um den Beistand von Behemiel bei der Suche nach Ihrem Tier. Binden Sie das grüne Band um Ihren Altar und verbinden Sie die beiden Enden mit einem Knoten (bitte nur einen Knoten). Legen Sie alle Gegenstände, die zu Ihrem Haustier gehören, in die Mitte der Schleife und bitten Sie um die sichere Rückkehr des Tieres. Lassen Sie alle Gegenstände auf Ihrem Altar, bis Sie Ihr Haustier wieder finden. Wenn es zurückgekehrt ist, bedanken Sie sich bei Ihrem Schutzengel und bei Behemiel.

Bei einem verloren gegangenen Gegenstand wechseln Sie die Farbe der Kerze und des Bandes, sodass sie dem Gegenstand entsprechen. Wenn es sich zum Beispiel um einen verloren gegangenen Diamantring handelt, wäre die passende Farbe Braun oder Grün, denn Diamanten gehören zur Erde. Sie können die Farbentsprechungen und die geeigneten Engelstunden noch einmal nachlesen. Wählen Sie den Engel, der die größte Verbindung zu dem verloren gegangenen Gegenstand hat.

Schutz

Die Schutzmagie unterliegt allen Engeln, die Wahl des Engels hängt von der Art des Schutzes ab, der benötigt wird. Für die Sicherung von Besitz bitten Sie die Engel der Erde um Hilfe. Wenn es um Gesundheit geht, sind die Engel des Wassers zuständig. Die Bewahrung von Leidenschaft und Kreativität unterliegt den Engeln des Feuers und der Schutz des Geistes und jeder Art von Wissen oder Kommunikation betrifft die Engel der Luft. Die Schutzmagie wird meist entweder bei Vollmond oder an einem Montag (dem Mondtag) oder in der Engelstunde des Mondes durchgeführt. Die Schutzmagie wird vorzugsweise in einem magischen Kreis in Form eines Rituals praktiziert.

Für die Anrufung der Engel des Schutzes können Sie die folgenden Worte sprechen:

Schwert und Blitze, ein plötzliches Aufleuchten,
Durch die Kraft von Mars sollen meine Feinde zerstört werden.
Wendet den Angriff zurück, richtet ihn gegen sie,
Weist ihren Stolz in die gebührenden Schranken.

Geh, lieber Michael, durch das Licht deines Feuers,
Gib mir Schutz, das ist mein fester Wunsch.
Geh, lieber Michael, durch die Weisung des Himmels
Sollen sie nie mehr Verleumdungen sprechen, die andere erzürnen.

Ich durchbreche die Schranken, ich löse die Freundschaft,
Ich beschwöre die Kräfte meiner eigenen Sippe.
Blut und Gebeine und brodelndes Feuer,
Michael, kreise höher und höher.

Ich betreibe die Magie zu meinem Schutz,
Ich rufe die Engel nach Gottes Wahl,
Sie fliegen gegen die heulenden Stürme,
Ich erbitte den Schutz, das Böse wird sterben.

Diejenigen unter Ihnen, die häufig Magiearbeit betreiben, werden diese Worte sicher als ganz gewöhnlich auffassen. Der andere Teil meiner Leser, der noch keine große Erfahrung mit Magiearbeit hat, könnte diese Zeilen möglicherweise als zu heftig empfinden. Wenn das für Sie zutrifft, sollten Sie die oben genannte Anrufung nicht verwenden. Bitte denken Sie aber daran, dass es immer angemessen ist, um Gerechtigkeit und Schutz zu bitten, ganz unabhängig von unserer Religionszugehörigkeit.

12. Engel und die Tierkreiszeichen

Die Astrologie ist die Lehre der himmlischen Zyklen und der kosmischen Ereignisse, die sich in unserer irdischen Umgebung widerspiegeln. Die Geschehnisse im Himmel sind eine unmittelbare Reflexion der Ereignisse, die auf der Erde passieren. Die Engel der Tierkreiszeichen können in Kombination mit Kunst und Wissenschaft mehr zu Ihrer spirituellen Entwicklung beitragen, als Sie für möglich halten. Natürlich ist es notwendig, dafür Zeit aufzuwenden und sich eingehend damit zu beschäftigen. Wenn Sie Ihr Leben aber wirklich in den Griff bekommen möchten, sollten Sie sich ausführlich mit dem Reich der Engel der Tierkreiszeichen befassen. Diese Engel können Ihnen helfen herauszufinden, was zu einem bestimmten Zeitpunkt passieren wird oder schon eingetreten ist. Die Astrologie ist flexibel, was den zeitlichen Ablauf betrifft, dadurch können wir die Dinge in einer nicht chronologischen Reihenfolge wahrnehmen. Die Engel der Tierkreiszeichen helfen Ihnen, »jenseits der Zeit« tätig zu werden, sodass die Kontrollmechanismen der linearen Energien nicht mehr spürbar sind.

Die astrologischen Geburtskosmogramme gehören sicher zu den bekanntesten Instrumenten der Magie. Des Weiteren kann Astrologie für die Menschen von besonderem Interesse sein, die in der Beratung, Theologie oder Magiearbeit tätig sind. Sie ist aber auch für allgemeine Untersuchungen nützlich. Wenn Sie sich zum Beispiel mit Geschichte beschäftigen, können Sie feststellen, wie die astrologische Situation zu einem bestimmten Zeitpunkt war. Der Anwendungsbereich für die Astrologie und die Weisheit der Engel der Tierkreiszeichen ist unendlich groß.

Sie müssen kein Mathematikgenie sein, um mit diesen Engeln arbeiten zu können. In diesem Kapitel werde ich nicht erklären, wie man ein Kosmogramm erstellt, sondern wir werden uns mit der Energie der Engel der Tierkreiszeichen beschäftigen, die Sie in verschiedene Bereiche Ihres Lebens einbringen können. Wenn Sie mehr über die Engel der Tierkreiszeichen und die Engel der Planeten wissen, möchten Sie vielleicht anhand der Informationen in den beiden folgenden Kapiteln auch Ihr eigenes Geburtskosmogramm (oder das anderer) kennen lernen. In diesem Buch erhalten Sie vor allem Grundkenntnisse über die Engel der Tierkreiszeichen und deren energetische Auswirkungen auf das Universum.

Die Tierkreiszeichen

Der Tierkreis wurde ursprünglich als Messverfahren entwickelt, um festzustellen, wie lange die Sonne braucht, um die verschiedenen Sternkonstellationen zu durchlaufen. Obgleich diese Bewegung tatsächlich die Drehung der Erde um die Sonne repräsentiert, scheint es, von der Erde aus gesehen, so, als ob die Sonne den Himmel durchlaufen würde. Der Tierkreis wird durch einen Kreis mit zwölf gleichen Abschnitten dargestellt. Jeder dieser Abschnitte ist einem Zeichen zugeordnet und in jedem Zeichen oder Abschnitt erscheint die Sonne jedes Jahr ungefähr zur gleichen Zeit. Jedes Tierkreiszeichen trägt den Namen einer bestimmten Konstellation und hat im Lauf der Jahrhunderte seine eigenen Eigenschaften und Energien und seine ganz besondere Geschichte entwickelt. Zu jedem Tierkreiszeichen gehören auch besondere Engel einschließlich der »Engelherrscher«.

Die Engel des Widders
(20./21. März bis 19./20. April)

Farbe: Purpurrot
Herrscherplanet: Mars
Engelstunde: Camael
Zugehörige Pflanzen: schwarzer Pfeffer, Nelken, Koriander, Kreuzkümmel, Weihrauch, Ingwer, Poleiminze, Kiefer, Waldmeister
Symbol: ♈

In der Zeremonienmagie ist der Engel des Widders Aiel oder Machidiel. In der Kabbala sind die beiden regierenden Geister des Widderzeichens Sataaran und Sariel. Die Engel des Widders symbolisieren ursprüngliche Energie, sie sind die Engel der schnellen und spontanen Aktionen. Wild und leidenschaftlich treten sie selbst dann noch mit festem Schritt auf, wenn andere Engel keine Bewegung mehr wagen würden. Der Widder repräsentiert das erste Zeichen im Tierkreis, deshalb sind seine Engel immer zu Beginn einer Situation zugegen. Sie sind die Engel des Anfangs und der Impulse und beeinflussen Führungskräfte, Enthusiasmus, Stärke und Kampf.

Die Engel des Widders sind abenteuerlustig und erfreuen sich an allen Sportarten und Aktivitäten, die im Freien stattfinden. Diese Engel unterstützen uns in kleinen und in großen Dingen. Das folgende Beispiel zeigt, dass wir in unserem Leben manchmal auch Gewalt anwenden müssen, um an unser Ziel zu kommen: Ich blieb eines Abends vor einem Lebensmittelgeschäft stehen, weil mein jüngster Sohn etwas aus einem Süßwarenautomaten ziehen wollte. Er mühte sich für seine 50 Pfennig vergeblich ab, doch er wusste genau, was er wollte. Schließlich ging seine älteste Schwester mit ihm zusammen in das Geschäft und schon einen Augenblick später kamen beide zurück, mein Sohn war tränenüberströmt.

»Was ist denn passiert?«, fragte ich.

»Der Automat funktioniert nicht«, antwortete meine Tochter. »Er hat sein Geld zwar nicht verloren, aber er hat auch nicht das bekommen, was er wollte.«

Ich seufzte. »Setzt euch schon mal in das Auto, ich bin gleich wieder da.«

Ich steckte eine Münze in den Automat und versuchte den Knopf zu drehen. Es war vergeblich, er bewegte sich nicht. Ich versuchte es noch einmal. »Engel des Widders«, sagte ich leise, »nehmt doch heraus, was da drin steckt, und helft mir bitte, diesen Knopf zu drehen.« Ich drehte noch einmal daran – und er ließ sich bewegen. Voilà!

Mit meinem Schatz in der Hand ging ich zum Auto zurück.

»Wie hast du denn das gemacht?«, fragte mich mein Sohn.

Meine Tochter verdrehte nur die Augen. »Was denkst du denn? Sie hat es so gemacht wie immer, sie hat gezaubert!«

»Cool«, war der Kommentar meines Sohnes.

Die Engel des Stiers
(20./21. April bis 20./21. Mai)

Farben: Türkis oder Grün
Herrscherplanet: Venus
Engelstunde: Uriel
Zugehörige Pflanzen: Apfel, Kardamom, Geißblatt, Flieder, Magnolie, Eichenmoos, Patchouli, Plumeria, Rose, Thymian, Tonka, Ylang-Ylang
Symbol: ♉

In der Zeremonienmagie ist der Herrscherengel des Stiers Tual oder Asmodel. Die regierenden Geister des Stiers sind Bagdal und Araziel. Die Stierengel sind ruhige, beständige und zielstrebige Wesen voller Intensität. Sie werden oft mit Landwirtschaft und Wachstum in Verbindung gebracht und lieben attraktive und ästhetische Dinge und Energien. Die Engel des Stiers behalten in allen Gedanken und Handlungen stets ihr Ziel im Auge, sie können ausgezeichnet planen und gut mit Strukturen und Hierarchien umgehen. Diese Engel sind bekannt für ihre Kraft, sie sind die »Schwergewichtigen« des Universums, die Freude am Singen, an Musikinstrumenten und an anderen Formen der Unterhaltung haben. Wenn es erforderlich ist, können sie auch großen Starrsinn und Beharrlichkeit zeigen.

Die Engel des Stiers überwachen Vermögen und Einkommen. Wenn sie darum gebeten werden, geben sie Unterstützung bei einer neuen beruflichen Karriere oder beim Einkauf und sie sorgen auch dafür, dass wir verliehenes Geld zurückerhalten. Ich kann schnell sehr ärgerlich werden, wenn jemand seine Schulden nicht begleichen will. Wenn Ihr Temperament dem meinen entspricht, würden Sie den Schuldner wohl auch am liebsten aufsuchen, ihm gehörig die Meinung sagen und versuchen, die Schulden mit Gewalt einzutreiben. Natürlich führt dieser Weg keineswegs zum Erfolg und bringt Sie der Rückzahlung der Schulden um keinen Schritt näher. Sie sollten stattdessen auf liebevolle Art vorgehen, denn es ist wesentlich einfacher, mit Menschen umzugehen, die auf freundliche Weise handeln.

Der Mann meiner bester Freundin ist ein großartiger Bursche, aber er wird ständig von anderen ausgenutzt. Manchmal hat er Schwierigkeiten, für seine Arbeit auch ordnungsgemäß bezahlt zu werden, weil ihn die Leute für einen gutmütigen Menschen halten und denken, dass man ihn auf den Ausgleich seiner Rechnungen ohne weiteres warten lassen kann, weil es ja noch so viel anderes und Dringenderes zu bezahlen gibt. Wenn meine Freundin sehr wohlhabend wäre, würde sie das nicht weiter belasten, aber leider ist dies wie bei den meisten Menschen auf diesem Planeten nicht der Fall. Wenn ihr Mann sein Geld nicht erhält, hat die ganze Familie darunter zu leiden. Sicher ist vielen von Ihnen eine derartige Situation sehr vertraut. Was kann man dagegen unternehmen?

In dem Moment, in dem meine Freundin von ihrem Mann erfährt, dass er gerade wieder »mit so einem Kunden« zu tun hat, geht sie mit einer grünen Kerze zu ihrem Engelaltar. Zuerst ritzt sie das Stiersymbol in die Kerze, dann schreibt sie den Namen des säumigen Zahlers auf die linke Seite und den Namen ihres Mannes auf die rechte Seite einer Karteikarte. Über die beiden Namen zeichnet sie das Stiersymbol auf die Karte und zieht einen Pfeil von dem Schuldner zu ihrem Mann. Über den Pfeil setzt sie ein kleines DM-Zeichen und den Geldbetrag, der ihrem Mann zusteht. Sie berücksichtigt dabei auch den Zeitfaktor, das heißt, dass sie zum Beispiel eine Woche ansetzt, wenn sie so lange auf das Geld warten kann. Wenn sie das Geld aber innerhalb von 24 Stunden benötigt, trägt sie diese Zeit in die Karte ein. Auf die Rückseite der Karteikarte schreibt sie die Affirmation für die Engelfülle (siehe Seite 251 f.).

Die besten Tage für dieses Vorhaben sind der Donnerstag oder der Freitag, die beste Engelzeit sind die Stunden von Sachiel oder Uriel. Entzünden Sie eine Kerze und halten Sie die Karte in der Hand, während Sie sich auf Ihren Wunsch konzentrieren. Bitten Sie Ihren Schutzengel und die Engel des Stiers um Unterstützung. Lassen Sie die Karte auf Ihrem Altar, bis Sie das Geld erhalten haben, das man Ihnen schuldet. Dann bedanken Sie sich bei der betreffenden Person für die Begleichung der Rechnung und bei den Engeln für ihre Hilfe.

Die Engel der Zwillinge
(21./22. Mai bis 20./21. Juni)

Farbe: Silber
Herrscherplanet: Merkur
Engelstunde: Raphael
Zugehörige Pflanzen: Benjamin, Bergamotte, Kümmel, Dill, Lavendel, Zitronengras, Maiglöckchen, Pfefferminze, Gartenwicke
Symbol: ♊

Der wichtigste Engel der Zwillinge in der Zeremonienmagie ist Giel (auch Ambriel). Die beiden herrschenden Geister der Zwillinge sind Sagras und Saraiel. Die Engel der Zwillinge beschäftigen sich mit geistigen Zyklen und Energien, wie Kommunikation, Ideen und dem Verständnis für nicht sofort greifbare Konzepte. Diese Engelenergien sind ein aktiver Teil unseres Informationszeitalters und sie fungieren auch als »die Informanten«, sie sind nicht auf der Suche nach Wissen, sondern sie verbreiten es. Die Engel der Zwillinge sind immer in der Nähe, wenn sich eine Partnerschaft anbahnt, sei es im Geschäft, in der Liebe oder in Sport und Spiel.

Diese Engel überwachen Reisen, Beziehungen unter Geschwistern, Aktivitäten mit Nachbarn, Freundschaften, Erinnerung, Selbstdarstellung und Nachbarschaft. Sie sind fasziniert von den Medien, insbesondere von der modernsten Technik der Nachrichtenübertragung. Die Engel der Zwillinge sind die Beschützer von Reisenden, Dozenten, Schriftstellern, Designern, Komponisten und allen, die mit Öffentlichkeitsarbeit zu tun haben. Wenden Sie sich an sie, wenn Sie für etwas hervorragende Werbung betreiben möchten.

Da diese Engel so interessiert an der Daten- und Informationsübertragung sind, sind sie auch mit dem Bedürfnis nach dem Schutz der Übertragungswege vertraut. Wenn Sie zum Beispiel jemandem einen Brief senden möchten, können Sie das Zwillingssymbol auf eine Ecke des Briefkuverts zeichnen. Wenn Sie befürchten, dass Ihr Computer abstürzen könnte, zeichnen Sie mit einem Filzstift das Zwillingszeichen auf das Gehäuse Ihres Monitors; ebenso können Sie auch Ihre Disketten schützen. Schützen Sie Ihre Bücher vor Diebstahl, indem Sie dieses Zeichen auf die Innenseite der Einbände schreiben. Bitten Sie die Engel der Zwillinge auch um Unterstützung, wenn Sie auf der Suche nach Informationen über ein beliebiges Thema sind.

Die Engel des Krebses
(21./22. Juni bis 21./22. Juli)

Farben: Türkis, Dunkelblau und Dunkelgrün
Herrscherplanet: Mond
Engelstunde: Gabriel
Zugehörige Pflanzen: Kamille, Kardamom, Jasmin, Zitrone, Lilie, Myrrhe, Palmarosa, Rose, Sandelholz, Schafgarbe
Symbol: ♋

Die Zeremonienmagier rufen Cael, Manuel oder Muriel an. Die herrschenden Geister des Zeichens des Krebses sind Rahdar und Phakiel. Das wichtigste Ziel der Krebsengel ist die Sammlung und Verteilung von emotionaler Energie. Sie helfen uns, Dinge zu erhalten, die uns zustehen. Diese Engel sind am Heim als Grundlage der Familie interessiert und eignen sich hervorragend dafür, ungünstige Umstände zum Guten zu wenden. Auch die Abstammung und die Weitergabe von Eigenschaften und Fähigkeiten der Mutter und des Vaters an das Kind gehören zum Bereich dieser Engel.

Die Engel des Krebses herrschen über Intuition, Feinfühligkeit und dem Bedürfnis nach Anerkennung in der Öffentlichkeit. Auch Besitz und Eigentum gehören zu ihrem Zuständigkeitsbereich. Sie repräsentieren das Zuhause auch im übertragenen Sinn, dazu gehört die Abwehr von negativer Energie, der Schutz der Familiengeheimnisse und die Sicherheit, die man sich im Alter wünscht. Wenden Sie sich an die Krebsengel für alles, was Ihr Zuhause, das Bewahren von Andenken vor dem Zahn der Zeit und die Umgestaltung Ihres Heims betrifft.

Engelschutz für Ihr Heim und Ihre Familie

Zubehör: Engelschablone (siehe nächste Seite), ein großes, quadratisches Stück weißer Filz, ein großes, quadratisches Stück goldener oder gelber Filz, Klebstoff, Schere, ein etwa 20 Zentimeter langes goldenes Band oder eine dünne goldene Kordel, ein goldener Pfeifenreiniger, zwei kleine schwarze Perlen (und andere Bastelartikel), ein wenig Watte, fünf flache Magnete (oder ein 15 Zentimeter langer selbstklebender Magnetstreifen)

Verwenden Sie die abgebildeten Schablonen als Anhaltspunkt (Sie können sie nach Wunsch vergrößern) und schneiden Sie den Engelkörper aus dem weißen Filz und die Engelflügel aus dem goldenen oder gelben Filz aus.

Kleben Sie die goldene Kordel oder das Band um den Hals des Engels, sodass das Ende an der Vorderseite herunterhängt.

Bringen Sie mit dem Klebstoff den Engelkörper an der Vorderseite der Flügel an.

Nähen Sie die schwarzen Perlen (Sie können auch selbst klebende fertige Augen aus dem Bastelgeschäft verwenden) als Augen auf das Gesicht des Engels.

Rollen Sie die Watte zu einem lockeren, kleinen Ball und kleben Sie sie als Haare auf den Kopf, sodass die Watte das Gesicht umrahmt.

Formen Sie aus dem Pfeifenreiniger einen Heiligenschein

Engelflügel-Schablone

Engelkörper-Schablone

Fertig gestellter Hausschutzengel

und kleben ihn auf die Rückseite des Kopfes. Schneiden Sie die Magnetstreifen zurecht und kleben sie auf die Rückseite des Engels; einer kommt an den Kopf, einer jeweils an eine Flügelspitze und zwei auf den Saum des Kleides zu beiden Seiten.

Schreiben Sie mit einem Stift auf die Rückseite des Engelkörpers »Hausschutzengel« und zeichnen Sie das Symbol der Krebsengel dazu. Bringen Sie den Engel zu Ihrem Altar und bitten Sie Ihren Schutzengel und die Engel des Krebses um Unterstützung beim Schutz Ihres Heims und Ihrer Familie. Halten Sie den Engel dabei fest in beiden Händen und denken Sie an die Sicherheit und Geborgenheit, die Sie sich für Ihr Zuhause wünschen. Wenn Sie fertig sind, bedanken Sie sich bei den Engeln und hängen den Filzengel an Ihren Kühlschrank. Erneuern Sie ihn jedes Jahr.

Die Engel des Löwen
(22./23. Juli bis 22./23. August)

Farben: Orange und Gelb
Herrscherplanet: Sonne
Engelstunde: Michael
Zugehörige Pflanzen: Lorbeer, Basilikum, Zimt, Weihrauch, Ingwer, Wacholder, Limone, Kapuzinerkresse, Pomeranze, Orange, Zitrusfrüchte, Rosmarin
Symbol: ♌

Der wichtigste Engel des Löwen in der Zeremonienmagie ist Verchiel. Die herrschenden Engel dieses Zeichens sind Sagham und Seratiel. Die Engel des Löwen sind prachtvoll, optimistisch, enthusiastisch und unglaublich loyal. Sie sind sofort bereit, uns bei Herzensangelegenheiten beizustehen, ob es sich um Not leidende Kinder oder um Liebespaare handelt. Diese Engel fühlen sich von Blumen und Kerzenlicht angezogen und sie helfen vorzugsweise den Menschen, die das Leben von ganzem Herzen lieben und die Notwendigkeit der Nächstenliebe erkennen.

Die beste Art, sich bei den Engeln des Löwen zu bedanken, besteht darin, etwas Besonderes für einen anderen Menschen zu tun. Sie sind sehr stolz auf alle freundlichen Gesten, die man jemand ohne eine bestimmte Absicht erweist. Alle, die große Leistungen vollbringen möchten, ob zu Hause oder in einem Stadium voll begeisterter Zuschauer, sollten die Engel des Löwen um Unterstützung bitten. Zu ihren Bereichen gehören Behaglichkeit, Vorstellungskraft, Leichtigkeit und Vergnügen.

Die Hilfe dieser Engel ist an kein bestimmtes Projekt oder auch nicht an einen konkreten Gegenstand gebunden, denn für sie zählen nur wohltätige Werke, die von Herzen kommen.

DIE ENGEL DER JUNGFRAU
(23./24. August bis 22./23. September)

Farben: Silber und Tiefblau
Herrscherplanet: Merkur
Engelstunde: Raphael
Zugehörige Pflanzen: Kümmel, Wiesensalbei, Marienblatt, Zypresse, Dill, Fenchel, Zitronenmelisse, Geißblatt, Eichenmoos, Patchouli
Symbol: ♍

Die Zeremonienmagier rufen Voil oder Voel und Hamamiel an. Die herrschenden Engel sind Iadara und Schaltiel. Die Engel der Jungfrau beschäftigen sich mit der Vollkommenheit von Dingen, Gedanken, Handlungen, Aufgaben oder Personen. Zu ihrem Bereich gehören Forschung, Untersuchungen, Eleganz und künstlerische Kreativität. Wenn Sie detailgenau arbeiten möchten, wenden Sie sich an die Engel der Jungfrau. Diese Engel interessieren sich auch für das Prinzip der Ernte und unterstützen uns bei allen zielgerichteten Handlungen und Arbeiten. Sie nehmen Anteil an Ihren Kollegen, Untergebenen, Haustieren und an der Schönheit. Sie verstärken diese Bereiche und helfen Ihnen, sich dort ergebende Schwierigkeiten auszuräumen, wenn Sie sie darum bitten.

Wenn Sie sich nach intellektueller Kommunikation in einer Liebesbeziehung sehnen oder nach einer klugen Lösung für ein Problem suchen, werden Ihnen die Engel der Jungfrau nur zu gerne hilfreich zur Seite stehen. Ursprünglich wurde die Jungfrau durch die sumerische Maisgöttin repräsentiert, später war sie Maria gleichgestellt. Die Jungfrau wird oft mit Blumen, Getreidegarben oder Maishalmen dargestellt. Sie ist die höchste Schnitterin, Sammlerin oder Verwalterin von Tatsachen. Das kollektive Unterbewusstsein der Jungfrau ist ganz eindeutig weiblicher Natur und deshalb unterliegen Frauenleiden, die weiblichen Organe und die Geburt der Obhut der Engel der Jungfrau.

Wenn eine Freundin sich ein Kind wünscht oder unter gesundheitlichen Problemen leidet, legen Sie eine Puppe aus Maisstroh auf Ihren Altar. Heften Sie einen Zettel mit dem Namen Ihrer Freundin an die Puppe und bitten Sie die Jungfrauenengel um Heilung und einen glücklichen Ausgang, sei es bei einer Operation oder bei der Geburt eines gesunden Kindes. Ich schenke schwangeren Frauen oft »Geburtspüppchen«, die mit Babysachen (wie Rasseln oder Storch-Anstecknadeln) versehen sind und die sie bei der Geburt bei sich haben können. Später kommt das Püppchen in das Kinderzimmer, um dort über das schlafende Baby zu wachen.

Die Engel der Waage
(23./24. September bis 22./23. Oktober)

Farben: Pink und Hellblau
Herrscherplanet: Venus
Engelstunde: Uriel
Zugehörige Pflanzen: Kamille, Narzisse, Dill, Eukalyptus, Fenchel, Geranien, Pfefferminze, Kiefer, Grüne Minze, Palmarosa, Vanille
Symbol: ♎

Die Zeremonienmagier wenden sich an Zuriel und Jael. Der herrschende Engel der Waage ist Hadakiel. Das Hauptanliegen des Waageengels sind die Energien von Harmonie und Ausgleich. Was gerecht ist, muss gerecht bleiben. Er verabscheut Schlamperei, Unordnung, Schmutz, Lärm, Verwirrung und

Chaos. Der Engel der Waage ist zuständig für Rechtsangelegenheiten, Beratung, Zusammenarbeit und zwischenmenschliche Beziehungen. Er beschäftigt sich auch mit den Angelegenheiten der Lebenden und Toten und mit der Beziehung zwischen ihnen.

Der Engel der Waage interessiert sich für ausgewogene Partnerschaften und Ehen, in denen Nehmen und Geben gleichmäßig verteilt sind. Einem alten Brauch für eine harmonische Ehe zufolge macht man Löcher in eine Orange, in die man Gewürznelken steckt. Dann wird ein weißes Band um die Orange gebunden und die Frucht im Schlafzimmer aufgehängt, um die Harmonie des Waageengels anzuziehen.

Dieser Engel wirft sein Licht auf Ihre Feinde, sodass Sie erkennen können, wo sie sich befinden. Gehen Sie zu Ihrem Engelaltar und erklären dort dem Waageengel, wo Ihr Problem liegt. Wenn Sie möchten, können Sie darüber auch meditieren. Bitten Sie den Engel um eine Lösung oder um seinen Beistand. Schon in wenigen Stunden oder Tagen wird Ihre Bitte erhört.

Die Engel des Skorpions
(23./24. Oktober bis 21./22. November)

Farben: Kastanienbraun und Schwarz
Herrscherplanet: Pluto
Engelstunde: Cassiel
Zugehörige Pflanzen: schwarzer Pfeffer, Kardamom, Kaffee, Galgantwurzel, Hyazinthe, Hopfen, Poleiminze, Kiefer, Thymian, Tuberose, Waldmeister
Symbol: ♏

Die Zeremonienmagier wenden sich an Barchiel und Sosol. Die herrschenden Engel des Skorpions sind Riehol und Saissaeiel. Die Skorpionengel beschäftigen sich vor allem mit Hingabe und intellektueller Arbeit. Sie sind sehr an Träumen und ihrer Deutung interessiert und können Ihnen Hilfestellung geben, wenn Sie Schwierigkeiten haben, einen Traum richtig zu interpretieren. Diese Engel befassen sich auch mit Nachforschungen und Detektivarbeit, sie spüren die Wahrheit auf und finden eine Lösung, indem sie eine Fülle von Informationen mit einbeziehen. Im Gegensatz dazu halten die Jungfrauengel nach kleinen Hinweisen und Spuren Ausschau.

Die Engel des Skorpions sind außergewöhnlich geheimnisvoll. Wie die Waageengel beschäftigen sie sich mit Geheimnissen, aber in ihrem Fall geht es um die unerforschten Dinge der Toten. Diese Engel interessieren sich für die menschliche Transformation, sei es in Geburt, Tod oder im Leben nach dem Tod. Außerdem herrschen sie über die spirituellen und übersinnlichen Kräfte und die okkulten Wissenschaften und Studien. Bitten Sie die Skorpionengel um Unterstützung bei dem Erlernen einer Wahrsagemethode wie Tarot, I Ging, Pendeln oder Ähnlichem und um ihren Segen bei jeder Art von Prophezeiungen. Die Skorpionengel sind ausgezeichnete Helfer bei der Aufklärung von Mordfällen oder mysteriösen Todesursachen.

Diese Engel wecken starke Emotionen, die oft bestimmte Schlussfolgerungen oder Umwandlungen nach sich ziehen. Sie bringen Kraft und Energie in Ihr Leben, wenn Sie sie ausdrücklich darum bitten, und eilen Ihnen schnell zu Hilfe, wenn Sie aufgrund Ihrer Ideen Angriffen ausgesetzt sind.

Die Engel des Schützen
(22./23. November bis 20./21. Dezember)

Farben: Purpurrot und Tiefblau
Herrscherplanet: Jupiter
Engelstunde: Sachiel
Zugehörige Pflanzen: Bergamotte, Gewürznelke, Ysop, Zitronenmelisse, Muskat, Rosmarin, Safran
Symbol: ♐

Die Zeremonienmagier rufen Advachiel oder Adnachiel, Ayil oder Sizajasel an. Die beiden Herrscherengel des Schützezeichens sind Vhnori und Saritaiel. Die Engel des Schützen sind begeistert von dynamischer Kraft – je stärker, umso besser, und je mutiger, desto großartiger. Sie lieben Menschen, die ihre Energien über ihre eigene Umgebung hinaus erweitern möchten. Die Schützeengel geben den Menschen Unterstützung, die einen gewissen Status in ihrem Leben erreichen möchten, und sie haben Freude an allen, die gerne reisen, unterrichten, Wissen weitergeben, schreiben und im Verlagsgeschäft tätig sind. Außerdem erfreuen sie sich an Freiheit und Fröhlichkeit und helfen Ihnen, Ihr brachliegendes Potenzial zu entdecken.

Prachtvolle Aufzüge und Rituale unterliegen der Obhut der Schützeengel. Sie sollten sich immer an sie wenden, wenn es um Dinge geht, die von internationaler Bedeutung sind. Diese Engel bringen sich auch gerne in Universitäten, religiösen Gruppen und bei spirituellem Wachstum und kulturellen Bestrebungen ein.

Das Zeichen des Schützen eignet sich gut, um es auf Lehrbüchern und Unterrichtsmaterialien anzubringen. Wenn Sie sich von etwas Einengendem befreien möchten, sollten Sie dieses Zeichen bei sich tragen und die Schützeengel um Hilfe bitten. Wenden Sie sich auch an diese Engel, wenn es darum geht, einer Sache wirklich auf den Grund zu gehen. Auch bei Fernreisen in fremde Länder sind diese Engel beschützend an unserer Seite.

Wenn Sie davon träumen, ein großer Schriftsteller zu werden, sollten Sie sich die Unterstützung der Schützeengel sichern, bevor Sie sich mit Ihrem Manuskript bei einem Verlag vorstellen. Setzen Sie das Zeichen des Schützen auf Ihr Manuskript, legen es auf Ihren Engelaltar und bitten dort darum, dass das Manuskript fair beurteilt wird und auf den Verleger trifft, der für das Werk der richtige ist.

Die Engel des Steinbocks
(21./22. Dezember bis 19./20. Januar)

Farben: Braun und Schwarz
Herrscherplanet: Saturn
Engelstunde: Cassiel
Zugehörige Pflanzen: Zypresse, Geißblatt, Flieder, Mimose, Myrrhe, Patchouli, Tulpe
Symbol: ♑

Die Zeremonienmagier wenden sich an Hamael und Casujoiah. Die herrschenden Engel des Steinbocks sind Sagdalon und Semakiel. Die Steinbockengel beschäftigen sich vor allem mit Angelegenheiten, die Zeit und Raum betreffen. Sie konzentrieren sich auf das große Ganze, Autoritäten und Bestimmungen. Diese Engel haben mit Formalitäten zu tun, man findet sie in einer überaus ernsten Umgebung und zu ihrem Bereich gehören Reife, Selbstdisziplin, Verantwortung, Mäßigkeit, Geschäfte und Ehre. Die Engel des Steinbocks verhelfen Ihnen zu Tatkraft, wenn Sie glauben, alle Handlungsmöglichkeiten wären eingeschränkt.

Banken und Versicherungen, das Gesundheitswesen, Forschungsstätten, medizinische Laboratorien, Detekteien und Forschungsinstitute und alle anderen Bereiche, in denen großes Engagement und Führungsqualitäten erforderlich sind, sind unter der Obhut der Steinbockengel. Wenn Sie sehr konzentriert auf ein Ziel hinarbeiten, werden Sie bei diesen Engeln Unterstützung finden. Sie übermitteln Botschaften an einflussreiche Stellen, wo man Ihnen weiterhelfen kann. Denn sie sind mit den Strukturen reiner Macht sehr vertraut und begreifen, worum es dabei geht.

Die Engel des Wassermanns
(20./21. Januar bis 19./20. Februar)

Farben: schillerndes Blau
Herrscherplanet: Uranus
Engelstunde: Raphael
Zugehörige Pflanzen: Marienblatt, Hopfen, Lavendel, Zitronenmelisse, Petersilie, Patchouli, Kiefer, Sternanis, Gartenwicke
Symbol: ♒

Die Zeremonienmagier rufen Cambiel und Ausiel an. Die herrschenden Engel des Wassermanns sind Archer und Ssakmakiel. Die Wassermannengel richten ihre Aufmerksamkeit vor allem auf die universelle Kommunikation. Durch Verbreitung von globalen Vorstellungen erzeugen sie Harmonie. Der unkontrollierte Austausch von Informationen führt manchmal zunächst zu einem Chaos, aber er dient einem höheren Ziel. Die Engel des Wassermanns fühlen sich zu Erfindern und Entdeckern hingezogen. Sie sind nicht die Engel der langen Wege, sondern der Begeisterung, mit der eine Mission in Angriff genommen wird. Wenn Sie einen Anstoß brauchen, um etwas zu unternehmen oder um jemand zu führen, werden Ihnen diese Engel helfen, aktiv zu werden.

Zum Bereich der Wassermannengel gehören Freunde, Hoffnungen, Wünsche, lang ersehnte Träume, Ziele, intellektuelle Vergnügungen, Vereine, Clubs, politische Verbände und harmonische Interaktion innerhalb einer großen Gruppe von Menschen. Außerdem helfen sie uns, Kinder zu betreuen, die nicht unsere leiblichen sind. Darüber hinaus unterstützen sie uns, wenn wir bemüht sind, berufliche Anerkennung zu erzielen und persönliche Ziele zu erreichen, indem sie uns helfen, unsere Energien und Fähigkeiten auf andere Menschen nach außen zu richten.

Die Engel der Fische
(18./19. Februar bis 19./20. März)

Farbe: Meergrün
Herrscherplanet: Neptun
Engelstunde: Gabriel
Zugehörige Pflanzen: Apfel, Kampfer, Kardamom, Gardenie, Hyazinthe, Jasmin, Lilie, Muskat, Myrrhe, Palmarosa, Sandelholz, Vanille, Ylang-Ylang
Symbol: ♓

Die Zeremonienmagier bitten um die Hilfe von Barchiel und Pasiel. Die beiden Herrscherengel der Fische sind Rasamasa und Vocabiel. Die Fischeengel konzentrieren sich auf die Energien der inneren Stärke und der unsichtbaren Kräfte. Sie beschäftigen sich mit Heilkunst, vor allem, wenn sie den Bereich von Energiebehandlung betrifft. Dort, wo sich ein »guter Samariter« findet, sind auch die Fischeengel zugegen, unabhän-

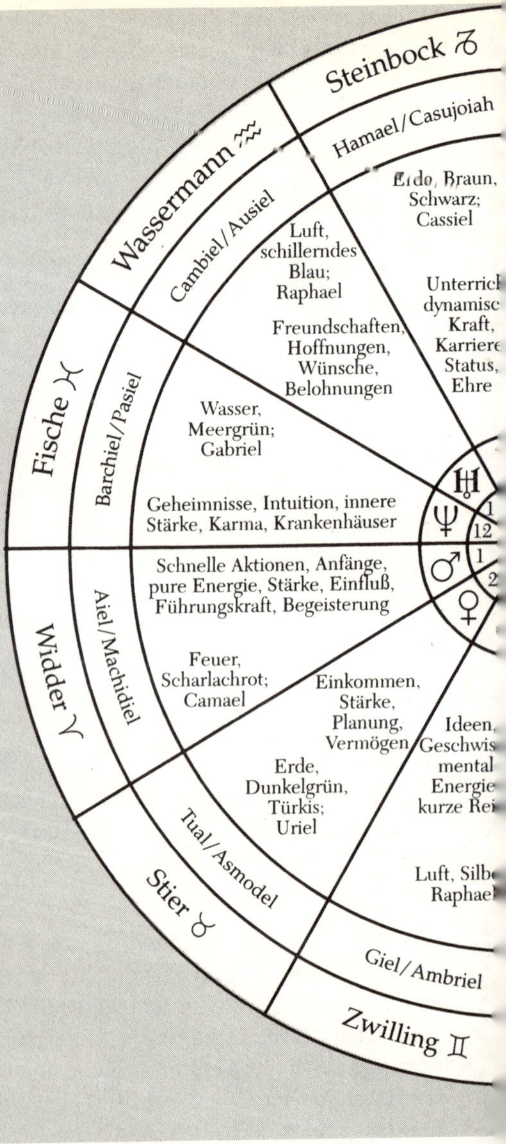
Steinbock ♑
Hamael/Casujoiah
Erde, Braun, Schwarz; Cassiel
Unterrich dynamisc Kraft, Karriere Status, Ehre
Wassermann ♒
Cambiel/Ausiel
Luft, schillerndes Blau; Raphael
Freundschaften, Hoffnungen, Wünsche, Belohnungen
Fische ♓
Barchiel/Pasiel
Wasser, Meergrün; Gabriel
Geheimnisse, Intuition, innere Stärke, Karma, Krankenhäuser
Schnelle Aktionen, Anfänge, pure Energie, Stärke, Einfluß, Führungskraft, Begeisterung
Widder ♈
Aiel/Machidiel
Feuer, Scharlachrot; Camael
Einkommen, Stärke, Planung, Vermögen
Ideen, Geschwis mental Energie kurze Rei
Erde, Dunkelgrün, Türkis; Uriel
Stier ♉
Tual/Asmodel
Luft, Silb Raphael
Giel/Ambriel
Zwilling ♊
12
1
1
2

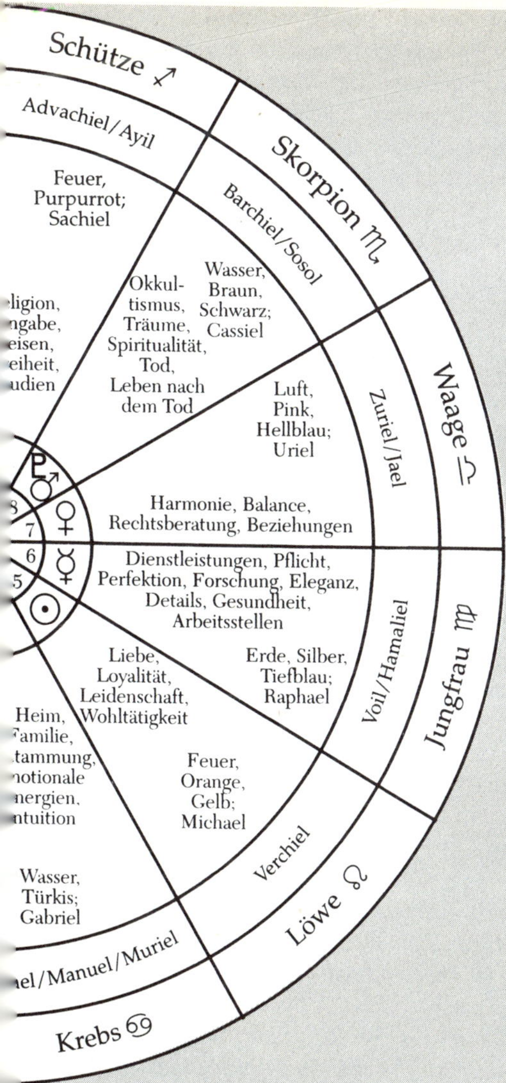

Schütze ♐
Advachiel/Ayil
Feuer, Purpurrot; Sachiel
Skorpion ♏
Barchiel/Sosol
Wasser, Braun, Schwarz; Cassiel
Okkultismus, Träume, Spiritualität, Tod, Leben nach dem Tod
eligion, ngabe, eisen, eiheit, udien
Waage ♎
Zuriel/Jael
Luft, Pink, Hellblau; Uriel
Harmonie, Balance, Rechtsberatung, Beziehungen
8
7
6
5
Dienstleistungen, Pflicht, Perfektion, Forschung, Eleganz, Details, Gesundheit, Arbeitsstellen
Jungfrau ♍
Voil/Hamaliel
Erde, Silber, Tiefblau; Raphael
Liebe, Loyalität, Leidenschaft, Wohltätigkeit
Heim, Familie, tammung, notionale nergien, ntuition
Feuer, Orange, Gelb; Michael
Löwe ♌
Verchiel
Wasser, Türkis; Gabriel
ael/Manuel/Muriel
Krebs ♋

gig davon, ob es um Beistand für Menschen, Pflanzen oder Tiere geht. Wenn der Fluss Ihrer Kreativität angeregt werden soll, bitten Sie diese Engel um ihre Unterstützung. Auch die verborgenen Kräfte und spirituelle Fähigkeiten gehören zum Bereich der Fischeengel.

Die Häuser im Engel-Tierkreis

Ich habe die auf Seite 272 f. abgebildete Darstellung entworfen, um Ihre Arbeit ein wenig zu erleichtern. Hier finden Sie die astrologischen Häuser des Tierkreises und die entsprechenden Sonnensymbole, Herrscherengel, zugehörigen Bereiche, Elemente, Farben und Engelstunden aufgeführt.

Zusammenfassung

Bisher haben Sie schon viel über Engel, Magieprojekte und zugehörige Bereiche für Ihre Arbeit erfahren, aber ich habe noch mehr zu berichten.

Lesen Sie das vorangegangene Kapitel in Ruhe noch einmal durch, vielleicht möchten Sie herausfinden, welche Ihrer Ziele zu welchen Engeln der Tierkreiszeichen passen? Mit welchen Engeln sollten Sie zusammenarbeiten, um sich eine positive und aufregende Zukunft zu sichern?

Affirmationen

Ich bin eins mit dem Universum.
Ich bin eins mit dem Reichtum meines Bewusstseins und meines Unterbewusstseins. Ich habe ein Recht auf Wohlstand, Glück und Erfolg. Geld fließt mir uneingeschränkt und endlos in Hülle und Fülle zu. Ich bin des universellen Reichtums wahrhaft würdig. Die Engel segnen mich mit finanziellem Wohlstand und Sicherheit, und ich wiederum segne andere mit meinen Fähigkeiten und meiner Liebe.

13. Engel und die Planeten

Im vorhergehenden Kapitel haben wir über die Engel der Tierkreiszeichen und ihre Integration in Ihre Magiearbeit gesprochen. Sie können aber auch die Engel der Planeten um Unterstützung bitten.

Genau wie die Engel der Tierkreiszeichen haben auch die planetaren Engel besonderen Einfluss auf Zeit und Energie. Der oder die Engel eines jeden Planeten verfügen über spezielle Kräfte und Fähigkeiten, Zuständigkeitsbereiche und Zeitpunkte, an denen sie besonders wirksam sind. Ist es unbedingt erforderlich, sich in der Magiearbeit an die Engel der Tierkreiszeichen und der Planeten zu wenden, um erfolgreiche Resultate zu erzielen? Die Antwort ist nein, Sie können auch Engelmagie betreiben, ohne diese Engel mit einzubeziehen. Anhand der folgenden Geschichte soll jedoch erläutert werden, warum wir uns mit den Engeln der Tierkreiszeichen und der Planeten beschäftigen sollten.

Meine Freundin Cally arbeitet an der Kasse eines Lebensmittelgeschäfts. Wenn ein Kunde auf der Gemüsewaage die Nummer 48 für Tomaten drückt, dann lächelt Cally ihn an und sagt: »Wissen Sie, dass das die Cadillac-Tomaten sind?« Die Kunden reagieren normalerweise überrascht und antworten mit einem: »Wie bitte?« Dann hebt Cally den Kopf und zeigt mit ihrem manikürten Zeigefinger auf das kleine Netz mit Tomaten. »Wir haben Cadillac-Tomaten und wir haben Toyota-Tomaten. Das«, und damit zeigt sie auf das Netz, »sind die Cadillac-Tomaten. Sie kosten ungefähr fünf Dollar.«

Die meisten Kunden zeigen sich daraufhin schockiert: »Fünf Dollar für vier Tomaten?«

Cally nickt. »Diese vier Tomaten kosten fünf Dollar. Die Toyota-Tomaten kosten nur zwei Dollar. Möchten Sie wirklich die Cadillac-Tomaten?«

Cally hat einen ganz praktischen Grund für diese Frage. Sie hat festgestellt, dass die meisten Kunden das Preisschild über den Cadillac-Tomaten nicht beachten und spontan zugreifen, weil die Tomaten so gut aussehen. Cally weiß aber auch, dass sich neun von zehn Kunden anders entscheiden, wenn ihnen klar wird, was die Tomaten wirklich kosten. Das hat zur Folge, dass Cally den eingetippten Preis in der Kasse wieder stornieren muss. Diese Prozedur kostet mindestens fünf Minuten Zeit und bedeutet für die Kunden eine lange Wartezeit vor der Kasse, während die Tomaten umgetauscht werden.

Die Engel der Tierkreiszeichen und der Planeten sind wie diese ansprechenden schönen Tomaten. Die Arbeit mit diesen Engeln fordert einen höheren Preis von uns – nämlich mehr Zeitaufwand für die Planung und Ausführung der Rituale und magischen Handlungen. Aber die Cadillac-Tomaten sind eindeutig die bessere Wahl und genauso wird auch Ihre Magiearbeit an Qualität gewinnen, wenn Sie sowohl die Engel der Tierkreiszeichen als auch der Planeten in Ihre Arbeit mit einbeziehen. Diese Engel und die dazugehörigen Bereiche ermöglichen Ihnen, Ihren Geist und Ihre Energien direkt auf einen bestimmten Wunsch zu konzentrieren.

Engel der Sonne

Tierkreiszeichen: Löwe
Tag: Sonntag
Berufsfelder: Beratung, Autoritätspositionen, Schauspiel, Wachdienst, Leitung eines Freizeitparks, Führungspositionen in der Verwaltung; Positionen, die Organisationstalent erfordern; Biologie, Bank, Anlageberatung, Börse, Regierungsbeamtentum, Juwelenhandel, Recht, Verlag
Hobbys: Gemeinschaftsarbeit, Nachbarschaftshilfe, ehrenamtliche Tätigkeiten, körperliche Betätigung, sportliche Aktivitäten im Freien
Aktivitäten: Werbung, Einkauf und Verkauf, Nachdenken, Kurzreisen, Zusammensein mit anderen Menschen, Gruppenaktivitäten und öffentliche Auftritte; Organisation von Aus-

stellungen, Messen und Tombolas; Anbau von Getreide, Maßnahmen zur Erhaltung der Gesundheit
Zugehörige Bereiche: Autoritätspersonen, Gefälligkeiten, Beförderung, Gesundheit, Erfolg, Ausstellung, Schauspielkunst, Fortschritt, Spaß, Annehmlichkeiten für Körper und Geist
Gaben: Ehrgeiz, Vertrauen, Stärke, Führungseigenschaften, Anerkennung, Individualität, Großzügigkeit, Willenskraft, Loyalität, Gerechtigkeit, Ehre
Zugehörige Pflanzen: Lorbeer, Bergamotte, Ringelblume, Nelke, Zeder, Zimt, Kopalharz, Weihrauch, Wacholder, Limone, Pomeranze, Orange, Zitrusfrüchte, Rosmarin, Safran
Symbol: ☉

Viele Engel, darunter auch Arithiel, Galgaliel, Gazardia, Korshid-Metatron, Michael, Och, Raphael, Uriel und Zerachiel, werden mit diesem goldenen Himmelskörper in Verbindung gebracht, der für unser Überleben so entscheidende Bedeutung hat. Nach der persischen Überlieferung war Chur der Engel der Sonne. Die Sonnenengel repräsentieren Willenskraft, Zielrichtung und Konzentration auf ein Vorhaben. Die Engel der Sonne helfen Ihnen, Respekt und Autorität zu vermitteln und andere Menschen zu beeinflussen, wenn Sie im Recht sind. Diese Engel unterstützen Sie bei Ihren ehrgeizigsten Bestrebungen.

Die Sonnenengel arbeiten sehr gut mit den Engeln der Tierkreiszeichen Löwe, Widder und Schütze zusammen, passen aber nicht so gut zu den Engeln des Wassermanns, der Waage und des Zwillings. Mit den Engeln der Tierkreiszeichen Stier, Krebs, Jungfrau, Skorpion, Steinbock und Fische können sie gut kooperieren.

Die Engel des Mondes

Tierkreiszeichen: Krebs
Tag: Montag
Berufsfelder: Gastronomie, Hauswirtschaft, Hausverwaltung, Krankenpflege, Geburtshilfe, Fischerei, Seefahrt, Astrologie,

Wachdienst, Zukunftsdeutung; Berufe, die nachts ausgeübt werden
Hobbys: gemeinnützige und ehrenamtliche Tätigkeiten, Nachbarschaftshilfe, körperliche Übungen, sportliche Aktivitäten im Freien
Aktivitäten: Werbung, Einkauf und Verkauf, Nachdenken, Kurzreisen, Zusammensein mit anderen Menschen, Gruppenaktivitäten und öffentliche Auftritte; Organisation von Ausstellungen, Messen und Tombolas; Anbau von Getreide, Maßnahmen zur Erhaltung der Gesundheit
Zugehörige Bereiche: Kurzreisen, Frauen, Kinder, die Öffentlichkeit, häusliche Angelegenheiten, Emotionen, Flüssigkeiten
Geschenke: Inspiration, Magnetismus, hellseherische und positive übersinnliche Kräfte, Flexibilität, Liebe, Kreativität, Phantasie, häusliches Glück, Sensibilität für andere
Zugehörige Pflanzen: Kampfer, Jasmin, Zitrone, Lilie, Melone, blühende Kakteen, Sandelholz, Stephanotis, Seerose
Symbol: ☽

Der Mond beeinflusst die praktische Magiearbeit vermutlich stärker als andere Himmelskörper, denn ohne seine Energien könnten wir den Fluss und die Nahrung des Lebens nicht erfahren. Die Engel des Mondes sind Yahriel, Iachadiel, Elimiel, Gabriel, Tsaphiel, Zachariel, Iaqwiel und meist auch Ofaniel.

Die Engel des Mondes konzentrieren sich auf Gefühle, Emotionen und Empfindungsfähigkeit. Sie helfen uns, schlechte Gewohnheiten abzulegen und die Bedürfnisse und Wünsche unserer emotionalen Seite zu erfüllen. Das Hauptinteresse dieser Engel richtet sich auf das Unterbewusstsein der Menschen, auf Erinnerung, Intuition und Instinkte. Sie beschäftigen sich vor allem mit der Atmosphäre, die in unserem Zuhause herrscht.

Wenn die Engel des Mondes bei einer Mondfinsternis angerufen werden, können sie uns zu außergewöhnlichen Einsichten verhelfen. Wenn Sie den Segen einer »Vision der Mondfinsternis« erleben dürfen, können Sie sich reich beschenkt und glücklich schätzen. Diese Visionen schenken uns Augenblicke reinster Klarheit und Einsicht in wesentliche Wahrheiten. Manchmal betrifft die Vision persönliche Angelegenheiten, sie kann aber auch globaler Natur sein. Die Botschaft, die wir auf diese Weise erhalten, beherrscht unser Unterbewusstsein viele Monate lang. Wenn eine Mondfinsternis zweimal innerhalb kurzer Zeit eintritt (zum Beispiel innerhalb von zwei Wochen), ist der dazwischen liegende Zeitraum hervorragend für die Anrufung der Engel des Mondes geeignet.

Die Mondengel, die am 10. Tag nach Neumond (der Tag des Neumonds zählt als 1. Tag) und am 25. Tag nach Neumond angerufen werden, schenken uns ebenfalls Visionen und besondere Einsichten. Viele Zauberer haben im Laufe der Jahrhunderte diese beiden Tage der Meditation, der inneren Einkehr und harmonischen Tätigkeiten gewidmet. Der 10. Tag wird der männlichen und der 25. Tag der weiblichen Energie zugeordnet.

Außerdem sind die folgenden Tage im Mondzyklus für Menschen wichtig, die Engelmagie betreiben:

28., 29., 30. Tag (nach Neumond): Engel des Schutzes
13. und 14. Tag: Engel der Reinigung
8. Tag (männlich) und 23. Tag (weiblich): Engel der Heilung
1. Tag (Neumond, männlich) und 15. Tag (Vollmond, weiblich): Engel der Verbindung

Die Engel des Mondes arbeiten sehr gut mit den Engeln der Tierkreiszeichen Krebs, Stier und Fische zusammen, passen aber nicht so gut zu den Engeln des Steinbocks, des Skorpions und des Löwen. Mit den Engeln der Tierkreiszeichen Widder, Zwillinge, Löwe, Waage, Schütze und Wassermann können sie gut kooperieren. Wie bei allem bestätigen auch hier Ausnahmen die Regel, vor allem, wenn es um den Einfluss des Mondes geht.

Für die Wiederbeschaffung von gestohlenem Eigentum, für besondere Anrufungen und die Arbeit mit den Toten sollten Sie zusätzlich zu den Engeln des Mondes auch die Engel der Tierkreiszeichen Stier, Jungfrau oder Steinbock anrufen. Die Arbeit ist besonders begünstigt, wenn der Mond in einem dieser Zeichen oder in der ihm zugeordneten Tageszeit am Montag (dem Mondtag) steht.

Für Liebe, Gnade und Unsichtbarkeit bitten Sie um die Hilfe der Mondengel und der Engel der Tierkreiszeichen Widder, Löwe oder Schütze. Die Arbeit ist auch hier begünstigt, wenn der Mond in einem dieser Zeichen, in der ihm zugeordneten Tageszeit am Montag (dem Mondtag) steht.

Für die Eindämmung von Kriminalität und für Bannrituale rufen Sie die Mondengel zusammen mit den Engeln der Tierkreiszeichen Krebs, Skorpion und Fische an. Ihre Arbeit steht unter einem guten Stern, wenn der Mond in einem dieser Zeichen, in der ihm zugeordneten Tageszeit am Montag (dem Mondtag) steht.

Traditionell regieren die folgenden 28 Engel die 28 Häuser des Mondes:

1. Geniel, 2. Enediel, 3. Anixiel, 4. Azariel, 5. Gabriel, 6. Dirachiel, 7. Schliel, 8. Amnediel, 9. Barbiel, 10. Ardifiel, 11. Neciel, 12. Abdizuel, 13. Jazeriel, 14. Ergediel, 15. Atliel, 16. Azeruel, 17. Adriel, 18. Egibiel, 19. Amutiel, 20. Kyriel, 21. Bethnael, 22. Geliel, 23. Requiel, 24. Abrinael, 25. Aziel, 26. Tagriel, 27. Atheniel, 28. Amnixiel

Die Engel der Mondphasen*

Die lunaren Gezeiten schimmern mit dem Himmelskörper
der Sonne.
Ich verehre die Engel der Mondphasen.
Sie spinnen den Zauber der himmlischen Wege
Und herrschen über Nacht und Tag.
Durch den zunehmenden Mond und die Macht der Göttin
Kreisen sie um Tag und Nacht.

---

* Die Übersetzung der einzelnen Mondphasenbezeichnungen richtet sich nach dem Titel von Dane Rudhyar und Layla Rael-Rudhyar: Der Sonne/Mond-Zyklus. Ein Schlüssel zum Verständnis der Persönlichkeit, Wettswil: Edition Astrodata [2]1994 (Anm. d. Übers.).

Bei Vollmond ziehen sie die Macht an
Und verleihen jeder Stunde Kraft.
Bei abnehmenden Gezeiten und sich verdunkelndem Licht
Wirkt mein Wille durch die Macht der Engel
Gebannt sei das Übel an meinem Tor.
Helft mir, mein gutes Schicksal aufzubauen.
Der Mond nimmt ab und der Mond fließt,
Flügelschwingen und helle Heiligenscheine.
Zum Geleit, zu Hilfe, zum Schutz meiner Pforte
Mögest du die Engel mir senden für immer.

Zu jeder Mondphase gehören auch die entsprechenden Engelkräfte. Die Mondphasenengel eignen sich für alle Zauberpraktiken, unabhängig davon, welche anderen Energien Sie noch einsetzen möchten.

Vielleicht möchten Sie den einzelnen Engelkräften in der Meditation begegnen. Meine Empfehlung ist, sich einen ganzen Monat lang mit je einem der Mondengel eingehend zu beschäftigen. Achten Sie auf die Botschaften, die Sie nach den Meditationssitzungen wahrnehmen können. Wir werden uns mit den Engeln des Mondes noch näher im Kapitel über Wahrsagung (Kapitel 16) befassen. Halten Sie Ihre Erfahrungen mit diesen Engeln in einem Tagebuch fest. Sicher können Sie außer den oben genannten noch weitere zugehörige Bereiche einschließlich der passenden Pflanzen und des Räucherwerks herausfinden, die für Ihre Arbeit mit diesen Kräften noch besser geeignet sind. Halten Sie Ihre Erfahrungen regelmäßig schriftlich fest. Wenn Ihnen dies Schwierigkeiten bereitet, versuchen Sie es mit Notizen auf Karteikarten, in denen Sie schnell nachschlagen können.

Die Engel des Neumonds

Die richtige Zeit für die Arbeit mit diesen Engeln dauert vom ersten Tag des Neumonds bis zu dreieinhalb Tage danach. Stellen Sie sich diese Engel mit schimmernden Silberflügeln, dunklem Haar, zartbrauner Hautfarbe und glitzernden dunkelgrauen Gewändern vor. Je näher der Neumond rückt, umso stärker sind diese Energien. Schönheit und Gesundheit, Landwirtschaft und Gartenarbeit, die Suche nach einer Arbeitsstelle, Liebe und Romantik, Arbeit innerhalb eines großen Systems und persönliche Weiterentwicklung unterliegen der Obhut der Engel des Neumonds. Die beste Zeit für die Arbeit mit ihnen ist bei Morgen- oder Abenddämmerung.

Ich rufe die Engel des Neuen Mondes,
Um ihre Magie auf dem verzauberten Webstuhl zu wirken.
Silberne Schwingen und zartgetönte Haut,
Ich nehme eure Energien langsam in mir auf.
Nehmt das Vorhaben in Angriff, bringt es in Form,
Gewahrt mir eure Kraft, so kann es entstehen!

Die Engel des Sichelmonds

Der Sichelmond schaut nach Westen, diese Phase beginnt dreieinhalb Tage nach Neumond und dauert bis zum siebten Tag danach. Der Mond geht am späten Vormittag auf und nach Sonnenuntergang unter. Den genauen Zeitpunkt in der Mitte zwischen Aufgang und Untergang können Sie einem astrologischen Almanach entnehmen. Zum Bereich der Engel des Sichelmonds gehören Tiere, Geschäfte, Veränderungen, Emotionen und matriarchale Stärke. Stellen Sie sich diese Engel mit aquamarinfarbenen Kleidern, wilden roten Haaren, Pfirsichhaut, Muschelhalsketten und Flügeln aus Pfauenfedern unter einer Mondsichel vor.

Ich rufe die Engel des Sichelmonds,
Diener der Göttin, kommt schnell zu mir.
Ich nehme die Kraft der Mutter in mir auf,
Möget ihr mir eure himmlische Energie senden.
Die Kraft der Sache nehme Form an,
Ich vollziehe einen mächtigen Zauber.
Euer Haar ist wie Feuer, eure Flügel zieren Pfauenaugen,
Der Gedanke ist geboren, er wird nicht sterben.

Die Energie von Deosil erhebt sich und kreist,
Ich strecke meine Hand danach aus und ziehe sie zu mir!

Die Engel des Erstviertelmonds

Diese Zeitspanne dauert vom siebten bis zum zehneinhalbten Tag nach dem Neumond. Der Mondaufgang in dieser Zeit ist am Mittag, Monduntergang ist um Mitternacht. Der Sonnenuntergang ist die wichtigste Zeit für Magiearbeit mit den Engeln des Erstviertelmonds. Zu ihren Bereichen gehören Mut, Magie mit den Elementen, Freunde, Glück und Motivation und sie können ausgezeichnet mit Feen und Elfen zusammenarbeiten. Stellen Sie sich diese Engel mit Kleidern in den Farben eines leuchtenden Sonnenuntergangs, zauberhaften Flügeln, olivfarbener Haut und kastanienbraunem Haar vor.

Ihr Engel des Erstviertelmonds und des strahlenden
Sonnenuntergangs,
Ich rufe eure Kraft, eure Energie verbinde sich mit der meinen.
Ihr feengleichen Freunde mit den Deva-Flügeln,
Bringt mir die himmlische Kraft.
Ihr mächtigen Elemente und geheimnisvollen Künste,
Ich beschwöre diese Engel aus ganzem Herzen.
Olivfarbene Haut und kastanienbraunes Haar,
Errichtet das Werk aus dem Windhauch um Mitternacht.
Die Kühle des Herbstes und der fröhliche Kuss des Frühlings,
Verleiht mir, so bitte ich euch, die himmlischen Freuden.
Das Glücksrad dreht sich rundherum,
Mit jeder Drehung verstärkt sich die Liebe.
Die Engelkräfte und Energien
Gewähren dem Anliegen ewige Stabilität.
Und auch mir, so sei es.

Die Engel des Buckelmonds

Diese Phase dauert vom zehnten bis zum vierzehnten Tag nach Neumond. Der Buckelmond geht etwa um 22 oder 23 Uhr auf (bitte schlagen Sie in Ihrem astrologischen Almanach nach) und etwa um drei Uhr morgens unter. Arbeiten Sie mit den Engeln dieses Mondes genau zu dem Zeitpunkt, der zwischen Mondaufgang und -untergang liegt. Die Engel des Buckelmondes beschäftigen sich mit Geduld und Sternenmagie. Stellen Sie sie sich mit mitternächtlichen Kleidern, übersät mit Tausenden von Sternen, weißem Haar, heller Haut und Flügeln aus Altweibersommerfäden vor.

Ihr Engel des Buckelmonds voll himmlischer Geduld,
Ich rufe euch in meinen Kreis.
Eure sternengleiche Kraft mit den Schwingen aus Sommerfäden
Wirkt den Zauber mit leisen Vibrationen.
Ich rufe die Energie der Engelliebe herbei
Und ziehe eure Kraft aus den himmlischen Ebenen.
Umkreist mich, während der Mond anschwillt,
Schneller und schneller, so sei es besiegelt.
Wenn der Mond sich vom Dunklen zum Hellen wendet,
Befreie ich die Kraft der Engelmächte.
Natürliche Stärke und Energie.
Die die unsichtbare Welt bewegen.
Ich fasse mein leidenschaftliches Verlangen in Worte
Und wende mich an die Kraft der Engelstimmen.

Die Engel des Vollmonds

Die Zeit des Vollmonds beginnt mit der Abenddämmerung und endet mit dem Morgengrauen, deshalb ist Mitternacht die günstigste Zeit für die Anrufung der Engel des Vollmonds. Diese Mondphase beginnt am vierzehnten Tag nach Neumond und dauert bis zum siebzehneinhalbten Tag danach. Das Hauptanliegen der Engel des Vollmonds sind künstlerische Aktivitäten, Schönheit, Gesundheit, Leistungsfähigkeit, Veränderung, Schutz, Wettbewerb, Entscheidungen, Träume, Familien, Wissen, rechtliche Angelegenheiten, Liebe und Romantik, Geld, Motivation, Spiritismus und persönliche Weiterentwicklung. Stellen Sie sich diese Engel mit weißen Seidenkleidern, blonden Haaren, Pfirsichteint und schimmernden Flügeln vor.

Wenn der Mond voll ist und mit Licht gefüllt,
Rufe ich die Engelkräfte.
Strahlen der Liebe aus dem glitzernden Himmelskörper,
Die Göttin regiert am Himmelstor.
Die Kraft der Engel und ich sind eins,
Der Hauch des Glücks ist von der Sonne gesegnet.
Ich ziehe den Kreis und besiegle ihn,
Mit der gleichen Stärke soll auch dieser Zauber andauern.
Wie oben, so auch unten.
Ich bilde die Kraft, dann lasse ich sie los.
Sie regiert das Reich, das ich nicht sehen kann,
Und gibt meiner Realität Gestalt.

Die Engel der Aussäenden Mondphase

Diese Zeitspanne beginnt dreieinhalb Tage nach Vollmond und dauert bis zum siebten Tag danach. Der Mondaufgang ist am späten Abend, der Monduntergang am späten Vormittag, damit ist die Stunde der Seelen (um drei Uhr morgens) die beste Zeit für die Anrufung dieser Engel. Die Engel der Aussäenden Mondphase beschäftigen sich mit Bannsprüchen, deshalb können Sie sie möglicherweise mit Schwertern, Messern oder Sensen wahrnehmen. Sie müssen sie nicht fürchten, denn sie möchten den Menschen nicht schaden, sondern sind nur bestrebt, die negativen Energien zu durchtrennen, die uns umgeben. Zum Bereich dieser Engel gehören Süchte, Entscheidungen, Scheidungen, Stress, Schutz und alle negativen Energien im Allgemeinen. Sie können sie sich mit schwarzen Kleidern und weißen Tierfellen vorstellen, sie tragen schweren Silberschmuck und haben milchig weiße Haut, schwarzes Haar und die Schwingen von Falken.

Ihr Engel des Aussäenden Mondes,
Steht mir bei in dieser Feuersbrunst.

Die Falkenflügel verbannen das Böse
Von mir und all meinen Lieben.
Die Süchte verschwinden mit dem Wind.
Bringt nur positive Energie zu mir.
Durchtrennt das Üble schnell,
Die Liebe der Göttin wird ewig währen.
Beendet diese ausgezehrte und erschöpfte Angelegenheit
Und ersetzt sie durch den Schimmer des Glücks.

Die Engel des Letztviertelmonds

Der Letztviertelmond dauert vom siebten bis zum zehneinhalbten Tag nach Vollmond. Die Engel dieses Mondes arbeiten für die Befreiung von Negativität und die Bannung von Hindernissen, sie beschäftigen sich auch mit Problemen, die über mehrere Inkarnationen hindurch wirksam sind. Der Bereich dieser Engel erstreckt sich auf Süchte, Scheidungen, Gesundheit und Heilung (Bannrituale, deshalb sollten Sie im Uhrzeigersinn vorgehen), Stress, Schutz und Karma. Diese Engel tragen violette Kleider, sie haben Mandelaugen und einen orientalischen Teint. Ihr Haar ist blauschwarz wie Rabenflügel und ihre Augen sind hell und durchdringend. Sie tragen ein Stirnband aus glänzendem Silber, das ein strahlendes Bannpentagramm ziert. Ihre Flügel sind grau mit goldenen Federn.

Ihr Engel des Letztviertelmonds,
Ich rufe euch, um mir Gnade zu erweisen.
Der Widerschein der nächtlichen Energie
Bannt das Böse, kreist es ein,
Verbannt es, lindert den Schmerz,
Beendet die elende Herrschaft des Tyrannen.
Mit grauen, goldgesprenkelten Flügeln
Bezwingt ihr das Übel.
Ich mache das Bannzeichen
Und lasse Glück und Zufriedenheit zurück.

Die Engel der Balsamischen Mondphase

Diese Phase dauert vom zehneinhalbten bis zum vierzehnten Tag nach Vollmond. Der Mondaufgang ist um drei Uhr morgens, der Untergang am späten Nachmittag. Die Engel der Balsamischen Mondphase sind bekannt für ihre gerechten Taten. Sie beschäftigen sich mit Süchten, Veränderungen, Scheidungen, Feinden, Gerechtigkeit, Hindernissen, Streitigkeiten, Umzug, Trennung, Kriminellen und ihren Taten und mit dem Tod, der durch nicht gerechtfertigte Maßnahmen herbeigeführt wird. Ihre stärkste Stunde fällt seltsamerweise auf etwa zehn Uhr morgens. Stellen Sie sich diese Engel mit Augen ohne Iris, sondern nur mit großen feuchten Pupillen vor, denen nichts entgeht. Ihre ebenholzfarbenen Flügel sind kraftvoll, ihr Haar ist buschig und pechschwarz, und wenn sie lächeln, werden scharfe Schneidezähne sichtbar. Ihre Haut ist farblos, sie tragen meist schwarze Mäntel mit scharlachroten Rändern über Kleidern aus schimmernden, grauschwarzen Schleiern. Diese Engel werden bisweilen irrtümlicherweise für Vampire gehalten.

Ihr Engel der Balsamischen Mondphase, hört mein Flehen,
Kommt zu mir, gewährt mir das zweite Gesicht.
Ebenholzfarbene Schwingen, pechschwarzes Haar,
Ihr sorgt für himmlische Gerechtigkeit.
Umkreist mich mit schimmernden Schleiern,
Verleiht meinem Anliegen Kraft.
Bannt das Böse hier und jetzt,
Begrabt es mit himmlischem Pflug.
Ihr starken und weisen Engel des dunklen Mondes,
Reißt die Maske des Übels herunter,
Verbannt es, zertrennt es,
Zerstreut es und vergrabt es für immer.
Das Lächeln der Greisin und die Stärke der Weisen,
Ich säubere die Tafel, ich reinige das Buch.
Wie oben, so auch unten.
Brecht den Bann und vernichtet das Böse.

Versammelt euch, ich flehe euch an, ihr himmlischen
Heerscharen,
Verfolgt diesen Kriminellen, umzingelt ihn,
Macht dem Bösen und dem Kampf ein Ende
Und bringt stattdessen Harmonie, Liebe und Licht.

Die Engel des Merkur

Tierkreiszeichen: Zwillinge und Jungfrau
Tag: Mittwoch
Berufe: Wirtschaftsprüfer/in, Verwaltungsangestellte/r, Diplomat/in, Buchhalter/in, Sachbearbeiter/in, Kritiker/in, Handwerker, Schuldner, Discjockey, Arzt/Ärztin, Redakteur/in, Journalist/in, Grafologe/in, Interviewer/in, Postbeamter/in, Sekretär/in, Händler, Aufsichtsbeamter/in, Lektor/in, Bibliothekar/in, Linguist/in, medizinisch-technische/r Assistent/in, Wissenschaftler/in, Student/in, Lehrer/in, Autor/in
Hobbys: Geschichten schreiben, Fernsehen, Kommunikation via Internet, Kommunikationsgeräte
Aktivitäten: Preisverhandlungen, Umgang mit Rechtsanwälten und Literaturagenten, Verlegen und Veröffentlichen, Registratur, Einstellung von Personal, Erlernen von Fremdsprachen, literarische Arbeit, Schalten von Anzeigen, Buchhaltung, Studien, Telefonieren, Besuch bei Freunden
Zugehörige Bereiche: Kommunikation, Korrespondenz, Telefonanrufe, Faxnachrichten, Computer, E-Mails, Ausbildung, Studien, Reisen, Geschäfte, Verlage, schriftstellerische Arbeit, Werbung, Vertragsunterzeichnung, Geschwister, Nachbarn, Ahnen, Verwandte
Geschenke: Anpassungsfähigkeit, geistige Aktivitäten, Ausdrucksfähigkeit, simultane Aktivitäten, kurzfristige Studien, Einfallsreichtum, Scharfsinn, Eloquenz, Geschicklichkeit, Bewusstheit
Zugehörige Pflanzen: Benjamin, Bergamottminze, Kümmel, Sellerie, Wiesensalbei, Marienblatt, Dill, Eukalyptus, Fenchel,

Lavendel, Zitronenkraut, Maiglöckchen, Majoran, Petersilie, Pfefferminze, Krauseminze, Zuckererbsen
Symbol: ☿

Die schnellen Engel, die den kommunikativen Merkur regieren, sind Tiriel, Raphael, Hasdiel, Michael, Barkiel, Zadkiel und Bene Seraphim. Ihr Hauptanliegen ist die kommunikative Wahrnehmung. Sie interessieren sich für die Art und Weise, in der Kommunikation vermittelt und begriffen wird, und sie unterstützen uns bei der Manifestation von Ideen und Meinungen. Die Merkurengel beschäftigen sich mit Geschicklichkeit und manuellen Fähigkeiten, mit Reaktionen auf Anregungen und mit Reisen und Transport.

Die Engel des Merkur arbeiten sehr gut mit den Engeln der Tierkreiszeichen Zwillinge, Jungfrau, Wassermann und Skorpion zusammen, passen aber nicht so gut zu den Engeln des Schützen, der Fische, des Löwen und des Stiers. Mit den Engeln der Tierkreiszeichen Widder, Krebs, Waage und Steinbock können sie gut kooperieren.

Die Engel der Venus

Tierkreiszeichen: Stier und Waage
Tag: Freitag
Berufsfelder: Architektur, Kunst, Kosmetik, Chiropraktik, Tanz, Design, Hauspersonal, Ingenieurwesen, Moderation, Modeverkauf, Floristik, Gartenbau, Hotelwirtschaft, Landschaftspflege, Oper, Gesang, Musik, Malerei, Dichtung
Hobbys: Sticken, Kleider entwerfen, Musik, Malerei, Bildhauerei, handwerkliche Tätigkeiten, Näharbeiten, Landschaftsgärtnerei, Gartenarbeit
Aktivitäten: Vergnügungen, Schönheitspflege, Flirten, Verabredungen, Raumausstattung, Design, Zusammenkunft mit Freunden, Verbesserungen im Haushalt, Organisation von Partys, Einkaufen
Zugehörige Bereiche: Zuneigung, Partnerschaft, Verbindun-

gen, Anmut, Schönheit, Harmonie, Luxus, Liebe, Kunst, Musik, gesellschaftliche Aktivitäten, Ehe, Dekoration, Kosmetik, Geschenke, Einkommen
Geschenke: Liebe, Sanftmut, Schönheit, Geselligkeit, Charme, Verfeinerung, Rücksicht, Kreativität, Inspiration, Anmut
Zugehörige Pflanzen: Apfel, Kamille, Kardamom, Katzenminze, Osterglocke, Gardenie, Geranie, Hyazinthe, Iris, Flieder, Magnolie, Muskat, Narzisse, Palmarosa, Plumeria, Rose, Thymian, Nachthyazinthe, Tulpe, Vanille, weißer Ingwer, Aloeholz, Schafgarbe, Ylang-Ylang
Symbol: ♀

Die Engel der Venus beschäftigen sich ihrer Natur entsprechend vor allem mit Herzensangelegenheiten und der Schönheit. Zu ihnen gehören Anael, Hasdiel, Eurabatres, Raphael, Hagiel und Noguel.

Das Hauptinteresse der Venusengel gilt den sozialen Eigenschaften und dem menschlichen Verhalten, außerdem unterliegen Schönheit, Anmut und künstlerische Talente ihrer Obhut. Sie fühlen sich zu romantischer Liebe, Zusammenarbeit, Heirat und allen Arten von Partnerschaften hingezogen. Die Venusengel helfen Ihnen, die Sie umgebende Atmosphäre zu verbessern, harmonische Energien anzuziehen und so attraktiv zu werden, wie Sie möchten.

Die Engel der Venus arbeiten sehr gut mit den Engeln der Tierkreiszeichen Stier, Fische und Wassermann zusammen, passen aber nicht so gut zu den Engeln des Widders, des Skorpions, der Jungfrau und des Löwen. Mit den Engeln der Tierkreiszeichen Zwillinge, Krebs, Schütze und Steinbock können sie gut kooperieren.

Die Engel des Mars

Tierkreiszeichen: Widder
Tag: Dienstag
Berufsfelder: Sport, Friseur, Metzgerei, Schreinerei, Chemie,

Bau, Zahnmedizin, Feuerwehr, Gießerei, Müllentsorgung, Wachpersonal, Gefängnis-Wachpersonal, Schmiedehandwerk, Boxsport, Kampfsport, Ringen, Fußball, Metallverarbeitung, Chirurgie, Armee, Polizei

Hobbys: Autos reparieren, Gartenarbeit, Umpflanzen, Verbesserungen im Haushalt, Holzarbeiten, Schießkunst, Waffen sammeln

Aktivitäten: Geschäfte und Handel, maschinelle Arbeiten, Kauf und Verkauf von Tieren, Verhandlungen mit Lieferanten, Jagd, alle Arten von Studien

Zugehörige Bereiche: Ehrgeiz, Aggression, Sex, körperliche Energie, Muskelkraft, Pistolen, Werkzeuge, Metalle, Schneidearbeiten, Chirurgie, Polizei, Militär, Kampf, Konfrontation

Geschenke: Unabhängigkeit, Stärke, Begehren, Mut, Energie, Entschlossenheit, Selbstsicherheit; Unerschrockenheit, wenn sie erforderlich ist; Hingabe

Zugehörige Pflanzen: Basilikum, schwarzer Pfeffer, Geißklee, Kaffee, Koriander, Kreuzkümmel, Galgantwurzel, Knoblauch, Ingwer, Hopfen, Kapuzinerkresse, Zwiebel, Poleiminze, Kiefer, Raute, Waldmeister

Symbol: ♂

Die Engel des Mars sind ungestüm und immer zum Kampf bereit. Sie können schmerzhafte Schläge austeilen, gelinde ausgedrückt, kann man sie als aggressiv bezeichnen. Zu ihnen gehören Uriel, Sammael, Gabriel und Chamael. Die Marsengel interessieren sich vorwiegend für körperliche Energie, Aktivität und Kraft. Sie schüren unsere Emotionen und drängen uns zu geistigen Unternehmungen, aus denen wir siegreich hervorgehen.

Es gibt keine anderen Engel, die mehr mit Siegen und Triumphen in Verbindung gebracht werden als die Engel des Mars. Sie stärken unsere Risikobereitschaft und ermutigen uns, uns körperlichen Herausforderungen zu stellen.

Die Engel des Mars arbeiten sehr gut mit den Engeln der Tierkreiszeichen Widder, Steinbock und Löwe zusammen, passen aber nicht so gut zu den Engeln der Waage, des Krebses und des Wassermanns.

Mit den Engeln der Tierkreiszeichen Stier, Zwillinge, Jungfrau, Skorpion, Schütze und Fische können sie einigermaßen gut kooperieren.

Die Engel des Jupiter

Tierkreiszeichen: Schütze
Tag: Donnerstag
Berufsfelder: Botschaftswesen, Begutachtung, Bogenschießen, Bank, Kassenwesen, Beratung, Medizin, Erziehung, Wachpersonal, Pferdetraining, Jagd, Jockeysport, Gericht, Recht, Handel, Politik, Pharmazie, Psychologie, Hypnotherapie
Hobbys: Vereine, Reisen, Münzen oder seltene Kunstgegenstände sammeln
Aktivitäten: Wohltätigkeitsarbeit, Ausbildung, Wissenschaft, Korrespondenzkurse, persönliche Weiterentwicklung, Lesen, Forschung und Studien
Zugehörige Bereiche: Verlagswesen, Hochschulen, Ausbildung, Fernreisen, Interesse an fremden Ländern, Religion, Philosophie, Voraussagen, Rundfunkübertragung, Öffentlichkeitsarbeit, Expansion, Glück, Wachstum, Sport, Pferde, Recht und Gesetz
Geschenke: Erfolg, Ehrgeiz, Würde, Wohlstand, Inspiration, Respekt, Optimismus, Vertrauen, Ehrbarkeit
Zugehörige Pflanzen: Gewürznelken, Geißblatt, Ysop, Zitronenmelisse, Muskatblüte, Mehlkraut, Muskat, Eichenmoos, Salbei, Sternanis, Tonka
Symbol: ♃

Für Wohlstand und Erfolg sind die Engel des Jupiter zuständig. Zu ihnen gehören Zachariel, Zadkiel, Sachiel, Adabiel, Barchiel und Zadykiel. Das Interesse der Jupiterengel gilt Erweiterungsmöglichkeiten und Expansion in vielen verschiedenen Breichen. Diese Engel unterstützen Wachstum auf körperlicher, intellektueller, spiritueller und kultureller Ebene. Sie haben die Fähigkeit, alles, was sie anstreben, zu erweitern und zu vergrößern. Sie haben die Ansammlung von materiellen Gütern, Macht und gesellschaftliches Ansehen unter ihrer Obhut und stärken den Optimismus. Die Jupiterengel bescheren freudige Ereignisse und helfen Ihnen, Ihre Wunschziele zu erreichen.

Die Jupiterengel arbeiten sehr gut mit den Engeln der Tierkreiszeichen Schütze, Krebs, Stier und Fische zusammen, passen aber nicht so gut zu den Engeln der Zwillinge, des Steinbocks, der Jungfrau und des Skorpions. Mit den Engeln der Tierkreiszeichen Widder, Löwe, Waage und Wassermann können sie gut kooperieren.

Die Engel des Saturn

Tierkreiszeichen: Steinbock
Tag: Samstag
Berufsfelder: Bau, Beamtentum, Landarbeit, Bestattungswesen, Gefängniswesen, Kühltechnik, Gerberei, Rechtspflege, Gericht, Mathematik, Orthopädie, Installation, Politik, Immobilienmaklerei, Kundendienst, Schuhmacherhandwerk, Druckerei
Hobbys: Gartenarbeit, Arbeit in Land- und Forstwirtschaft, Papierherstellung
Aktivitäten: Schuldenüberwachung, Verhandlungen mit Rechtsanwälten, Finanzierung, Geldangelegenheiten, Immobilien, Beziehungen zu älteren Menschen, alle Familien- und Rechtsangelegenheiten wie Nachlässe und Grundbesitz
Zugehörige Bereiche: Strukturen, Realität, gesellschaftliche Regeln, Begrenzungen, Hindernisse, Prüfungen, Festnahme von Kriminellen, mühevolle Arbeit, Ausdauer, Immobilien, Zahnärzte, Knochen, Zähne, archäologische Studien
Geschenke: Stabilität, Selbstdisziplin, Weisheit, Sparsamkeit, Geduld, Ausdauer, Bescheidenheit, Aufrichtigkeit, Traditionsverbundenheit, Klugheit, Ernsthaftigkeit

Zugehörige Pflanzen: Zypresse, Mimose, Myrrhe, Patchouli
Symbol: ♄

Die Engel des Saturn sind für Verantwortung und Veränderung zuständig. Zu ihnen gehören Orifiel, Kafziel, Michael, Maion, Mael, Zaphiel, Schebtaiel und Zapkiel. Zu den wichtigsten Anliegen der Saturnengel zählen vor allem Autorität, karmische Lektionen und Grenzbereiche. Wenden Sie sich an sie, wenn Sie Ausdauer und einen Sinn für das Praktische benötigen. Auch wenn Sie sich um Strenge und Nüchternheit bemühen, sind die Saturnengel an Ihrer Seite. Außerdem beschäftigen Sie sich mit den Anliegen älterer Menschen.

Die Engel des Saturn arbeiten sehr gut mit den Engeln der Tierkreiszeichen Steinbock, Waage und Jungfrau zusammen, passen aber nicht so gut zu den Engeln des Krebses, des Widders und der Fische. Mit den Engeln der Tierkreiszeichen Stier, Zwillinge, Löwe, Skorpion, Schütze und Wassermann können sie einigermaßen gut kooperieren.

Damit haben wir die sieben Planeten erfasst, die in historischen Texten erwähnt werden. Den nun folgenden Planeten und Himmelskörpern werden traditionell keine besonderen Engel zugeordnet, wir können uns aber in Notzeiten oder in unserer Magiearbeit dennoch an diese Engelenergien wenden.

Die Engel des Uranus

Tierkreiszeichen: Wassermann
Berufsfelder: Raumfahrttechnik, Astrologie, Rundfunk, Elektrizität, Tätigkeiten im humanitären Bereich, Regierungsbeamtentum, Lektorat, Metaphysik, Röntgenassistenz, Radiologie, Informatik, Zoologie
Hobbys: Luft- und Weltraumfahrt, Elektronik, Experimente mit außersinnlichen Wahrnehmungen, neue Ideen (vor allem Sciencefiction und virtuelle Welten), Okkultismus, Programmieren

Aktivitäten: Flugreisen, Partnerschaften, Veränderungen, Anpassungen, Bürgerrechte, neue Verträge, neue Ideen, neue Regeln, Patentierung von Erfindungen, Urheberrecht, Fortschritt, soziale Aktivitäten, Reisebeginn (auch für innere Reisen)
Zugehörige Bereiche: Astrologie, New Age, Technologie, Computer, moderne Geräte, Wahrsagen, Unterricht, Beratung, Rechtsbeistand, Erfindungen, Reformen, Elektrizität, neue Methoden, Ursprünglichkeit, plötzliche Ereignisse
Geschenke: Stärke, unkonventionelle Dinge, Ursprünglichkeit, Intuition, Individualismus, Hellsichtigkeit, Willensstärke, humanitäre Hilfe, persönliche Ausstrahlung, Einfallsreichtum
Symbol: ♅

Freiheit und Unabhängigkeit ist das Motto der Engel des Uranus. Diese Engel befassen sich mit allen ursprünglichen und authentischen Gedanken oder Handlungen. Sie sind die revolutionären Engel, die den Status quo neu festlegen, wenn es aus einem guten Grund erforderlich ist, und sie helfen uns, unvorhergesehene Veränderungen zu begreifen oder einen unvermittelten Vorstoß in die Welt zu wagen. Die Uranusengel beschäftigen sich mit Gedanken, die die Umgebung und die geistige Haltung von vielen Menschen verändern können, aus diesem Grund sind sie von den modernen Massenmedien und Kommunikationsmitteln in großem Umfang sehr angetan.

Die Uranusengel arbeiten sehr gut mit den Engeln der Tierkreiszeichen Wassermann, Skorpion, Zwillinge und Waage zusammen, passen aber nicht so gut zu den Engeln des Löwen, des Stiers, des Schützen und des Widders. Mit den Engeln der Tierkreiszeichen Krebs, Jungfrau, Steinbock und Fische können sie gut kooperieren.

Die Engel des Neptun

Tierkreiszeichen: Fische
Berufsfelder: Alchimie, Transportwesen, rnediale Übermitt-

lung, Dichtung, Kaufhaus-Geschäftsführung, Charakterschauspiel, Chemie, Diplomatendienst, Fotografie, Psychiatrie, Geheimdienst, Weinhandel, Führungsrollen in Religionen; alle Berufe, die mit dem Meer zu tun haben
Hobbys: Schauspielerei, Fotografie, Musik, Filme, Wettrudern, Wasserskifahren, Schwimmen
Aktivitäten: Werbung, Umgang mit psychischen Veränderungen, Biokost, Kurorte, umfassende soziale Belange, Nachtclubs, psychische Heilung, Schiffsreisen, Restaurants, Besuche, Wohlfahrt, Arbeit mit Institutionen
Zugehörige Bereiche: Mystik, Musik, kreative Vorstellungskraft, Tanz, Illusionen, Opfer, Dienstleistungen, Öl, Chemikalien, Farbe, Medikamente, Betäubungsmittel, Schlaf, religiöse Erfahrungen, Traumerlebnisse
Geschenke: Mystische Erfahrungen, Hellsichtigkeit, Inspiration, Genialität, Hingabe, Respekt
Symbol: ♆

Die Engel des Neptun beschäftigen sich mit Erbschaft und historischen Entdeckungen. Sie sind die Beschützer der Unterdrückten und der Außenseiter der Gesellschaft und sie interessieren sich für Menschen, die für hellsichtig gehalten werden und es genießen, durch ihre charismatische Ausstrahlung alle in ihren Bann zu ziehen. Die Engel des Neptun lieben Mystik, spirituelles Bewusstsein und Mitgefühl. Sie stehen uns bei, wenn wir mit Beschränkungen, Verlassenheit, Abhängigkeit oder körperlicher Unverträglichkeit von Medikamenten konfrontiert sind.

Die Engel des Neptun arbeiten sehr gut mit den Engeln der Tierkreiszeichen Fische, Schütze und Krebs zusammen, passen aber nicht so gut zu den Engeln der Jungfrau, der Zwillinge und des Steinbocks. Mit den Engeln der Tierkreiszeichen Widder, Stier, Löwe, Waage, Skorpion und Wassermann können sie gut kooperieren.

Die Engel des Pluto

Tierkreiszeichen: Skorpion
Berufsfelder: Akrobatik, Sport, Sportmanagement, Atomenergietechnik, Forschung, Spekulation, Börsenmaklerei
Hobbys: alle Hobbys, die nur dem persönlichen Vergnügen dienen; Arbeit mit Kindern
Aktivitäten: alles, was Energie, Begeisterung, Geschicklichkeit und Wachsamkeit erfordert; persönliche Beziehungen; neuartige Gedanken, die viele Menschen beeinflussen; Pionierarbeit
Zugehörige Bereiche: Forschungen, Durchbruch, Vermächtnisse der Toten, Untersuchungen, Versicherungen, Steuern, Vermögen anderer Menschen, Darlehen, die Massen, die Unterwelt, Transformation, Tod
Geschenke: übersinnliche Wahrnehmung, Intensität, Fähigkeit zur Neuordnung aller Dinge, Spiritualität, Transformation, Wiederbelebung
Symbol: ♇

Die Haupteigenschaft dieser Engel ist ihre starke und tiefgehende Energie. Die Plutoengel beschäftigen sich mit karmischen Themen in großem Umfang (Religionen, Institutionen, Kulturen usw.). Wenn Sie Kontrolle und Macht über etwas anstreben, sind die Plutoengel an Ihrer Seite. Die Engel des Pluto arbeiten sehr gut mit den Engeln der Tierkreiszeichen Skorpion und Wassermann zusammen, passen aber nicht so gut zu den Engeln des Stiers und des Löwen. Mit den Engeln der Tierkreiszeichen Zwillinge, Jungfrau, Fische, Schütze, Widder, Krebs, Waage und Steinbock können sie gut kooperieren.

Die Engel des Asteroiden Ceres

Berufsfelder: Krankenpflege, Schreinerei, Hypnotherapie, Koordination wohltätiger Veranstaltungen, Organisation von Einrichtungen für Kinder, Landwirtschaft, Mitarbeit in der Telefonseelsorge, Küchenleitung, Tierpflege

Hobbys: Gartenarbeit, ehrenamtliche Tätigkeit, Beratung von Freunden; Wahrsagen, nur um anderen damit zu helfen
Aktivitäten: Taktgefühl, Diplomatie, Teilen mit anderen, universelle Liebe und Akzeptanz, Finden und Heilen von vermissten Kindern und Haustieren
Symbol: ⚳

Die unterstützenden Engel des Ceres vertreten vor allem das Prinzip der bedingungslosen Liebe. Sie sind die Engel der Großen Mutter und fördern die Grundsätze von gegenseitigem Teilen und Anteilnahme für andere. Sie arbeiten mit der Energie der Göttin und der weiblichen Gottheit. Wenn wir den Ceresengeln einen Namen geben möchten (warum auch nicht, viele andere haben Engelnamen erfunden und sie waren sicher nicht besser geeignet als wir), würde ich »Annaelle« wählen – *Anna* für die erste Mutter und *elle* für leuchtend, also leuchtende Mutter oder mütterliches Leuchten.

Die Engel des Asteroiden Pallas

Berufsfelder: künstlerische Tätigkeiten wie Malerei, Zeichnen, Cartoons entwerfen, Design, Bildhauerei, Kunsthandwerk, Töpferei, Goldschmiedearbeiten, Schmuckdesign, Innenarchitektur, Architektur, Entwurf und Herstellung von rituellen Gegenständen und Berufe des ganzheitlichen Heilens
Hobbys: Handwerk, Nähen, Raumausstattung, Entwurf und Herstellung von Gegenständen für das Wahrsagen, Gedichte schreiben
Aktivitäten: geführte Traumreisen, Meditation, Visualisierung, mentale Selbstheilung, Entwicklung von neuen Ideen und Konzepten, Umsetzung eines psychischen Durchbruchs
Symbol: ⚴

Die Engel des Pallas vertreten weibliche Energien, plötzliche geniale Eingebungen, scharfsinnige Einsichten und die Fähigkeit, neue und einzigartige Gedanken zu formulieren, die für das kollektive weibliche Unterbewusstsein und für den Planeten im Allgemeinen sehr glückhaft sind. Das Schlüsselwort hier lautet »kreative Intelligenz« als Teil jeder seelischen Entwicklung, die das Selbstwertgefühl und die Spiritualität stärkt. Die Pallasengel sind sehr daran interessiert, uns bei der Planung von Strategien behilflich zu sein, die zu greifbaren Ergebnissen führen. Sie haben Freude an künstlerischen Fähigkeiten und unterstützen uns bei der Anziehung von schöpferischen Energien.

Die Engel des Asteroiden Juno

Berufsfelder: Eheberatung, weibliche religiöse Führerschaft
Zugehörige Bereiche: Leidenschaft, Ausgleich, Behaglichkeit, Stabilität, Beständigkeit, gemeinsame Visionen, Unabhängigkeit in der Liebe, emotionale Beziehungen, Unterstützung, echtes Verständnis
Symbol: ⚵

Das Hauptanliegen der Junoengel ist der Ausgleich von Macht und unsere individuelle Freiheit. Diese Engel interessieren sich für das weibliche Bestreben nach Harmonie und Glück in Beziehungen.

Die Engel des Asteroiden Vesta

Berufsfelder/Hobbys: alle
Zugehörige Bereiche: Entwicklung von körperlicher Disziplin und Inspiration zu Kreativität, das Erfahren und Verbreiten von Ideen, mentaler und spiritueller Zusammenschluss und Verband
Symbol: ⚶

Die Vestaengel repräsentieren weibliche Wünsche, die auf ein bestimmtes Ziel ausgerichtet sind. Ihr Interesse gilt allen, die sich zum Wohle einer Sache sehr engagieren. Diese Engel sind die Beschützer der Hexen, die den Eid abgelegt haben, der Menschheit mit Hingabe und positiven Bestrebungen zu dienen. Die Vestaengel helfen uns, uns auf ein großes und edles Ziel auszurichten und uns in das große Ganze zu integrieren.

Die Engel des Asteroiden Chiron

Berufsfelder: Heilung, Beratung, Lehre
Symbol: ⚷

Diese Engel besitzen die Schlüssel des Universums. Die Chironengel werden für den männlichen Aspekt der verwundeten Priester oder verletzten Heiler gehalten, in der modernen Kunst erscheinen sie als Halbmensch und Halbpferd (Centaurus). Sie können alle Türen aufschließen, in allen Tiefen nach einer Antwort forschen und alles heilen, was zerbrochen, verletzt, krank oder unvollständig ist. Die Chironengel sind bereit, allen zu helfen, die auf dieses Ziel hinarbeiten und sich selbst genug sind. Sie ermutigen uns nicht, uns untätig zurückzulehnen und alles auf die leichte Schulter zu nehmen, sondern sie drängen uns dazu, zu handeln und unser Leben und unser Schicksal selbst in die Hand zu nehmen. Sie finden die Chironengel überall dort, wo sich das Bewusstsein einer großen Gruppe von Menschen verändert.

Die Planetenstunden

Erinnern Sie sich noch an die Engelstunden aus Kapitel 4? Die Planetenstunden sind genauso strukturiert (siehe Übersicht auf Seite 301). Jeder Stunde des Tages ist ein Engel zugeordnet, der Sie bei Ihren Vorhaben unterstützen kann. Wenn Sie ein Projekt in Angriff nehmen, beinhaltet die ganze darauf folgende Arbeit die Energie der ersten Stunde. Sie können auch eine Angelegenheit nach der Stunde beurteilen, in der Sie zuerst

Planetenstunden-Übersicht

Tagesstunde	Sonntag	Montag	Dienstag	Mittwoch	Donnerstag	Freitag	Samstag
1	Sonne	Mond	Mars	Merkur	Jupiter	Venus	Saturn
2	Venus	Saturn	Sonne	Mond	Mars	Merkur	Jupiter
3	Merkur	Jupiter	Venus	Saturn	Sonne	Mond	Mars
4	Mond	Mars	Merkur	Jupiter	Venus	Saturn	Sonne
5	Saturn	Sonne	Mond	Mars	Merkur	Jupiter	Venus
6	Jupiter	Venus	Saturn	Sonne	Mond	Mars	Merkur
7	Mars	Merkur	Jupiter	Venus	Saturn	Sonne	Mond
8	Sonne	Mond	Mars	Merkur	Jupiter	Venus	Saturn
9	Venus	Saturn	Sonne	Mond	Mars	Merkur	Jupiter
10	Merkur	Jupiter	Venus	Saturn	Sonne	Mond	Mars
11	Mond	Mars	Merkur	Jupiter	Venus	Saturn	Sonne
12	Saturn	Sonne	Mond	Mars	Merkur	Jupiter	Venus
Nachtstunde	**Sonntag**	**Montag**	**Dienstag**	**Mittwoch**	**Donnerstag**	**Freitag**	**Samstag**
1	Jupiter	Venus	Saturn	Sonne	Mond	Mars	Merkur
2	Mars	Merkur	Jupiter	Venus	Saturn	Sonne	Mond
3	Sonne	Mond	Mars	Merkur	Jupiter	Venus	Saturn
4	Venus	Saturn	Sonne	Mond	Mars	Merkur	Jupiter
5	Merkur	Jupiter	Venus	Saturn	Sonne	Mond	Mars
6	Mond	Mars	Merkur	Jupiter	Venus	Saturn	Sonne
7	Saturn	Sonne	Mond	Mars	Merkur	Jupiter	Venus
8	Jupiter	Venus	Saturn	Sonne	Mond	Mars	Merkur
9	Mars	Merkur	Jupiter	Venus	Saturn	Sonne	Mond
10	Sonne	Mond	Mars	Merkur	Jupiter	Venus	Saturn
11	Venus	Saturn	Sonne	Mond	Mars	Merkur	Jupiter
12	Merkur	Jupiter	Venus	Saturn	Sonne	Mond	Mars

davon erfahren haben. Jeder Tag und jede Stunde eignen sich unterschiedlich gut für bestimmte Vorhaben.

Die Sonne: Geschäfte, Besitz, Güter, Samen, Früchte, das Umgehen mit Werkzeugen erlernen, Glück, Kontakt mit den Toten, Schutz im Schlaf

Der Mond: Kurzreisen, Botschaften, Versöhnung, Liebe, Einkauf und Verkauf von Waren, Behandlung von Frauenkrankheiten, Spiritismus

Mars: militärische Ehrungen, Mut sammeln, Feinde besiegen
Merkur: alle Arten von Kommunikation, Eloquenz, Intelligenz, Wissenschaft, Wahrsagen, Gespenster, Schreiben, Einkauf (die erste Stunde des Merkur nach Sonnenaufgang ist immer ein guter Zeitpunkt für den Beginn eines Projekts oder Vorhabens)
Jupiter: Verleihung von Auszeichnungen, Ansammlung von Reichtum, Festigung von Freundschaften, Erhaltung der Gesundheit, Planung von Zielen und Bestrebungen
Venus: Liebe, Partnerschaften, Erholung, Reisen
Saturn: Verbannung von unerwünschten Dingen; Zauber, der Kriminelle betrifft; Kommunikation mit den Toten, Wiederfinden von verloren gegangenen Gegenständen

Zusammenfassung

Wenn wir in den folgenden Kapiteln damit beginnen, Talismane herzustellen und einige Rituale durchzuführen, werden Sie herausfinden, wie Sie die jeweiligen zugehörigen Bereiche einsetzen können, und dabei auch entdecken, dass diese Magiemittel durchaus funktionieren.

An einem Abend bei Neumond rief ich in der Stunde des Saturn die Engel des dunklen Mondes um ihre Hilfe bei einem kleinen Problem an. Eine meiner Klientinnen wurde fünfmal von Mitarbeitern des Jugendamts aufgesucht, weil diese einen telefonischen Hinweis von einem anonymen Anrufer erhalten hatten. Meine Klientin konnte sich zwar immer rechtfertigen, es gelang jedoch nicht, die Angelegenheit unter Kontrolle zu bringen. Der letzte Besuch der Jugendamtmitarbeiter erfolgte um zwei Uhr morgens, dabei wurde die älteste Tochter meiner Klientin aufgeweckt und an Ort und Stelle nach Spuren von Verletzungen und Blutergüssen untersucht. Es stellte sich heraus, dass das Kind keine solchen Verletzungen aufwies, aber die ungebetenen Besucher fanden nicht einmal ein Wort der Entschuldigung für die Traumatisierung des Kindes.

Nachdem wir ein wenig nachgeforscht hatten, fanden wir heraus, dass es sich bei dem anonymen Anrufer um einen Bekannten meiner Klientin mit sehr unangenehmen Gewohnheiten handelte. Ich rief die Engel des dunklen Mondes sowie die »Mutter« (als den Aspekt der alten Frau in der Göttin) an. Erwartungsgemäß erfuhr meine Klientin daraufhin Gerechtigkeit.

14. Engel, Siegel und Symbole

Siegel sind preiswert und wirksam und es macht Spaß, sie im Engelszauber zu verwenden. Ich bevorzuge diese Art von Magie, denn sie erfordert keinen umständlichen Hokuspokus oder großen finanziellen Aufwand. Sie brauchen dafür auch nicht viel Zubehör – ein Zeichenstift reicht meist schon aus. Fehler sind bei Siegeln buchstäblich ausgeschlossen, denn die Siegel werden nur von Ihnen selbst gezeichnet und mit Energie erfüllt. Dafür ist also kein kompliziertes Ritual erforderlich und Sie müssen auch nicht befürchten, dabei etwas falsch zu machen. Siegel sind schlicht und harmlos, denn das jeweilige Symbol wurde von Ihnen entworfen, daher wissen Sie genau, wofür es steht. Es enthält keine geheimnisvolle Bedeutung, über die Sie nachsinnen müssten.

Es gibt viele verschiedene Arten von magischen Siegeln einschließlich Piktogrammen, Alphabeten, Wörtern und Nummern. In diesem Kapitel finden Sie eine Fülle von Informationen über Siegel und ihre Anwendung, Sie sollten sich daher ausreichend Zeit nehmen, um sich eingehend damit zu befassen. Sie können im Laufe der Zeit unter den vielen verschiedenen Siegelvorschlägen die für Sie passenden herausfinden und darüber hinaus eigene entwickeln.

Persönliche Siegel

Siegel werden aus einer Verbindung von stilisierten Buchstaben entwickelt. Wir wollen Ihr erstes Siegel in Verbindung mit dem Reich der Engel darstellen.

Schreiben Sie Ihren Namen in Druckbuchstaben wie im folgenden Beispiel: SILVERRAVENWOLF

Neben Ihren Namen schreiben Sie das Wort ENGELVERBINDUNG wie folgt:
SILVERRAVENWOLFENGELVERBINDUNG

Alle Buchstaben, die öfter als einmal auftreten, können weggelassen werden, sodass jeder Buchstabe nur einmal erscheint. Die übrig gebliebenen Buchstaben aus dem obigen Beispiel sind folgende: SILVERANWOFGBDU

Mit diesen Buchstaben können Sie Ihr eigenes Siegel entwerfen, wenn Sie sich auf das Wesentliche Ihres Vorhabens konzentrieren, nämlich auf die Herstellung einer Verbindung zu den Engeln. Machen Sie sich keine Sorgen über die künstlerische Ausstattung Ihres Symbols.

Ich möchte für das persönliche Siegel so wenig Linien wie möglich verwenden, deshalb kann ich mit Druckbuchstaben die geschwungenen Linien wie in den Buchstaben »S«, »G« usw. vereinfachen. Bedenken Sie, dass die Bedeutung Ihres Siegels nur Ihnen bekannt sein muss.

Vielleicht müssen Sie mehrere Versuche unternehmen, bis Sie das Siegel auf die einfachste Form reduziert haben, aber geben Sie nicht auf. Das Siegel ist die Mühe wert. Hier ist mein Siegel:

Wenn Sie fertig sind, wird das Siegel aktiviert. In der Siegelmagie werden Siegel oft entworfen, aktiviert und anschließend wieder zerstört. Aber wir möchten die Verbindung zu den Engeln aufrechterhalten, deshalb gehen wir wie nachstehend beschrieben vor. Bringen Sie Ihr Siegel zu Ihrem Altar und entzünden dort eine Kerze. Konzentrieren Sie sich einige Minuten lang auf das Siegel und die Bedeutung, die es für Sie hat. Wenn Sie möchten, schließen Sie die Augen, entspannen sich und lassen Ihre Energie in das Siegel einströmen. Stellen Sie sich vor, wie die Engel das Siegel lächelnd berühren. Es stellt eine persönliche Verbindung zwischen Ihnen und den Engeln her. Wenn Sie fertig sind, bedanken Sie sich bei den Engeln und bewahren das Siegel an einem sicheren Ort auf.

Das Siegel eignet sich für verschiedene Zwecke. Sie können es zum Beispiel in der Magiearbeit verwenden, wenn Sie die Gegenwart der Engel spüren möchten. Es kann Ihnen auch helfen, die Verbindung mit den Engeln in der Meditation zu festigen. Wenn Sie es als Gravur in einem Ring oder auf Ihrer Kleidung aufgestickt tragen, trägt das Siegel dazu bei, dass der Kontakt mit den Engeln aufrechterhalten wird. An Ihrem Altar kann es Sie an Ihre Verbindung mit den Engeln erinnern und Ihnen helfen, konzentriert zu bleiben.

Sie können auch ein Siegel für die Engel entwerfen, mit denen Sie am meisten arbeiten, zum Beispiel für Ihren Schutzengel. Hier sind zwei Beispiele, in denen jeweils die gleichen Buchstaben verwendet werden:

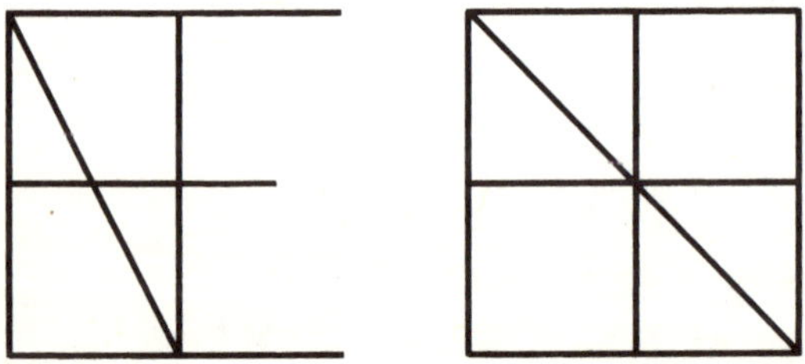

Auch für die Erzengel eignen sich die Siegel. Im nachfolgenden Beispiel habe ich geschwungene Linien verwendet, hier meine Interpretationen:

Raphael Gabriel Michael Uriel

Nun wollen wir einige Engelsiegel für die praktische Magiearbeit unter Verwendung des gleichen Grundformats versuchen, dieses Mal verwenden wir einen ganzen Satz:
RAPHAELHEILUNGFUERFALYNN

Zuerst streichen wir wieder die mehrfach vorkommenden Buchstaben, die folgenden bleiben übrig: RAPHELINGFUY

Aus diesen Buchstaben entwerfen wir ein Siegel.

Folgendes Siegel entstand bei mir (im Englischen bleiben von RAPHAELHEALINGFORFALYNN folgende Buchstaben übrig: RAPHELNFGOY):

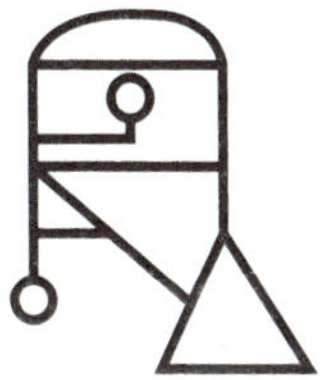

Der nächste Schritt besteht in der Aktivierung des Siegels. Dies kann durch ein Heilritual oder durch eine einfache Aktivierung am Engelaltar geschehen. Wenn die Person, für die Sie um Heilung bitten, in Ihrer Nähe ist, kann sie das Siegel selbst in der Hand halten. Wenn nicht, legen Sie das Siegel in einem Umschlag auf Ihren Altar. Nach Möglichkeit sollten Sie auch ein Foto der betreffenden Person beifügen. Nachdem die Heilung erfolgt ist, deaktivieren Sie das Siegel, indem Sie das Zeichen des Bannpentagramms darüber machen, dann wird das Siegel verbrannt. Verstreuen Sie die Asche im Wind und vergessen Sie nicht, sich bei den Engelkräften für ihre Hilfe zu bedanken.

Bei dieser Art von Siegelmagie sollten Sie die folgenden Punkte beachten:

Formulieren Sie Ihren Wunsch immer positiv. Vermeiden Sie negative Worte wie »nicht«, »werde nicht«, »kann nicht« usw.

Drücken Sie sich präzise aus. »Ich glaube, ich würde gerne nach Hawaii fahren.« – Vermeiden Sie Sätze dieser Art, sondern sagen Sie klar, was Sie möchten und was nicht.

Formulieren Sie den Satz einfach. »Heilung für Falynn« ist einfach und kurz. »Heilung für Falynn, weil Sie 40 Grad Fieber hat ...« ist zu lang, denn Falynn wird entweder tot oder wieder gesund sein, bis das Siegel fertig ist. Natürlich sollten Sie sich vorher um die praktischen Maßnahmen wie einen Besuch beim Arzt, Aspirin, kalte Umschläge und alles andere kümmern, so wie Sie es normalerweise auch tun würden. Magie kann gute ärztliche Versorgung nicht ersetzen, aber sie kann sicher dazu beitragen, dass diese schneller und besser wirken kann.

Sie können in Ihren Siegelsätzen auch einen Zeitfaktor angeben. In diesem Monat, in dieser Woche, heute usw.

Versuchen Sie, eine Umrandung um Ihr Siegel zu ziehen. Das trägt dazu bei, sich besser auf das Siegel konzentrieren zu können und die archetypischen Erinnerungen im Unterbewusstsein anzusprechen.

Halten Sie Ihre Siegel so unkompliziert wie möglich, verwenden Sie nur möglichst einfache Buchstaben. Es sollte möglich sein, alle grundlegenden Buchstaben in dem Siegel wieder zu entdecken. Wenn Sie bei Ihrem Siegel ein gutes Gefühl haben, wird es auch funktionieren. Tatsächlich ist der eigentliche Vorgang der Siegelherstellung wichtiger als seine künstlerische Ausstattung.

Sie können kleine Magiezeichen in Ihre Siegel integrieren. Am Ende von geraden Linien können zum Beispiel kleine Dreiecke, einige Kreise (nicht zu viele), ein Stern oder ein Symbol für Engelflügel (nach eigenem Entwurf) eingesetzt werden. Lassen Sie Ihrer Phantasie freien Lauf.

Verwenden Sie auch die zugehörigen Bereiche aus Kapitel 4. Sie können zum Beispiel das Siegel in der entsprechenden Engelstunde zeichnen oder einen grünen Stift für das Zeichen verwenden (Grün steht für Heilung). Das Siegel kann nach Wunsch auch zwei- oder dreifarbig hergestellt werden.

Sie müssen keinen bestimmten Engelnamen verwenden. Sie können auch Siegel entwerfen, die den »Engel der Heilung«, den »Engel der Liebe« usw. repräsentieren.

Siegel, die für eine bestimmte Aktion wie etwa »Heilung für Falynn« bestimmt sind, müssen deaktiviert und vernichtet werden, wenn sich der Zauber erfüllt hat. Manche magischen Menschen zerstören ihre Siegel auch sofort, weil sie der Ansicht sind, dass die konkrete Form nicht mehr länger erforderlich ist, wenn sich das Siegel einmal im Gehirn eingeprägt hat und die Botschaft in das Universum hinausgesandt wurde. Auch hier liegt die Entscheidung bei Ihnen. Ich habe beide Möglichkeiten sehr erfolgreich in meiner Magiearbeit angewandt, deshalb kann ich Ihnen nicht sagen, was richtig oder falsch ist.

Bilderzeichen

Die Grundlage der Bilderzeichen sind keine Wörter, sondern Ideen und Symbole. Diese Art der Magie erfordert also keine Buchstaben, sondern nur einen bestimmten Wunsch oder eine Absicht. Das ermöglicht uns einen direkten Zugang zu unserem Unterbewusstsein, ohne den Umweg über Worte gehen zu müssen. Wir können noch einmal auf das Beispiel der »Heilung für Falynn« zurückkommen. Ich zeichne dafür ein Strichmännchen und füge die Initialen von Falynn und ein Paar Flügel hinzu, um die Engelenergie anzuziehen, dann stilisiere ich das ganze Bild. Sehen Sie, was dabei entstanden ist:

Die vorher erwähnten Regeln gelten auch hier. Sie können die entsprechenden zugehörigen Bereiche in Ihren Entwurf integrieren. Vergessen Sie nicht, das Siegel zu deaktivieren, wenn sich der Wunsch erfüllt hat. Im Laufe der Zeit werden Ihnen die magischen Zeichen so vertraut werden, dass Sie Ihren eigenen Bildern bekannte Symbole wie unten abgebildet zufügen können:

Feuer Wasser Luft Erde Geist

Sie können auch astrologische Symbole (siehe unter anderem Kapitel 12 und 13) hinzufügen, Ihrem Erfindungsreichtum sind keine Grenzen gesetzt. Wir wollen uns noch anderen Symbolen mit universeller Bedeutung zuwenden:

Schlangenlinie: wellenförmige Bewegungen, Wellen, Strömung, Potenzial, zeitliche Bewegung, freie Gedanken

Kreis: Ausgleich von zwei Gegensätzen, das Universum, Erschaffung der Welt

Punkt: Symbol für das Selbst. Jedes Universum beginnt mit der Wahrnehmung seines Schöpfers.

Linie (Strahl): Verbindung zwischen einem Individuum und seinem Wunschziel. Das Zeichen steht für Willen, der zur Handlung führt.

Gleicharmiges Kreuz: Ausgleich, Ineinandergreifen von Gott und Mensch oder Engel und Mensch, die vier Erzengel, die vier Elemente und die vier Kompasspunkte, die alle im Zentrum durch das Göttliche verbunden sind.

Schlangenlinie Kreis Punkt Strahl Gleicharmiges Kreuz

Dreieck: Das Dreieck besteht aus drei festen Linien. Kein Teil davon kann bewegt werden, ohne das Ganze zu zerstören. Aufrecht stehend, verkörpert es den männlichen Aspekt, das umgedrehte Dreieck stellt den weiblichen Aspekt dar. Aufgerichtet bedeutet es Feuer, nach unten zeigend ist es Wasser. Die Zahl Drei symbolisiert die Dreieinigkeit, die drei Gesichter Gottes/der Göttin.

Quadrat: Das Quadrat repräsentiert die Manifestation der vollkommenen Kräfte. Es wird mit den vier Elementen, den vier Winden, den vier Enden der Erde, den vier Bestien, den vier Flüssen, den vier Erzengeln, den vier Jahreszeiten, den vier in Ritualen verwendeten Instrumenten (Zauberstab, Becher, Athame und Schwert) und den vier Buchstaben des Tetragrammaton (dem unaussprechlichen Namen Gottes) in Verbindung gebracht.

Hexagramm: Das Hexagramm ist ein Ausdruck von Gegensatz, der in vollkommener Balance ist. Das Symbol repräsentiert den Willen des Göttlichen, der sich in der Menschheit in vollkommener Harmonie mit den kosmischen Gesetzen zeigt.

Oktagramm: Der Engelstern. Das Oktagramm drückt die Dualität von Vier aus – Materielles, das das Immaterielle reflektiert.

Dreieck

Quadrat

Hexagramm

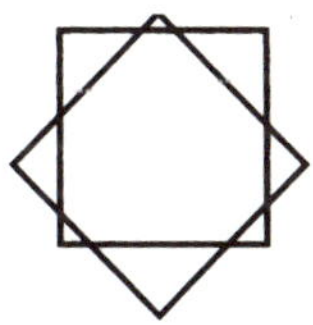

Oktagramm

Spirale: Der mit dem Göttlichen verbundene Geist, Ausgleich, Zentrum der Macht. Es gibt vier verschiedene Arten der Spiralbewegung: im Uhrzeigersinn nach innen (hell), im Uhrzeigersinn nach außen (dunkel), gegen den Uhrzeigersinn nach innen (dunkel), gegen den Uhrzeigersinn nach außen (hell).

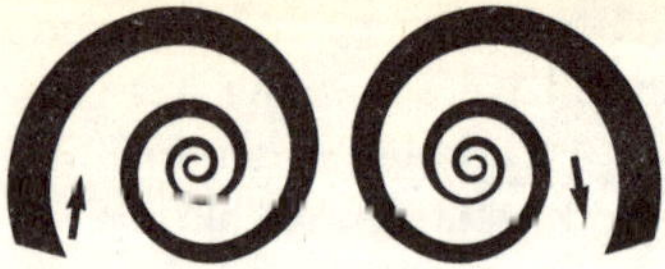

im Uhrzeigersinn nach innen — im Uhrzeigersinn nach außen

gegen den Uhrzeigersinn nach innen — gegen den Uhrzeigersinn nach außen

Die nach innen drehende Spirale zeigt in beiden Richtungen Zielrichtung und Projektion auf eine Absicht. Das Gebet beinhaltet die nach innen gerichtete Spirale als ein Symbol für die Hinbewegung zum Göttlichen.

Die nach außen drehende Spirale zeigt etwas, das im Entstehen ist – den Prozess der Manifestation. Dies ist die Antwort des Göttlichen und wird als ein Instrument Gottes beziehungsweise der Göttin betrachtet. Die Bewegung im Uhrzeigersinn ist in Harmonie mit dem Göttlichen und symbolisiert Aufbau, Evolution, Gesetz und Ordnung. Die Bewegung gegen den Uhrzeigersinn ruft Zerstörung und Chaos hervor.

Die Hermetische Rose

Eine andere Siegelmethode, die leicht anzuwenden ist, ist die Hermetische Rose, die von den Anhängern des Ordens des Golden Dawn entworfen wurde. Sie besteht aus einem Kreis mit drei Reihen, die wie Blütenblätter aufgeteilt sind und Symbole enthalten. Diese Symbole wurden ursprünglich in hebräischen Buchstaben geschrieben und sind nach einer Beschreibung der Buchstaben des Sepher Jezira angeordnet.

Nachfolgende Abbildung zeigt die Übersetzung in lateinische Schriftzeichen:

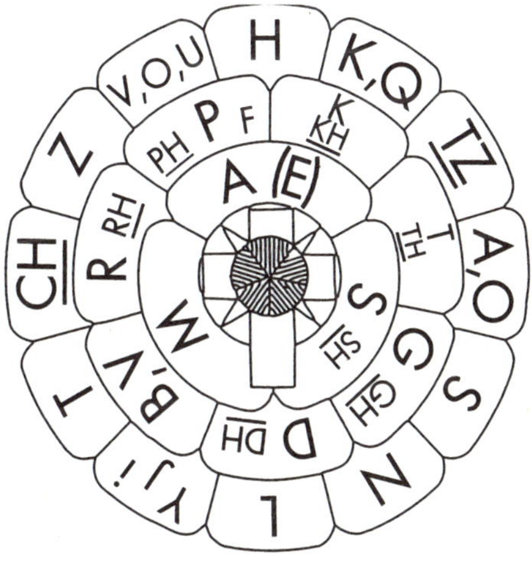

Um Ihr eigenes Siegel zu entwerfen, folgen Sie den nachstehend aufgeführten einfachen Anweisungen:

Legen Sie ein Stück Pauspapier über die lateinische Übersetzung der Hermetischen Rose*.

Suchen Sie den ersten Buchstaben des Wortes, das Sie in dem Siegel darstellen möchten. Umkreisen Sie den Abschnitt mit diesem Buchstaben. Suchen Sie nach dem zweiten Buchstaben des Wortes und verbinden Sie ihn mit einer Linie mit dem ersten Buchstaben. Suchen Sie nach dem dritten Buchstaben des Wortes und verbinden Sie den zweiten mit dem dritten Buchstaben durch eine Linie.

Gehen Sie auf diese Weise vor, bis Sie alle Buchstaben des Wortes miteinander verbunden haben.

Ziehen Sie einen kurzen horizontalen Strich über das Ende der letzten Linie.

Wenn in dem Wort ein Buchstabe zweimal vorkommt, ziehen Sie eine Schleife zu dem gleichen Buchstaben zurück. Wenn ein Buchstabe mehrmals erscheint (wie in den Beispielen für die persönlichen Siegel am Anfang dieses Kapitels), können Sie den Buchstaben nach Wunsch nur einmal verwenden.

Die Linien dürfen sich auch überkreuzen.

Wenn Ihr Siegel fertig ist, aktivieren Sie es entsprechend den Anweisungen am Anfang dieses Kapitels.

Wie sehen die Namen der Erzengel aus, wenn Sie diese Art von Siegel verwenden? Nachstehend finden Sie einige Beispiele (unter Verwendung der hebräischen Buchstaben):

Ariel

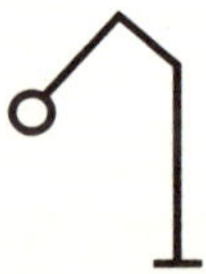
Raphael

Gabriel

Michael

---

* Einige Okkultisten vertreten die Meinung, dass Siegel, die auf hebräischen Namen basieren, nur unter Verwendung der hebräischen Hermetischen Rose hergestellt werden dürfen. Ich bin nicht dieser Ansicht. Die Engel verstehen jede menschliche Sprache und arbeiten mit uns zusammen, unabhängig davon, welche Sprache wir verwenden.

Das Engelalphabet

Von den Siegeln und Symbolen gehen wir zum Engelalphabet über, das von Dr. John Dee entwickelt wurde. Wenn Sie Ihre Wünsche in Engelschrift übertragen, konzentrieren Sie sich damit auf positive Art auf Ihr Vorhaben, indem Sie Ihren Wunsch in die entsprechenden Worte fassen.

Die Tatsache, dass Sie sich zum Handeln entscheiden, kann dazu beitragen, Ängste und Unsicherheit aus der jeweiligen Situation zu lösen.

Sie verbinden sich außerdem durch das Papier, auf das Sie Ihren Wunsch schreiben, auf ganz konkrete Weise mit den Engeln.

Wie bei anderen Symbolen und Siegeln ist auch hier kein aufwändiges Zubehör erforderlich, im Grunde brauchen Sie nur einen Stift und Papier. Sie können auch Farbstifte verwenden, wenn Sie möchten, das steht Ihnen völlig frei. Gehen Sie wie folgt vor:

Stellen Sie fest, welche Bereiche hier passend sind, also die geeignete Engelstunde, der entsprechende Tag usw.

Formulieren Sie Ihren Wunsch in Gedanken möglichst präzise. Verwurzeln und zentrieren Sie sich.

Schreiben Sie Ihren Wunsch auf ein Blatt Papier. Achten Sie auf eine positive und genaue Formulierung.

Verwenden Sie die Übersicht auf der folgenden Seite, um die Übersetzung auf ein zweites Blatt Papier zu übertragen.

Aktivieren Sie Ihren Wunsch.

Das ist alles.

Wenn Ihr Wunsch in Erfüllung gegangen ist, deaktivieren Sie das Papier und verbrennen es. Sie können das Engelalphabet für verschiedene Zwecke verwenden und es zum Beispiel in Kerzen einritzen, auf Kleidung aufsticken, in Schmuckstücke eingravieren lassen usw. Das Zeichen kann auch mit einem Kreis oder einem Quadrat umrandet oder einem Piktogramm zugefügt werden, die Anwendungsmöglichkeiten sind unbeschränkt.

Wir wollen noch einmal das Beispiel der »Heilung für Falynn« verwenden. Wenn es in das Engelalphabet übertragen wurde, sieht es so aus:

Auf der anderen Seite würde ich den Namen »Raphael« schreiben, denn er ist der Engel der Heilung und diese Botschaft ist für ihn bestimmt. Der Name Raphael würde folgendermaßen aussehen:

Nachdem ich das Papier aktiviert habe, würde ich es entweder Falynn geben oder auf meinen Altar legen. Natürlich kann ich nicht wissen, was am besten funktioniert, bevor ich es nicht ausprobiert habe. Das gilt für alle Dinge, die ich in diesem Kapitel beschrieben habe. Je mehr Sie die beschriebene Magie praktizieren, umso intensiver wird Ihre Verbindung zu den Engeln und umso mehr wird sich auch Ihr Unterbewusstsein den Kräften Gottes und der Engel öffnen. Wenn Sie mithilfe der Engel für andere Menschen positive Magiearbeit betreiben, werden Sie feststellen, dass sich dadurch auch in Ihrem Leben immer mehr Stabilität und Frieden manifestieren.

Praktische Magiesymbole

Nicht alle Symbole müssen dekorativ sein und ihr Entwurf muss auch nicht viel Zeit in Anspruch nehmen. Denken Sie an eine Sache oder einen Gegenstand und an den dazugehörigen Engel, dann zeichnen Sie ein Symbol dafür. Wenn Sie mit Ihrem Entwurf nicht zufrieden sind, arbeiten Sie noch ein wenig daran, bis er Ihnen wirklich gefällt. Ich halte meine Symbole gerne auf Karteikarten fest und verwahre sie nach Registern geordnet in einem Kästchen auf, sodass ich das Symbol und den Namen des dazugehörigen Engels schnell zur Hand habe, wenn ich sie brauche. Wenn ich in Eile bin, kann ich mir auf diese Weise das zeitaufwändige Nachblättern in meinem Engeltagebuch oder in Unmengen von Büchern ersparen und schnell finden, wonach ich gerade suche. Auf der Rückseite der Karteikarte können Sie auch andere zugehörige Bereiche festhalten, die Ihnen dazu einfallen, wie zum Beispiel passender Zeitpunkt, geeignete Farben usw. Nachfolgend finden Sie einige einfache Symbole für Ihre Sammlung.

Geld

Reisen

Gewichtsverlust

Seelisches Bewusstsein

In diesem Kapitel sind viele Informationen enthalten, die Ihnen in der Praxis sehr nützlich sein können. Die Engel lieben es, mit Menschen zu arbeiten, die Entschlossenheit zeigen und bereit sind, aktiv etwas für sich zu tun. Je kreativer Sie sind, umso besser wird dies auch den Engeln gefallen. Denn damit demonstrieren Sie, dass Sie gewillt sind, positive Energie auf ein bestimmtes Ziel zu richten.

15. Engeltalismane

Magische Menschen entwerfen Talismane, um verschiedene Dinge wie Schutz, Talent oder Redegewandtheit anzuziehen. Die meisten magischen Talismane wirken sowohl durch die Stärke Gottes und der Engel wie auch durch die Kräfte der Astrologie. Sie haben inzwischen viele zugehörige Bereiche kennen gelernt, die Sie bei der Anfertigung Ihrer eigenen Talismane einbringen können. In diesem Kapitel finden Sie weitere Anregungen für die Erstellung der Engeltalismane.

Material

Sie können Talismane aus Holz, Metall oder Papier herstellen und die Holzscheiben entweder selbst zuschneiden oder fertige Holz- oder Metallscheiben in verschiedenen Größen in Bastel- oder Handwerkergeschäften kaufen. Es gibt auch fertige Holzscheiben in Form von Engeln, Häusern, Tieren, Menschen usw. zu kaufen. Eine runde Scheibe ist die gebräuchlichste Form. Ich habe aber festgestellt, dass durch die Verwendung von Formen, die den Bereich symbolisieren, den Sie ansprechen wollen, das ganze Projekt mit mehr Harmonie bereichert wird.

Manche Menschen verwenden auch Karton oder Schlüsselanhänger für ihre Talismane oder schützen ihre Papiertalismane mit Klebefolie vor Feuchtigkeit und Schmutz. Vor einigen Jahren hat sich eine meiner Freundinnen eine Maschine gekauft, mit der man Ansteckbuttons herstellen kann. Sie entwirft ihre Talismane mit ihren eigenen Computergrafiken, malt sie aus und füllt sie mit Energie.

Dann schneidet Sie die Grafiken aus und macht mit ihrer Maschine Buttons daraus, die sie an ihrer Kleidung trägt. Vielleicht möchten Sie Ihre Talisman-Anstecknadeln einfacher gestalten. In Geschäften für Bürobedarf sind Plastikanhänger mit Blankoeinlagen erhältlich, die mit Laserdruckern oder per Hand beschriftet werden können. Ich habe zum Beispiel kleine Tonscheiben mit Keramikfarben bemalt und mit Klarlack überzogen. Diese Scheiben sollten dann in der richtigen Planetenstunde und an dem entsprechenden Tag des Talismans gebrannt werden.

Wenn Sie sich für Holz entscheiden, brauchen Sie dafür ein Werkzeug für Holzbrennarbeiten, Pauspapier, Acrylfarben und einen Bohrer (wenn Sie ein Loch brauchen, um den Talisman als Anhänger tragen zu können). Für Papiertalismane brauchen Sie Pauspapier, Filzstifte oder Farbstifte und die Art von Papier, die Sie benutzen möchten. Sie können entweder weißes Papier mit Farbstiften grundieren oder farbiges Papier kaufen.

Die in diesem Kapitel vorgestellten Talismane entsprechen den Engelkräften und zugehörigen Bereichen, die in diesem Buch genannt werden. Sie können Ihre eigenen Rituale entwerfen und Ihrem schöpferischen Talent freien Lauf lassen, wenn Sie mit den Engeln in Kontakt treten. Experimentieren Sie mit verschiedenfarbigen Kerzen und Assoziationen. Ihre Magie sollte immer positiv ausgerichtet und Ihr Geist stets wach und erfüllt sein. Damit schaffen Sie die besten Voraussetzungen für eine erfolgreiche Arbeit.

Talisman für Eloquenz

Wenn Sie vor vielen Menschen oder in der Öffentlichkeit sprechen müssen oder in Situationen sind, in denen Ihre Worte viel Gewicht haben und es von größter Bedeutung ist, dass Sie das Richtige zum richtigen Zeitpunkt sagen, so ist der Talisman für Eloquenz das Passende für Sie.

Stellen Sie den Talisman an einem Mittwoch (dem Merkurtag) her und reinigen, weihen und füllen Sie ihn in der Stunde von Raphael mit Energie. Die Farben des Mittwochs sind Orange, Hellblau, Violett und Grau. Diese Farben eignen sich auch für Ihre Altarkerzen. Die Engel des Mittwochs sind Raphael, Miel und Seraphiel. Sie können sie zusammen oder einzeln anrufen oder sich einfach an die Engel der Eloquenz wenden. Ich schlage vor, den Talisman aus hellblauem Papier zu schneiden und ihn dunkelblau oder silberfarbig zu beschriften.

Talisman für Redegewandheit

Beachten Sie die zugehörigen Bereiche:

Die günstigste Zeit ist, wenn der Mond in den Zwillingen, in der Jungfrau, im Wassermann oder im Skorpion steht.

Der Mond sollte idealerweise voll oder zunehmend sein.

Die ungünstigste Zeit ist, wenn der Mond im Zeichen des Schützen, der Fische, des Löwen oder des Stiers steht.

Vermeiden Sie die Herstellung, wenn der Mond »Void of Course«* (im Leerraum, beim Übergang von einem zum nächsten Sternzeichen) ist (nehmen Sie einen Mondkalender oder Astrologiekalender zu Hilfe).

---

* Dies bedeutet, dass der Mond noch in einem Tierkreiszeichen steht, jedoch keinen Aspekt zu einem Planeten aufweist. (Anm. d. Übers.)

Talisman für den Schutz der Gesundheit

Dieser Talisman gehört zum Engel Raphael und soll den Menschen gegeben werden, die ihre Gesundheit stärken oder erhalten möchten oder sanfte ganzheitliche Heilkunde betreiben. Er sollte vorzugsweise an einem Sonntag hergestellt werden und in der Stunde von Raphael gereinigt, geweiht und mit Energie angefüllt werden. Der Dienstag ist günstig für die Talismanherstellung, wenn er für Chirurgen und Soldaten oder für Menschen bestimmt ist, die sich medizinischen Eingriffen unterziehen müssen.

Die zugehörigen Farben sind Gold und Gelb für den Sonntag und Gelb, Gold oder Blau für Raphael. Sie können auch Ihre Kerzen in diesen Farben halten. Bei diesem Talisman sollten Sie eine eigene Kerze für Raphael entzünden und die im Kapitel 2 aufgeführte Anrufung für diesen Engel sprechen. Wählen Sie für den Talisman gelbes Papier und blaue Tinte. Bewahren Sie ihn in einem silbernen, blauen oder violetten Tuch auf.

Wenn Sie den Talisman an einem Dienstag herstellen, beachten Sie bitte die zusätzlichen Farben Rot und Scharlachrot und verwenden Sie dafür gelbes Papier und rote Tinte. Die Herstellung, Reinigung, Weihung und Aufladung sollte in der Stunde von Raphael erfolgen.

Raphael kann sich gut mit dem Element der Luft bewegen. Sie können daher zusammen mit einem Foto des Menschen, für den der Talisman bestimmt ist, auch ein Luftsymbol auf Ihren Altar stellen. Bei der Anfertigung können weitere spezielle Energien integriert werden, wenn der Mond voll ist (Heilung und anhaltend gute Gesundheit), wenn er die abnehmende Mondsichel zeigt (Bannung von Krankheiten) oder wenn er in den Zeichen Zwillinge, Waage oder Wassermann steht (denn diese Tierkreiszeichen sind mit Raphael verbunden).

Raphael liebt die Morgendämmerung, deshalb sollten Sie an einem Mittwochmorgen in der ersten Stunde von Raphael seine besonders starke Heilenergie aufnehmen. Bewahren Sie den Talisman in einem goldenen oder gelben Tuch auf.

Denken Sie daran, dass Sie auch die Engelkräfte der Heilung anrufen können, wenn Sie den Engelnamen nicht verwenden möchten.

Die ungünstigste Zeit ist, wenn der Mond »Void of Course« ist oder im Zeichen Schütze, Fische, Löwe oder Stier steht.

Talisman zum Schutz der Gesundheit

Talismane der Planeten

Verwenden Sie die Talismane der Planeten, um die Kräfte der Engel und die Energien der Planeten für einen bestimmten Zweck anzurufen. Im Kapitel 13 haben wir die Bereiche behandelt, die zu den Planetenengeln gehören. Sie können auf diese Informationen zurückgreifen, wenn Sie nach dem richtigen Siegel für Ihr Vorhaben suchen.

Stellen Sie diese Talismane aus einem Blatt Papier her, die beiden Kreise sind durch eine Lasche oder einen Steg miteinander verbunden. Diese Lasche wird dazu verwendet, die beiden Talismankreise zusammenzufalten und ihre Energie miteinander zu verbinden. Wenn Sie die Buttonmaschine bevorzugen, können Sie beide Seiten mit ein wenig Wachs in der Farbe des entsprechenden Engels miteinander versiegeln (die Papierlasche ist hier ungeeignet).

Es ist ratsam, den Talisman in einem Stück Stoff (am besten Seide) in der Farbe des betreffenden Planeten aufzubewahren. Jeder Talisman sollte an dem entsprechenden Planetentag und in der richtigen Planetenstunde hergestellt werden. Auf einer Seite des Papiers befindet sich das magische Quadrat des Planeten, sein astrologisches Zeichen und die höchste Planetenzahl. Auf die Rückseite des Talismans kommen die Symbole des Planeten und der Engel und das astrologische Zeichen. Sie können nach Wunsch auch Ihr persönliches Siegel hinzufügen. Bei Planetentalismanen ist die Farbe des Papiers sehr wichtig, achten Sie deshalb bitte besonders auf die genaue Farbauswahl.

Allgemeine Regeln für den Umgang mit den Planetensiegeln (Talismane)

Um den größtmöglichen Erfolg zu erzielen, sollten Sie die Talismane an den passenden Tagen und in der richtigen Stunde anfertigen und auch bei deren Energiefüllung auf den geeigneten Zeitpunkt achten.

Das Gleiche gilt für die Wahl der passenden Farben. Nehmen Sie sich für die Anfertigung der Talismane ausreichend Zeit, Sie sollten in Ruhe arbeiten und vielleicht leise Musik dazu hören. Kerzenlicht trägt zu einer geborgenen und behaglichen Atmosphäre bei. Vergessen Sie nicht, Ihren Schutzengel anzurufen, bevor Sie mit der Arbeit beginnen.

Gehen Sie kurz in die Meditation und/oder führen Sie eine Reinigung durch, bevor Sie darangehen, einen Talisman zu erstellen. Aktivieren Sie ihn immer in einem magischen Kreis.

Halten Sie ein Foto oder einen Gegenstand der Person bereit, für die der Talisman bestimmt ist.

Gehen Sie nie an die Anfertigung eines Talismans, wenn Sie ärgerlich, krank oder müde sind.

Obgleich jeder Planetentalisman in der ihm entsprechenden Stunde erstellt werden sollte (für einen Mondtalisman wäre das ein Montag in der Stunde von Gabriel), können Sie auch andere Energien mit einbeziehen, um die Kraft des Talismans zu verstärken.

Wenn Sie während der Anfertigung des Talismans das Gefühl haben, dass etwas nicht stimmt, unterbrechen Sie die Arbeit sofort und versuchen es zu einem anderen Zeitpunkt noch einmal. Wenn dieses Gefühl dann wieder auftaucht, geben Sie Ihr Vorhaben auf und wählen eine andere Art der Magie. Wenn der Talisman seinen Zweck erfüllt hat und nicht mehr gebraucht wird, vergessen Sie nicht die Magie zu deaktivieren und den Talisman anschließend zu zerstören.

Talisman der Sonne

Die Engel der Sonne arbeiten mit Willenskraft, Autorität und Anerkennung. Zu ihrem Bereich gehören Beförderung, Gesundheit, Spaß und Vergnügen, Loyalität und Großzügigkeit. Der Talisman der Sonne sollte an einem Sonntag in der Stunde von Michael hergestellt werden. Die Farben von Michael sind Rot und Scharlachrot, die der Engel der Sonne Gold und Gelb. Verwenden Sie gelbes Papier und goldfarbene Tinte.

Außerdem sollten Sie die folgenden Aspekte beachten:

Die Energien sind am stärksten, wenn der Mond im Zeichen Löwe, Widder oder Schütze ist.

Die Energien sind am schwächsten, wenn der Mond im Zeichen Wassermann, Waage und Zwillinge ist.

Beziehen Sie die Engel der verschiedenen Mondphasen mit ein, um dem Talisman subtile Energien beizufügen.

Vermeiden Sie die Anfertigung dieses Talismans, wenn der Mond »Void of Course« (im Leerraum) ist.

Machen Sie klugen Gebrauch von den Energien der Sonnenfinsternis.

Sie können die Anrufung an Michael aus Kapitel 2 verwenden.

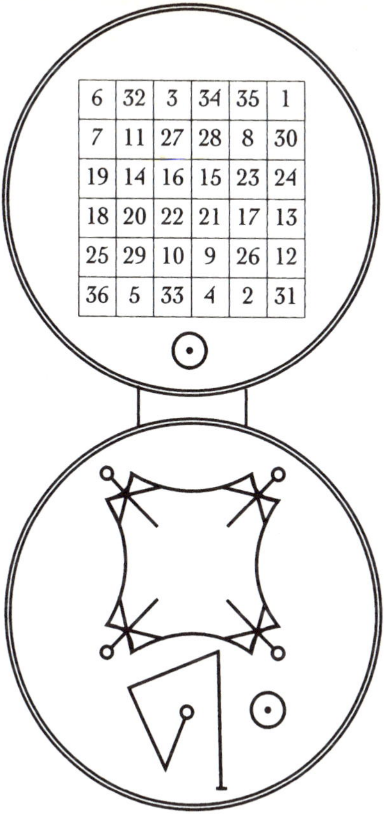

Talisman der Sonne

TALISMAN DES MONDS

Die Mondengel konzentrieren sich auf unsere Emotionen und die anderer Menschen, aber wie schon im letzten Kapitel erwähnt, unterstützen sie uns auch bei Handlungen, die mit Ehre zu tun haben. Außerdem gehören der Kontakt zu den Verstorbenen, die Wiederbeschaffung von gestohlenem Eigentum, der Umgang mit Kriminellen, Spiritismus, Kurzreisen, weibliche

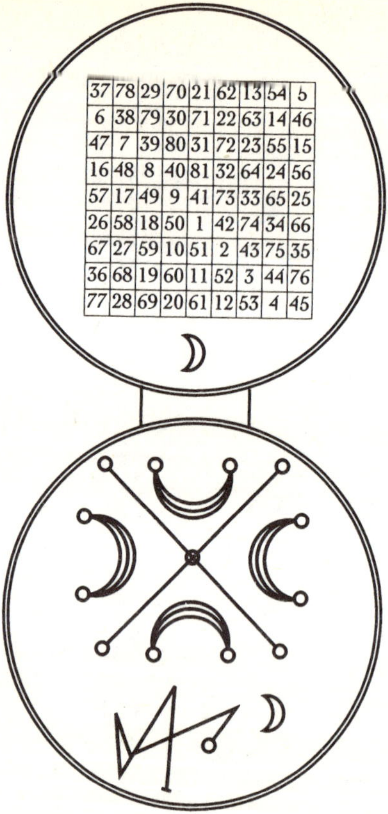

Talisman des Mondes

Energien und das Wohlergehen von Kindern zu dem Bereich der Engel des Mondes. Diese Engel gehören zum Montag, deshalb sollten Sie den Talisman an einem Montag in der Stunde von Gabriel herstellen. Zu diesem Planetensiegel passen die Farben Silber und Weiß, deshalb verwenden Sie weißes Papier und silberne Tinte. Die Farben von Gabriel sind Blau oder Aquamarin, Sie können also Kerzen in diesen Farbtönen anzünden. Außerdem sollten Sie die folgenden Aspekte beachten:

Der günstigste Zeitpunkt ist, wenn der Mond im Zeichen des Krebses, des Stiers oder der Fische steht.

Da die Mondenergie ein so großes Spektrum von Situationen und Umständen umfasst, müssen Sie genau überlegen, worum es bei Ihrem Vorhaben geht und welche Mondphase sich am besten dafür eignet. Nehmen Sie die Informationen aus Kapitel 13 über die Engel des Mondes zu Hilfe. Sie können auch die Anrufung an Gabriel aus Kapitel 2 sprechen. Die geeigneten zugehörigen Aspekte beinhalten Blumen in allen Farben und bestimmte Duftrichtungen. Denken Sie daran, dass die Energie der Göttin über alle Engel des Mondes herrscht.

Die Energie für diesen Talisman ist am schwächsten, wenn der Mond im Zeichen des Steinbocks, des Skorpions und der Jungfrau steht. Unternehmen Sie keinen Versuch, diesen Talisman herzustellen, wenn der Mond »Void of Course« (im Leerraum) ist.

Talisman des Merkur

Die Merkurengel arbeiten mit Geschwindigkeit und Kommunikation. Sie geben Unterstützung beim Handel, beim Umgang mit Rechtsanwälten, im Verlagswesen, bei Publikationen und Registratur, Einstellung von Personal, Erlernen von Fremdsprachen, literarischer Arbeit, Buchhaltung, Studien, Gebrauch der Medien und bei Besuchen von Freunden. Für die Erstellung und Aufladung des Talismans des Merkur ist ein Mittwoch in der Engelstunde von Raphael geeignet. Die zugehörigen Farben sind Orange, Hellblau, Violett und Grau. Verwenden Sie violettes Papier mit silberner oder blauer Tinte.

Außerdem sollten Sie die folgenden Aspekte beachten:

Die günstigste Zeit ist, wenn der Mond im Zeichen Zwillinge, Jungfrau, Wassermann oder Skorpion steht.

Die schwächste Energie herrscht, wenn der Mond im Zeichen Schütze, Fische, Löwe oder Stier steht.

Berücksichtigen Sie beim Hinzufügen von subtilen Energien die Engel der Mondphasen.

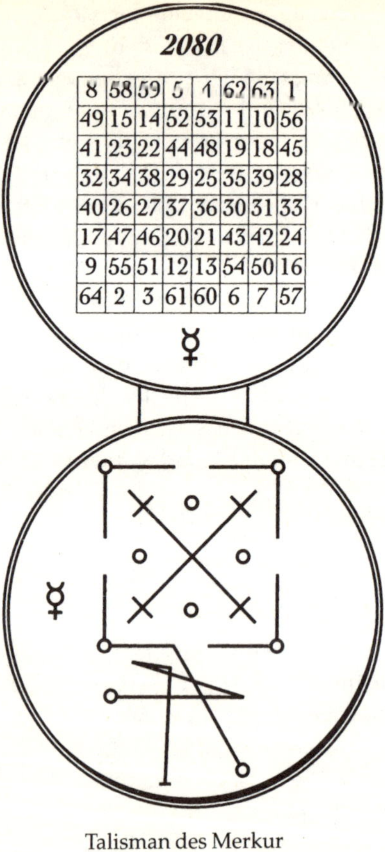

Talisman des Merkur

Vermeiden Sie unbedingt die Anfertigung, wenn der Mond »Void of Course« ist.

Talisman der Venus

Hier liegt das Hauptinteresse bei Schönheit und Liebe. Der Tag der Venus ist der Freitag, die Engelstunde für diesen Talisman ist Uriel.

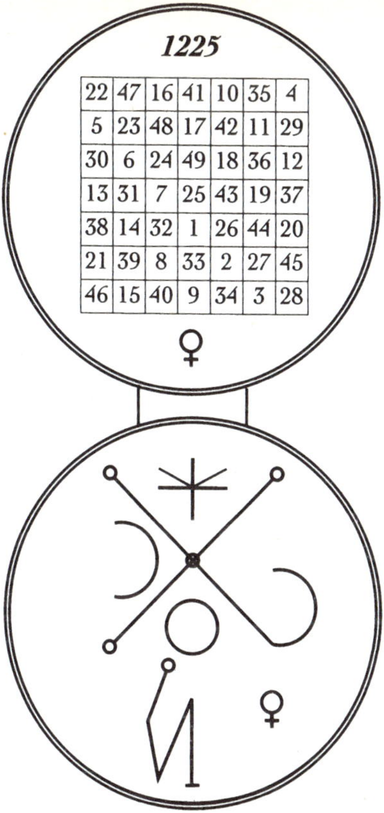

22	47	16	41	10	35	4
5	23	48	17	42	11	29
30	6	24	49	18	36	12
13	31	7	25	43	19	37
38	14	32	1	26	44	20
21	39	8	33	2	27	45
46	15	40	9	34	3	28

Talisman der Venus

Ich fand das zuerst überraschend, denn Uriel wird oft als der kämpferische Geist in der Engelgemeinschaft gesehen. Er wird aber auch mit tiefen Geheimnissen in Verbindung gebracht, und was ist geheimnisvoller als die Liebe? Natürlich gibt es auch Zeiten, in denen wir um unsere Liebe kämpfen müssen – sei es mit Worten oder gar mit der Faust. Es wäre sicher sehr unrealistisch, davon auszugehen, dass körperliche Gewalt in unserem Leben völlig überflüssig wäre.

Die Farben für die Engel der Venus sind Smaragdgrün und Pink, zu Uriel gehören die Farben Braun und Tannengrün. Verwenden Sie hellgrünes oder pinkfarbenes Papier und grüne Tinte.

Außerdem sollten Sie die folgenden Aspekte beachten:

Die beste Zeit für die Erstellung des Talismans ist, wenn der Mond im Zeichen des Stiers, der Fische oder des Wassermanns ist.

Die Energie ist am schwächsten, wenn der Mond im Zeichen des Widders, des Skorpions oder des Löwen ist.

Beziehen Sie die Engel der Mondphasen mit ein, um weitere Nuancen zu integrieren.

Vermeiden Sie unter allen Umständen die Anfertigung des Talismans, wenn der Mond »Void of Course« ist.

Talisman des Mars

Gestalten Sie den Talisman an einem Dienstag in der Stunde von Camael. Denken Sie daran, dass die Marsengel von Natur aus aggressiv sind (Camael ist schließlich auch der »Terminatorengel«). Überlegen Sie, wofür Sie diese Energien einsetzen möchten, um zu vermeiden, dass sich eine unangenehme Situation in eine schreckliche verwandelt. Die Marsengel beschäftigen sich mit Geschäften, Einkauf und Verkauf von Tieren, Jagen, Studienbeginn, Gartenarbeiten, Sexualität und Auseinandersetzungen. Die Farben dieser Engel sind Rot, Rosa und Scharlachrot. Verwenden Sie rosafarbenes Papier und rote Tinte. Außerdem sollten Sie die folgenden Aspekte beachten:

Die beste Zeit für die Anfertigung ist, wenn der Mond im Zeichen des Widders, des Steinbocks oder des Löwen ist.

Die schwächsten Energien herrschen, wenn der Mond im Zeichen der Waage, des Krebses oder des Wassermanns ist.

Beachten Sie die Mondphasen, um den Talisman mit subtilen Energien zu verstärken.

Vermeiden Sie unbedingt die Anfertigung des Talismans, wenn der Mond »Void of Course« ist.

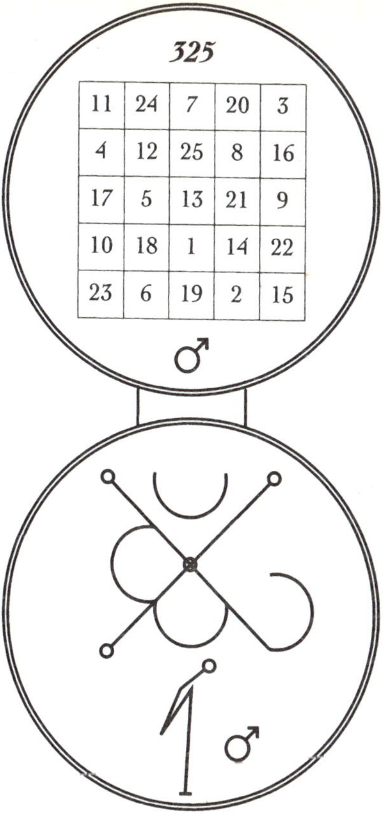

Talisman des Mars

TALISMAN DES JUPITER

Die Jupiterengel ziehen die Kräfte des Wohlstands, des Wachstums und des Genusses an. Der Tag des Jupiter ist der Donnerstag, die geeignete Engelstunde für die Erstellung des Talismans ist die Stunde von Sachiel.

Seine Farben sind Violett und Königsblau. Verwenden Sie azurblaues Papier und dunkle Tinte.

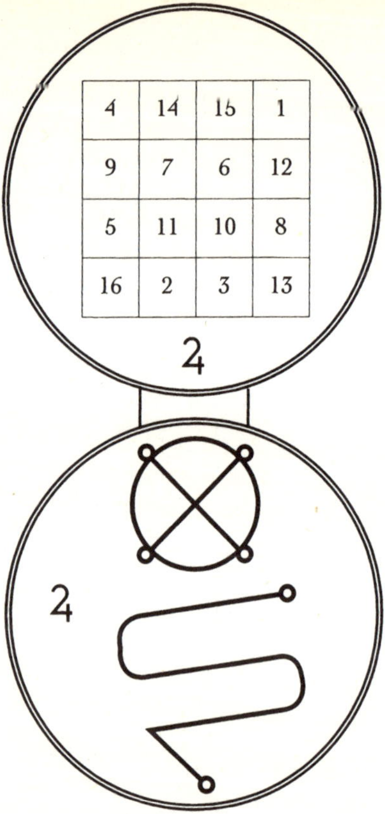

Talisman des Jupiter

Außerdem sollten Sie die folgenden Aspekte beachten: Der zunehmende Mond ist günstig für Wachstum. Der Neumond ist günstig für Wohlstand. Der Vollmond ist günstig für Genuss. Die günstigste Zeit für die Erstellung ist, wenn der Mond im Zeichen des Schützen, des Krebses, des Stiers oder der Fische steht. Die ungünstigste Zeit für die Anfertigung ist, wenn der Mond im Zeichen Zwillinge, Steinbock, Jungfrau oder Skorpion steht. Vermeiden Sie die Anfertigung auf jeden Fall, wenn der Mond »Void of Course« ist.

Talisman des Saturn

Die Saturnengel konzentrieren sich auf karmische Aufgaben, Grenzerfahrungen, langes Leben und Autorität. Sie sind zugegen, wenn große Veränderungen wirksam werden. Der Talis-

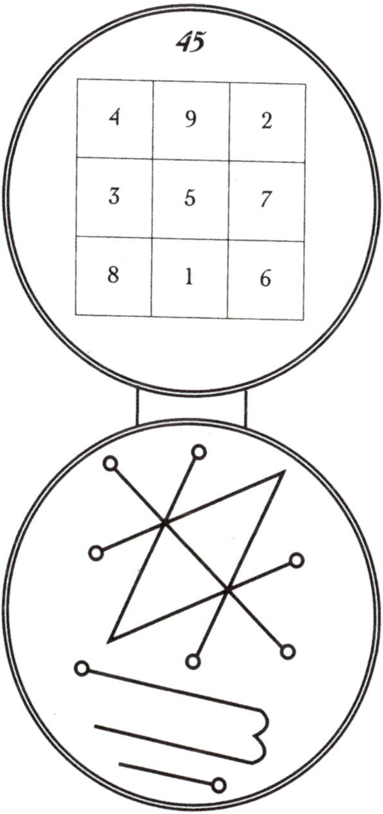

Talisman des Saturn

man sollte an einem Samstag in der Stunde von Cassiel angefertigt werden. Bedenken Sie, dass Cassiel der Engel der Geduld ist. Seine Farben sind Schwarz, Grau und manchmal auch Silber. Verwenden Sie graues Papier mit schwarzer oder silberner Tinte.

Außerdem sollten Sie die folgenden Aspekte beachten:

Die beste Energie für die Anfertigung des Talismans herrscht, wenn der Mond im Zeichen des Steinbocks, der Waage oder der Jungfrau steht.

Die Energie ist am schwächsten, wenn der Mond im Zeichen Krebs, Widder oder Fische steht.

Beachten Sie die Engel der Mondphasen (vor allem die Engel des Aussäenden Monds, der Balsamischen Mondphase und des Letztviertelmonds) für die Hinzufügung von subtilen Energienuancen.

Vermeiden Sie die Anfertigung immer dann, wenn der Mond »Void of Course« ist.

Unter Umständen können Sie die Engel der Sonnenfinsternis für zusätzlichen Beistand mit einbeziehen.

Der Farbenkreis der Planetenengel

Erinnern Sie sich an den Farbenkreis aus Kapitel 4? Während jener nicht unbedingt von dauerhafter Natur ist, trifft das für den Farbenkreis der Planetenengel sehr wohl zu. Sie können den Kreis der Planetenengel in die Mitte Ihres Altars legen, während Sie die Planetentalismane erstellen. Sie brauchen dafür festen Karton oder Holz, außerdem Farbstifte oder Acrylfarben und einen schwarzen Filzstift. Verwenden Sie die nachstehende Abbildung als Vorlage, die Sie nach Wunsch verkleinern oder vergrößern können.

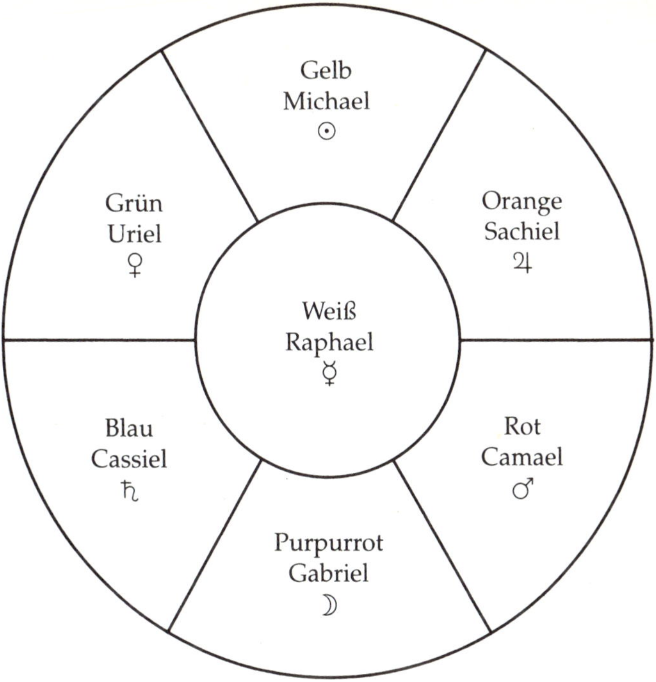

Der Engel-Siegelkreis
Im vorhergehenden Kapitel habe ich die Hermetische Rose und die Verwendung dieses Zeichens zur Erstellung von Siegeln vorgestellt. Sie können diese magischen Symbole auch zur Herstellung des Engel-Siegelkreises verwenden. Der Kreis funktioniert auf die gleiche Weise wie bei der Hermetischen Rose. Dieser Kreis ist für das vorliegende Kapitel von Bedeutung, denn wir werden ihn auch für die Anfertigung der Siegel der Engel der Asteroiden (Chiron, Pallas, Vesta, Juno und Ceres) als Vorlage verwenden. Bitte beachten Sie, dass das Siegel mit einem kleinen Kreis beginnt und mit einer senkrechten Linie endet.

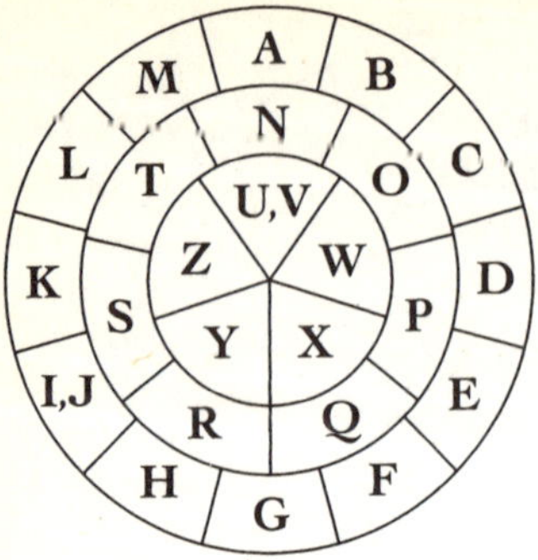

Der Engel-Siegelkreis

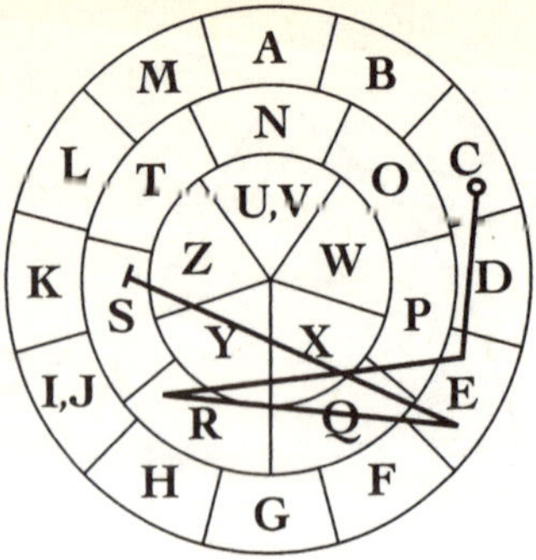

Erstellung des Siegels des Ceres

Die Engel des Ceres

Die Engel des Ceres sind vor allem nährender Natur, daher sind auch ihre Farben in zarten Regenbogentönen gehalten. Diese Engel haben üppige Formen, braune Haut und dreifache Flügelpaare. Sie erscheinen normalerweise in weiblicher Form, das heißt jedoch nicht, dass sie nicht auch eine männliche Form annehmen könnten, wenn ein Mensch diese Art der Unterstützung brauchen sollte. Das Siegel erinnert an die offenen Arme einer Mutter. Die Ceresengel wachen über der Wiege eines Säuglings, aber sie wiegen auch einen Not leidenden Erwachsenen mit zarten Armen in den Schlaf. Dieses Siegel eignet sich hervorragend für eine besondere Karte zum Valentinstag für einen lieben Menschen oder als Schmuck für die Wand eines Kinderzimmers. Sie können das Siegel auch auf die Seide sticken, in der Sie Ihre Wahrsageutensilien aufbewahren. Denn die Menschen, die echte Wahrsager sind, nehmen die Verantwortung, die sie für ihre Klienten haben, besonders intensiv wahr.

Ich habe den unten abgebildeten Talisman für die Engel des Ceres entworfen, um die Früchte der Erde in liebevoller und nährender Weise anzuziehen. Er enthält die vier Elemente, das

Siegel des Ceres, den Namen Annaelle und die astrologischen Symbole des Ceres. Verwenden Sie für den Talisman weißes Papier und grüne Tinte. Der ideale Tag für die Anfertigung ist der Freitag (der Venustag) in der Planetenstunde der Venus. Für die Zufügung von weiteren Nuancen beziehen Sie auch die Engel der Mondphasen mit ein. Der Talisman ist am schwächsten, wenn der Mond im Zeichen des Widders steht. Wie bei allen Talismanen sollten Sie bei der Erstellung die Zeit unter allen Umständen meiden, in der der Mond »Void of Course« ist.

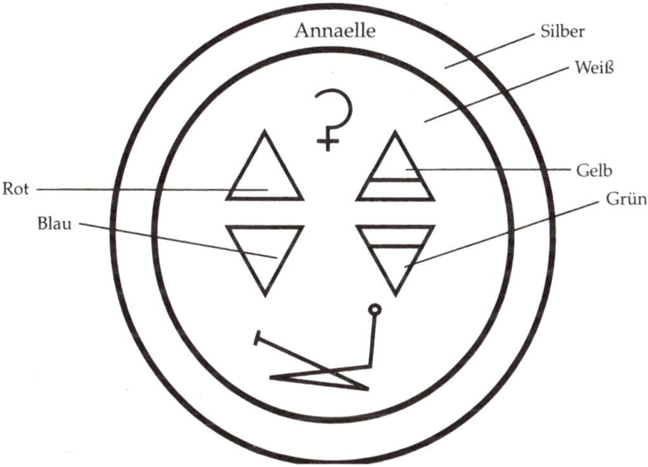

Der Talisman der Engel des Ceres

Die Engel des Pallas

Die Engel dieses Asteroiden konzentrieren sich auf weibliche Energie, die in Intuition, plötzlichen Einsichten und genialen Einfällen ebenso wie in der Fähigkeit, neue und individuelle Gedanken zu formulieren, zum Ausdruck kommt. Diese Einsichten sind für das kollektive weibliche Unterbewusstsein und die Planeten im Allgemeinen günstig. Die wichtigsten Farben der Pallasengel sind Violett, Blau, Weiß und Silber.

Diese Engel haben dreifache Flügelpaare, eine grazile Gestalt und glattes schwarzes Haar. Ihr Wunsch ist es, den Menschen schöpferische Kraft zu schenken. Ihre violetten Augen durchschauen jede Lüge und Täuschung, sie suchen nur nach der Wahrheit, denn dort zeigt sich wahre Kreativität.

Das Zeichen des Pallas eignet sich gut für jeden Bereich, in dem gearbeitet wird, von der Werkstatt bis zum Nähzimmer. Die Engel des Pallas unterstützen Sie bei Ihrer Tätigkeit, ob es sich um den Entwurf von Kleidern oder Plänen für ein Haus handelt. Legen Sie das Siegel und das astrologische Zeichen der Pallasengel auf Ihren Altar, wenn Sie meditieren oder mit Hypnotherapie arbeiten. Wenn Sie Brainstorming betreiben, können Sie das Zeichen einfach auf das Papier malen, und auch bei Treffen und Versammlungen sollten Sie es immer bei sich tragen, wenn es um schöpferische Gedanken geht, die universellen Anklang finden sollen.

Die Engel der Asteroiden sind die Lieblinge der Göttin, deshalb können Sie auch ein universelles Symbol der Göttin auf

Der Talisman des Genius (Talisman der Engel des Pallas)

jeden Talisman anbringen, den Sie für die Engel des Pallas herstellen. Diese Engel sind dem Element der Luft und damit auch dem Merkur verbunden. Deshalb eignet sich für die Anfertigung des Talismans der Mittwoch in der Planetenstunde des Merkur. Mithilfe der Engel der Mondphasen können Sie noch zusätzliche subtile Energienuancen beifügen. Auch hier gilt, dass der Talisman nie hergestellt werden darf, wenn der Mond »Void of Course« ist. Die Arbeit der Pallasengel ist nicht begünstigt, wenn der Mond nur schwach aspektiert ist oder im Zeichen Löwe, Schütze oder Stier steht (dies sind die starrsinnigen Tierkreiszeichen). Der Talisman des Genius (siehe linke Seite) ist ein Talisman der Pallasengel unter Verwendung der astrologischen Zeichen von Pallas und Merkur zusammen mit den Symbolen für das Element Luft, für Pallas und die Energie der Göttin. Die drei äußeren Kreise symbolisieren, vom äußersten Kreis ausgehend, die drei Ebenen des spirituellen, des geistigen und des körperlichen Prinzips. Zeichnen Sie auf die Rückseite des Talismans Ihr persönliches Siegel oder schreiben Sie Ihren Namen darauf.

Die Engel des Juno

Diese Engel sind für Beziehungen zuständig. Sie konzentrieren sich sowohl auf Ihr persönliches Gleichgewicht wie auch auf Ausgleich in zwischenmenschlichen Beziehungen. Verwenden Sie das Siegel und das Symbol des Juno immer dann, wenn Sie in Ihrem Leben verträglichen Umgang, aber auch die Freiheit anstreben, das zu tun, was Sie als das Beste für sich empfinden, unabhängig von dem wohlmeinenden Rat von Freunden und Familienmitgliedern. Dieser Rat kommt oft nicht aus dem Herzen, sondern basiert meist auf gesellschaftlichen Normen und Einschränkungen. Das bedeutet jedoch nicht, dass Sie unüberlegt und dumm handeln und damit Ihr Leben und Ihre Gesundheit aufs Spiel setzen sollen. Sie können sich aber an die Junoengel mit der Bitte um Ausgewogen-

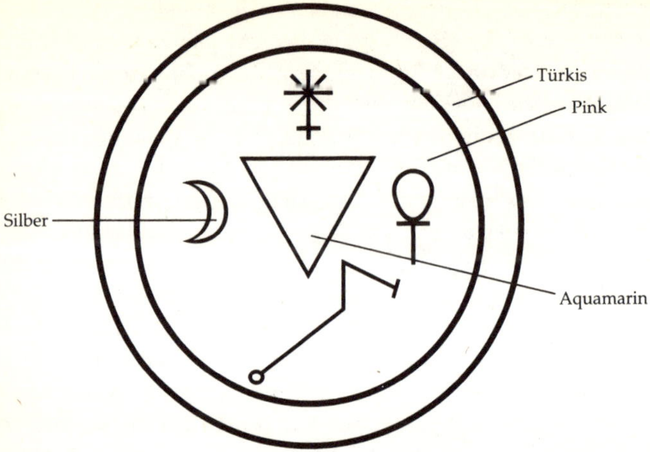

Der Talisman der Engel des Juno

heit wenden, wenn zum Beispiel durch das Verhalten Ihres Partners Ihre Eifersucht geschürt und Ihre Freiheit eingeschränkt wird. Wenn Sie vorhaben, eine Partnerschaft – gleich welcher Art – einzugehen, aber für die richtige Entscheidung noch mehr Informationen brauchen, sollten Sie ebenfalls die Junoengel um ihre Unterstützung bitten.

Das Element des Wassers passt zu den Engeln des Juno. Ihre Farben sind Aquamarin, Pink und Türkis. Der Delphin ist das universelle Symbol dieser Engel, die drei Flügelpaare, mandelförmige, grüne Augen und weißblondes Haar haben. Sie bevorzugen fließende Gewänder aus glänzendem Material. Perlen, das Geschenk des Meeres, umschmeicheln Hals und Armgelenke und ihre Kleider sind ebenfalls mit Perlen bestickt. Sie können Schätze des Meeres auf Ihren Altar stellen, wenn Sie diese Engel anrufen. Zeichnen Sie ihr Siegel auf kleine Muscheln, die Sie in Ihrer Tasche und Geldbörse bei sich tragen können.

Die Engel des Juno sind kräftige weibliche Engel, die dazu beitragen, unser Selbstbewusstsein zu stärken. Denn wir können uns nicht um die Belange der Welt kümmern, wenn es um unser Inneres schlecht bestellt ist. Wählen Sie einen Montag (als den Mondtag) und die Tageszeit des Mondes oder der Venus für die Herstellung eines Junotalismans, denn beide sind für die Engel des Juno vorteilhaft. Durch Einbeziehung der Engel der Mondphasen können Sie Ihrem Talisman weitere subtile Energien hinzufügen. Die Energie für diesen Talisman ist am schwächsten, wenn der Mond im Zeichen Steinbock, Skorpion oder Jungfrau steht. Eine Mondfinsternis ist besonders günstig, Sie sollten den Talisman jedoch niemals herstellen, wenn der Mond »Void of Course« ist. In dem abgebildeten Talisman sind auch das astrologische Zeichen des Juno, das Symbol des Wasserelements, der Ankh (das universelle Symbol der Liebe und der Vereinigung von männlicher und weiblicher Energie), das Symbol des Mondes für die Anziehung der Energien der Gemeinschaft und das Siegel der Junoengel enthalten.

Die Engel des Vesta

Diese Engel der reinen Inspiration und Hingabe streben danach, uns unseren weiblichen Zielen und Wünschen näher zu bringen. Die Engel des Vesta sind die wahren Beschützer der Hexen, deshalb zeigt ihr astrologisches Zeichen die Kraft in ihrer reinsten Form. Sie sind die Hüter der Tempel, die das Licht des Wissens und der Wahrheit entzünden und die Geheimnisse der verborgenen Kinder bewahren. Sie sind wahrhaft die Beschützer der Leuchtenden.

Die Vestaengel haben dreifache Flügel, starke Körper und glänzende Haut, gelbbraune Augen und feuriges Haar. Ihre goldfarbenen und safrangelben Kleider flackern wie züngelnde Flammen im Wind. Sie tragen goldene Kronen auf dem Kopf, und ihre Arme und Fußknöchel umfassen goldene Ringe. Die Vestaengel konzentrieren sich auf das Element des Feuers. Der beste Tag für die Herstellung eines Vestatalismans

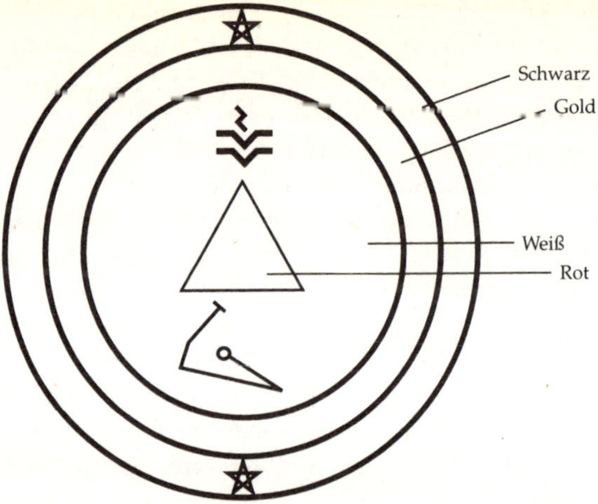

Der Talisman der Engel des Vesta

ist der Sonntag in der Planetenstunde der Sonne. Für zusätzliche Nuancen sollten Sie auch die Engel der Mondphasen mit einbeziehen. Der Zeitpunkt der Sonnenfinsternis ist besonders günstig, je nachdem, welche Energien Sie integrieren möchten. Der schwächste Zeitpunkt ist, wenn der Mond im Zeichen Wassermann, Zwillinge oder Waage steht. Vermeiden Sie die Herstellung des Talismans, wenn der Mond »Void of Course« ist.

Verwenden Sie das Symbol des Vesta, wenn Sie an einem großen Projekt arbeiten, das im mechanischen Ablauf sehr viel schöpferische Kraft erfordert, sei es in einer schriftstellerischen Arbeit, im Zeichnen oder bei der Konstruktion eines Gebäudes. Bringen Sie das Symbol des Vesta über Ihrer Eingangstür oder auf der linken Innenseite Ihres Hauses oder Ihrer Wohnung an. Denn diese Seite symbolisiert den Wohlstand, den Sie anstreben, und das, was Sie in Ihrem Leben erreichen möchten. Die rechte Innenseite Ihrer Haustür repräsentiert die Liebe und die Verbundenheit, die darin liegt.

Wenn Sie Sportler sind, können Sie das Symbol des Vesta zum Beispiel auf Ihre Sportkleidung sticken, um Ihr volles Potenzial ausschöpfen zu können. Verwenden Sie das Symbol des Vesta für Meditationen über Ziele, die Ihrem Lebensweg eine andere Richtung geben sollen. Hexen sollten das Symbol des Vesta in roter Farbe auf die Steine ihres Altars schreiben, um damit Dienst, Schutz und die Gesetze, die zu dem von ihnen abgelegten Eid gehören, auszudrücken.

Die Farben des Vesta sind Rot, Weiß, Gold und Schwarz. Rot symbolisiert das Blut und den Mut unserer Ahnen, Weiß steht für die Reinheit des Göttlichen, Gold repräsentiert unsere höchsten Errungenschaften und die Stärke der Sonne und Schwarz schließlich bedeutet sowohl Schutz als auch die Fruchtbarkeit unserer Erde. Dieser Talisman beinhaltet das astrologische Symbol des Vesta, das Symbol des Feuerelements, das Siegel der Vestaengel und das Pentakel für Schutz.

Die Engel des Chiron

Das sind die Engel der Akashiten. Wenn Sie einen Blick in die »kosmische Bibliothek« werfen möchten, bitten Sie die Engel des Chiron um Unterstützung. Diese Engel sind die Archivare, sie weben Vergangenheit, Gegenwart und Zukunft zu einem herrlichen Teppich des Lebens. Sie kennen jeden einzelnen Zwirn, jeden Kettelfaden und jede Webart dieses »Teppichs« und sie helfen uns, das zu heilen, was zerbrochen ist, und uns das verständlich zu machen, was wir zunächst nicht begreifen können. Bei dem Kontakt mit diesen Engeln sollten Sie jedoch gewillt sein, der Wahrheit über eine bestimmte Situation wirklich ins Auge zu blicken und auf alle Illusionen zu verzichten. Außerdem müssen Sie die Bereitschaft haben, hart für die Antwort auf Ihre Fragen zu arbeiten, hier wird nichts auf dem sprichwörtlichen Silbertablett serviert.

Das Element, das mit den Engeln des Chiron assoziiert wird, ist Akasha, der Geist. Diese Engel sind gestaltlose Intelligenz, sie sind zu beschäftigt, um zugunsten der Menschen eine bestimmte Form anzunehmen. Verwenden Sie die Zeichen des Chiron, wenn Sie Anschluss an die universelle Spiritualität und Verstärkung Ihrer Spiritualität suchen, religiöse Studien betreiben und positive Energien zum Wohle der Menschheit einsetzen möchten. Sowohl Lehrer wie auch Heiler können von der Hilfe der Chironengel profitieren.

Je nach Art Ihres Wunsches können Sie die entsprechenden Bereiche für Chiron auswählen. Die Engel des Chiron konzentrieren sich auf die Farben Weiß, Silber und Gold. Diese Farben stehen dem Göttlichen sehr nahe. Außerdem kann noch Violett beigefügt werden, denn es drückt die höheren Schwingungen des menschlichen Geistes aus. Anstelle eines geeigneten Tages oder einer passenden Stunde empfehle ich Ihnen, sich an den richtigen Mondphasen zu orientieren, denn die Engel des Chiron sind weder in ihrer Arbeit noch in ihren Energien auf einen bestimmten Zeitpunkt beschränkt. Der Geist ist allgegenwärtig.

Der hier vorgestellte Talisman ist für den Zeitraum eines Jahres angelegt, deshalb können Sie ihn an Ihrem Geburtstag oder zu einer anderen besonderen Gelegenheit herstellen. Er

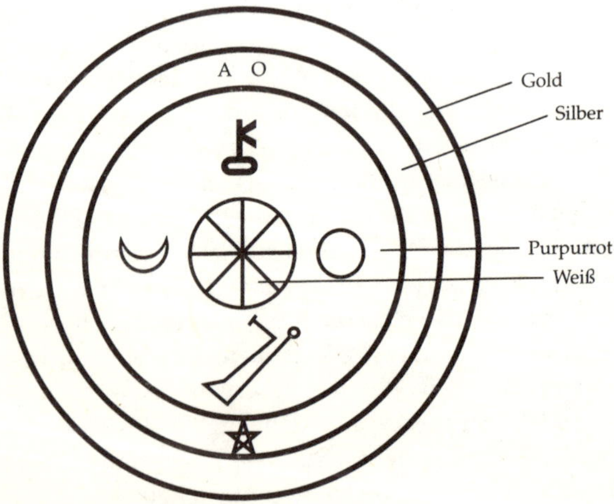

Der Talisman der Engel des Chiron

kann einem Kind zur Taufe, zur Weihung als Wiccaner, zum Bar-Mizwa oder einem Erwachsenen zur Initiation als Wiccaner geschenkt werden. Ebenso eignet er sich als Präsent für den 21. Geburtstag, den Hochzeitstag oder zu einem Jubiläum. Überlegen Sie gut, wann Sie den Talisman herstellen und wem und zu welchem Anlass Sie ihn verschenken möchten. Statt Papier können Sie auch weißes Rehleder oder Ziegenleder verwenden, um Harmonie zwischen der physikalischen Welt (der Welt der Tiere) und dem himmlischen Reich hervorzurufen. (Wenn Sie aktiver Tierschützer sind, können Sie auch auf ein synthetisches Material zurückgreifen.) Dieser Talisman beinhaltet das astrologische Symbol des Chiron und die Symbole des Akasha, der Sonne und des Mondes (als Zeichen Gottes und der Göttin) oder wahlweise ein gleicharmiges Kreuz (für Christen), das Symbol der Chironengel und die Buchstaben A und O (für Alpha und Omega – alles, was ist, war und je sein wird).

Die Möglichkeiten für die Herstellung Ihrer eigenen Talismane sind unbeschränkt. Lassen Sie sich nicht durch den Spruch beeindrucken, dass bei Zauberdingen die älteren die besseren wären. Die Talismane sind am kraftvollsten, die mit Assoziationen angefertigt sind, die nur Sie selbst verstehen. Lassen Sie Ihre magische Inspiration wirken und denken Sie an die Engel, ihre Energien und die zugehörigen Bereiche, setzen Sie Ihre eigene Intuition und Kreativität ein. Ich bin sicher, dass Ihre Talismane die hier gezeigten bei weitem übertreffen werden.

16. Engel und Wahrsagung

Obwohl ich schon früher ziemlich gut mit Wahrsagemethoden arbeiten konnte, muss ich ehrlich zugeben, dass sich die Dinge gewaltig gewandelt haben, seitdem ich die Engel mit einbezogen habe. Ich lege die Tarotkarten seit meinem 15. Lebensjahr (also seit mehr als 25 Jahren), dennoch habe ich immer etwas zurückgehalten und mich davor gefürchtet, alles loszulassen. Die Menschen, die für andere wahrsagen, müssen mit makelloser Integrität vorgehen. Sie tragen eine große Verantwortung, denn die Klienten sind auf ihre absolute Aufrichtigkeit angewiesen. Wenn die Antwort nicht bekannt ist, darf man unter keinen Umständen einfach etwas erfinden und darauf hoffen, dass es zutrifft.

In diesem Kapitel werden wir die Grundregeln der Wahrsagekunst und einige ihrer besonderen Formen behandeln. Unabhängig von der Art Ihrer Wahrsagemethode bin ich sicher, dass Sie durch die Integration der Engel optimale Ergebnisse erzielen können.

Grundregeln des Wahrsagens

Sie können den Vorgang des Wahrsagens so einfach oder so kompliziert durchführen, wie Sie möchten. Ich kenne zum Beispiel eine hervorragende Tarotkartenlegerin, die die Karten einfach auf dem Küchentisch legt. Wenn jemand eine Sitzung möchte, sagt sie nur: »Mische die Karten und hebe sie ab.« Sie braucht keinerlei aufwändige Ausstattung und bewahrt auch ihre Karten lediglich in der gewöhnlichen Originalschachtel auf. Ich kenne auch andere Kartenleger, die ebenso gut sind, aber ihre Wahrsageutensilien in ein schwarzes Seidentuch hüllen, Edelsteine und Kräuter verwenden, Kerzen entzünden, Gebete sprechen usw.

Ihre Art des Kartenlegens entspricht Ihrer Persönlichkeit

und sollte daher auf jeden Fall individuell sein und zu Ihnen passen. Wenn Sie sich dumm vorkommen, wenn Sie etwas laut aussprechen, dann sollten Sie es unterlassen. Wenn es Ihnen peinlich ist, beim Kartenlegen eine Kerze anzuzünden, gibt es keinen Grund, es dennoch zu tun. Wenn Sie einmal eine bestimmte Vorgehensweise entwickelt haben, werden Ihnen viele zunächst ungewöhnliche Dinge ganz geläufig werden, aber wenn etwas für Sie nicht stimmig ist, sollten Sie es unbedingt vermeiden.

Die wichtigste Regel lautet: **Versetzen Sie Ihre Klienten niemals in Angst und Schrecken.** Es ist grausam, jemandem Angst einzujagen, egal aus welchem Grund. Außerdem gibt es noch weitere Regeln:

Verwurzeln und zentrieren Sie sich vor dem Kartenlegen. Atmen Sie dreimal tief ein und aus und entspannen Sie sich. Ziehen Sie Ihre Energie erst zu sich heran, dann lassen Sie sie los. Verbinden Sie sich mit dem Universum. Sprechen Sie eine kurze Anrufung wie zum Beispiel die folgende:

Ihr Engel der Prophezeiungen,
Berührt mein Herz, meinen Geist, meine Seele.
Verleiht den ersehnten Antworten Form.
Segnet mich mit Weisheit und Wissen in dieser Stunde der Wahrsagung.

Wenn Sie mit einem bestimmten Engel arbeiten möchten, versuchen Sie es mit Bath Kol. Das ist ein weiblicher Engel, der zur Stimme der Wahrheit ermutigt und in der Prophezeiung Unterstützung gibt. Wenn Sie Bath Kol freundlich darum bitten, gewährt sie Ihnen Einsicht in die Zukunft. Ein anderer Wahrsageengel ist Hahaiah, der Einblick in tiefe Mysterien und verborgene Geheimnisse verleiht.

Legen Sie keine Karten, wenn Sie krank, erschöpft oder wütend sind. Ihr Gesundheits- und Gemütszustand kann sich auf das Kartenlegen auswirken. Wenn Sie im Kartenlegen sehr erfahren und geübt sind, werden Sie feststellen, dass Sie das Ergebnis beeinflussen können und dadurch das Kartenbild verzerrt wird. Wenn ich zum Beispiel sehr intensiv an eine bestimmte Tarotkarte denke, wird diese Karte auch beim Kartenlegen auftauchen. Aus diesem Grund bringe ich die Menschen, die zu mir kommen, nie mit den Karten in Verbindung. Außerdem lege ich die Karten nicht mehr für mich selbst, sondern bitte stattdessen meine Freundin Diane darum. Wenn Sie krank sind, ist es möglich, dass sich Ihr Geist nicht in dem konzentrierten Zustand befindet, der für ein klares Kartenlegen notwendig ist.

Da sich ihr Körper »un-wohl« fühlt, könnte sich dieses Gefühl auch auf Ihre Interpretation der Karten übertragen und ihr eine negative Ausrichtung geben. Bitten Sie stattdessen eine Freundin, die Karten für Sie zu legen. Wenn Sie dagegen von jemandem um eine Sitzung gebeten werden, sollten Sie in diesem Fall freundlich ablehnen.

Legen Sie nie für jemand die Karten, den Sie absolut nicht leiden können. Können Sie zu einer Person aufrichtig sein, die Sie unerträglich finden? Macht es Sie frustriert, wenn bei dieser Person angenehme und schöne Dinge auftauchen, oder empfinden Sie einen freudigen Schauer, wenn Sie feststellen, dass die Aussichten nicht so positiv sind?

Wenn Sie jemand absolut nicht leiden können, können sich Ihre negativen Gefühle auf die Karten übertragen und so das Kartenbild verzerren. Auch in diesem Fall sollten Sie die Sitzung ablehnen.

Übertreiben und lügen Sie nicht. Wenn Sie die Antwort nicht wissen, sagen Sie einfach: »Ich weiß es nicht.« Ich habe immer wieder Klienten getroffen, die Spaß daran haben, die Kartenlegerin einem Verhör zu unterziehen. Sie stellen eine Frage, die zu einer anderen Frage und wieder zu einer weiteren Frage führt, und schließlich stellen sie immer wieder die ursprüngliche Frage auf verschiedene Art und Weise. Die Kartenlegerin steht jedoch nicht vor Gericht und ist auch nicht im Zeugenstand. Die Auslegung der Karten darf nicht in eine bestimmte

Richtung manipuliert werden, die der Klient vorgibt. Wenn ein Klient auf diese Weise reagiert, sagen Sie ganz einfach »Ich weiß nicht« oder »Es tut mir Leid, mehr ist nicht zu sehen«. Manchmal sage ich auch ganz unverblümt: »Leider bin ich nicht der liebe Gott. Die Information, nach der Sie suchen, zeigt sich nicht.«

Erklären Sie einem neuen Klienten die Wahrsagemethode sehr gründlich. Gehen Sie nicht davon aus, dass die betreffende Person weiß, was Sie tun. Wenn Sie die Tarotkarten legen, nehmen Sie sich zu Beginn etwas Zeit, um die Kartenbilder ein wenig zu erklären, sodass der Klient nachvollziehen kann, woher Sie Ihre Inspiration beziehen. Das gilt für alle konkreten Wahrsagemethoden wie Runen, Cartouche, Medizinrad usw. Je eingehender Ihre Erklärungen für den Klienten (oder Freund) sind, umso weniger Fragen werden auftauchen und umso besser wird für ihn die Technik der Wahrsagesitzung zu verstehen sein.

Spielen Sie nicht den Besserwisser. Das schlimmste Verhalten, das Sie zeigen können, ist allwissende Überheblichkeit. Machen Sie niemals unhöfliche oder geschmacklose Bemerkungen gegenüber einem Klienten, machen Sie ihm auch nichts vor. Selbst wenn Ihr Gegenüber das nicht sofort erkennen sollte, werden es andere Personen, die in Ihrer Gegend ebenfalls Wahrsagemethoden betreiben, sehr wohl durchschauen. Wenn diese abwertend von Ihnen sprechen, werden das letztendlich auch Ihre Klienten erfahren.

Respektieren Sie den freien Willen eines anderen Menschen. Versuchen Sie nicht, jemand eine Wahrsagesitzung aufzudrängen, und bieten Sie Magie nicht gegen Bezahlung an. Wenn sich jemand für Engelszauber (oder eine andere Form der Magie) interessiert, erklären Sie ihm, wie Sie vorgehen. Sie können Freunde und Familienmitglieder mit einfachen Magiemethoden bekannt machen, die das Selbstwertgefühl stärken und Glück in ihr Leben bringen. Niemand sollte davon abhängig sein, dass Sie die Magiearbeit für ihn durchführen, denn auch die anderen Menschen müssen Gelegenheit erhalten zu lernen.

Lernen Sie, sich Zeit zu lassen. Bei allen Wahrsagemethoden sollten Sie nichts überstürzen. Wenn meine Klienten zu einer Sitzung kommen, entspannen wir uns erst bei einer Tasse Tee, unterhalten uns ein wenig über allgemeine Dinge oder über Lebensziele und genießen unser Zusammensein. Dadurch wird es den Klienten und auch Ihnen möglich, in einen ruhigen Gemütszustand zu kommen. Außerdem erleichtert eine entspannte Haltung den Zugang zu den Informationen, die Sie brauchen. Wenn Sie während der Sitzung in eine Sackgasse geraten, verfallen Sie nicht in Panik. Lehnen Sie sich ruhig zurück, atmen tief ein und aus und wechseln das Thema, um Zeit zu finden, diese geistigen Spinnweben zu entwirren. Wenn Sie dann immer noch nicht klarer sehen, ist auch das kein Grund zum Verzweifeln. In diesem Fall hat der Klient Ihnen höchstwahrscheinlich zum größten Teil nur Lügen aufgetischt oder befindet sich in einer starken Abwehrhaltung. Wenn Sie gar nicht weiterkommen, nehmen Sie die Karten wieder zusammen, brechen die Sitzung ab und sagen einfach: »Vielleicht ein andermal.«

Wenn Sie nicht in der Stimmung für eine Marathonsitzung sind, weisen Sie den Klienten zu Beginn freundlich darauf hin, wie lange das Kartenlegen ungefähr dauern wird. Es gibt Möglichkeiten, dafür zu sorgen, dass Ihre Zeit von gewissen Klienten nicht endlos in Anspruch genommen wird:

Vereinbaren Sie gleich im Anschluss einen Termin mit einem anderen Klienten, sodass Sie auf die Zeit achten müssen.

Nehmen Sie sich etwas vor, das Sie zu erledigen haben, und erklären Sie dem Klienten gegebenenfalls, dass Sie die Sitzung aus diesem Grund abbrechen müssen. Berechnen Sie einen Stundensatz und setzen Sie ihn so hoch an, dass die betreffende Person die Sitzung schon aus finanziellen Gründen nicht zu sehr ausdehnen wird.

Die Engel-Pendelmagie

Eine der ältesten Formen des Wahrsagens wird mit dem Pendel durchgeführt. Ein Pendel ist ein nicht zu leichter Gegenstand, der an einer Kette oder Schnur hängt und dessen Bewegungen Antwort auf laut ausgesprochene Fragen geben. Es gibt natürliche (zum Beispiel Kristalle oder Edelsteine) oder vorgefertigte Pendel.

Ich persönlich bevorzuge die schwereren, vorgefertigten Pendel, die man in den meisten esoterischen Geschäften und Buchhandlungen kaufen kann.

Die wichtigste Regel beim Gebrauch des Pendels ist, sich zu entspannen, denn Anspannung blockiert die Aufnahmefähigkeit. Beachten Sie die zugehörigen Magiebereiche, wenn Sie mit dem Pendel arbeiten. Sie können zum Beispiel dazu eine Kerze in der für den Zweck passenden Farbe anzünden, etwas Räucherwerk mit den geeigneten Kräutern verbrennen und außerdem auf den geeigneten Tag und die richtige Engelstunde achten.

Reinigen, weihen und segnen Sie Ihren Talisman an Ihrem Engelaltar. Bitten Sie die Engel der Prophezeiungen um Unterstützung, Weisheit und hilfreiche Antworten, wenn Sie das Pendel benutzen.

Stützen Sie sich mit den Ellenbogen auf einen Tisch und halten Sie die Kette oder Schnur des Pendels mit Daumen, Zeige- und Mittelfinger, die Kette oder Schnur sollte dabei an Ihrem Handrücken entlanggleiten.

Verwurzeln und zentrieren Sie sich. Nehmen Sie einige tiefe Atemzüge und entspannen Sie die Muskeln um Augen und Mund. Sie können das vorher genannte Wahrsagegebet für die Engel sprechen.

Halten Sie inne, bis das Pendel ganz still herunterhängt. Dann sagen Sie: »Zeig mir ein Ja.« Warten Sie, bis sich das Pendel in Bewegung setzt. Es kann im Uhrzeigersinn, gegen den Uhrzeigersinn, vor- oder zurückschwingen. Damit zeigt es die bejahenden Antworten für die bevorstehende Sitzung.

Warten Sie wieder, bis das Pendel aus dieser Bewegung in den Stillstand kommt. Dann sagen Sie: »Zeig mir ein Nein.« Halten Sie inne, bis das Pendel anfängt, sich zu bewegen und im Uhrzeigersinn, gegen den Uhrzeigersinn, vor- oder zurückzuschwingen.

Es darf nicht die gleiche Bewegung wie bei der bejahenden Antwort sein.

Wenn Sie die gleiche Bewegung wie beim Ja erhalten, versuchen Sie es noch einmal. Wenn die Art der Bewegung für das Nein klar ist, merken Sie sich, dass dies die verneinende Antwort für die bevorstehende Sitzung darstellt.

Warten Sie wiederum, bis sich das Pendel nicht mehr bewegt, dann sagen Sie: »Zeig mir: Ich weiß nicht.«

Wieder warten Sie, bis sich das Pendel in Bewegung setzt, diese Bewegung muss sich von den beiden vorhergehenden deutlich unterscheiden. Wenn auch diese Antwort eindeutig ist, sind Sie bereit, die Fragen zu stellen, die Sie für diese Sitzung vorbereitet haben.

Halten Sie Ihre Erfolge und Misserfolge schriftlich fest. Sie können üben, indem Sie das Wetter oder die Börsenkurse aus der Zeitung vorhersagen.

Sie sollten auf jeden Fall etwas fragen, das Sie unmöglich vorher wissen konnten. Sie werden feststellen, dass Sie an manchen Tagen ausgezeichnet pendeln können, an anderen Tagen aber nicht.

Dieser Umstand kann auf Ihren Gemüts- oder Gesundheitszustand oder auf die aktuelle astrologische Situation zurückzuführen sein.

Manche Menschen verwenden lieber eine Karte als Vorlage für das Wahrsagen mit dem Pendel. Sie können die Karte aus Karton ausschneiden oder aus Holz oder Metall herstellen – ganz wie Sie möchten.

Wenn Sie eine künstlerische Ader haben, können Sie Segeltuch verwenden und es mit Engelbildern bemalen. Nachfolgend finden Sie einige Beispiele für die Karten, die Sie vielleicht ausprobieren möchten:

Die Standardkarte

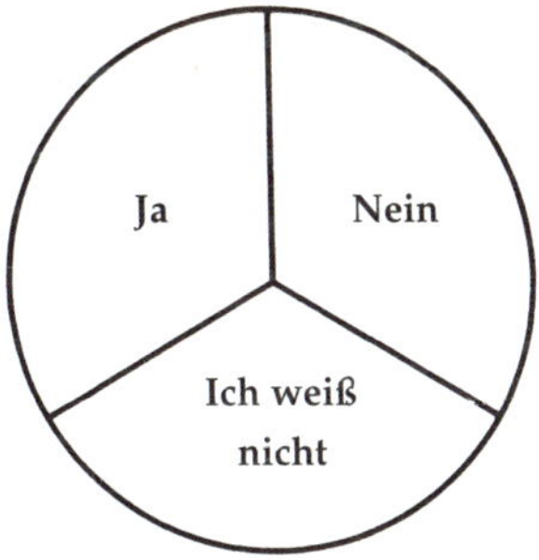

Die Erzengelkarte

Auf diese Weise können Sie schnell feststellen, worauf Sie Ihre Energie konzentrieren sollen oder was einen Freund oder Klienten am stärksten belastet. Sie können in der Karte in den jeweiligen Abschnitten noch weitere Anliegen eintragen. Die unten abgebildete Karte dient lediglich zur Anregung. Gabriel zum Beispiel sagt oft Geburten voraus, Uriel beschäftigt sich mit Besitz und dem Erwerb von materiellen Dingen. Diese Aspekte können auch in der Karte vermerkt werden.

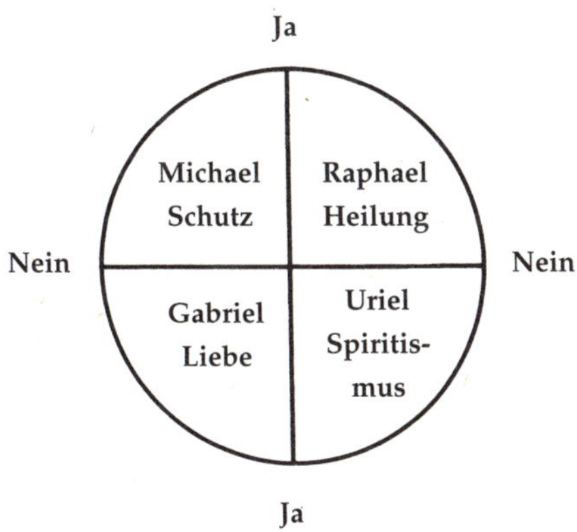

Die Karte trägt dazu bei, den möglichen Ausgang einer Situation anzuzeigen. Susie möchte zum Beispiel einen geeigneten Partner finden und kennt verschiedene Orte, an denen sie nach ihm Ausschau halten kann. Einige davon sind jedoch unter Umständen nicht sehr vorteilhaft für eine erfolgreiche Suche. Zunächst sollte Susie ihren Schutzengel um Unterstützung bitten. Dann könnte sie eine Karte ähnlich der unten abgebildeten zeichnen und mithilfe des Pendels versuchen, den bestmöglichen Ort auszumachen, an dem sie mit der Partnersuche beginnen sollte, beziehungsweise den Ort, der sich dafür weniger gut eignet.

Die Engelrunen

Im Grunde handelt es sich bei Runen um Siegel. Einige davon sind sehr alt und werden in diesem Buch nicht behandelt. (Wenn Sie an traditionellen Runen Interesse haben, können Sie anhand von verschiedenen Büchern mehr darüber erfahren.) Die hier vorgestellten Runen eignen sich besonders für die Engelwahrsagung und für magische Praktiken.

Die Engelrunen (siehe Abbildungen und Beschreibungen auf den folgenden Seiten) bestehen aus 26 Piktogrammen (universellen Symbolen) für allgemeine Bereiche, mit denen wir in unserem alltäglichen Leben zu tun haben. Sie helfen uns die Vergangenheit zu begreifen, die Gegenwart klar wahrzunehmen und die Zukunft ins Auge zu fassen. Sie können auch bei der Magiearbeit an Ihrem Altar verwendet werden und dazu beitragen, Energien anzuziehen, die Sie bei Ihrer Arbeit benötigen.

Die meisten Runen sind aus kleinen runden Fliesen, runden Scheiben, runden Edelsteinen, kleinen Steinen oder auch aus runden Kartonscheiben hergestellt. (Sie können Ihre eigenen Runen aus jedem Material gestalten, das Ihnen gefällt.) In einschlägigen Geschäften werden auch viele verschiedene Runensets angeboten. Einige davon sind, wie schon erwähnt, ziemlich alt und etwa im Laufe der letzten 50 Jahre entstanden.

Beginnen Sie mit den hier abgebildeten Runen, um Ihre eigene Runensammlung herzustellen. Sie können die Runen jedoch ganz frei entsprechend Ihrer religiösen Überzeugung und Ihrer Lebensweise gestalten. Ich habe bestimmte Symbole ausgewählt, die ausdrücken, was jede einzelne Rune für mich bedeutet. Sie können nach Wunsch zusätzliche Piktogramme entwerfen, um Bereiche und Situationen zu erfassen, die in Ihrem Leben eine Rolle spielen. Da ich zum Beispiel mit Hypnotherapie arbeite, habe ich eine Rune für dieses spezielle Gebiet gestaltet, das sicher nicht in jeder Runensammlung erforderlich sein wird. Wenn Sie mit Heilung durch Magie und Pflanzen beschäftigt sind, möchten Sie vielleicht ein Symbol entwerfen, das einige wichtige Heilpflanzen wie etwa das Fünffingerkraut, Rosmarin oder ähnliche Pflanzen repräsentiert. Wenn Sie sich sportlich betätigen, könnte eine Ihrer Runen sportliche Energien symbolisieren. Für selbstständige Geschäftsleute ist vielleicht eine Rune hilfreich, die das Geschäft darstellt usw. Der Gestaltungsbereich für die Runen ist unbeschränkt.

Wenn Sie eine Runensammlung besitzen und lernen, wie man sie anwendet, sollten sie unabhängig von der Art der Runen traditionsgemäß je ein weiteres Runenset als Geschenk für zwei andere Personen herstellen und ihnen den Gebrauch dieser Methode mündlich erklären. Damit sichern Sie Stabilität und Wachstum des Gemeinschaftssinns, der zu den von Ihnen entworfenen Runen gehört. Sie sollten die beiden Personen, denen Sie die Engelrunensets schenken möchten, sorgfältig auswählen.

Allgemeine Regeln

Reinigen, weihen und erfüllen Sie Ihr Runenset mit Energie, bevor Sie es anwenden. Wählen Sie einen bestimmten Engel als Hüter der Runen. Dieser Engel wird immer dann angerufen, wenn Sie die Runen als Wahrsagemethode einsetzen. Deshalb sollten Sie die Wahl des Engels gründlich überdenken. Sie können ein Symbol für diesen Engel auf der Schale (seitlich oder am Boden) oder an dem Beutel anbringen, in dem Sie Ihre Runen aufbewahren.

Reinigen Sie Ihre Runen nach jeder Anwendung, indem Sie sie in das Sonnenlicht oder in das Mondlicht legen oder durch den Rauch von Räucherstäbchen ziehen.

Die Engelrunen eignen sich für kurzfristige Vorhersagen der unmittelbaren Zukunft, also nicht für einen größeren Zeitraum wie etwa sechs oder zwölf Monate. Durch die Runen können Sie erfahren, welche Energien Sie in der Gegenwart umgeben und was sich in einer Periode von ungefähr einer Woche bewegt. Manchmal fällt eine Rune sehr weit weg bis an den Tischrand, das kann ein Hinweis dafür sein, dass der Bereich, den diese Rune symbolisiert, noch nicht unmittelbar bevorsteht, aber durch Ihre gegenwärtigen Entscheidungen beeinflusst wird. Sie sollten Ihre Fragen mit Bedacht formulieren, denn einige eignen sich vielleicht besser für anspruchsvollere Methoden wie zum Beispiel das Tarot.

Sie können alle Engelrunen je nach Wunsch einfarbig oder in verschiedenen Farben herstellen.

Alle Engelrunen werden mit Ausnahme einer besonderen Hinweisrune geworfen. Diese Rune repräsentiert den Fragesteller, also die Person, für die die Runen gelegt werden. Für die Engel spielt es keine Rolle, ob es sich dabei um eine Frau oder einen Mann handelt, deshalb zeigt diese Rune ein allgemein gültiges Symbol.

Das Runenwerfen

Legen Sie alle Runen in eine kleine Schale oder in einen Beutel. Schütteln Sie sie durcheinander, während Sie an die Frage denken. Verwurzeln und zentrieren Sie sich, atmen Sie mehrmals tief ein und aus und entspannen Sie sich. Verbinden Sie sich mit Ihrem Schutzengel und dem Engel, der der Hüter Ihrer Runen ist, und bitten Sie beide um Hilfe. Dann stellen Sie Ihre Frage und werfen die Runen mit leichtem Schwung auf eine flache stabile Unterlage.

Das Deuten der Engelrunen

Ignorieren Sie alle Runen, deren Vorderseite nach unten zeigt, denn sie spielen für die gestellte Frage keine Rolle. Gehen Sie, von der Hinweisrune ausgehend, nach außen vor. Die Runen, die der Hinweisrune am nächsten liegen, deuten auf Bereiche hin, die damit in unmittelbarem Zusammenhang stehen.

Die weiter entfernt liegenden Runen drücken Ereignisse oder Gedanken aus, die sich zum Fragesteller hin oder von ihm weg bewegen, Runen, die sich berühren, betreffen das gleiche Thema. Runen, die in einigem Abstand voneinander liegen oder zwischen denen sich eine leere Rune befindet, drücken voneinander getrennte Themen oder Bereiche aus, zwischen denen eine Art von Hindernis steht.

Mit einiger Übung werden Sie feststellen, dass die Runen Muster um bestimmte Themen bilden, diese Muster können geradlinig oder kreisförmig sein.

Wenn Sie viel Erfahrung mit Ihren Engelrunen gesammelt haben, möchten Sie vielleicht eine Karte zeichnen, die den vorher gezeigten Karten für das Pendeln entspricht. Sie könnten auch versuchen, die unten abgebildete Karte als Vorlage zu benutzen, und eine entsprechende Karte aus Karton anfertigen oder sie auf weißes Leinen aufsticken. Der Kreis kann mit astrologischen Symbolen, den Mondphasen usw. ausgeschmückt werden – ganz wie Sie möchten. Ihre Karte sollte sehr persönlich gestaltet werden, denn die Deutung der Runen gelingt am besten, wenn Sie sich ausreichend Zeit genommen haben, Ihre Energien in die Runen einfließen zu lassen.

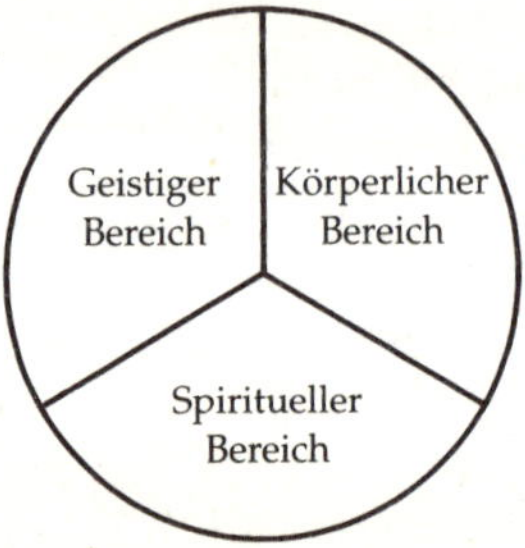

Die Bedeutung der Runen

Schutzengel: Diese Rune stellt den Schutzengel des Fragestellers dar und zeigt an, woran dieser gerade arbeitet, ob er blockiert ist, und wenn ja, wodurch. Wenn die Rune des Schutzengels umgedreht liegt, bedeutet das, dass der Fragesteller den Schutzengel nicht ernst nimmt oder ihm keine Beachtung schenkt.

Religion: Diese Rune zeigt die heilige Spirale. Wenn sie in der Nähe liegt, sollten Sie sich mit einer zukünftigen Aus- oder Weiterbildung, Gesuchen an das Göttliche und mit Ihrer Beziehung zum Universum beschäftigen. Sie sollten ein Ritual, eine Zeremonie oder eine Andacht durchführen, um ein Problem lösen zu können oder um neue Einsichten in Ihre Lebensweise zu erhalten. Die Schwierigkeit liegt möglicherweise in der Art, wie Sie Religion begreifen und wie Sie in Ihrem Leben damit umgehen. Wenn diese Rune umgedreht liegt, heißt das im Grunde genommen, dass Sie mit weltlichen Dingen zu beschäftigt sind und Ihre spirituelle Seite nicht eingebracht haben. Es könnte aber auch bedeuten, dass religiöse Themen im Moment für Sie nicht im Mittelpunkt stehen.

Uriel: Magie. Diese Rune zeigt Ihnen, ob gute oder schlechte Kräfte am Werk sind, vor allem wenn sie umgedreht liegt. Wenn sie sich nahe an der Rune für Negativität befindet, bedeutet das, dass ein Zauber wirkt, der Ihnen zwar nicht unbedingt Schaden bringen soll, aber auch nichts Gutes für Sie erwirkt. Damit wird ausgedrückt, dass selbst die besten Absichten äußerst schlechte Ergebnisse auslösen können. Wenn die Rune umgedreht liegt, bedeutet das definitiv, dass eine bestimmte Person negative Gedanken auf Sie richtet. Der Grund dafür könnte Eifersucht oder eine falsche Information sein.

Metatron: Weisheit. Es geht hier um die Fähigkeit, gute Entscheidungen zu treffen (Vorderseite nach oben) oder schlechte (Vorderseite nach unten). Anhand der anderen Runen in der Umgebung können Sie feststellen, ob Weisheit auf Ihrem Weg liegt oder ob Sie bei einem Freund oder Familienmitglied nach Weisheit suchen sollen. Wenn die Rune umgedreht liegt, kann das eine vorschnelle Entscheidung bedeuten, die zu Schwierigkeiten oder gedankenlosen Handlungen führen kann.

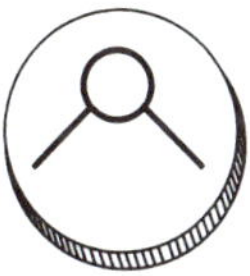
Schutzengel

Religion

Uriel

Metatron

Pallas: Meditation. Die Situation wird sich für Sie verbessern, wenn Sie darüber meditieren und eine angemessene Aktion planen. Wenn die Rune umgedreht liegt, zeigt sie, dass Sie in der Situation nicht in ausreichendem Maß zuversichtlich denken und dass es für Sie notwendig ist, einen positiveren Lebensweg einzuschlagen.

Shekinah: Heiligenschein. Diese Rune symbolisiert das höhere Selbst und das bestmögliche Ergebnis, das Sie in der betreffenden Situation erreichen können. Die umgedreht liegende

Rune hat hier keine spezielle Bedeutung. Diese Rune steht für spirituelle Segnung und die Energie der Göttin.

Flügel: Botschaften. Die aufrechte Position bedeutet gute Nachrichten. Wenn die Rune auf dem Kopf liegt, könnte das heißen, dass entweder nicht die gewünschte Nachricht oder gar keine Nachricht eintreffen wird.

Negativität: Damit wird Negativität, die in eine bestimmte Situation projiziert wird, ausgedrückt. Es könnte sich um Gerüchte, schlechte Absichten, versteckte Pläne, schmutzige Geschäfte, Neid oder Eifersucht entweder aufseiten des Fragestellers oder bei einem anderen Menschen handeln. Überprüfen Sie die Runen, die in der unmittelbaren Umgebung liegen. Umgedreht liegende Runen deuten auf einen möglichen Wechsel oder eine Lösung der Situation hin. Auch hier geben die umliegenden Runen Aufschluss darüber, wie der Fragesteller das Problem lösen könnte.

Pallas

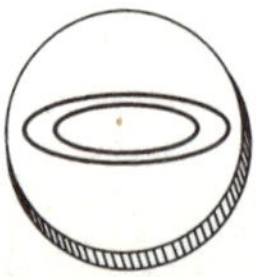
Shekinah

Flügel

Negativität

Gabriel: Neubeginn. Diese Rune repräsentiert den Beginn einer Situation. Wenn sie in der Nähe der Familienrune liegt, kann sie Geburt oder Heirat bedeuten. In der umgedrehten Position drückt die Rune aus, dass die Hoffnung auf einen Neubeginn behindert wird und sich daher möglicherweise nicht erfüllt.

Azrael: Beendigung. Diese Rune stellt den Abschluss einer Sache dar. Wenn sie umgedreht liegt, kann die Situation ein ungünstiges Ende finden, falls dagegen nichts unternommen wird. Es könnte auch bedeuten, dass ein Ende zu dem gegebenen Zeitpunkt noch nicht absehbar ist. Die Berücksichtigung der umliegenden Runen kann zu einer Klärung der Frage beitragen.

Geld: Die Aussage dieser Rune ist eindeutig. Überprüfen Sie die umliegenden Runen nach der Quelle und der Höhe des Geldbetrags. Wenn sie nahe bei den Runen für Familie oder Vermächtnis liegt, könnte es sich um ein Geschenk eines Familienmitglieds oder um einen Todesfall in der Familie und um eine daraus folgende Erbschaft handeln. Wenn die Rune in der unmittelbaren Umgebung der Rune der Negativität liegt, ist Vorsicht angesagt. Vielleicht versucht jemand, Sie um Geld zu betrügen.

Vesta: Inspiration und Schutz. Halten Sie nach etwas Neuem Ausschau, das Ihnen weiterhilft. Es könnte sich dabei um ein neues Hobby, eine neue Arbeitsstelle, eine neue Partnerschaft oder Ähnliches handeln (überprüfen Sie die umliegenden Runen). Wenn die Rune auf dem Kopf liegt, zeigt sich dadurch mangelnde Inspiration auf der Seite des Fragestellers.

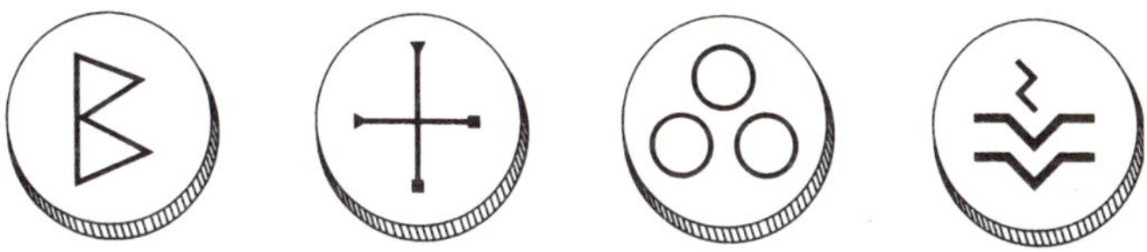

Gabriel Azrael Geld Vesta

Konflikt: Die Aussage ist eindeutig. Es handelt sich um einen schwelenden Konflikt, um eine mündliche oder auch um eine körperliche Auseinandersetzung. Wenn sie in der Nähe der Familienrune liegt, geht es um einen Konflikt innerhalb der Familie. Im Umkreis der Negativitätsrune deutet diese Rune auf einen offenen Streit hin, nahe der Rune für Sucht weist sie auf mögliche kriminelle Handlungen oder Ausbrüche aufgrund von Sucht oder zwanghaftem Verhalten hin. Je weiter entfernt diese Rune liegt, umso größer ist die Wahrscheinlichkeit, dass der Fragesteller den Konflikt schnell eindämmen oder völlig bereinigen kann. Wenn die Rune mit der Rückseite nach oben zeigt, ist der Streit schon im Gang, und es bahnen sich bereits Lösungsmöglichkeiten an.

Annaelle: Familie. Auch hier erscheint ein unmissverständliches Zeichen, das alle betrifft, die durch Bluts- oder Seelenverwandtschaft miteinander verbunden sind. Es kann sich um Ihre direkten Angehörigen oder um den weiteren Familienkreis handeln. Zeigt die Rune nach oben, wird alles einen guten Verlauf nehmen (beziehen Sie jedoch auch die umliegenden Runen in die Deutung mit ein). Wenn die Rune auf dem Kopf liegt, können Unstimmigkeiten und vorübergehende Disharmonie eintreten.

Raphael: Harmonie. Freude, Begeisterung, angenehme Ereignisse, Glück, Liebe, Selbstachtung. Es zeigen sich verschiedene harmonische Energien und Sie erhalten Geschenke. Wenn die Rune auf dem Kopf liegt, weist sie auf Unglück, Zerstörung, Stagnation von erfreulichen Umständen oder Mangel an Selbstwertgefühl hin.

Stern: Hoffnung auf die Zukunft, grünes Licht, ein günstiges Schicksal für den Fragesteller. Die umgekehrt liegende Rune hat keine besondere Bedeutung. Beziehen Sie auch die umliegenden Runen für eine deutlichere Interpretation mit ein.

Konflik

Anaelle

Raphael

Stern

Abhängigkeit: Die Aussage der Rune ist klar. Es geht um jede Art von Abhängigkeit und Sucht nach Drogen, Alkohol, Sex und um alle anderen Suchtkrankheiten, auch Machtstreben durch krankhafte Selbstsucht gehört dazu. Wenn die Rune auf dem Kopf liegt, ist dies ein Hinweis darauf, dass die Abhängigkeit zur Vergangenheit gehört oder dass die infrage kommende Person große Anstrengungen unternimmt, um das Problem zu bewältigen.

Chiron: Karma. Die betreffende Situation ist karmischer Natur. Es kann sich um ein Thema handeln, das Sie schon in verschiedenen Inkarnationen beschäftigt hat oder jetzt ganz neu in Erscheinung tritt. Wenn die Rückseite der Rune nach oben zeigt, deutet es auf Verdrängung der Situation und mangelnde Bereitschaft hin, konstruktiv an der Bewältigung dieses Themas zu arbeiten.

Mann: Hier handelt es sich um einen Mann oder um männliche Energie, die den Fragesteller auf bestimmte Art beeinflusst. Die umliegenden Runen geben Aufschluss über die Absichten dieses Mannes. Wenn die Rune nach oben zeigt, weist sie auf seinen positiven Einfluss oder auf sein gutes Wesen hin (die ihn umgebenden Runen können ausdrücken, ob er gute oder schlechte Entscheidungen trifft). Wenn die Rune auf dem Kopf liegt, zeigt sich der Mann als niederträchtige und skrupellose Person, die keinen guten Einfluss auf den Fragesteller hat.

Frau: Hier zeigt sich eine Frau oder weibliche Energie, die den Fragesteller auf bestimmte Weise beeinflusst. Die umliegenden Runen geben Aufschluss über die Absichten dieser Frau. Wenn die Rune nach oben zeigt, weist sie auf den positiven Einfluss der Frau und auf ihr gutes Wesen hin (die sie umgebenden Runen können ausdrücken, ob sie gute oder schlechte Entscheidungen trifft). Wenn die Rune auf dem Kopf liegt, zeigt sich die Frau als klatschsüchtige und rücksichtslose Person, die keinen guten Einfluss auf den Fragesteller hat.

Abhängigkeit

Chiron

Mann

Frau

Juno: Partnerschaft. Der Zusammenschluss von zwei Menschen aus geschäftlichen Gründen oder aus Liebe (die umliegenden Runen geben Aufschluss). Wenn die Rune umgekehrt liegt, zeigt sie, dass sich die Partnerschaft auflöst oder dass die wahren Gefühle nicht gezeigt werden. Auch hier geben die Runen in der unmittelbaren Umgebung genauere Hinweise.

Arbeit: Diese Rune zeigt die Arbeit, die zu diesem Zeitpunkt für den Fragesteller am wichtigsten ist. Dabei könnte es sich um eine Vollzeit- oder Teilzeittätigkeit, um Gemeindearbeit oder um Arbeit handeln, bei der es um Inspiration geht. Die Betonung liegt auf der persönlichen Wichtigkeit für den Fragesteller. Die umgedrehte Position der Rune deutet darauf hin, dass die gegenwärtige Tätigkeit des Fragestellers nicht dem entspricht, wonach er sich in seinem Innersten sehnt.

Vollmond: Hier geht es um eine Zeitfrage. Die umliegenden Runen geben Aufschluss darüber, was sich bis zum nächsten Vollmond ereignen wird.

Neumond: Auch hier handelt es sich um eine Frage des Zeitpunkts. Die umliegenden Runen zeigen, was sich in der Phase bis zum nächsten Neumond ereignen wird.

Juno

Arbeit

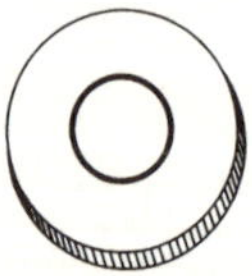
Vollmond

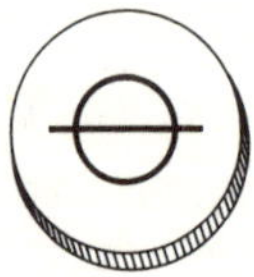
Neumond

Leere Rune: Der Ausgang ist ungewiss oder die Situation wird von unbekannter Seite beeinflusst.

Hinweisrune: Die Hinweisrune symbolisiert den Fragesteller. In aufrechter Position weist sie darauf hin, dass er seine Augen offen hält, Tatsachen erkennt und spirituelle Botschaften zu hören bereit ist. Wenn die Rune auf dem Kopf liegt, kommt zum Ausdruck, dass sich der Fragesteller in einer Abwehrhallung befindet und die bestehenden Tatsachen nicht rationell beurteilt oder sich so sehr mit anderen Dingen beschäftigt, dass er den wichtigen Angelegenheiten keine Aufmerksamkeit schenkt.

Leere Rune

Hinweisrune

Engel und das Tarot

Für das Engeltarot brauchen Sie gereinigte, geweihte und mit Energie erfüllte Tarotkarten. Wählen Sie Karten aus, die Sie ansprechen, und beunruhigen Sie sich nicht, wenn sich Ihre üblichen Interpretationen ein wenig von dem hier vorgestellten Standard unterscheiden. Sie können alle widersprüchlichen oder unstimmigen Aussagen in Ruhe für sich noch einmal überdenken.

Seitdem ich mit den Engeln arbeite, habe ich in den Tarotkarten verborgene Hinweise entdeckt, die mir zeigen, an wen ich mich mit der Bitte um Unterstützung aus dem Reich der Engel wenden soll. Ich habe auch festgestellt, dass meine Voraussagen und Einsichten wesentlich genauer ausfallen, wenn ich vor der Sitzung meinen Schutzengel um Hilfe anrufe. In diesem Kapitel sind grundlegende Informationen zum Tarot enthalten für den Fall, dass Sie die Tarotkarten ebenso wie ich gerne und oft benutzen. Außerdem weise ich auch auf die entsprechenden zugehörigen Engelaspekte hin, die zur Lösung Ihrer Probleme durch das Tarot beitragen können.

Die Bedeutung der Grossen Arkana

Der Narr: der Beginn eines neuen Abschnitts oder eines neuen Vorhabens; ein unerwartetes oder nicht geplantes Ereignis;

eine Bewegung in eine andere Richtung; Kurs auf eine unbekannte Zukunft; Achtsamkeit für die Richtung, in die man geht; Anwendung der verborgenen Talente.

Fragen Sie Ihren Schutzengel, wohin Sie sich wenden oder wie zielstrebig Sie Ihren Weg verfolgen sollen. Wenden Sie in der Meditation Ihre Engelaugen an. Die Engel des Widders, die den Mut haben weiterzugehen, wenn andere es nicht mehr wagen, sind ein ausgezeichneter Beistand für den Narren. Die Engel des Widders sind Ariel, Machidiel, Satararan und Sariel. Es sind mutige, wilde und leidenschaftliche Engel. Die Engel des Wassermanns geben den Anstoß für einen Neubeginn.

Der Magier: die Fähigkeit, Dinge in Form zu bringen; Kreativität, Einsicht.

Raphael ist der beste Vertreter des Magiers. Er hat Macht über die Winde, die Wissenschaften, Kreativität, Heilung, die Magieutensilien und über die Geschenke des Pentakels. Wenn der Magier in Ihrem Kartenbild erscheint, sollten Sie nach einer Botschaft dieses gesegneten Erzengels Ausschau halten. Denken Sie daran, dass Raphael auch ein Seraph ist. Die Herrschaften erfüllen die Rolle der göttlichen Führer, zu ihren Aufgaben gehört auch die kontrollierte Integration von Materie und Geist. Der Prinz der Herrschaften ist entweder Hashmal oder Zadkiel. Beachten Sie bitte auch, dass der erste bekannte Engelname Dominion lautet, in diesem Fall stellen der Dominion und der Zauberer eine Person dar. Die Steinbockengel können Ihre Tatkraft stärken, wenn Sie daran zweifeln, dass Sie in der Lage sind, Ihr Vorhaben praktisch umzusetzen.

Die Priesterin: Bewusstsein für die verschiedenen Ebenen der Existenz; verborgene Kräfte für neue Lösungen; weiblicher Ausgleich und okkulte Studien; Führungsqualitäten; matriarchale Ideen.

Bitten Sie Gabriel um Unterstützung bei den Mystenen der Frauen. Uriel kann Ihnen helfen, verborgenes Wissen zu enthüllen (er ist Erzengel und zugleich Seraph). Shekinah hat die Schlüssel zu allen verborgenen Geheimnissen. Raziel ist der göttliche Detektiv; er hilft Ihnen, geheime Pläne aufzudecken, die sich negativ auf Ihr Leben auswirken könnten. Remiel ist der Engel der wahren Visionen; seine Unterstützung erfordert jedoch, dass Sie in Ihren Absichten vollkommen ehrlich sind. Die Vestaengel repräsentieren feminine Bestrebungen auf bestimmte Richtungen oder Ziele. Die Pallasengel konzentrieren sich auf weibliche Energie, die sich in Intuition, plötzlichen Einsichten, scharfsinnigen Erkenntnissen und in der Formulierung von neuen und originellen Gedanken ausdrückt. Die Throne beschäftigen sich mit göttlichem Wissen und dessen Weitergabe an die Menschheit. Ariel ist der Hüter von Visionen, Träumen und Prophezeiungen. Ariel wurde zunächst als männlich betrachtet, aber in der heutigen Zeit wird Ariel oft als weiblich angesehen. Die Engel des Neptun verleihen dem Fragesteller mystische Erfahrungen, Hellsichtigkeit und Inspiration. Vielleicht möchten Sie dazu das Gebet für Gabriel sprechen:

Heilige Göttin, du bist voll der Gnade, Gott ist mit dir. Du bist gebenedeit unter den Frauen, und gebenedeit ist die Frucht deines Leibes, der Gemahl und der Sohn. Heilige Göttin, Mutter der Erde, wirke Wunder für deine Kinder, jetzt und in der Stunde der Not. So sei es.

Die Kaiserin: finanzielle und emotionale Sicherheit; mütterliche oder weibliche Liebe; Glück und Segen; eine Partnerin; Schwangerschaft; Matriarchat in der Familie.

Bitten Sie die Königin der Engel um Unterstützung, wenn es um Fruchtbarkeit oder Manifestation zum eigenen Wohl oder dem anderer Menschen geht. Die nährenden Engel des Ceres, deren Hauptanliegen die bedingungslose Liebe ist, und die Engel der Großen Mutter werden ebenfalls mit der Kaiserin in Verbindung gebracht. Den Venusengeln unterliegen Schönheit und Liebe; zu ihnen gehören Anael, Hasdiel, Eurabatres, Raphael, Hagiel und Noguel. Da die Kaiserin auch Fruchtbarkeit symbolisiert, ist Gabriel der richtige Engel für eine entsprechende Bitte. Gabriel ist die Hüterin der Energie der Göttin auf Erden und wacht auch über Geburt und Schwangerschaft.

Der Kaiser: Verstand, der über das Gefühl herrscht; Regierung, Politik; Strukturen; Autorität und Befehlsgewalt; patriarchale Gedanken, das Bedürfnis nach Ruhm; der Patriarch in der Familie.

Michael ist das Oberhaupt der Tugenden und der Erzengel, er ist Seraph und Hüter von Organisationen oder Gruppen, die Struktur brauchen, und er hilft bei Fragen, die Geschäfte, Ordnung und Gliederung betreffen. Die Engelsfürsten (die Hüter großer Gruppen), die Herrschaften (göttliche Führer) und die Throne der Erde zeigen sich alle in der Karte des Kaisers. Auch die Cherubim wirken mit den Energien dieser Karte. Sie stehen uns zur Seite, wenn wir göttlichen Schutz, Weisheit und Wissen suchen, damit aus Chaos Ordnung entstehen kann. Die Jungfrauengel sind hervorragende Repräsentanten der Karte des Kaisers, zu ihnen gehören Voil, Voel, Hamaliel, Iadra und Schaltiel. Diese Engel beschäftigen sich mit der Vollkommenheit einer Sache, eines Gedankens, einer Handlung, einer Aufgabe oder einer Person. Die Engel der Sonne (Arithiel, Galgaliel, Gazardia, Korshid-Metatron, Michael, Och, Raphael, Uriel und Zerachiel) unterstützen den Fragesteller bei seinen ehrgeizigsten Bemühungen. Diese Engel werden mit Autoritätsfiguren, Gefälligkeit, Beförderung, Gesundheit und Promotion in Verbindung gebracht. Die Engel des Steinbocks kümmern sich um Bankgeschäfte, Versicherungen und Regierungen.

Der Priester: Anpassung und Tradition; Mitgehen mit dem Fluss, weil alle anderen mit Äußerlichkeiten beschäftigt sind; Karma; Heirat oder eine bestimmte Zeremonie; Prunk und Glanz.

Metatron ist hier ganz besonders gut geeignet; denn er ist ein außergewöhnlicher Engel, ein göttlicher Prinz, zu dem jede Art von prunkvollem Geschehen passt. Er ist sowohl der Schöpfer wie auch der Archivar der Überlieferungen der Akashiten. Er hütet alle Geheimnisse und überwacht die menschlichen Handlungen. Keine andere Karte könnte Metatron besser repräsentieren als die des Priesters. Die Engel des Neptun sorgen für Ernsthaftigkeit, Demut, Aufrichtigkeit und Weisheit.

Die Liebenden: die Entscheidung zwischen zwei Möglichkeiten; eine Entscheidung, die mehrere Menschen betrifft; das zweite Gesicht; Liebe gegenüber praktischen Erwägungen; eine neue mögliche Liebe; Leidenschaft.

Wenden Sie sich in Liebesdingen wie bei der Werbung um einen Menschen, in Fragen von Zuneigung, Partnerschaft und Harmonie an die Engel der Venus. Sie lieben Zusammenarbeit und romantische Liebe ebenso wie Heirat und alle Arten von Partnerschaften. Die Engel des Merkur (Tiriel, Raphael, Hasdiel, Michael, Barkiel, Zadkiel und der Bene Seraphim) unterstützen die Kommunikation zwischen allen, die sich lieben. Wenn Sie vor einer Entscheidung stehen, fragen Sie Ihren Schutzengel um Rat, wie Sie am besten vorgehen sollen. Die Engel des Mondes übermitteln Botschaften und bringen Versöhnung und Liebe. Die Engel des Juno helfen Ihnen bei Schwierigkeiten in der Ehe, denn ihr Interesse gilt Harmonie und Glück in Beziehungen.

Der Wagen: Ausgleich durch Bewegung; Kontrolle über Gegensätze; Selbstbeherrschung; Bewegung eines Fahrzeugs; Verkauf und Kauf eines Autos.

Die Engel des Mondes und die Cherubim (die Hüter des Lichts und der Sterne) wachen über Reisende. Die Tugenden sind die Geister der Bewegung, sie kontrollieren und leiten die elementaren Energien, die auf unseren Planeten wirken. Die Engel des Schützen regieren über Fernreisen.

Gerechtigkeit: Gesetzmäßigkeiten, Verträge, Vereinbarungen; ernten, was wir säen; erst denken, dann handeln; Ausgleich durch die Göttin.

Das Hauptanliegen der Engel des Juno ist die Ausgewogenheit von Macht und unsere persönliche Freiheit. Die Terminatorengel (Michael, Gabriel und Uriel) sind ausgezeichnete Helfer, um denen Gerechtigkeit zu verschaffen, die sie verdienen.

Die Mächte sind Kriegerengel, die uns in Notzeiten Beistand leisten. Sie können sich in Zeiten von Diskriminierung, Vernichtung von Menschen und Tieren, unzulänglichen Führern oder bei der Bitte um Stärke für notwendige Reformen an die Engelsfürsten wenden. Die Engel der Balsamischen Mondphase beschäftigen sich mit Abhängigkeit und Sucht, mit Veränderungen, Scheidung, Feinden, Gerechtigkeit, Hindernissen, Streitigkeiten, Beseitigung, Trennung, Kriminellen und ihren Taten und ungerechtfertigten Todesfällen. Die Engel des abnehmenden Monds befassen sich ebenfalls mit Scheidung. Die Engel des verstreuenden Mondes unterstützen uns bei der Beseitigung von Stress und negativen Emotionen im Allgemeinen und leisten uns Hilfe bei Scheidungen. Die Engel des Vollmonds kümmern sich um rechtliche Angelegenheiten. Die Engel des Saturn befassen sich mit Schulden, die uns zustehen, mit Rechtsanwälten, Geldangelegenheiten, Immobilien, Beziehungen zu älteren Menschen und mit allem, was mit Familie und Finanzen (wie einem Testament oder Nachlässen) zu tun hat. Die Engel der Waage geben Unterstützung bei gerichtlichen Dingen, der Beratung von anderen und bei Zusammenarbeit und zwischenmenschlichen Beziehungen; sie bringen unsere Feinde ans Licht. Die Engel des Saturn sind Orifiel, Kafziel, Michael, Maion, Mael, Zaphiel, Schebtaiel und Zapkiel. Die Engel des Skorpions sind ausgezeichnete Helfer bei Mord oder ungeklärten Todesfällen. Die Engel der Jungfrau halten nach kleinen Hinweisen Ausschau. Schließlich sollten Sie auch die Mächte nicht vergessen, sie sind die Kriegerengel.

Der Eremit: Selbstprüfung und spirituelle Erleuchtung; Planung und Bewertung des nächsten Schrittes; Suche nach höherer Intelligenz; Zusammentreffen mit der Person eines Lehrers.

Die Engel des Neptun repräsentieren die Karte des Eremiten am besten. Ihr Interesse gilt den Unterdrückten und den Außenseitern der Gesellschaft. Sie lieben Menschen mit hellseherischen Fähigkeiten und alle, die sich mit Mystik, seelischem Bewusstsein und Mitgefühl beschäftigen. Die Engel des Neptun schenken uns Hellsichtigkeit, Inspiration, Genialität, Hingabefähigkeit, mystische Erfahrungen und Ehrfurcht. Die Engel der Waage beschäftigen sich mit Beratung.

Das Rad: Kreislauf des Lebens in allen Situationen; Ebbe und Flut; das beständige und gleichmäßige Auf und Ab der Ereignisse; aufwärts gerichtete Bewegung.

Die Engel des Jupiter (Zachariel, Zadkiel, Sachiel, Adabiel, Barchiel und Zadykiel) beschäftigen sich vor allem mit Wohlstand einschließlich der persönlichen Weiterentwicklung und dem Wohlergehen anderer Menschen. Die Engel des Jupiter herrschen über die Ansammlung von materiellen Gütern, Macht und Status. Sie stärken unseren Optimismus, ziehen freudige Ereignisse an und helfen uns, an das Ziel unserer Wünsche zu kommen. Die ruhigen und beständigen Engel des Stiers wachen über Einkommen und Vermögen, zu ihnen gehören Tual, Asmodel, Bagdal und Araziel.

Stärke: Bewältigung von Schwierigkeiten; erfolgreiches Ende einer mühsehligen Angelegenheit; spirituelle Stärke; scharfsinnige und durchdringende geistige Aktivität.

Michael, der Engel der Stärke und des Sieges, passt zu dieser Karte. Die Mächte sind die Kriegerengel, die uns zu Hilfe eilen, wenn wir in Schwierigkeiten sind oder besondere Kraft brauchen, um ein Problem zu bewältigen. Wenn Sie sich nach emotionaler Stärke sehnen, wenden Sie sich an Gabriel (siehe Anrufung von Gabriel auf Seite 51 f.). Die Engel des Uranus verleihen Stärke und Einfallsreichtum. Die Marsengel (Uriel, Sammael, Gabriel und Chamael) schenken Unabhängigkeit, Stärke, Mut, Energie, Entschlossenheit, Selbstvertrauen, Hingabe und Kühnheit, wenn es die Situation erfordert. Die Marsengel sind die Engel des Sieges.

Der Gehängte: Gedanken, Ideen oder Projekte im Schwebezustand; eine verfahrene Situation; Vorbereitung auf einen Schritt in eine bestimmte Richtung. Der Gehängte wird am besten von den Engeln des Chiron repräsentiert. Diese Engel besitzen die

Schlüssel zum Universum und werden für den männlichen Aspekt des verwundeten Priesters oder Heilers gehalten. Den Engeln des Chiron ist keine Tür verschlossen, sie räumen alle Hindernisse aus dem Weg, befreien uns aus dem Schwebezustand und erlauben uns, nach dem Baum des Lebens zu greifen und die Erkenntnisse zu erlangen, die uns zu den Wurzeln führen.

Tod: radikale, unvorhergesehene Veränderungen; das Alte wird zerstört, um dem Neuen Platz zu machen; die Schleier der Illusionen werden unverzüglich zerrissen; ein neuer Lebensweg wird sichtbar.

Azrael, der Engel des Todes, bringt eine Veränderung in das Leben des Fragestellers. Die Engel des Saturn manifestieren ebenfalls Veränderungen; sie beschäftigen sich mit Autorität, karmischen Lektionen, Grenzerfahrungen und Ausdauer. Die Engel des Uranus befassen sich mit den Massenmedien und der Kommunikation mit den Toten. Die Engel des Skorpions sind geheimnisvoll, zu ihren Bereichen gehören Tod, Wiedergeburt und Karma.

Mäßigkeit: die Fähigkeit, sich an neue Umstände anzupassen; Handlungen oder Hinweise, die dem höheren Selbst entspringen; bewusste Liebe; Kontrolle durch Weisheit; die Kunst, etwas zusammenzubringen, das zusammenpasst.

Dies ist die Karte des Schutzengels. Wenn sie auf dem Kopf liegt, ist das ein Hinweis für den Fragesteller, sich an seinen Schutzengel zu wenden, weil dieser eine Botschaft für ihn bereithält. Die Engel des Neptun verleihen Geduld, Ausdauer, Demut, Aufrichtigkeit und Ernsthaftigkeit. Auch die Engel des Merkur passen zu dieser Karte; sie bringen Anpassungsfähigkeit, geistige Aktivität, Scharfsinn, Eloquenz, Geschicklichkeit und Bewusstheit. Zu den Engeln des Merkur gehören Tiriel, Raphael, Hasdiel, Michael, Barkiel, Zadkiel und Bene Seraphim. Die Engel des Wassermanns beschäftigen sich mit Freundschaften, Hoffnungen, Wünschen und der Klarheit unserer Mission. Das Hauptanliegen der Engel der Fische richtet sich auf Heilung und die Energien von unsichtbarer Stärke und Kraft. Die Karte der Mäßigkeit ist auch als die Karte der Heiler anzusehen. Ich glaube, dass diese Karte bei allen, die sich zur Heilkunst und der Obhut der Fischeengel hingezogen fühlen, besonders häufig auftritt. Die Tugenden stehen ebenfalls mit dieser Karte in Verbindung, denn sie sind als die »Wunderengel« bekannt. Auch Raphael, der Heilerengel, passt sehr gut hierher.

Der Teufel: Bindung durch Gedanken, Worte oder Handlungen; ungezügelte Lust oder tiefe Leidenschaft; eine charismatische, aber nicht vertrauenswürdige Person; menschliche Schwächen; Drogen- oder Alkoholsucht; Gewalt; Zwanghaftigkeit.

Die Engel des Ceres sind die nährenden Engel, die uns unterstützen, wenn wir Freunde beraten und Wahrsagung betreiben, um anderen damit zu helfen. Diese Engel finden und heilen verloren gegangene Kinder und Haustiere. Die Engel des Neptun geben Beistand,wenn es um Einschränkungen, Verlassenheit, Abhängigkeit oder körperliche Unverträglichkeit von Medikamenten oder anderen Substanzen geht.

Der Turm: die schnelle Auflösung einer Situation; die Dinge so sehen, wie sie wirklich sind; unerwartete Rückschläge oder Nachwirkungen; Gefahr; Schicksal.

Revolutionäre Umstürze gehören zum Bereich der Engel des Uranus. Sie helfen uns, unvorhergesehene Veränderungen zu begreifen, die oberflächlich betrachtet bedrohlich und düster erscheinen, sich aber doch zu unserem Besten auswirken. Für mich repräsentiert der Turm Situationen, die von außen auf uns einwirken, und Schwierigkeiten, die wir nicht verursacht haben, mit denen wir aber trotzdem zurechtkommen müssen. Bitten Sie die Engel des Uranus um Hilfe, wenn unerwartete Veränderungen dieser Art eintreten.

Der Stern: Glauben, Vertrauen, Hoffnung; positiver Einfluss; die Fähigkeit, Illusionen zu durchschauen; neues Leben mit größerer Entscheidungsfreiheit; glückliches Schicksal.

Diese Karte passt am besten zu den Cherubim, die als Hüter

des Lichts und der Sterne fungieren. Sie schöpfen und leiten positive Energie von Gott zu den Menschen und sind als die »Vermittler« bekannt. Die Cherubim wachen über die Galaxien und über religiöse Tempelstätten, mit schwingenden Schwertern stehen sie uns als persönliche Wächter auf unserem Weg zu unserer Bestimmung bei.

Der Mond: Träume, Intuition, Suche nach Visionen, Vorstellungskraft, Seelenkraft, emotional belastete Umstände; Unentschiedenheit zwischen zwei Richtungen; Magiearbeit; die Möglichkeit einer Täuschung.

Gabriel und die Engel des Mondes sind die besten Vertreter der Energien dieser Karte. Die Mondengel konzentrieren sich auf unsere Emotionen und die anderer Menschen. Die Engel des Krebses herrschen über Intuition und Feinfühligkeit und wehren negative Energien ab. Sie hüten die Familiengeheimnisse und sorgen für Sicherheit. Zu den Engeln des Mondes gehören Cael, Manuel, Muriel, Rahdar und Phakiel.

Die Sonne: Glück und Freude, wohlverdiente Belohnungen; Familienfeiern; neue und kreative Umgebung; Ankündigung von guten Neuigkeiten.

Natürlich gehören zu dieser Karte die Engel der Sonne; auch Michael und Metatron, die strahlende Persönlichkeiten und Erfolg repräsentieren, sind hier von Bedeutung. Die Engel des Löwen (Verchiel, Sagham und Seratiel) sind strahlend, optimistisch, begeisterungsfähig und loyal. Die Tugenden freuen sich vor allem an den Menschen, die über sich selbst hinausgehen und mehr erreichen, als alle anderen für möglich halten. Zum Bereich der Engel der Sonne gehören Willensstärke, Autorität, Anerkennung, Beförderung, Gesundheit, Vergnügen, Freude, Loyalität und Großzügigkeit.

Das Gericht: ein Projekt oder eine Situation kurz vor der Vollendung; eine letzte Entscheidung, die noch getroffen werden muss; das Erwachen am Ende eines langen Prozesses; ein Ende, das auf unerwartete Weise eintritt; Vergangenheit, die uns einholt; zu viel Selbstkritik.

Nach eingehenden Überlegungen habe ich diese Karte den Erzengeln (Michael, Raphael, Uriel und Gabriel) zugeordnet. Immer wenn diese Karte erscheint, muss eine Entscheidung getroffen werden – möglicherweise jedoch nicht so schnell, wie Sie es sich vielleicht wünschen. Für mich drückt diese Karte »die Bürokratie der Engel« aus. Es ist noch nicht alles beschlossene Sache. Die Throne symbolisieren auch das Gericht. Sie schöpfen, sammeln und leiten eingehende und ausgehende positive Energien, die mit Gerechtigkeit und Gericht zu tun haben. Sie sind die Engel mit »den vielen Augen«, die allen Opfern ihre heilende Energie senden. Die Throne zeigen großes Interesse an den Handlungen der Menschen, aber ihre Energien wirken meist durch unsere Schutzengel.

Die Welt: das Ende eines Zeitabschnitts oder einer Situation; Erhalt einer gerechten Belohnung; innere und äußere Reisen; Ende einer bestimmten Konstellation; Klärung aller offenen Fragen; zufrieden stellende Lösungen; die Möglichkeit, neue Wege zu entdecken.

Für mich ist Shekinah die ideale Vertreterin der Karte der Welt. Shekinah ist der Glanz, der von Gott strahlt; sie steht für Befreiung, deshalb ist diese Karte ihr zugehörig. Sie ist der Heilige Geist, der beide Hälften (oder verschiedene Arbeits- oder Vorstellungsbereiche) zusammenfügt. Sie bringt die Botschaft der Reife.

Die Bedeutung der passenden Karten

Je mehr gleiche Karten sich im Kartenbild zusammen zeigen (zum Beispiel vier Könige, vier Asse usw.), umso schneller wird sich eine Situation lösen. Die folgenden Kartenkombinationen haben ihre eigene Bedeutung:

Asse

4 Schnell wirkende Kräfte sind am Werk; seien Sie nicht unbesonnen.

3 Erfolg tritt mit Sicherheit schnell ein.

2 Eine Veränderung, zum Beispiel der Wohnung oder der Arbeitsstelle, kündigt sich an.

Zweier

4 Schnelle Neugestaltung und mögliche Schwankungen.
3 Unterhaltungen (auch Klatsch) bringen schnelle Lösungen.
2 Halten Sie in der Partnerschaft nach verborgenen Plänen Ausschau.

Dreier

4 Kraftvolle Vollendung und hervorragende Belohnung.
3 Eine Lüge befindet sich in der unmittelbaren Umgebung (achten Sie auf den Mond).
2 Zwei Ziele bewegen sich in entgegengesetzte Richtungen, oder Sie könnten auch gleichzeitig aus zwei verschiedenen Richtungen getroffen werden.

Vierer

4 Eine starke Grundlage wurde schnell aufgebaut. Gibt es darin auch Risse?
3 Möglicher Neid bei Immobilienangelegenheiten.
2 Neuordnung von Vermögen.

Fünfer

4 Eine Konfrontation wird schnell stattfinden, die Sie verwirrt oder veranlasst, schnell in Deckung zu gehen.
3 Achten Sie auf ein Dreiecksverhältnis in der Liebe.
2 Achten Sie auf eine Täuschung.

Sechser

4 In Ihrem Zuhause wird sich die Einstellung verändern.
3 Halten Sie in einer alten Sache Ausschau nach neuen, verborgenen Möglichkeiten.

Siebener

4 Kummer tritt schnell ein, weichen Sie diesem Gefühl nicht aus, bleiben Sie im Fluss.
3 Verschließen Sie Türen und Fenster, ein großer Diebstahl ist im Gange.

Achter

4 Schnelle Kommunikation über wichtige Themen.

3 Packen Sie Ihre Sachen, Sie werden auf eine Reise gehen.

Neuner

4 Das Ende naht schnell; ich hoffe, Sie sind bereit.

3 Eine andere Person verhilft Ihnen zu einer schnellen Lösung in dieser Angelegenheit.

Zehner

4 Etwas wird schnell gekauft oder verkauft; achten Sie auf das Kleingedruckte.

3 Eine eindeutige Erbschaft in dieser Sache.

Buben

4 Neue Ideen werden schnell eintreten; warten Sie auf den kreativen Aufschwung.

Ritter

4 Schnelles Handeln in dieser Angelegenheit. Gehen Sie achtsam mit Ihren Wünschen um. Dies kann ein Hinweis auf einen Umzug oder eine Veränderung der Partnerschaft oder der Arbeitsstelle sein.

Die Bedeutung der Zahlen auf den Karten

Die Zahlen können nicht nur auf einen bestimmten Zeitraum (wie zwei Tage, zwei Wochen oder zwei Monate bei der Karte mit der Zahl Zwei) hinweisen, sondern uns auch etwas über die Entwicklung einer Situation sagen.

Eins: Der Anfang.
Zwei: Die Richtung oder der erste Treffpunkt.
Drei: Hier werden Einzelheiten ausgearbeitet, die Idee festigt sich.
Vier: Wurzeln werden geschlagen, um etwas Neues aufzubauen.
Fünf: Erste Herausforderung oder ein Hindernis in einer Situation.

Sechs: Hier ändert und erweitert sich das Thema, um fortzudauern.
Sieben: Nun kommt Vielfalt hinzu und trägt zur Erweiterung eines Projekts oder einer Idee bei.
Acht: Die Zeit der Bewertung.
Neun: Ein Schritt nach vorne, fast bis zur Vollendung.
Zehn: Vollendung eines Zeitabschnitts, eines Projekts, eines Themas.
Bube: Rituale des Übergangs.
Ritter: Bewegung und Zielrichtung.

Legetechniken für die Engelkarten

Die Kartenleger sind immer auf der Suche nach neuen Wegen, um mithilfe der Tarotkarten mehr zu erfahren. Vielleicht möchten Sie eine der folgenden Legetechniken selbst versuchen.

Allgemeine Regeln

Setzen Sie sich ruhig und bequem hin, nehmen Sie einige tiefe Atemzüge, verwurzeln und zentrieren Sie sich. Entspannen Sie sich.

Rufen Sie Ihren Schutzengel und bitten Sie ihn um Unterstützung beim Kartenlegen.

Laden Sie die Engel der Prophezeiungen in Ihr Leben ein und bitten auch sie um ihre Unterstützung.

Mischen Sie die Karten und denken dabei an Ihre Frage.

Wenn Sie bereit sind, legen Sie die Karte in der gewünschten Legetechnik. Sie können die Karten mit der Vorderseite nach oben oder umgedreht legen, um dann im Laufe der Sitzung eine Karte nach der anderen aufzudecken.

Legetechnik der Erzengel

Das einfachste Kartenbild ist das der Erzengel. Hier wird vor allem eine Botschaft angezeigt, aber diese Technik kann auch für die Wahrsagung verwendet werden, wenn es gewünscht wird. Im Grunde steht jede Karte in dem Bild für eine Botschaft des jeweiligen Engels, den die Karte repräsentiert.

Michael: Intelligenz, Bewegung, Schutz. Bereich des Verstandes.
Raphael: Inspiration, Leidenschaft, Heilung, Kreativität. Bereich des Geistes.
Gabriel: Transformation, andere Ebenen, Liebe. Bereich des Herzens.
Uriel: Stabilität, Vermächtnis der Ahnen, Prophezeiungen. Bereich des Weltlichen.
Schutzengel: Eine Botschaft Ihres Schutzengels.

Legetechnik der Engelenergie

Wie beim Kartenbild der Erzengel geht es auch hier um Informationen zur Schärfung Ihres Bewusstseins.

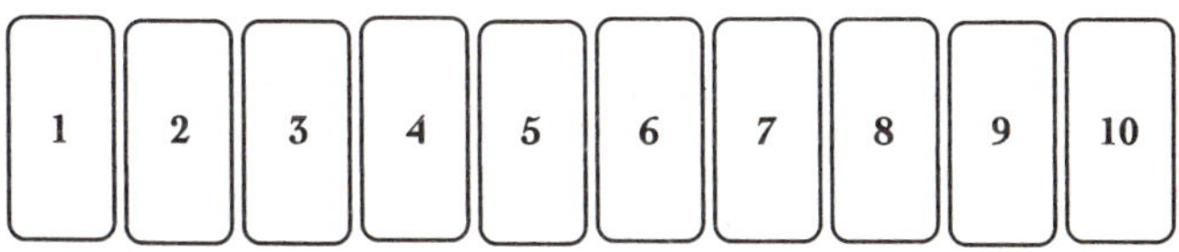

1. Schutzengel Botschaft: Eine Botschaft Ihres Schutzengels. Oft geht es dabei um das, was im Moment für Sie die größte Bedeutung hat.
2. Engel der Beziehungen: Eine Botschaft von den Engeln, die Sie mit anderen Menschen verbindet.
3. Engel der Arbeit: Eine Botschaft von den Engeln, die über den Bereich Ihrer Arbeit wachen.
4. Engel des Heims: Eine Botschaft von den Engeln, die Ihr Heim und seine Umgebung überwachen.

5. Engel der Finanzen: Eine Botschaft von den Engeln, die Ihre Finanzen überwachen.

6. Engel der Gesundheit: Eine Botschaft von den Engeln, die über Ihre Gesundheit wachen.

7. Engel der Transformation: Eine Botschaft über notwendige oder bereits erfolgte Veränderungen in Ihrem Leben.

8. Engel der Verhaltensmuster: Eine Botschaft von den Engeln über die Verhaltensweisen, die Sie in Ihrem Leben entweder verstärken oder vermeiden sollten.

9. Engel der Verbindung: Eine Botschaft über Bereiche in Ihrem Leben, die aus den Fugen geraten sind und wieder in Harmonie gebracht werden sollten.

10. Engel der verborgenen Geheimnisse: Eine Botschaft über Sie selbst oder die Sie umgebenden Umstände, die vielleicht vor Ihnen geheim gehalten wird.

Legetechnik der Engel des Mondes

Dieses Kartenbild richtet sich nach den Mondphasen. Vor Beginn müssen Sie in Ihrem Almanach nachschlagen, um festzustellen, welche Mondphase gerade herrscht. Diese Phase bestimmt das erste Bild, das aus zwei Karten besteht. In jedem Kartenbild weist die linke Karte auf die Umstände in dieser Phase hin; die rechte Karte zeigt dagegen, in welchem Bereich Handlungsbedarf besteht. Die dritte Karte unter jeder Phase steht für den Ausgang der jeweiligen Situation. Die letzte Karte (in der Mitte) zeigt das Gesamtergebnis für die kommenden Monate (siehe folgende Abbildung).

Beim Umgang mit Fragen der Zukunft sollten Sie immer daran denken, dass uns die Wahrsageutensilien nur das zeigen, was höchstwahrscheinlich eintreten wird, wenn wir auf dem gegenwärtigen Kurs bleiben. Diese Bemerkung richtet sich an die erfahrenen Kartenleger unter uns als auch an die Menschen, die den Rat von Kartenlegern suchen, und auch an die Anfänger, die diese Technik gerade erst lernen.

Mir selbst wurde dieser Umstand erst vor kurzem wieder in

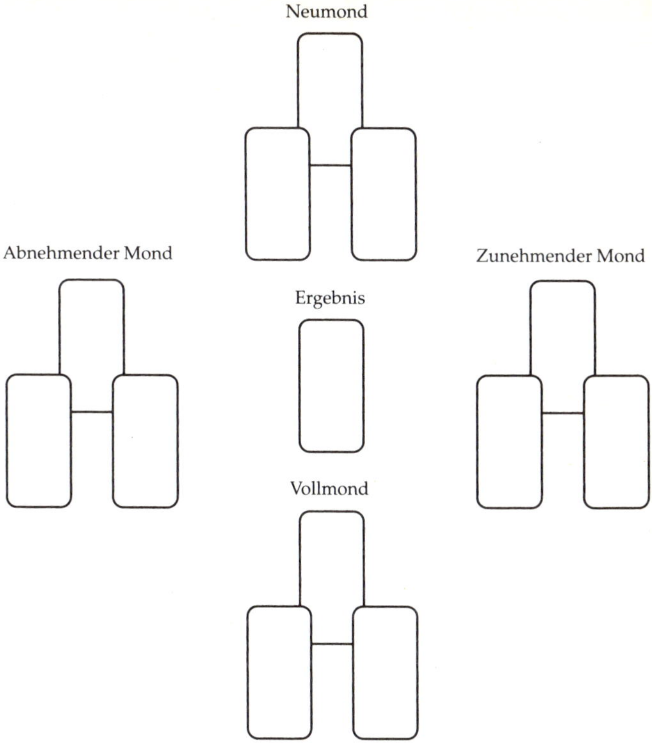

Legetechnik der Engel des Mondes

Erinnerung gebracht. Wenn wir im Umgang mit Wahrsagetechniken sehr erfahren sind, könnten wir dazu neigen, ein wenig selbstgefällig damit umzugehen. Manchmal sind wir so daran gewöhnt, die Zukunft vorherzusagen, dass wir darüber völlig vergessen, dass es auch in unserer Hand liegt, sie zu verändern. Ich muss zugeben, dass ich auch zu denen gehöre, die das leicht übersehen.

»Lege die Karten für mich«, sagte Ina zu mir.

Das war kein Problem, ich erfüllte ihren Wunsch. In der ganzen Sitzung wurde die bestehende Situation durch das

Kartenbild bestätigt: Ja, das ist geschehen, das ist gesagt worden usw. Ich beendete die Sitzung mit einem schwungvollen »Das ist das beste Ergebnis, mit dem du rechnen kannst«.

»Was kann ich tun, um es zu verändern?«, fragte mich Ina.

Ich sah sie verdutzt an. Ich, die Frau, die Tausenden von Menschen erklärt hat, dass sie das Recht und die Möglichkeit hätten, ihr Leben zu verändern, und diesen Menschen auch zeigte, wie sie vorgehen konnten, saß hier und schaute meine Klientin völlig entgeistert an. Ina und ich sprachen daraufhin ernsthaft über die Möglichkeiten, die ihr offen standen, um den negativen Ausgang des Kartenbilds zu verbessern.

Später machte ich eine Bestandsaufnahme meines Lebens, die bis hin zu dieser letzten Tarotsitzung reichte. Warum war ich davon ausgegangen, dass Ina den Ausgang des Kartenbilds nicht hätte verändern wollen? War es deshalb, weil viele meiner Tarotklienten nicht den Wunsch hatten, ihr Leben umzustellen, und sich stattdessen nur auf das verließen, was die Karten zeigten? Zu Beginn jeder Sitzung erkläre ich den Klienten, dass der Ausgang der Karten beeinflusst werden kann, wenn das der Wunsch des Fragestellers ist. Warum hatte ich aufgehört, auf meine eigenen Worte zu hören?

Der Grund lag darin, dass ich in der materiellen Ebene festgefahren war. Ich betrachtete die Situation, in der ich mich befand. Es war ein harter Winter gewesen. In den letzten Monaten hatten mein Mann und ich jeden Pfennig zusammengekratzt, um die Familie versorgen zu können. Die materielle Ebene hatte alles überlagert und die spirituellen Bedürfnisse waren durch die weltlichen verdrängt worden. Mein Leben war aus den Fugen geraten und ich war mir dessen bewusst.

Ich habe mich an die Engel gewandt. Zuerst rief ich in Gedanken meinen Schutzengel an und bat ihn, mir bei der Stärkung meiner spirituellen Sichtweise zu helfen. Ich bat ihn auch darum, mich von den Sorgen um den materiellen Bereich zu befreien und mir den Blick auf das große Ganze wieder zu ermöglichen. Schließlich überlegte ich ernsthaft und eingehend, was im Moment für mich am wichtigsten war und warum es das war. Von diesem Ausgangspunkt konnte ich handeln und verschiedene Verhaltensmuster in meinem Leben verändern, um den Druck der alltäglichen Geldsorgen zu vermindern.

Wir alle erreichen an verschiedenen Stationen unseres Lebens einen Punkt, an dem unsere Realität einer Prüfung unterzogen wird, keiner von uns ist darüber erhaben. Normalerweise signalisiert uns eine solche Prüfung eine unmittelbar bevorstehende Weiterentwicklung. Anstatt in eine mürrische Haltung zu verfallen oder, schlimmer noch, in völlige Verzweiflung zu sinken, müssen wir uns nur an die Engel wenden und sie um ihren Beistand bitten.

Wenn wir die Engel rufen, kommen sie auch.

17. Mit den Engeln das Chaos bekämpfen

Sie haben nun schon viele Informationen erhalten. Wenn Sie alle Übungen, Meditationen und einfachen Magieanleitungen durchgeführt haben, ist Ihnen auch der Engelszauber schon vertrauter geworden.

Jetzt ist es an der Zeit für eine Zusammenfassung und die Hinwendung unserer Magiearbeit zu den größeren Anliegen des Lebens.

Bevor Sie in diesem Kapitel weiterlesen, sollten Sie die Erfahrungen, die Sie in Ihrem Engeltagebuch festgehalten haben, noch einmal durchgehen. Hat sich Ihr Leben verändert, seitdem Sie dieses Buch zum ersten Mal in den Händen hielten und aktiv nach den Engeln in Ihrem Leben suchten? Kommen Sie besser mit sich zurecht? Arbeiten Sie auf die Lösung von größeren Bereichen in Ihrem Leben hin, mit denen Sie sich vorher nicht beschäftigen wollten? Wenn Sie die meisten dieser Fragen mit Nein beantworten, schlage ich vor, dass Sie die Kapitel über die Kontaktaufnahme zum Schutzengel, Engel und Rituale und den Engelaltar noch einmal durchlesen. Haben Sie etwas davon ausgelassen, weil Sie in Eile waren? Wenn ja, möchten Sie die vorhergehenden Abschnitte vielleicht noch einmal aufmerksam lesen, bevor Sie sich diesem Kapitel zuwenden.

Bevor ich dieses Kapitel schrieb, fragte ich einen Freund, der in der Telefonseelsorge arbeitet, welche Art von Fragen von den Anrufern am häufigsten gestellt werden. Ich stellte mir vor, dass es sich dabei um Fragen handeln musste, die für die Betreffenden von großer Wichtigkeit waren, da sie ja auch meist für die Kosten des Gesprächs aufkommen mussten. Die häufigsten Fragen betrafen die folgenden Bereiche:

Liebesbeziehungen: Dazu gehören Gefühle von Einsamkeit, die Suche nach einer Beziehung bis hin zur Verschlechterung und Auflösung einer Partnerschaft und alle Themen, die sich aus diesen schmerzlichen menschlichen Erfahrungen ergeben. Es geht dabei auch um Beziehungen, die ganz eindeutig zerbrochen sind, an denen aber ein Mensch noch festhält, weil sich seine Hoffnungen und Träume darauf richten, dass der verlorene Partner seine Haltung ändert und wieder zurückkommt.

Gesundheit: Die Spannweite reicht von harmlosen medizinischen Eingriffen bis hin zu gravierenden, lebensbedrohlichen Situationen.

Geld: Es geht um Armut und Arbeitssuche, um Schwierigkeiten am Arbeitsplatz, um eine Veränderung im Beruf und um Hoffnungen auf die Zukunft.

Familie: Beziehungen zu Kindern, Stiefkindern, Eltern, Geschwistern und dem weiteren Familienkreis, die den Betroffenen belasten.

Die meisten Anrufe kreisen um Schwierigkeiten, die die eigene Person betreffen, manchmal geht es auch um die Sorge um einen Freund oder ein Farnilienmitglied.

Auf diese Bereiche werden wir uns zuerst konzentrieren und dann zu umfassenderen Themen übergehen, wie zum Beispiel, wie wir etwas für die Stadt, den Bezirk oder das Land, in dem wir leben, tun können. Von dort aus können wir uns auf weltweite Ereignisse konzentrieren, von denen wir durch die Medien erfahren.

Ich habe mich entschlossen, meinen Lesern etwas nahe zu bringen, das greifbar ist und das ihnen Wohlergehen verschaffen kann, wenn sie das Bedürfnis danach verspüren. Es muss sich dabei um etwas Konkretes handeln, einen Gegenstand, mit dem Sie ganz gezielt arbeiten können und der sowohl Ihren Glauben an die Engel wie auch die eigene persönliche Kraft repräsentiert.

Was könnte dies sein?

Ich saß an meinem Computer und stellte fest, dass mir dies

nicht weiterhalf, also entschloss ich mich, einige Erledigungen zu machen und etwas zu essen. Ich hätte mich auch um den Abwasch kümmern können, aber ich entschied mich dafür, an die frische Luft zu gehen und die anfallenden Besorgungen zu erledigen.

In der Bank stand ich wartend vor einem Schalter. Vor mir war ein Polizeibeamter in Uniform, um ihn herum konnte ich riesengroße Engel wahrnehmen. Ich traute meinen Augen kaum und begann zu blinzeln, aber die riesigen Engel waren noch immer da. Am nächsten Schalter stand ein Mann von etwa 50 Jahren mit einem kleinen Mädchen, das sagte, dass es vier Jahre alt sei. Mein Schutzengel teilte mir mit, dass die beiden auf eine Reise gehen wollten. Ich sah eine Landschaft mit schön geschwungenen Hügeln und einer angenehmen Atmosphäre vor mir. Der Mann sagte zu der Bankangestellten: »Wir fahren nach West Virginia, um dort das Wochenende zu verbringen.«

»Wie schön«, antwortete die Bankangestellte.

Ich fand das alles sehr seltsam.

Vor mir war ein Mann von etwa 70 Jahren. Er hatte in seinem Leben einmal einen Sohn oder eine Tochter verloren. Mein Schutzengel sagte mir, dass das Kind immer in seiner Nähe wäre.

In diesem Moment hatte ich nicht den Mut, den Mann anzusprechen. Als ich die Bank verließ, begegnete mir eine Frau von etwa 60 Jahren. »Herzbeschwerden«, sagte mein Schutzengel. Ich ging weiter.

Auf einer Parkbank saß eine Frau in einem blauen Kostüm. Der Himmel war azurblau mit weißen duftigen Wölkchen. Die Frau auf der Bank lächelte. Sonnenstrahlen fielen auf einen Gegenstand, den sie in der Hand hielt. Als ich genauer hinsah, erkannte ich, dass es ein Rosenkranz war.

Ich wandte mich einen Augenblick ab, um den Flug eines Vogels zu beobachten, und als ich wieder hinsah, war die Frau verschwunden.

Da wusste ich, was ich tun konnte.

Der ganze Rosenkranz symbolisiert die fünf Mysterien der Engel. Seit ich ihn entworfen habe, wurde er schon von vielen Menschen sehr erfolgreich angewandt. Der Engel-Rosenkranz gibt einer festen Absicht Ausdruck, er ist ein meditatives Werkzeug, ein Anker in Krisenzeiten, eine Freude in friedlichen Zeiten, ein Hilfsmittel beim Ziehen eines magischen Kreises, eine Unterstützung beim Verwurzeln und Zentrieren – ich könnte die Aufzählung endlos weiterführen.

Zubehör: Lederbänder, 54 kleine Perlen, 5 große Perlen, 1 Symbol für die Göttin, 1 Pentakel oder ein Medaillon (oder beides)

Machen Sie hinter jeder Perle einen Knoten, aber halten Sie genug Platz frei, sodass sich jede Perle einzeln drehen lässt. Sie können zwischen jeder Perle auch noch kleine Perlen einfügen, wenn Sie keine Knoten machen möchten (die Abbildung auf Seite 389 f. dient als Vorlage).

Es ist vollkommen in Ordnung, wenn Sie sich dabei nicht künstlerisch betätigen möchten. Ich habe mich bei meinem Entwurf an den üblichen Rosenkränzen orientiert. Sie können also auch einen ganz gewöhnlichen Rosenkranz in einem Devotionaliengeschäft kaufen und ihn wunschgemäß verändern, indem sie das Kreuz durch das Pentakel (oder das Medaillon) ersetzen. Wenn Sie aber Christ sind und das Kreuz für Sie ein göttliches Symbol darstellt, sollten Sie es natürlich auf keinen Fall entfernen.

Meine Freunde von den Wiccanern verwenden schwarze Perlen, weil Schwarz Negativität abwehrt. Sie können aber auch farbige Perlen verwenden, wenn sie Ihnen passend erscheinen. Wenn Ihnen die Idee des Rosenkranzes nicht zusagt, können Sie auch einfach Perlen oder Steine in einer schönen Schale aufbewahren und sie berühren, während Sie Ihre Gebete sprechen, auch hier liegt die Entscheidung bei Ihnen.

Es wird einige Zeit dauern, bis sich der Ablauf des Engel-Rosenkranzes eingeprägt hat. Wenn Sie ihn täglich anwenden,

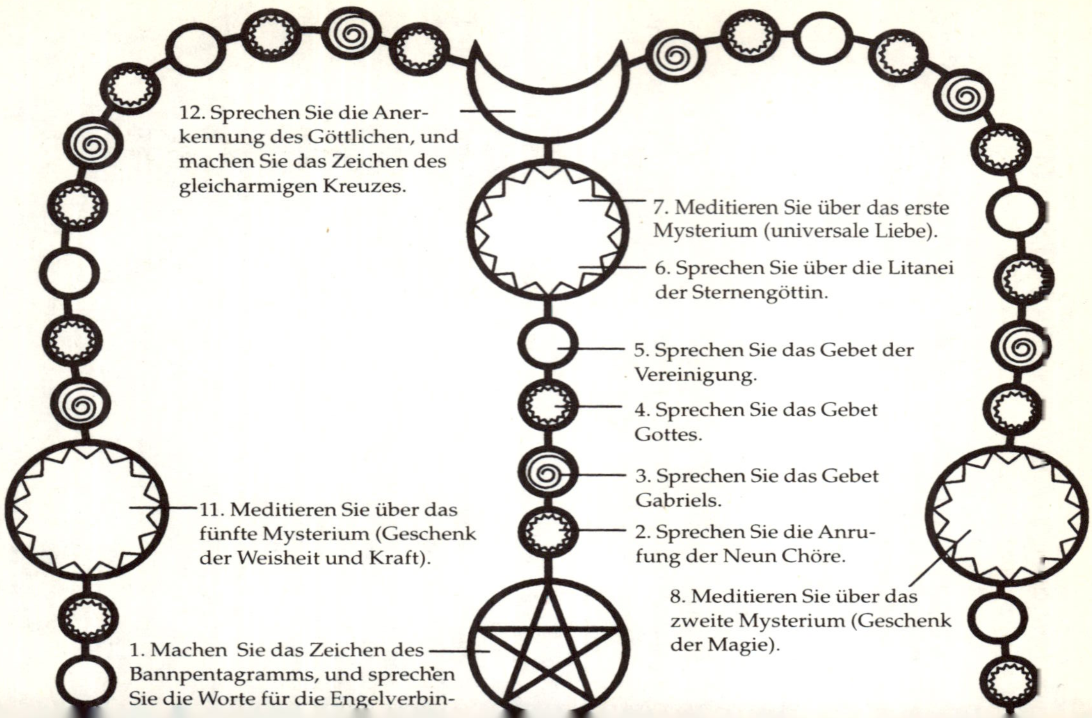
12. Sprechen Sie die Anerkennung des Göttlichen, und machen Sie das Zeichen des gleicharmigen Kreuzes.
7. Meditieren Sie über das erste Mysterium (universale Liebe).
6. Sprechen Sie über die Litanei der Sternengöttin.
5. Sprechen Sie das Gebet der Vereinigung.
4. Sprechen Sie das Gebet Gottes.
3. Sprechen Sie das Gebet Gabriels.
11. Meditieren Sie über das fünfte Mysterium (Geschenk der Weisheit und Kraft).
2. Sprechen Sie die Anrufung der Neun Chöre.
8. Meditieren Sie über das zweite Mysterium (Geschenk der Magie).
1. Machen Sie das Zeichen des Bannpentagramms, und sprechen Sie die Worte für die Engelverbin-

Sprechen Sie das Gebet zu Gott bei jeder großen Perle.
Sprechen Sie das Gebet zu Gabriel bei jeder kleinen Perle.

Der Engel-Rosenkranz

wird er Ihnen jedoch sicher schnell geläufig werden. Sie können dabei die Gebete Ihrer religiösen Überzeugung anpassen. Ich habe zum Beispiel in meinen Rosenkranz einen kleinen Stein vor dem Pentakel eingefügt, weil ich gerne die Gedichte von Doreen Valente spreche. Sie können das ebenso machen, wenn Sie möchten.

Jugendliche und Kinder lieben den Engel-Rosenkranz sehr, ihnen gefallen vor allem die Rosenkränze aus glitzernden Steinen, die es in Devotionaliengeschäften fertig zu kaufen gibt. Die Vorstellung, dass der Rosenkranz eine geheimnisvolle und zauberhafte Geschichte zu erzählen hat, spricht junge Menschen sehr an.

Die Engel des Gebets, an die Sie sich wenden können, wenn Sie mit Ihrem Rosenkranz arbeiten, sind Akatriel, Metatron, Shekinah, Raphael, Sandalphon, Gabriel und Michael.

Der Engel-Rosenkranz ist ein wichtiges Mittel im Kampf gegen unerwünschtes Chaos. Warum ich hier von »unerwünschtem Chaos« spreche? Weil in unserem Leben manchmal ein gewisses Maß an Chaos sehr hilfreich ist. Es rüttelt uns auf, bringt uns zum Nachdenken und – wie ich hoffe – auch in Bewegung.

So sprechen wir den Rosenkranz

Beginnen Sie mit dem Zeichen des Bannpentagramms über dem Pentakel (oder dem Medaillon) und sprechen dann die Worte der Engelverbindung:

Ich verbinde mich mit der universellen Harmonie. Ich verbinde mich mit der Göttin. Ich stehe in Verbindung mit Gott. Ich stehe in Verbindung mit meinem Schutzengel. So sei es.

Bei der ersten Perle sprechen Sie die **Anrufung der Neun Chöre**:

Strahlende Seraphim, ich rufe euch,
Umkreist mich, bringt mir Liebe.
Mächtige Cherubim, hütet meine Pforte,
Befreit mich von Leid und Hass.

Ihr Throne, steht mir fest und sicher bei,
Gebt mir Standhaftigkeit auf Land oder auf See.
Ich rufe die Herrschaften, die wahren Führer,
Lasst mich gerecht in all meinen Taten sein.
Ihr Mächte, bildet einen Schutzkreis,
Helft mir, allen Stürmen zu widerstehen.
Ihr geheimnisvollen Tugenden, umschwebt mich,
Ich versammle die Energien der Elemente um mich.
Ihr Engelsfürsten, lasst die globalen Reformen entstehen,
Segnet die Welt und jedes neugeborene Kind.
Ihr glorreichen Erzengel, zeigt mir den Weg,
Um jeden Tag in Frieden und Harmonie zu leben.
Schutzengel, Freude der Göttin,
Schenke mir das Licht, das mich führt.

Bei der zweiten Perle sprechen Sie das **Gebet zu Gabriel**:

Heilige Göttin, du bist voll der Gnade, Gott ist mit dir. Du bist gebenedeit unter den Frauen, und gebenedeit ist die Frucht deines Leibes, der Gemahl und der Sohn. Heilige Göttin, Mutter der Erde, wirke Wunder für deine Kinder, jetzt und in der Stunde der Not. So sei es.

Bei der dritten Perle sprechen Sie das **Gebet zu Gott**:

Heil sei dein Gemahl, dem Sohn, der Weisen und der Göttin. So wie es am Anfang war, so sei es jetzt und für immerdar, Geist ohne Ende, Zauber mit Liebe. So sei es.

Bei der vierten Perle sprechen Sie das **Gebet der Vereinigung**:

Der Stab sei für Gott,
Der Kelch sei für die Göttin,
Zusammen sind sie eins.

Bei der nächsten Perle sprechen Sie die **Litanei der Sternengöttin**:

Hört die Worte der Sternengöttin, der du im Staub der Füße der himmlischen Heerscharen bist, die das Universum umkreisen.

Ich, die ich die Schönheit der grünen Erde, der weiße unter den Sternen, das Geheimnis der Wasser und der Wunsch in den Herzen der Menschen bin, ich rufe deine Seele. Erhebe dich und komme zu mir. Denn ich bin die Seele der Natur, die dem Universum Leben schenkt. Von mir nehmen alle Dinge ihren Anfang und zu mir kehren alle Dinge zurück; vor meinem Antlitz, geliebt von den Göttern und den Menschen, lass den Kern deines göttlichen Wesens sich entfalten zum Entzücken des Unendlichen. Lass Verehrung für mich im Herzen sein, das frohlockt; denn sieh, alle Handlungen der Liebe und der Freude sind meine Rituale. Deshalb lass Schönheit und Stärke, Macht und Mitgefühl, Ehre und Demut, Heiterkeit und Ehrfurcht in dir sein. Und du, der du nach mir suchst, wisse, dass dein Suchen und Sehnen dich umfangen soll, bis du das Geheimnis kennst; denn wenn das, wonach du suchst, nicht in dir selbst zu finden ist, so wirst du es niemals finden. Denn sieh, ich bin mit dir gewesen von Anfang an und ich bin es, die am Ende allen Begehrens steht.

Das erste Mysterium

Nun sind Sie bei dem ersten Mysterium der Engel angekommen – der universellen Liebe. Meditieren Sie über die Vereinigung mit den Energien des Universums, öffnen Sie der göttlichen Liebe Ihr Herz. Legen Sie das Medaillon der Göttin auf Ihre Stirn, darin drehen Sie die folgenden zehn Perlen und sprechen dabei das Gebet zu Gabriel. Vergessen Sie nicht, über das Mysterium zu meditieren. Sehen Sie das Leuchten der Perlen, während Sie eins werden mit diesem heiligen Plan.

Das zweite Mysterium

Das ist das Geschenk der Magie in unserem Leben und die Fähigkeit, die Umstande durch unseren freien Willen zu verändern – das Mysterium der Freiheit. Beginnen Sie mit dem Gebet zu Gott mit den großen Perlen, dann fahren Sie mit dem Gebet zu Gabriel fort, während Sie die Perlen bei jedem Gebet drehen. Vergessen Sie nicht, über das Mysterium zu meditieren. Sehen Sie das Leuchten der Perlen, während Sie eins werden mit diesem heiligen Plan.

Das dritte Mysterium
Das dritte Mysterium ist das Mysterium Ihre Eides. Das ist das Wissen um die Zyklen des Universums und die Fähigkeit, mit ihnen zu arbeiten zum Wohle dieses Planeten und unserer Brüder und Schwestern. Beginnen Sie mit dem Gebet zu Gott mit den großen Perlen, dann fahren Sie mit dem Gebet zu Gabriel fort und drehen bei jedem Gebet die nachfolgenden Perlen. Vergessen Sie nicht, über das Mysterium zu meditieren. Sehen Sie das Leuchten der Perlen, während Sie eins werden mit diesem heiligen Plan.

Das vierte Mysterium
Das Wissen um Reinkarnation und Karma, Geburt und Tod, Freude und Leid lehrt uns, dass jede unserer Handlungen eine ebensolche Reaktion hervorruft, und zeigt uns, wie wir mit dem Wechsel der Jahreszeiten leben können. Beginnen Sie das Gebet zu Gott mit den großen Perlen, dann fahren Sie mit dem Gebet zu Gabriel fort und drehen bei jedem Gebet die nachfolgenden Perlen. Vergessen Sie nicht, über das Mysterium zu meditieren. Sehen Sie das Leuchten der Perlen, während Sie eins werden mit diesem heiligen Plan.

Das fünfte Mysterium
Dies ist das Geschenk der Weisheit und der Macht für die verborgenen Kinder der Göttin. Dieses Mysterium lehrt uns, in unserem Willen Demut zu zeigen, unsere Geschenke zum Wohle aller anzuwenden und niemand Schaden zuzufügen. Beginnen Sie das Gebet zu Gott mit den großen Perlen, dann fahren Sie mit dem Gebet zu Gabriel fort und drehen bei jedem Gebet die nachfolgenden Perlen. Vergessen Sie nicht, über das Mysterium zu meditieren. Sehen Sie das Leuchten der Perlen, während Sie eins werden mit diesem heiligen Plan.

Nun sind wir wieder bei dem Medaillon der Göttin und am Ende unserer Meditation angekommen. Sprechen Sie zum Abschluss die **Anerkennung des Göttlichen**:

Ein großes Zeichen erscheint in den Himmeln.
Es ist die Göttin, von der Sonne umhüllt, der Mond liegt zu ihren Füßen,
Auf ihrem Haupt ist die Krone der zwölf Sterne.
Gott steht hinter ihr in all seiner Pracht,
Seine Hände ruhen auf ihren Schultern,
Zusammen sind sie eins.
So sei es.

Zum Ausklang bilden Sie mit ausgestreckten Armen das gleicharmige Kreuz.

Bringen Sie mit den Engeln Liebe in Ihr Leben

Es gibt nichts Schlimmeres, als sich einsam und ungeliebt zu fühlen. Immer wenn Sie solche Gefühle zu überwältigen drohen, denken Sie daran, dass Sie niemals alleine sind – Ihr Schutzengel ist immer bei Ihnen, Sie werden von allen Engeln ebenso wie von Gott geliebt. Versuchen Sie den nachfolgend beschriebenen einfachen Siebentagezauber, um Ihr Leben mit Liebe zu bereichern.

Tag: Freitag (der Venustag)
Engelstunde: Uriel
Mondphase: Neumond (vermeiden Sie den Mond, der »Void of Course« ist)
Zubehör: zwei pinkfarbene Teelichter oder Kerzen, ein Foto von Ihnen, ein rotes Herz, das aus Karton ausgeschnitten wird
Geeignete Engel für die Anrufung: Hahaiah, der zu positiven und liebevollen Gedanken inspiriert; Anael, der für Liebe, Leidenschaft und Romantik zuständig ist; Hael, der zu Kunst, Gnade und Schönheit anregt; Mihr, der Ihnen einen treuen Freund schickt (oder eine zerbrochene Freundschaft wieder heilt); vielleicht möchten Sie auch ein Lied der Engelnamen singen: Raphael, Rhamiel, Theliel, Donquel, Anael, Liwet, Mihr.

Beginnen Sie mit der Arbeit an Ihrem Engelaltar und reinigen, weihen und erfüllen dort die pinkfarbenen Teelichter mit Energie. Schreiben Sie Ihren Wunsch auf die Rückseite des Herzens. Rufen Sie jedoch keine bestimmte Person, denn das widerspricht dem Prinzip des freien Willens und verhindert die Hilfe der Engel. Stattdessen bitten Sie um liebevolle Gedanken (Freundschaft, Kameradschaft usw.) und achten darauf, sich deutlich auszudrücken. Verwurzeln und zentrieren Sie sich. Rufen Sie in einem eigenen Ritual Ihren Schutzengel an und sprechen Sie auch eine Anrufung an das Göttliche und die Engel Ihrer Wahl, die Sie um Beistand bitten möchten. Seien Sie ehrlich, direkt und klar und arbeiten Sie nur in Harmonie mit dem Universum.

Stellen Sie die beiden pinkfarbenen Teelichter etwa im Abstand von 30 Zentimetern zu beiden Seiten Ihres Fotos. Legen Sie das Herz auf Ihr Foto. Entzünden Sie die Kerzen und lassen Sie sie etwa fünf Minuten lang brennen. Bringen Sie die beiden Kerzen etwas näher zusammen, dann löschen Sie sie.

Danken Sie Gott und den Engeln für ihre Hilfe.

An den folgenden sechs Abenden wiederholen Sie dieses Ritual zur gleichen Zeit. Am siebten Tag stellen Sie beide Kerzen so nahe zusammen, dass sie sowohl das Foto wie auch das Herz berühren. Lassen Sie die Teelichter völlig abbrennen. Nehmen Sie das Foto mit dem Herzen zu sich und bewahren beides zusammen an einem sicheren Ort auf. Wenn sich Ihr Wunsch erfüllt hat, vergessen Sie nicht, Gott und den Engeln an Ihrem Altar für Ihr Glück zu danken. Sie können das Foto zusammen mit dem Herz so lange aufbewahren, wie Sie möchten.

Bitten Sie um die Hilfe der Engel, wenn Sie sich eine Trennung wünschen

Ihre Beziehung hat sich ungünstig entwickelt und Sie haben festgestellt, dass die Partnerschaft, in der Sie sich befinden, nicht mehr besteht oder dass Sie darin sehr unglücklich sind.

Sie möchten die Beziehung beenden, aber in freundschaftlicher Art und Weise.

Nehmen Sie dafür die Unterstützung der Engel an. Zuerst sprechen Sie mit Ihrem Schutzengel über die Angelegenheit und bitten ihn um Führung bei allen Entscheidungen, die die bevorstehende Trennung betreffen. Bereiten Sie sich darauf vor, Zeit und Energie zu investieren, um alle offenen Fragen zu klären. Mit anderen Worten bedeutet das, dass Zeit erforderlich war, um diese Partnerschaft einzugehen, daher ist es nahe liegend, dass auch die Trennung einige Zeit in Anspruch nehmen wird.

Tag: Samstag
Engelstunde: Cassiel
Mondphase: Abnehmende Mondsichel. Vermeiden Sie den Mond, der »Void of Course« ist.
Zubehör: zwei schwarze Kerzen (um Negativität abzuwehren); ein Foto von Ihnen und der Person, von der Sie sich trennen möchten; eine Schachtel, auf die an den äußeren Seiten, auf dem Deckel und auf dem Boden Spiegel aufgeklebt sind
Geeignete Engel für die Anrufung: Mupiel, der eine tolerante Philosophie von »leben und leben lassen« unterstützt; Nemamiah, der für eine gute Sache kämpft; Rhamiel, der Einfühlungsvermögen, Freundlichkeit, Gnade, Liebe, Schutz und Mitgefühl gewährt (manche Menschen glauben, dass der heilige Franziskus und dieser Engel im Kern ihres Wesens miteinander verbunden sind); Shekinah, der jüdische Engel/Geist, der an Freiheit glaubt und die Menschen zu Gerechtigkeit und fairem Verhalten inspiriert

Für Trennungs- und Bannzauber ist ein wenig Vorbereitungsarbeit notwendig. Zuerst nehmen Sie alle Schmuckstücke ab und kochen sie aus oder legen sie in das Gefrierfach. Dann verschenken Sie den Schmuck oder räumen ihn beiseite. Tragen Sie keine Kleider, die Ihrem Partner oder Ihrer Partnerin gehören. Wenn Ihr Partner Kleidungsstücke getragen hat, die Ihnen gehören, waschen Sie diese mit normalem Waschmittel, dem ein wenig mit Energie gefüllter Basilikum beigefügt wird.

Der Trennungs- und Bannzauber stellt das Gegenteil der vorher beschriebenen Übung dar, mit der Sie Liebe in Ihr Leben bringen. In der vorangegangenen Übung bringen Sie die Kerzen täglich näher zusammen, jetzt vergrößern Sie die Distanz zwischen den Kerzen und den Fotos im Verlauf von sieben Tagen täglich ein wenig. Am siebten Tag lassen Sie Ihr Foto in der Mitte des Altars und entfernen das Foto der anderen Person. Bitten Sie Ihren Schutzengel, Sie mit Liebe, Frieden und Harmonie zu umgeben. Legen Sie Ihr Foto in die mit Spiegeln beklebte Schachtel und bitten die Engel, Sie im Verlauf des Trennungsprozesses zu beschützen. Schließen Sie die Schachtel und versiegeln Sie sie mit dem gleicharmigen Kreuz. Lassen Sie die Kerzen völlig abbrennen. Lassen Sie Ihr Foto während des Trennungsprozesses in der Schachtel. Sie können es auch länger dort lassen, wenn Sie das Gefühl haben, dass das erforderlich ist.

Wenn die Trennung auf freundschaftliche Weise stattgefunden hat, vergessen Sie nicht, den Engeln für ihre freundliche und liebevolle Unterstützung in dieser Sache zu danken. Sie wissen, dass es in Ihrer Verantwortung liegt, dem Trennungsprozess einen guten Verlauf zu geben; was aber, wenn es dennoch nicht gelingt?

Ich habe festgestellt, dass sich in völlig zerrütteten Beziehungen so viel Negativität angesammelt hat, dass die Engel besonders viel Kraft investieren, damit sich der Partner, der Missbrauch und Unrecht erfahren hat, aus der Beziehung lösen kann. Natürlich muss auch der konkrete Rat eines Anwalts oder anderer Menschen berücksichtigt werden, die versuchen, in dieser Lage zu helfen.

Wenn Sie befürchten müssen, dass Ihr Partner Sie nach der Trennung verfolgt, bedroht oder auf andere Weise beeinträchtigt, können möglicherweise zusätzliche Maßnahmen erforderlich sein.

Zögern Sie nicht, nötigenfalls Rechtsschutz in Anspruch zu nehmen und unter Umständen auch eine Klage wegen Freiheitsberaubung oder Nötigung anzustreben.

Vermeiden Sie möglichst jeden telefonischen Kontakt und auch alle Besuche oder zufälligen Treffen mit der betreffenden Person oder deren Freunden. Verhalten Sie sich abweisend und kühl. Lassen Sie sich nicht durch Schmeicheleien, Blumen, Pralinen oder Geschenke umstimmen.

Wechseln Sie sicherheitshalber die Schlösser an Ihren Türen aus und schützen Sie Ihr Heim nötigenfalls mithilfe eines Hundes oder einer Alarmanlage. Halten Sie alle Einzelheiten schriftlich fest, wenn Ihr früherer Partner oder Ihre Partnerin versucht, mit Ihnen Kontakt aufzunehmen, auch Aufnahmen mit einer Videokamera oder einem Tonbandgerät. Ein Privatdetektiv oder andere Zeugen können wichtig sein, denn damit können Sie möglicherweise Beweise vor Gericht vorlegen, wenn dieser Schritt erforderlich sein sollte.

Zeigen Sie keine Angst, wenn Sie mit einem gewalttätigen ehemaligen Partner oder einer solchen Partnerin zusammentreffen. Diese Menschen zehren von Ihren Schmerzen und Ihrem Leiden, deshalb sollten Sie ihnen diese Art von Nahrung entziehen.

Auch die Teilnahme an einem Selbstverteidigungskurs könnte sinnvoll sein. Diese Kurse werden oft sehr preisgünstig angeboten und man weiß nie, wann die dort erworbenen Fähigkeiten einmal nützlich werden könnten.

Der Streit am Mittagstisch

Meine heranwachsende Tochter kam eines Nachmittags nach Hause und machte ein langes Gesicht. »Was ist los?«, fragte ich und wandte mich von meinem geliebten Computer ab.

»In der Schule sind ein paar Jungs, die unseren Mittagstisch in der Mensa besetzen. Jetzt müssen wir uns beeilen, um überhaupt einen Platz zu bekommen. Ich kann die Jungs nicht ausstehen, denn sie bewerfen uns mit Dingen und benehmen sich unmöglich«, erzählte meine Tochter.

»Ruf doch deinen Schutzengel«, riet ich ihr.

»Ich dachte, die wären einfach nur so da«, sagte sie daraufhin nachdenklich. »Meinst du, dass sie wirklich etwas für uns tun können?«

Ich schaute sie sehr überrascht in. »Was predige ich meinen Klienten seit zwei Jahren ununterbrochen?«

Sie schaute mich vorsichtig an. »Engel.«

»Worüber spreche ich schon seit drei Monaten so viel, dass du es schon kaum mehr hören kannst?«, fragte ich sie.

Sie trat von einem Fuß auf den anderen. »Engel.«

»Wen wirst du also anrufen?«

»Das ist wieder eins von deinen Experimenten, nicht wahr?«, fragte sie mich, und dabei huschte ein Lächeln über ihr Gesicht. Sie brauchte meine Antwort nicht abzuwarten, denn sie kannte sie bereits. »Und dann machst du daraus wieder eine dieser Familiengeschichten, die du in deinen Bücher erzählst, oder?« Sie hielt inne, wohl um die Frage in Gedanken selbst zu beantworten, denn sie sagte nur: »Okay, wen soll ich also anrufen?«

»Wende dich erst an deinen Schutzengel, dann bittest du ihn, die Mächte für dich anzurufen. Du kannst sie auch selbst um Hilfe bitten, wenn du willst.«

»Wer sind denn die Mächte?«

»Das sind starke Wesen, die es nicht mögen, wenn Schwächere von anderen herumgeschubst werden.«

»Das ist großartig! Ich werde es gleich morgen ausprobieren!«

Das Problem bei Heranwachsenden (und oft auch bei Erwachsenen) und Magie besteht darin, dass sie oft vergessen, Magiearbeit wirklich anzuwenden. Sie sind gefühlsmäßig oft so belastet oder so beschäftigt, dass sie gar nicht auf den Gedanken kommen, dass sie ihre Umgebung selbst beeinflussen könnten. Man muss sie hin und wieder sanft daran erinnern, dass es durchaus auch in ihrer Macht steht, ihr Leben in Ausgleich zu bringen. Diese Gedanken gingen mir durch den Kopf, während ich geduldig abwartete, um zu sehen, ob sich meine Tochter an meinen Rat erinnern würde. Zu meiner Überraschung erzählte sie mir schon am nächsten Tag, dass die Jungs gar nicht mehr an ihrem Platz in der Mensa interessiert wären, aber dass sie und ihre Freundinnen sich dennoch sehr beeilt hätten, den Tisch zuerst zu besetzen, nur zur Sicherheit.

Liebevolle Engelgedanken für eine schreiende Lehrerin

Es könnte natürlich auch sein, dass Sie so wie meine andere Tochter sind, die sich sehr wohl an die Möglichkeit der Magie erinnert hat. Sie hatte damals eine Lehrerin, die sie nicht besonders mochte, weil diese wohl der Meinung war, dass der beste Umgang mit der Klasse darin bestand, sie immer wieder anzuschreien. Ich hatte meiner Tochter daraufhin geraten, dieser Lehrerin liebevolle Engelgedanken zu schicken.

»Es scheint nicht zu funktionieren. Es ist, als wäre sie von einer Mauer umgeben«, erzählte sie traurig. »Was kann ich nur tun?«

»Ziel mit etwas auf die Lehrerin und dann feuere deine Gedanken auf sie ab«, sagte ich. »Stell dir vor, wie das heilende Licht der Engel auf die Lehrerin losschießt.«

Meine Tochter lächelte und versprach, genau das zu tun. Am nächsten Tag kam sie mit einem sehr erschrockenen Gesichtsausdruck nach Hause.

»Ich habe das gemacht, was du mir geraten hast, Mutter. Ich habe immer mit meinem Bleistift geschnippt, als ob ich so damit herumspielen würde, weißt du? Immer wenn der Bleistift auf die Lehrerin gezeigt hat, habe ich ihr liebevolle Engelgedanken geschickt.«

»Und was ist dann passiert?«, fragte ich und spürte ein unangenehmes Gefühl in mir hochsteigen.

»Ich konnte gar nicht mehr mit dem Schnippen aufhören. Plötzlich glitt mir der Bleistift aus der Hand und traf die Lehrerin.«

»O nein!«

Sie nickte. »Aber es ist alles in Ordnung. Alle lachten und ich entschuldigte mich bei ihr. Die Lehrerin hat auch gelacht.«

Nach dieser Bleistiftbombardierung kamen diese Lehrerin und meine Tochter für den Rest des Schuljahrs wunderbar miteinander aus. Ich glaube, die Engel wollten sichergehen, dass die liebevollen Gedanken auch ins Schwarze trafen. Dennoch möchte ich niemandem raten oder vorschlagen, einem anderen einen Schlag zu versetzen, aus welchem Grund auch immer. Wir wollen die Engel ihre Magie so betreiben lassen, wie es ihnen am besten erscheint.

Die Engel helfen, Kriminelle dingfest zu machen

Wenn Ihnen etwas gestohlen oder Unrecht zugefügt wurde, können Ihnen die Engel helfen, den Übeltäter dingfest zu machen. Wenn Sie mit der Ausübung des Gesetzes zu tun haben, sollten Sie die nachfolgend beschriebene Magie bei allen schweren Fällen (und weniger schweren Fällen, die Ihrer Meinung nach Unterstützung brauchen) anwenden.

Tage: Sonntag, Dienstag oder Samstag (je nachdem, welche Art der Unterstützung erforderlich ist)
Engelstunde: Michael, Camael, Uriel oder Cassiel
Mondphase: dunkler Mond, Neumond oder Vollmond
Zubehör: ein Blatt Papier; Zeitungsausschnitte oder Ähnliches, die über die Tat berichten und den Namen des Täters enthalten (dies ist nur für den Fall, dass Sie ihn kennen, wenn Sie nicht sicher sind, darf auf keinen Fall der Name einer Person auf dem Papier erscheinen); ein kleiner Käfig (es kann ein alter Vogelkäfig oder Hamsterkäfig sein; wichtig ist, dass er Gitterstäbe hat); zwei schwarze Kerzen; ein schwarzes Band
Geeignete Engel für die Anrufung: Michael, Uriel, Cassiel – diese Engel sind behilflich, wenn es um Gerechtigkeit geht; Ambriel hilft bei Kommunikation und Schutz während der Magiearbeit (und auch danach, wenn weitere Unterstützung nötig ist); Armait sorgt für Wahrheit, Güte und Weisheit (bitten Sie sie darum, dass »die Wahrheit einer Sache den zuständigen Behörden bekannt gemacht wird«).

Zeichnen Sie auf das Papier Symbole für die drei wichtigsten Religionen in Ihrem Leben. Mein Vater ist zum Beispiel Christ, deshalb spielt das Christentum in meinem Leben eine Rolle. Ich bin Wicca-Anhängerin, natürlich hat das für mein Leben Bedeutung; außerdem beschäftige ich mich mit jüdischer Mystik (wenn es meine Zeit erlaubt); also stellt auch das einen Teil meines Lebens dar. Ich würde also ein Pentakel, ein Kreuz (in diesem Fall ist der Gebrauch des Kreuzes für mich in Ordnung) und den Davidsstern auf das Papier zeichnen. Im Wesentlichen bitte ich darum, dass sich die verschiedenen Religionsrichtungen vereinen und mir dabei helfen, den Übeltäter vor Gericht zu bringen.

In einem Ritual (innerhalb eines magischen Kreises) bringen Sie den Käfig, zwei scharze Kerzen und den Bericht oder Zeitungsausschnitt, in dem die Tat beschrieben ist, zu Ihrem Altar. Stellen Sie den Käfig mit geöffneten Türen zwischen die beiden schwarzen Kerzen.

Verwurzeln und zentrieren Sie sich. Sprechen Sie die Altarandacht und den Rosenkranz und konzentrieren sich dabei auf Ihr Anliegen.

Entzünden Sie die beiden Kerzen und weisen Sie darauf hin, dass sie der Abwehr von Negativität von Ihrer Person (oder der des Opfers, wenn es sich um einen anderen Menschen handelt) dienen. Schieben Sie den Bericht oder Zeitungsausschnitt ganz langsam in den Käfig, als ob Sie mit einem Spielzeug so hantieren würden, dass es möglichst echt aussieht. Visualisieren Sie, wie die Mächte und die Cherubim Hilfestellung geben, damit der Übeltäter hinter Gitter kommt. (Lachen Sie nicht darüber, denn es funktioniert, wie Sie gleich nachlesen können.)

Schlagen Sie die Tür des Käfigs zu und verschließen Sie sie mit dem schwarzen Band.

Beenden Sie das Ritual, indem Sie sich verwurzeln und zentrieren, dem Göttlichen und den Engeln danken und den magischen Kreis auflösen. Lassen Sie die schwarzen Kerzen abbrennen.

Warten Sie, bis der Übeltäter gefangen, vor Gericht gestellt und verurteilt wurde, dann gehen Sie wieder an Ihren Altar, danken den Engeln, öffnen den Käfig und verbrennen das Papier. Reinigen, weihen und segnen Sie den Käfig und bewahren Sie ihn auf, vielleicht wird er wieder einmal gebraucht. In den nachfolgenden drei Fällen hat dieser Zauber erfolgreich gewirkt:

Keine Unterhaltszahlungen für ein Kind: Ich nahm den betreffenden Zeitungsausschnitt und legte ihn in den Käfig. Nach fünf Tagen wurde der säumige Zahler gefunden und verhaftet. Zuletzt beglich er seine Schulden.

Entführung: Ein Mädchen im Teenageralter wurde entführt und in ein anderes amerikanisches Bundesland gebracht. Nach vier Tagen ist sie wohlbehalten nach Hause zurückgekehrt.

Ich betreibe nicht für alle meine Klienten Magiearbeit, aber ich bitte für alle um Hilfe bei den Engeln. Die Menschen müssen lernen, die Magiearbeit selbst auszuführen, damit sie begreifen, dass sie ihr Leben eigenverantwortlich in die Hand nehmen und damit Erfolg haben können. Ich hätte vermutlich wesentlich mehr Klienten, wenn ich Magiearbeit als Dienstleistung für andere Menschen anbieten würde. Das würde aber bedeuten, dass die Klienten von mir abhängig werden, und das liegt nicht in meinem Interesse.

Die Engel helfen uns bei Liebeskummer

Wir alle mussten schon erleben, dass uns ein Mensch, der uns viel bedeutet, nicht mehr liebt. Das ist vor allem ein harter Schlag für unser Ego. Wir erleben ein ganzes Spektrum von Gefühlen, sie reichen von Hass auf den betreffenden Menschen oder auf eine möglicherweise beteiligte dritte Person bis hin zu einem völligen Absinken des Selbstwertgefühls und einem bohrenden inneren Schmerz, der kaum zu ertragen ist. Man will nichts mehr essen (oder hört nicht mehr auf zu essen), das ganze Leben ist ein Trauerspiel. Wenn Ihnen jemand sagt, Sie sollten die Sache doch nun endlich vergessen und Ihr Leben weiterführen, werden Sie wütend. Wenn Sie gemeinsame Freunde hatten, besteht die Gefahr, dass Sie auch noch deren Zuwendung verlieren.

Jetzt ist die Zeit für die Engel gekommen. Wenn Sie von Ihrem Partner verlassen wurden, sollten Sie wie folgt vorgehen:

Sprechen Sie ganz offen mit Ihrem Schutzengel, erzählen Sie ihm alles, was Sie bedrückt, Ihre Ängste, Ihren Hass, Ihre Verletzung und Ihren Schmerz.

Lassen Sie den anderen Menschen los. Wenn ihm wirklich an Ihnen liegt, kommt er möglicherweise wieder zurück (darauf sollten Sie jedoch nicht zählen). Bringen Sie Ihre Wohnung in Ordnung, befreien Sie sich von schmerzhaften Erinnerungsstücken. Packen Sie die Sachen weg oder verschenken Sie sie. Tun Sie sich selbst etwas Gutes: Gehen Sie mit einem Freund essen, besuchen Sie einen Freizeitpark oder gehen Sie schwimmen – auf jeden Fall sollten Sie aus dem Haus gehen! Beschäftigen Sie sich mit einem neuen Hobby oder einer neuen Sportart, bei der Sie andere Menschen treffen. Das heißt nicht, dass Sie gleich nach einer neuen Beziehung Ausschau halten sollen, sondern es geht darum, Ihren Bekanntenkreis etwas zu erweitern.

Arbeiten Sie an Ihrem Selbstwertgefühl. Wenn wir von einem Partner oder einer Partnerin verlassen werden, ist das vor allem ein harter Schlag für unseren Stolz. Kaufen Sie sich neue Kleider, ändern Sie Ihre Frisur, arbeiten Sie auf Ziele hin, die Ihnen Freude machen und Ihr Selbstvertrauen stärken, oder widmen Sie sich wohltätigen Aufgaben (das ist immer hilfreich). Alles, was Ihr Selbstwertgefühl stärkt, ist angebracht, vorausgesetzt, dass Sie damit keinen anderen Menschen verletzen.

Versuchen Sie so gut wie möglich auszusehen, lassen Sie sich in einem Fotostudio fotografieren, ich meine das völlig ernst. Schöne Porträtfotos sind nicht unbedingt sehr kostspielig. Stellen Sie Ihr Foto auf ein Tablett auf Ihren Engelaltar.

Dann können Sie Engelzucker herstellen. Dafür brauchen Sie zwei Tassen weißen Zucker und einen Teelöffel Vanillezucker. Vermischen Sie beides, streuen es auf Alufolie oder Backpapier und lassen es etwa vier Stunden trocknen (möglicherweise auch länger, je nach Klima und Jahreszeit). Glätten Sie die Klümpchen mit einem Löffel und erfüllen Sie den Zucker mit Energie. Dann füllen Sie den Zucker in einen luftdicht schließenden Behälter und bringen ihn zu Ihrem Altar, dort streuen Sie in einem Ritual ein wenig davon auf das Tablett rund um Ihr Foto.

Bitten Sie die Engel, Ihren Schmerz zu lindern und Ihnen Kraft zu geben, damit Sie weiter an Ihrer Bestimmung im Leben arbeiten können. Seien Sie sehr präzise in Ihrer Bitte und konzentrieren Sie sich darauf, was Sie Ihrem Gefühl nach wirklich brauchen. Vielleicht ist es ein Tapetenwechsel, eine neue Arbeitsstelle oder es sind neue Freunde? Seien Sie in der Einschätzung Ihrer Situation fair und absolut ehrlich.

Lassen Sie Ihr Foto mit dem Engelzucker so lange auf Ihrem Altar, bis Sie sich allmählich besser fühlen und spüren, dass der innere Schmerz nachlässt und der Heilungsprozess beginnt. Verwenden Sie den restlichen Zucker in dem Behälter für Ihr Müsli, Ihren Kaffee oder ein Dessert. Immer wenn Sie etwas davon zu sich nehmen, denken Sie daran, dass die Engel bei Ihnen sind und dass Sie geheilt werden.

Der Engelzucker eignet sich auch für andere Gelegenheiten. Wenn Sie zum Beispiel im Familienkreis, am Arbeitsplatz oder unter Freunden mit einer Person Schwierigkeiten haben, können Sie auch ein wenig von dem Zucker auf den Schreibtisch oder in die Mahlzeiten der betreffenden Person streuen und die Engel bitten, sich diesem besonderen Problem zu widmen und Ihnen zu helfen, die Schwierigkeiten aus dem Weg zu räumen. Wenden Sie sich an den Engel Balthial, um Gefühle von Eifersucht und Bitterkeit zu überwinden.

Sie können den Engelzucker auch in eine Schale füllen, den Namen der betreffenden Person auf ein Papier schreiben und es in dem Zucker vergraben.

Dann stecken Sie eine braune Kerze in den Zucker und lassen sie brennen, während Sie die Engel um Stärkung der Harmonie bitten. Eine meiner Klientinnen war mit dieser Methode so erfolgreich, dass sich dadurch die überaus schwierige Beziehung zu ihrem Freund völlig gewandelt hat. Schließlich beschlossen die beiden sogar zu heiraten. Sie sind jetzt mit ihrem neuen Leben sehr glücklich und zufrieden.

Das Engel-Zauber-Ei

Tag: Sonntag oder Freitag
Engelstunde: Michael oder Uriel
Mondphase: Neumond oder Vollmond
Zubehör: ein großes Ei, blaue Eierfarbe oder Lebensmittelfarbe, ein Filzstift, eine Nadel, ein Korken, kleine Gegenstände, die für Sie Harmonie symbolisieren (Steine, Symbole, das geheimnisvolle Medaillon, Kräuter, eine Locke Ihres Haares usw.), eine blaue Kerze
Geeignete Engel für die Anrufung: Baglis, der zu Mäßigung und Ausgleich inspiriert; Barbelo, der Fülle, Güte und Integrität verleiht; Camael, der Freude, Glück und Zufriedenheit schenkt (Gebet der Essener: »Camael, Engel der Freude, komm zu uns herab auf die Erde und verleihe allen Dingen Schönheit«); Gabriel; Hahaiah, der uns liebevolle Gedanken schickt; Rhamiel, der Freundlichkeit und Mitgefühl ermöglicht; Samandiriel, der Kreativität und lebendige Vorstellungskraft gewährt.

Zeichnen Sie mit dem Filzstift einen Kreis in der Größe des schmalen Endes des Korkens auf das breite Ende des Eis. Stechen Sie mit der Nadel ein kleines Loch in das schmale Ende des Eis, dann drehen Sie es um und machen ein größeres Loch am anderen Ende des Eis innerhalb des gekennzeichneten Kreises. Üben Sie nicht zu viel Druck aus, um das Ei nicht zu zerbrechen.

Lassen Sie Eigelb und Eiweiß langsam auslaufen, schütteln Sie das Ei dabei gelegentlich ein wenig hin und her, damit es ganz auslaufen und völlig austrocknen kann.

Färben Sie das Ei mit der Eierfarbe oder einer anderen Farbe vorsichtig, damit es nicht zerbricht. Wenn Sie keine Eierfarbe zur Hand haben, können Sie auch einen Filzstift verwenden. Zeichnen oder malen Sie Symbole auf das Ei, die Ihnen gefallen und die für Sie Harmonie ausdrücken. Dann legen Sie das Ei direkt in die Sonne, damit die Farbe ganz trocknen kann. Auch wenn Sie Filzstifte verwenden, die sofort trocknen, sollten Sie das Ei dennoch einige Minuten in die Sonne legen und Gott bitten, es zu segnen.

An Ihrem Engelaltar füllen Sie das Ei in einem Ritual mit den kleinen Gegenständen, die Sie als Symbole der Harmonie vorbereitet haben. Während Sie das tun, können Sie eines der Gebete oder eine der Anrufungen aus diesem Buch sprechen. Dann halten Sie das mit den Gegenständen gefüllte Ei in beiden Händen vor sich. Nennen Sie Ihr Anliegen und rufen Gott und die Engel an, um es mit Energie zu erfüllen und Ihnen die gewünschte Harmonie zu senden. Entzünden Sie die blaue Kerze und bitten Sie die Engel, die erbetene Hilfe möglichst schnell zu senden. Dann verschließen Sie das Ei sehr vorsichtig mit dem Korken.

Sie können das Ei so lange auf Ihrem Altar lassen, wie Sie möchten. Wenn Sie bereit sind, sich davon zu trennen, vergraben Sie es in der Nähe Ihres Hauses. Sie können es auch sofort vergraben, wenn Sie möchten; manche Menschen lassen das Ei jedoch mindestens sieben Tage auf ihrem Altar. Sie können selbst entscheiden, wie Sie vorgehen möchten.

Beenden Sie Ihr Ritual und vergessen Sie nicht, sich bei Gott und den Engeln, die Sie um Hilfe angerufen haben, zu bedanken. Lassen Sie die blaue Kerze ganz zu Ende brennen.

Nehmen Sie mithilfe der Engel einer intriganten Person den Wind aus den Segeln

»Er macht mich ganz verrückt«, sagte meine Freundin zu mir. »Wir sind schon seit Jahren geschieden und jetzt taucht er wieder auf.

Ich möchte, dass er für immer aus meinem Leben verschwindet. Immer schmiedet er neue Intrigen und Pläne und versucht anderen Menschen etwas einzureden. Ich möchte, dass er damit aufhört! Was können wir dagegen unternehmen?«

Bitten Sie die Engel, Ihnen durch die Anwendung eines alten schottischen Engelszaubers zu helfen, der dazu dient, eine ungute Situation dieser Art zu bereinigen. Der Magietradition nach musste die Person, die die Magie damals durchführte, am frühen Morgen zu einem Ort gehen, an dem drei Flüsse zusammentrafen, sich dort das Gesicht waschen und dann die nachfolgende Anrufung sprechen. Wir haben für diese Magie fließendes Wasser aus dem Wasserhahn verwendet – und es hat funktioniert.

Göttin, ich bade mein Gesicht in den neun Strahlen der Sonne.
Mein Gesicht erfülle sich mit Liebreiz,
Meine Taschen erfüllen sich mit Reichtum,
Meine Zunge sei voll des goldenen Honigs,
Mein Atem sei süß wie Räucherwerk.
Das Haus dort ist schwarz,
Und schwärzer noch sind die Menschen darin;
Ich bin der weiße Schwan,
Eine Königin über ihnen.
Ich gehe im Namen Gottes und der Göttin
In Gestalt eines Rehs, in Gestalt eines Pferdes,
In Gestalt einer Schlange, in Gestalt einer Königin.
Mit der Hilfe der Engel bin ich siegreicher
Als alle diese Menschen.

Immer wenn Sie die Person treffen, die Ihnen Unrecht getan hat oder böse Gerüchte über Sie ausstreut, flüstern Sie leise für sich die folgenden Worte:

Ihr Engel, segnet das Haus
Vom Keller bis zum Dach;
Mein Wort sei über jede Person erhaben,
Das Wort jeder Person sei zu meinen Füßen.

Sprechen Sie durch die Engel mit den Verstorbenen

Die Engel bringen uns Botschaften von verstorbenen Freunden und geliebten Menschen, wenn wir mit großem Ernst darum bitten. Sprechen Sie Ihre Altarandacht und entzünden dort eine Kerze für die Person, von der Sie eine Botschaft erhalten möchten. Vielleicht werden Sie die Nachricht nicht sofort empfangen können, manchmal taucht auch plötzlich ein bestimmter Gedanke auf, das sollte Sie nicht beunruhigen. Wenn Ihnen die Art der Kommunikation jedoch nicht positiv erscheint, verbannen Sie sie.

Manchmal können Sie die Zeichen auch auf andere Weise wahrnehmen, beispielsweise durch ein Lied, das die verstorbene Person und Sie gemeinsam hatten und das plötzlich im Radio gespielt wird, wenn Sie an diese Person denken. Es könnte auch ein Ereignis sein, das mit der Erinnerung an die verstorbene Person in Zusammenhang steht.

Die Engel helfen uns bei Studien

Haben Sie Schwierigkeiten bei der Hausarbeit oder bei einer Art von Studium? Bitten Sie die Engel um ihre Hilfe. Dazu stellen Sie eine weiße Kerze auf den Tisch, an dem Sie arbeiten. Sprechen Sie mit Ihren Schutzengeln und sagen Sie ihnen, bei welcher Art von Studium Sie Unterstützung brauchen und worin Ihr Ziel besteht. Vielleicht möchten Sie dazu einen der folgenden Engel um Beistand bitten: Akriel, der intellektuelle Arbeit inspiriert und zu einem besseren Gedächtnis verhilft; Ecanus, der den Schriftstellern Anregungen gibt (dazu gehören auch Ezra, Vretil, Enoch und Dabriel); Iahhel, der über die Philosophen wacht; Mupiel, der dazu beiträgt, das Erinnerungsvermögen zu erweitern und zu stärken; Samandiriel, der die Vorstellungskraft unterstützt; oder Satarel, der Engel des Wissens. Wenn Sie fertig sind, löschen Sie die Kerze und danken den Engeln für ihren Beistand.

Engel in Stadt und Land

Jede Großstadt, jede Kleinstadt, jedes Dorf, jeder Ort, jeder Bezirk und jedes Land hat seinen eigenen Schutzengel. Sie alle können unsere Hilfe brauchen und freuen sich, wenn wir sie durch Magiearbeit unterstützen. Sie können eine kleine Statue auf Ihren Altar oder in Ihren Garten stellen, die diese Engel repräsentiert.

Vergessen Sie bei Ihrer täglichen Andacht nicht, darum zu bitten, dass diesen Engeln Energie zugeleitet wird, sodass sie die Stadt oder den Ort vor negativen Schwingungen schützen können. Wenn Sie ein besonderes Anliegen haben, das Ihre Stadt betrifft, können Sie das den betreffenden Schutzengeln vortragen. Bitten Sie die Engel der Neun Chöre um Unterstützung, wenn Sie glauben, dass auf den Straßen Ihrer Stadt zu viel Kriminalität herrscht. Wenn Sie befürchten, dass ein Entwicklungsprojekt der Umwelt in Ihrer Stadt schaden könnte, bitten Sie um den Beistand von Zuphlas; dieser Engel schützt und bewacht Wälder und Bäume. Auch Hayyel, der Beschützer der wilden Tiere, und Thuriel, Mtniel und Jehiel sind geeignete Engel für eine Anrufung in diesem Bereich.

Zumindest an einem Tag der Woche sollten Sie sich einige Minuten Zeit nehmen, um an Ihrem Altar positive Energie an die Schutzengel Ihrer Stadt, Ihres Bezirks oder Ihres Landes zu senden.

Der Engelkessel

Füllen Sie eine Räucherschale mit Kräutern und Gewürzen (und natürlich auch mit dem erforderlichen Wasser), stellen Sie sie in die Mitte Ihres Altars und lassen sie dort den Tag über brennen. Wenn sich der Raum mit Duft erfüllt, bitten Sie die Engel, Ihr Heim zu segnen und Ihre Familie zu beschützen. Halten Sie auf Ihrem Altar auch eine kleine Schale mit etwas Glitter bereit. Wenn Sie etwas dringend brauchen, nehmen Sie die kleine Schale nahe zu sich und stellen sich vor, dass sich dieser Wunsch erfüllt. Streuen Sie ein wenig Glitzerpuder in die Räucherschale und visualisieren Sie, wie Ihr Anliegen konkrete Gestalt annimmt. Während die Kräuter und der Glitter vor sich hin »köcheln«, kann sich Ihr Wunsch manifestieren und schon bald darauf Wirklichkeit werden.

Der Schutzengelkorb

Ich wurde schon von vielen Menschen aus dem ganzen Land um Hilfe gebeten. Es waren so viele Bitten, dass ich mich schließlich entschlossen habe, einen Schutzengelkorb zu entwerfen. Ich habe einen »besonderen« Korb gekauft und ihn mit Bändern und Glöckchen verziert. Wenn mich jemand um Hilfe bittet, schreibe ich den Namen der betreffenden Person auf ein Stück Papier und gehe damit zu meinem Engelaltar. Dort nehme ich das Papier zu mir, verwurzele und zentriere mich und spreche dann die folgenden Worte:

> *Ihr hilfreichen Engel, umkreist mich.*
> *Mein Schutzengel, komm zu mir.*
> *Ich halte den Namen einer Person in der Hand, die um den Beistand der Engel bittet.* (Sagen Sie jetzt den Namen dieser Person.)
>
> *Ihr/sein Problem ist folgendes:*
> (Ich sage nun genau, was mir über die betreffende Situation bekannt ist.) *Bitte ruft die Engelkräfte, die für die Unterstützung dieser Person notwendig sind. Im Namen Gottes und der Göttin, so sei es.*

Manchmal entzünde ich noch eine Kerze und spreche den Engel-Rosenkranz (für wirklich schwierige Fälle), führe eine leichte Form der Magiearbeit durch oder gehe einfach in die Meditation, um der bedürftigen Person positive Energie zu senden. Dann nehme ich das Papier mit dem Namen, lege es in den Korb und läute mit den Glocken, um meine Bitte zu besiegeln. Am Ende der Woche verbrenne ich alle Papiere und streue die Asche in den Wind. Die Engel eilen immer sofort zu Hilfe.

Segnung der Feuerstelle

Die »Erhebung des Feuers« durch keltische Frauen, die zum Christentum übergetreten waren, war bei ihren täglichen Aufgaben von großer Bedeutung. Die Kelten konnten ihren heidnischen Glauben erfolgreich mit der christlichen Lehre vereinen. Dies gelang ihnen besser als vielen anderen Stammeskulturen. Die Feuerstelle war immer ein gesegneter Ort und die Kelten hielten es nicht für erforderlich, dieses Ritual zu unterbrechen, nur weil das Christentum in ihr Moorland gekommen war. Die Kelten betrachteten das Feuer als ein Geheimnis der göttlichen Kraft. Die Erneuerung des Feuers erinnerte sie daran, dass auch die Quellen ihrer persönlichen Spiritualität und praktischen Kraft immer wieder erneuert werden mussten.

Der keltische Segen für die »Erhebung des Feuer« wurde jeden Morgen von den Frauen im Flüsterton gesprochen:

Ich entzünde mein Feuer an diesem Morgen
In der Gegenwart der heiligen Engel des Himmels,
In der Gegenwart von Ariel von der lieblichen Gestalt,
In der Gegenwart von Uriel von dem tausendfachen Zauber
Ohne Bosheit, ohne Eifersucht, ohne Neid,
Ohne Angst, ohne den Schrecken eines Wesens unter der Sonne,
Nur die Göttin verleiht mir Schutz.
Ohne Bosheit, ohne Eifersucht, ohne Neid,
Ohne Angst, ohne den Schrecken eines Wesens unter der Sonne,
Nur die Heilige Königin der Engel verleiht mir Schutz.

O Göttin, entzünde mein Herz
Mit der Flamme der Liebe für meinen Nachbarn;
Für meinen Feind, für meinen Freund, für meine ganze Sippe,
Für die Tapferen, für die Schurken, für die Knechte,
Von den Kindern meiner lieblichsten Königin,
Von dem geringsten Wesen, das je gelebt hat,
Bis zur Göttin, die über allen steht.

Dieses Gebet bestärkte die Macht des Feuers und die Bewohner des Hauses und gab dem göttlichen Segen und der Kraft der Engel Gestalt.

18. Leben mit den Engeln

Viele Menschen im Westen sind in ihrem Leben auf der Suche nach der »richtigen« spirituellen Mischung. Die meisten von uns sind mit einer bestimmten Religion aufgewachsen und haben sich als Erwachsene anderen Bereichen zugewandt. Wir sollten jeden Tag ganz bewusst danach streben, uns selbst, unsere Familie und diesen Planeten zu verbessern. Wenn wir so handeln, wird sich kein Aspekt des Göttlichen jemals von uns abwenden. Jeder Mensch muss seine eigene Wahrheit selbst erkennen und das Göttliche auf seine Weise in sein Leben integrieren. Wir können niemand unsere eigenen Konzepte aufdrängen und erwarten, dass andere Menschen unseren Erkenntnissen blindlings folgen.

Ich bin Wicca-Anhängerin und die Engel sind Teil meines persönlichen Glaubenssystems. Sie waren unzählige Male auf ganz unterschiedliche Weise an meiner Seite, ich möchte ihnen die gebührende Anerkennung dafür auch nicht verweigern. Sie haben mein persönliches Kreativitätsspektrum erweitert, mir phantasievolle Ideen geschenkt und immer dafür gesorgt, dass ich zum richtigen Zeitpunkt das erhalte, was ich am dringendsten brauche. Daher spielt es für mich überhaupt keine Rolle, ob die Engel Archetypen oder eine eigene Spezies sind.

Auch in diesem Jahrtausend werden immer mehr Menschen zur Arbeit mit den Engeln berufen, um Ausgleich und Harmonie in die Welt zu bringen. Darin besteht unsere übergeordnete Mission. Die Menschen, die Engelszauber betreiben, sind auf zweifache Weise gesegnet, denn sie stehen mit beiden Welten in Verbindung und können dabei ihre Würde und ihr persönliches Gleichgewicht bewahren. Es liegt an uns allen – an den Mitgliedern aller Konfessionen zu lernen, miteinander zu arbeiten, damit wir in Harmonie miteinander leben können. Wenn wir das unterlassen, haben wir unser Ziel verfehlt.

Die Arbeit mit den Engeln wird Ihr Leben verändern, so wie

sie auch das meine verändert hat. Der Einfluss und die positive Energie der Engel wird Sie Ihren spirituellen Zielen näher bringen und Ihnen zeigen, wie sie mit den kleinen und großen Schwierigkeiten des Lebens umgehen können. Es gibt einen Weg, den Sie gehen können, um mit den Engeln zusammenzuarbeiten.

Entdecken Sie den Sinn Ihres Lebens. Wir bewegen uns viel zu oft so schnell, dass uns gar nicht bewusst wird, was wir eigentlich tun und was wir in der uns gegebenen Zeit erreichen möchten. Die wirkliche Mission unseres Lebens hinterlässt ihre Spuren, wir müssen mit etwas Scharfsinn vorgehen, um diese zu entdecken. Unsere Hauptaufgabe auf dieser Erde beinhaltet normalerweise etwas, wofür wir begabt sind und das wir auch sehr gerne tun. Wir müssen lernen, die einzelnen Teile wie bei einem Puzzle zusammenzufügen, damit wir erkennen können, was uns wirklich erfüllt. Wenn wir Entscheidungen treffen, die uns von unserer wirklichen Aufgabe entfernen, kann es etwas Zeit erfordern, bis wir wieder zu unserem eigentlichen Weg zurückfinden. Wir alle verlieren unsere tatsächliche Bestimmung von Zeit zu Zeit aus den Augen und kommen dabei vorübergehend von unserem eigentlichen Weg ab – das gehört zum Wesen der Menschen.

Wie kann man den Sinn und die Bestimmung seines Lebens herausfinden? Öffnen Sie Ihr Herz und Ihren Verstand der Weisheit des Universums. Sie können meditieren, einige entspannende Spaziergänge unternehmen, über das Wochenende irgendwohin fahren, um zu zelten, oder einfach mit einem Tagesausflug für Tapetenwechsel sorgen. Die Bewusstwerdung der eigenen Bestimmung im Leben erfordert Zeit und setzt die Erkenntnis voraus, dass die Welt voll von Menschen ist, die Hilfe brauchen. Wir müssen bereit sein, unseren Beitrag zu der großen gemeinsamen Aufgabe zu leisten, damit wir unseren richtigen Platz in diesem Leben finden können.

Bitten Sie die Engel, Ihnen bei der Suche nach dem Sinn Ihres Lebens zu helfen. Werden Sie sich bewusst, was um Sie herum geschieht, welche Gespräche Sie führen und welche Informationen Sie durch die Medien usw. erhalten. Vielleicht besteht Ihre Bestimmung im Leben in einer Reihe von einzelnen Schritten, die alle zu einem elementaren Ziel hinführen. Möglicherweise müssen Sie einige Jahre an einem bestimmten Ort arbeiten, um dann zu etwas anderem überzugehen und das anzuwenden, was Sie in den vorhergehenden Abschnitten Ihres Lebens gelernt haben. Sie könnten zum Beispiel ein wundervolles Projekt auf den Weg bringen, das aber vielleicht schon zwei Jahre später im Sande verläuft. In den Monaten aber, in denen Sie aktiv an diesem Projekt gearbeitet haben, haben Sie möglicherweise einen unschätzbaren Beitrag zu den Lebensumständen eines Einzelnen oder einer Gruppe von Menschen geleistet. Vielleicht wird Ihnen nie bewusst werden, was Sie tatsächlich geleistet haben, aber auf diese Weise könnte sich Ihr übergeordneter Lebensplan manifestieren. Es gibt keine Zufälle.

Lernen Sie, wirksame Schritte zu unternehmen, die Sie Ihrer Lebensaufgabe näher bringen. Sie sollten nicht einfach von etwas träumen und untätig darauf warten, dass es eintritt. Nehmen Sie die Dinge tatkräftig in Angriff und sorgen Sie so dafür, dass sie Realität werden, setzen Sie Ihre Träume, Vorstellungen und Hoffnungen in die Tat um. Nehmen Sie aktiven Anteil an der Umsetzung Ihrer Wünsche. Gedanken wie »Ich kann nicht«, »Ich glaube nicht, dass ich das könnte« und »Ich bin dazu nicht in der Lage« sind nicht erlaubt. Denken Sie positiv und bereiten Sie sich auf die Erfahrungen vor, die Sie anziehen möchten. Ihr großer Roman wird niemals entstehen, wenn Sie nicht zu schreiben anfangen, sei es auf Papier oder auf dem Computer. Sie werden das Haus, das Sie sich immer gewünscht haben, niemals bekommen, wenn Sie nicht ernsthaft sparen und nach konkreten Möglichkeiten Ausschau halten, die Sie Ihrem Wunsch näher bringen. Sie werden nicht in der Lage sein, dorthin zu ziehen, wo Sie leben möchten, wenn Sie nicht genau planen, wie Sie vorgehen müssen. Sie werden die größte Erfindung der Welt nicht patentieren können, wenn Sie nicht anfangen, sie zu entwerfen.

Schaffen Sie sich eine Umgebung, die Ihnen Unterstützung gibt. Ich weiß aus Erfahrung, dass unsere Familien und Freunde nicht immer die stärksten Befürworter unserer Träume und Visionen sind. Manchmal versuchen sie uns aus einer ganzen Reihe von Gründen zurückzuhalten, meist steht dabei Angst im Vordergrund, denn die Menschen in unserer nächsten Umgebung könnten befürchten, dass wir sie verlassen möchten, weniger Zeit mit ihnen verbringen oder nicht mehr unsere gesamte Aufmerksamkeit auf sie richten werden. Sie freuen sich womöglich auch nicht darüber, dass sie uns unterstützen sollen, indem sie uns bei der Hausarbeit helfen oder in anderen Bereichen mehr Verantwortung übernehmen. Möglicherweise halten sie unsere Träume für dumm, weil sie selbst nicht den Mut haben, sich um die eigene Bestimmung zu kümmern, und deshalb andere Menschen nach den eigenen Handlungen und Fehlschlägen beurteilen.

Lassen Sie sich nicht von negativen Menschen entmutigen. Um gegen diese Negativität anzugehen, können Sie sich die Unterstützung von Menschen sichern, die Ihre Ziele teilen. Dazu können auch Freunde oder Familienmitglieder gehören, aber das muss nicht so sein. Ein derartiger Freundeskreis wird am ehesten dann entstehen, wenn Sie aktiv auf Ihre Träume und Ziele hinarbeiten. Es müssen nicht sehr viele Menschen sein, die Ihnen wirklich zur Seite stehen, einer oder zwei wertvolle »Stützpfeiler« sind meist ausreichend.

Bitten Sie Ihren Schutzengel, Ihnen dabei zu helfen, diese hilfreichen Menschen zu finden. Vergessen Sie auch nicht, diese Menschen gut zu behandeln und deren Träume und Ziele ebenfalls zu respektieren. Sie sollten ebenso unterstützend für die anderen sein, wie jene es auch für Sie sind. Wählen Sie die Freunde, die Ihnen Beistand geben sollen, mit Bedacht, denn Sie brauchen keine geistlosen Menschen in Ihrer Nähe, die Ihnen wertlose Ratschläge geben und versuchen Sie zu kontrollieren oder zu manipulieren.

Lernen Sie, für Ihre Handlungen selbst Verantwortung zu übernehmen. Wir haben uns in eine Gesellschaft von Opfern verwandelt. Für mich stellt das eine abscheuliche Entwicklung dar, denn man kann nicht die ganze Welt für die eigenen Probleme verantwortlich machen und gleichzeitig erwarten, als Sieger hervorzugehen. Lernen Sie, für alles, was Sie sagen und tun, Verantwortung zu übernehmen, und versuchen Sie nicht, sich hinter der Fiktion, »dass Sie durch jemand anders so geworden sind«, zu verstecken. Das ist absoluter Unsinn! Sie sind die Summe all dessen, was Sie bisher in Ihrem Leben gesagt und getan haben. Wenn Ihnen das, was Sie vor sich haben, nicht gefällt, sollten Sie darangehen, es zu ändern.

Glauben Sie an sich selbst. Denn wenn Sie es nicht tun, wird es kein anderer tun. Lernen Sie, Ihr Leben selbst in die Hand zu nehmen. Stärken Sie Ihr Selbstwertgefühl durch besondere Unternehmungen, die Ihnen Spaß machen. Achten Sie 24 Stunden am Tag auf einen positiv ausgerichteten inneren Dialog. Wenn Sie glauben, dass Sie für irgendetwas nicht geeignet sind, überlegen Sie genau, warum das so sein sollte. Vielleicht müssen Sie sich einfach besser informieren, damit Sie Ihr Ziel in Angriff nehmen können. Lernen Sie, unnütze Dinge, die Sie entmutigen, aus Ihrem Leben zu entfernen. Begeben Sie sich nicht bewusst in eine negative Umgebung, versuchen Sie stattdessen, Chaos zu vermeiden. Achten Sie immer auf eine positive Haltung. Das alles erfordert Mut, aber ich kann Ihnen versichern, dass es sich lohnt.

Wenden Sie Ihre magischen Fähigkeiten und Ihre neu entdeckten Kräfte mithilfe der Engel an, um Ihren eigenen Weg gehen zu können. Seien Sie nicht zurückhaltend, sondern machen Sie sich auf, Ihr Leben so wundervoll zu gestalten und mit so viel Liebe und Freude zu erfüllen, wie Sie ertragen können. Sie werden es nicht bereuen.

Möge die Liebe Gottes und die Kraft der Engel für immer mit Ihnen sein.

ANHANG

Übersicht über Anliegen, Wünsche und Probleme und die zugehörigen Elemente und Engel

Ich habe Ihnen in diesem Buch viele Informationen über die zugehörigen Bereiche und die passenden Aspekte gegeben. Die nachfolgende Übersicht soll Ihre Magiearbeit mit den Engeln etwas erleichtern. Sie enthält nicht alle im Buch erwähnten zugehörigen Bereiche und Aspekte. Wenn Sie weitere Informationen benötigen, lesen Sie bitte noch einmal die Angaben zu den einzelnen Engeln nach. Außerdem verweise ich auf andere Bücher zu diesem Thema, die in der Literaturliste aufgeführt sind.

Anliegen	**Elemente**	**Engel**
Akasha-Chronik (Zugang zu)	Geist	Metatron, Engel des Chiron und der Akasha-Chronik, die Seraphim
Apathie (Schutz vor)	Feuer	Raphael
Arbeitsstelle	Erde	Uriel, Anauel, Engelsfürsten (Schutz vor Diskriminierung), Engel der Erde, der Sonne, des Vollmonds und des Neumonds, Engel der Jungfrau, Engel der Arbeitsstellen
Auto (Erhalt eines)	Erde	Uriel, Engel der Sonne, der Waage (für ein faires Geschäft), des Stiers (um ein gutes Auto zu finden), des Pallas (Wahrheit) und Engel der Fahrzeuge
Eheliche Harmonie	Wasser, Erde	Gabriel, Throne (bereinigen Probleme), Engel der Venus (Liebe), des Mondes, des Vesta (Schutz), des Juno (Beziehungen), der Jungfrau (Struktur), des Steinbocks (Stabilität), der Waage (Ausgleich), des Schützen (Fröhlichkeit), der Zwillinge (Kommunikation), Engel der Heirat

Anliegen	Elemente	Engel
Eifersucht (Befreiung von)	Wasser oder Erde	Gabriel, Uriel, Ariel, Engel der Balsamischen und der Aussäenden Mondphase, Engel des Neptun, des Chiron (Heilung), des Juno (Freiheit) und des Zwillings (Kommunikation)
Freundschaft	Wasser und Erde	Mihr, Cambiel, Ausiel, Engel der Sonne, des Neumonds und des Erstviertelmonds, Engel der Venus, des Juno (Harmonie), des Löwen (Loyalität), der Jungfrau (Eloquenz), des Schützen (Fröhlichkeit und Feste), des Wassermanns, des Merkur, der Zwillinge und Engel der Freundschaft
Frieden	Wasser	Gabriel, Gavreel, Spheres, Shekinah, Seraphim, die Tugenden (Wunder), die Throne (bereinigen Schwierigkeiten), die Cherubim (die Vermittler), die Engelsfürsten, Engel der Sonne und des Mondes, des Pluto (globale Veränderungen), des Juno (Harmonie) und der Engel des Friedens
Fruchtbarkeit	Erde	Samandriel, Yushamin, Anahita, Gabriel, Königin der Engel, Engel der Jungfrau, der Sonne und Engel der Fruchtbarkeit
Garten	Erde	Uriel, Ariel, Engel des Neumonds, des Löwen, der Jungfrau (Ernte), des Widders und Engel der Landwirtschaft
Geburt eines Kindes	Wasser	Ardousious, Gabriel, Königin der Engel, die Tugenden (Wunder), Engel des Chiron (Heilung), der Jungfrau, des Ceres (Schutz), des Vesta und Engel der Geburt
Geduld	Wasser	Gabriel, Engel des Buckelmonds, des Juno (Harmonie), des Steinbocks und Engel der Geduld

Anliegen	Elemente	Engel
Geld	Erde	Uriel, Anauel, Ariel, Engel der Sonne (Erfolg), des Jupiter (um es zu verdienen), des Stiers (damit säumige Schuldner bezahlen), des Vesta (Schutz), des Steinbocks (Stabilität) und Engel des Wohlstands
Geschäftlicher Erfolg	Erde oder Feuer	Anauel, die Engelsfürsten, die Herrschaften, Engel der Sonne, des Jupiter, des Löwen, des Neumonds und des Sichelmonds, des Stiers, der Zwillinge und Engel der Geschäfte
Gleichgestellte (Beendigung des Drucks durch)	Wasser	Gabriel, die Cherubim, die Engel der Balsamischen Mondphase, des Saturn, des Juno (Freiheit) und Engel des Schutzes
Hass (Befreiung von)	Wasser	Gabriel, die Engel der Balsamischen Mondphase, des Letztviertelmonds und der Aussäenden Mondphase
Haus (Erwerb eines)	Erde	Uriel, die Engel des Vollmonds und des Neumonds, des Jupiter, der Waage (für ein faires Geschäft), des Krebses (um das Haus behalten zu können), des Saturn (für die Finanzierung) und Engel der Häuser
Heilung	alle Elemente	Michael, Gabriel, Uriel, Raphael, die Cherubim (die Vermittler), die Tugenden (Wunder), die Engel der Sonne, des Vollmonds, des Chiron, der Jungfrau, des Schützen und Engel der Heilung
Interviews (auch Vorstellungsgespräche)	Feuer	Ambriel, Anauel, Beschützer der Geschäfte, die Engel des Vollmonds und des Neumonds, des Jupiter, der Waage (für eine faire Behandlung), der Jungfrau, der Zwillinge (Kommunikation) und Engel des Merkur

Anliegen	Elemente	Engel
Karma	Geist	Metatron, Engel des Letztviertelmonds und Engel des Karma
Kinder (Schutz der)	Wasser oder Erde	Gabriel, Dina, Königin der Engel, Uriel, Ariel, Engel des Ceres, des Vesta und Engel der Kinder
Künstlerische Bestrebungen	Feuer	Akriel, Hael, Engel der Venus (Schönheit), des Vesta (Inspiration), des Pallas (Intuition), des Schützen, des Merkur, des Wassermanns (Erfinden und Erforschen) und der Kreativität
Liebe	Wasser für den Beginn, Erde für den Erhalt	Gabriel, Anael, Shekinah, die Seraphim (göttliche und universelle Liebe), Engel des Venus, des Vollmonds und des Neumonds, der Sonne (Erfolg), des Krebses, des Juno (Beziehungen), des Merkur (Kommunikation), der Jungfrau (Struktur) und Engel der Liebe
Mut	Feuer	Michael, Raphael, Metatron, die Mächte (Abwehr), die Tugenden (Wunder), Engel der Sonne, des Löwen, des Sichelmonds und des Erstviertelmonds und des zunehmenden Monds, des Ceres und Engel des Mutes
Rauchen (Beendigung der Sucht)	Wasser	Raphael, Gabriel, die Engel der Mondsichel, des Neptun und des Chiron
Rechnungen (die bezahlt werden müssen)	Erde	Uriel, Ariel, Engel der Sonne, des Jupiter, des Stiers, des Letztviertelmonds und der Aussäenden Mondphase und Engel der Finanzen
Reinigung	alle Elemente	die Erzengel, Engel des Vollmonds, des Vesta (Hüter der Tempel), des Juno (Harmonie) und Engel der Reinigung

Anliegen	Elemente	Engel
Scheidung	alle Elemente	die Erzengel, die Mächte (Verteidigung), Engel des abnehmenden Monds und der abnehmenden Mondsichel, der Waage (faire Behandlung), des Skorpions, des Saturn, des Chiron (Heilung nach der Scheidung), des Pallas (Wahrheit), der Zwillinge (Kommunikation), des Mars (wenn Sie kämpfen müssen), des Stiers (um Ihren Anteil am Besitz zu erhalten) und Engel des Ceres
Schlaf (für ruhigen)	Wasser	Engel des Mondes, Gabriel, Raphael, der Venus und Engel des Schlafes
Schönheit (Erlangen von)	Erde	Uriel, Engel der Venus, der Erde, des Stiers (materieller Besitz) und Engel der Schönheit
Schönheit (Verbesserung der)	Wasser	Hael, Engel der Venus und des Neumonds
Schutz	alle Elemente	die Erzengel, Dina, Ambriel, die Cherubim (persönliche Beschützer), die Tugenden (Wunder), Engel des Vollmonds, des Ceres, des Krebses, des Mars und Engel des Schutzes
Seelisches Bewusstsein	alle Elemente	die Erzengel, die Herrschaften (göttliche Weisheit), Engel des Vollmonds, des Uranus, des Pallas, des Skorpions (Mystik), des Neptun (seelische Heilung), des Uranus (Astrologie) und Engel des Übersinnlichen
Stress (Abbau von)	Luft oder Wasser	Raphael, Engel des Mondes, des Chiron und Engel der Harmonie
Studien	Luft oder Feuer oder Erde	Uriel, Michael, Raphael, Engel des Chiron (für religiöse Studien), des Vesta (Hüter des Wissens), des Pallas (neue Ideen und Theorien), des Skorpions (Studien der Mystik), des Schützen, der Zwillinge (um Konzepte begreifen zu können) und Engel des Lernens

Anliegen	Elemente	Engel
Tiere (Heilung von)	Erde und Wasser	Manakel (Wasser), Engel des Sichelmonds, Engel der Tiere
Tiere (Schutz von)	Erde	Behemiel, Hariel, Thegri, Mtniel, Jehiel, die Throne, Engel des Sichelmonds
Träume	Luft und Wasser	Gabriel, alle Mondengel, Engel des Krebses, des Pallas (Intuition), des Skorpions und Engel der Träume
Vögel (Schutz der)	Erde oder Luft	Ariel, Anpiel, Engel der Vögel
Wahrsagung	alle Elemente	Adad, Teiaiel, Isiaiel, Bath Kol, Engel des Vollmonds und der Wahrsagung
Wohnung (Erhalt einer)	Erde	Uriel, Engel des Jupiter und der Waage, Engel der Wohnungen
Zauberkraft/ magische Energie	alle Elemente	Uriel, Ariel, die Seraphim, die Tugenden (Wunder), die Cherubim (die Vermittler), Engel des Vollmonds, des Vesta (reine Kraft), des Skorpions und Engel der Magie

Literatur

Andrews, Ted: *How to Meet and Work with Spirit Guides*, St. Paul: Llewellyn Publications 1992

Budapest, Zsuzsanna E.: *Das magische Jahr. Mythen, Mondaspekte, Rituale. Das Handbuch der geheimen Frauenmacht*, München: Heyne 1999

Buckland, Raymond: *Buckland's Complete Book of Witchcraft*, St. Paul: Llewellyn Publications 1987

Buckland, Raymond: *Practical Color Magick*, St. Paul: Llewellyn Publications 1987

Burnham, Sophy: *Die Nähe der Engel*, Düsseldorf: Solothurn 1993

Carmichael, Alexander: *Carmina Gadelica Hymns and Incantations*, Edinburgh: Floris Books 1992

Connell, Janice: *Angel Power*, New York: Balantine Books 1995

Conolly, David: *In Search of Angels*, New York: Perigee 1993

Cunningham, Scott: *Magical Aromatherapy*, St. Paul: Llewellyn Publications 1989

Daniel, Alma u. a.: *Frag Engel*, Frankfurt/M.: Zweitausendeins 1994

Davidson, Gustav: *A Dictionary of Angels*, New York: Free Press 1971

Delaney, John J. A.: *A Woman Clothed with the Sun*, New York: Image/ Doubleday 1990

Frater, U. D.: *Practical Sigil Magic*, St. Paul: Llewellyn Publications 1990

Freeman, Eileen Elias: *Touched by Angels*, New York: Warner Books 1993

Freeman, Eileen Elias: *Angelic Healing*, New York: Warner Books 1994

Georgian, Linda: *Schutz-Engel*, München: Heyne 1996

Giovetti, Paola: *Engel. Die unsichtbaren Helfer der Menschen*, München: Heyne 1993

Godwin, Malcom: *Engel. Eine bedrohte Art*, München: Heyne 1995

Hauck, Rex: *Engel. Die unsichtbaren Boten*, München: dtv 1995

Howard, Jane M.: *Commune with the Angels*, Virginia Beach: A.R.E. Press 1992

James, Geoffrey: *Engelszauber. Die verbotene Kunst*, München: Heyne 1999

Kraig, Donald Michael: *Modern Magick*, St. Paul: Llewellyn Publications 1988

Labowitz, Shoni: *Zehn Tore zum Glück. Mit der Kabbala in ein erfülltes Leben*, München: Heyne 2001

Moolenburgh, H. C. A.: *Engel. Helfer auf leisen Sohlen*, Freiburg/Br.: Bauer Verlag 1994

Pearsal, Paul Ph. D.: The Power of Your Own Thinking to Strengthen Your Immune System, in: *Going Bankers Magazine*, März 1995
Price, John Randolph: *Engel-Kräfte*, München: Goldmann 1994
Pruitt, James: *Angels Beside You*, New York: Avon 1994
Pruitt, James: *The Complete Angel*, New York: Avon 1995
RavenWolf, Silver: *HexCraft*, St. Paul: Llewellyn Pubications 1995
RavenWolf, Silver: *Zauberschule der Neuen Hexen. Magie und Macht*, München: Heyne 2002
RavenWolf, Silver: *Zauberschule der Neuen Hexen. Sprüche und Beschwörungen*, München: Heyne 2002
Ronner, John: *Know Your Angels*, Oxford: Mamre Press 1993
Ronner, John: *Dou You Have a Guardian Angel?*, Oxford: Mamre Press 1985
Skalka, Julia Lupton: *The Instant Horoscope Reader*, St. Paul: Llewellyn Publications 1994
Taylor, Terry Lynn: *Die Engel waren zur Stelle*, München: Heyne 1999
Taylor, Terry Lynn: *Lichtvolle Wege zu Deinem Engel*, München: Goldmann 1993
Taylor, Terry Lynn: *Warum Engel fliegen können*, München: Goldmann 1995
Tyl, Noel: *Astrology's Special Measurements*, St. Paul: Llewellyn Publications 1993
Tyson, Donald: *New Millennium Magic*, St. Paul: Llewellyn Publications 1996
Walker, Barbara G.: *Die geheimen Symbole der Frauen. Lexikon der weiblichen Spiritualität*, München: Heyne 2000
Walker, Barbara G.: *Die spirituellen Rituale der Frauen. Zeremonien und Meditationen für eine neue Weiblichkeit*, München: Heyne 2000
Wauters, Ambika: *Das Engel-Orakel. Inspiration und Lebenshilfe*, München: Hugendubel 1996

Register

A

B

C

D

E

F

G

H

I/J

K

L